普通高等教育"十一五"国家级规划教材

# 集装箱运输管理与实务

江少文　编著

中国铁道出版社

2007年·北京

## 内容简介

为了适应我国集装箱运输发展的需要，本书较系统地介绍了国际国内集装箱运输发展的理论和实务。主要内容包括：集装箱运输概论、集装箱及其运输设备、集装箱货物的装载与交接方式、集装箱码头装卸工艺、集装箱船舶配积载、集装箱码头业务管理、集装箱其他业务管理、集装箱进出口运输业务、集装箱货物运输的计收、集装箱运输的主要单证、危险货物集装箱运输、公路集装箱运输、铁路集装箱运输、航空集装箱运输和国际多式联运。内容具有一定的理论性和实用性，对现代集装箱运输的开展具有指导作用。

本书可作为大专院校、科研机构的集装箱运输专业、物流专业和集装箱运输企业和物流企业的教材和重要参考书，亦可作为交通运输企业人员的培训教材和业务手册，也可以成为集装箱运输和物流专业研究人员了解现代集装箱运输运作情况的参考书。

**图书在版编目(CIP)数据**

集装箱运输管理与实务/江少文编著. —北京：中国铁道出版社，2007.3

ISBN 978-7-113-07607-8

Ⅰ.集… Ⅱ.江… Ⅲ.集装箱运输-交通运输管理 Ⅳ.U169.6

中国版本图书馆 CIP 数据核字(2007)第 028190 号

书　　名：集装箱运输管理与实务
作　　者：江少文　编著
出版发行：中国铁道出版社（100054，北京市宣武区右安门西街 8 号）
责任编辑：李小军　杨　哲　编辑部电话：51873094
印　　刷：北京市兴顺印刷厂
开　　本：730×988　1/16　印张：23.5　字数：464 千
版　　本：2007 年 2 月第 1 版　2007 年 2 月第 1 次印刷
印　　数：1～4 000 册
书　　号：ISBN 978-7-113-07607-8/U·2026
定　　价：32.00 元

# 前　言

现代集装箱运输始于20世纪50年代，由于这种运输方式体现出高标准化、高效率化、低成本化和高度国际化的特点，得到了全世界运输业的青睐，因而被称为20世纪运输业的一场伟大革命。20世纪80年代初，随着我国国民经济的发展，集装箱运输在我国也得到了飞速的发展。进入21世纪后，我国国民经济持续发展，对集装箱运输的需求越来越大，集装箱化比重不断提高，充足的货源，为集装箱运输的高速发展提供了充分的保证。经济的发展由此带动了集装箱船舶大型化、港口大型化，这为建设我国国际航运中心奠定了基础。

为了适应我国集装箱运输发展的需要，《集装箱运输管理与实务》较系统地介绍了国际国内集装箱运输发展的理论和实务。本书的特点是所述内容具有一定的理论性、实用性、先进性、科学性，对现代集装箱运输的开展具有指导作用。

依据现代集装箱运输发展的要求，以及从提高集装箱运输质量的角度出发，本书阐述了集装箱运输过程中的集装箱运输设备、集装箱货物装载、集装箱装卸、集装箱码头业务、集装箱进出口业务、集装箱运费计收业务、集装箱运输单证操作、危险货物集装箱运输、各种集装箱运输方式、集装箱多式联运等的基本理论和基本技能。

本书共分为十五章：集装箱运输概论、集装箱及其运输设备、集装箱货物的装载与交接方式、集装箱码头装卸工艺、集装箱船舶配积载、集装箱码头业务管理、集装箱其他业务管理、集装箱进出口运输业务、集装箱货物运费的计收、集装箱运输的主要单证、危险货物集装箱运输、公路集装箱运输、铁路集装箱运输、航空集装箱运输、国际多式联运。

本书由江少文编著。

本书可作为大专院校、科研机构、设计院所的集装箱运输专业、物流专业和集装箱运输企业和物流企业的教材和重要参考书，也可以作为交通运输企业人员的培训教材和业务手册，也可以成为集装箱运输和物流专业研究人员了解实际现代集装箱运输运作情况的参考书。

由于编者学术水平，书中的疏漏在所难免，敬请学者专家和广大读者多提宝贵意见，以便再版时修改补充。

本书在编写过程得到了有关企业、院校的专家学者的大力协助，在此表示衷心的感谢。

编者

2006年11月于上海

# 目 录

# 第一章　集装箱运输概论

## 第一节　集装箱运输的现状与发展

### 一、集装箱运输产生的原因

生产要从机械化发展到自动化，必须以产品的标准化为前提条件。对于运输业来说，要大大提高劳动生产率和降低运输成本，也必须遵循生产合理化的原理，采用大批量的生产方式，并促进装配工具和运输工具实现机械化和自动化。集装箱运输就是在这一基础上产生和发展起来的。

集装箱运输是以集装箱为运输单元的现代化交通运输方式，也是成组运输中一种高级运输形态，因其具有许多优越性，因此受到运输业的广泛重视，被认为是运输业的一场革命，已经成为当今国际上普遍采用的一种先进运输形式。

集装箱运输是运输生产发展的产物，是由于运输生产发展的需要而逐步形成的，是对传统的以单件货物进行装卸运输工艺的一次重大革命，是当代世界上最先进的件杂货运输工艺和运输组织方式。

对于杂货，由于货物种类繁多，包装形式不一，每件货物的重量和大小相差很大，因此，使杂货运输难以像石油、散货运输那样采用大规模生产方式实现机械化和自动化。为了提高杂货运输效率，唯一的方法只有遵循工业合理化的原理进行运输工艺的改革，以提高装卸效率，缩短停泊的时间，节约装卸费用，降低运输成本。改革的途径，首先要使杂货的货件标准化起来，于是就出现了成组运输——使货物组成一个同一尺寸的标准货组，并使其在铁路、公路、水路等各种不同运输方式间不拆组进行转移。件杂货的成组运输开始是用网兜和托盘来实现的，后来进一步发展了托盘船，实现了托盘化。但由于托盘运输中，还存在一些不足之处，后来又出现了集装箱，逐渐用集装箱代替了托盘，进一步实现了集装箱化。因此，集装箱运输是运输生产发展的产物。

集装箱运输进一步提高了成组运输的效率。集装箱运输使成组运输系统得到了进一步的完善，彻底改变了件杂货运输的落后面貌，引起世界运输史上的大变革。

## 二、集装箱运输的产生

集装箱最早出现在英国。19 世纪 30 年代，英国的铁路运输中采用了集装箱这种大型容器，装运杂货和煤炭，从火车换装到马车上，以减少换装时间，加快装卸速度。19 世纪 50 年代，美国的铁路运输中采用了这种被称之为“容器装运法”的集装箱运输。由于当时工业化水平较低，装卸机械还不能满足集装箱运输的需要，这种先进的方法终于停止使用。到 19 世纪末，铁路运输受到了汽车运输的严重挑战。为了与公路运输竞争，1926 年英、美、法、日等国的铁路系统，又先后采用了集装箱运输。与此同时，公路运输为与铁路运输抗衡，也发展了自己的集装箱运输。由于当时各国铁路运输和公路运输所采用的集装箱的外形、结构、尺寸各不相同，1931 年，国际集装箱协会在法国巴黎成立，打算共同制定统一的集装箱标准规范。由于当时铁路、公路各部门为了各自的利益互不相让，制定统一的集装箱标准规范未能实现。各种运输方式的集装箱不能实现联运，使集装箱的优势未能得到发挥，集装箱的发展又一次受到挫折。

在第二次世界大战期间，美军为了加快军队的战略机动能力，需要解决向欧洲、亚洲各个军事地点大量地迅速地运送军需装备的问题，使用了一种称之为连接陆海的新式运输工具，这为集装箱的大规模使用迈出了一步。

二次世界大战结束后，一些资本主义国家的经济得到了很大的发展，由于生产中大量采用了新技术和新装备，生产的规模日益扩大，商品的品种数量也不断增加。生产的现代化迫切要求运输业与之相适应。从 1955 年开始，集装箱运输又一次引起了人们的重视。当时由于美国的汽车运输业利用汽车运输灵活、迅速的特点，在货物运输业务上与铁路运输展开了激烈的竞争，使铁路运输受到影响。因此，铁路运输为维持自己的业务，又采用了一种新的运输方法——平板车运输，即把集装箱放在平板车上的运输。这一方法使铁路运费低、速度快的特点和汽车可以门到门的优点结合起来，达到了速度快、费用低、破损少的要求。后来，集装箱运输又在海运以及海陆联运中获得了成功，突破了集装箱运输仅用于陆地范围的限制。由此，集装箱运输进入高速发展阶段。

## 三、集装箱运输的发展

1. 集装箱运输发展概况

随着海洋运输业运量的增加，以及远洋船舶向大型化、高速化、自动化方向发展，使得件杂货运输中普通货轮所暴露的缺陷日益显著，货物装卸效率低，作业的劳动强度大，货损严重，船舶在港口卸货停泊的时间长，船舶周转率低，妨碍了船舶向大型化发展。在这种情况下，解决这一矛盾的唯一出路，就是实现装卸的合理化，而其关键则是将货物成组化，即把货物集合成一组大单元，来适应装卸的机械化，以加快船舶的周转，提高运输能力。

1956 年 4 月 26 日，美国泛大西洋轮船公司（后改名为海陆公司）将一艘 T-2 型油轮“理想”号，经过特别改装后，在甲板上装载了 58 个集装箱，由新泽西州纽约港的纽瓦克区驶往德克萨斯州的休斯敦进行了海上试运。3 个月后，试运获得巨大的成绩，平均每吨装卸费从原来的 5.83 美元降低到了 0.15 美元，仅为普通货船装卸费的 1/37。

泛大西洋轮船公司在试运中取得了成绩之后，提高了集装箱化的兴趣，并决定全面彻底地推行集装箱化。该公司在这一基础上，于 1957 年 10 月，将 6 艘 C-2 型货轮改装成了带有箱格结构的全集装箱船，第一艘船的船名为“盖脱威城”(Gateway City)号。该船设有船用集装箱装卸桥，每船可装卸 8 ft×8.5 ft×35 ft 的集装箱 226 个，每箱总重 25 t，仍航行在纽约至休斯敦航线上。“盖脱威城”的就航，标志着世界现代化的集装箱运输正式开始了。

20 世纪 60 年代以后，集装箱运输得到了迅速发展，国际集装箱运输则发展更快，欧洲、亚洲的发达国家和地区先后开展了集装箱运输。国际集装箱多式联运被称为运输业的“第三次革命”，是世界科技、经贸高度发展的产物。它将海上、公路、铁路和航空等运输方式有机地衔接在一起，以其便捷、安全、经济的优势获得了迅速发展。进入 20 世纪 70 年代，许多经济发达的国家已实现了集装箱化，彻底改变了过去传统一件一件装卸搬运件杂货的做法。在集装箱管理方面，已普遍采用电子计算机，许多港口开始向集装箱运输的大型化、高速化、自动化的方向发展。

2. 我国集装箱运输的发展

我国的集装箱首先是从铁路开始发展的。1955 年，铁路运输中选择了北京、天津、沈阳、哈尔滨、济南和上海等六个车站，在这些车站之间开始集装箱试运。1958 年扩大到 18 个站共有集装箱 5 600 个。经历了 20 多年的探索和小规模的试运，直到 20 世纪 70 年代后期，我国集装箱运输才逐步走上正轨并加快了步伐。1973 年我国开始在天津、上海同日本神户、横滨之间开展国际集装箱运输；1978 年开辟至澳大利亚的第一条国际集装箱班轮航线，并开始建设集装箱专用泊位，配备大型装卸机械，添置国际集装箱船和专用船。1975 年我国水运部门也开始使用集装箱运输，当时在长江中游航线使用，后推广到北方沿海。与此同时，公路部门承担了国内集装箱运输，为提高集装箱门到门运输的比重作出了努力。与此同时，我国内陆还相应建立了集装箱中转站，增添了集装箱专用的牵引车和半挂车，使集装箱运输得以向内陆延伸。

建国 50 年多来，我国集装箱运输事业得到了飞速的发展。20 世纪 80 年代以后，我国投资上百亿元发展集装箱运输业，建成了一批集装箱专用码头、运输专用车辆、转运站和堆场等设施，购置了现代化集装箱船，并于 1989 年开始实施国际集装箱联合运输系统工业性试验项目，并且取得成效。此后，国际集装箱联合运输系统工业性试验项目通过技术改造和配套设施，建立和完善了以上海港为枢纽的国际集装箱运输网络，从而使得我国集装箱运输得到迅速发展。

以港口集装箱运输为例，我国集装箱运输的发展，无论是港口集装箱码头的规划建设，还是集装箱运输经营和管理都发生了历史巨变，取得了令世人瞩目的成就，不仅基本扭转了过去长期与国际经济发展不相适应的被动局面，缩短了与发达国家的差距，而且进一步增强了港口在我国国民经济中的地位、作用和在国际上的竞争力。表 1-1 为我国沿海港口 2005 年集装箱吞吐量排名。

**表 1-1　2005 年国内沿海港口集装箱吞吐量排名**

| 序号 | 港口 | 2005 年累计(万 TEU) | 序号 | 港口 | 2005 年累计(万 TEU) |
|---|---|---|---|---|---|
| 1 | 上海 | 1 808.40 | 6 | 广州 | 468.30 |
| 2 | 深圳 | 1 619.70 | 7 | 厦门 | 334.23 |
| 3 | 青岛 | 630.70 | 8 | 大连 | 265.50 |
| 4 | 宁波 | 520.80 | 9 | 中山 | 107.59 |
| 5 | 天津 | 480.10 | 10 | 连云港 | 100.53 |

我国集装箱运输的发展有以下几个特点：

(1)集装箱吞吐量持续高速增长、港口集装箱化率逐步提高。我国自 20 世纪 80 年代以来，在改革开放政策推动下，国民经济和对外贸易迅速发展，国内生产总值和对外贸易额持续保持 8%～10%以上的增长速度，适箱货大量生成，海运船队规模进一步扩大，这些都为我国集装箱运输的迅速发展提供了先决条件。统计显示，2005 年，我国港口吞吐量完成 48.5 亿 t(不含台湾和港澳地区)，集装箱完成 7 564 万 TEU，已连续三年位居世界第一。预计到 2010 年，我国港口吞吐量将达 75 亿 t，其中集装箱吞吐量 1.5 亿 TEU。

(2)国际集装箱枢纽港逐渐形成。从我国近年来沿海港口集装箱吞吐量统计看，约占沿海港口总吞吐量近 60%的量是由上海、深圳、青岛、天津和广州 5 港口完成的。由此可见，我国沿海大港在集装箱运输方面具有优势，这也是国际集装箱干线班轮向少数大港集中的重要原因。再者，从我国沿海港口集装箱运输布局看，基本上形成华南、华东和北方三个枢纽港。华南以香港为中心，深圳、广州港为补充；华东以上海港为中心，宁波和长江下游各港为两翼；北方有大连、秦皇岛、天津、青岛港和连云港。三个枢纽港呈三足鼎立之势，既有竞争也相互补充。尤其是以上海港为中心的上海国际航运中心的建设进一步推进了沿海港口集装箱运输的发展。上海 2005 年港口集装箱吞吐总量以达 1 800 万 TEU。2005 年 12 月 11 日，上海国际航运中心洋山港开港，巩固了上海港的中心地位。上海港历年集装箱吞吐量完成情况如图 1-1 和 1-2。

(3)主要港口集装箱码头的设施和设备达到世界先进水平。我国港口集装箱码头的建设采用了国际上通行的招标制、项目法人制、施工监理制和合同责任制，设计和施工向国际标准看齐，并有一支达到国际水准的设计和施工队伍。在装卸机械和

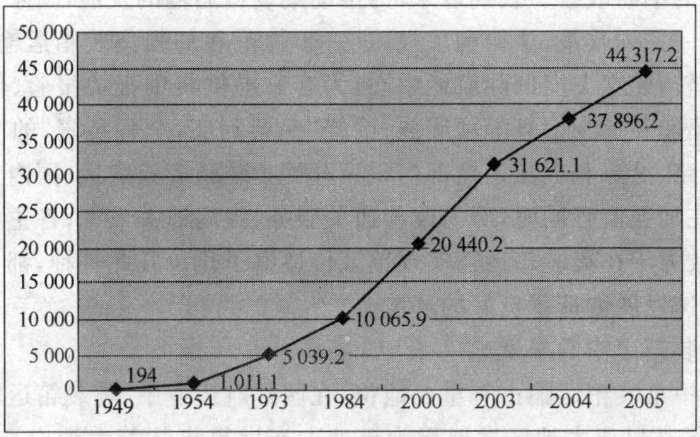


图 1-1　上海港历年货物吞吐量完成情况(单位:万吨)

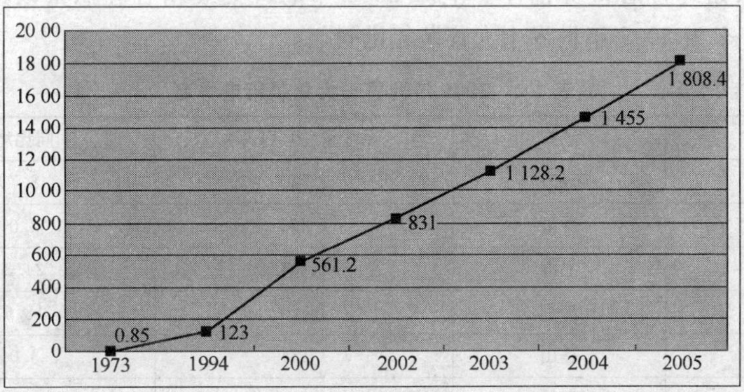


图 1-2　上海港历年集装箱吞吐量完成情况(单位:万 TEU)

设备配置上,瞄准国际先进水平,采用当今先进的技术手段,并立足国内,从实际出发,尽量提高装备的实用性、可靠性和先进性,加强设备的状态监测和维修保养,坚持开展岗位技术培训,不断提高大型机械设备的性能和使用寿命。

(4)集装箱码头投资建设和经营主体多元化。20 世纪 80 年代以来,我国在港口建设和经营上实行开放政策,积极引进外资以及先进的管理和技术,先后利用世界银行、亚洲银行和外国政府贷款,在大连、秦皇岛、天津、青岛、连云港、上海、广州等港口建设了一批现代化的集装箱码头,通过吸引国外财团,采取合资、合作经营或租赁经营方式投资集装箱码头建设。还通过挖潜和技术改造措施把通用泊位改建为集装箱泊位。

(5)软硬环境不断改善。港口集装箱运输既涉及船舶运输、装卸、集疏运等硬环境,也涉及海关、进出口检验、信息传递和政府管理等软环境。发挥集装箱运输的优势,离不开各部门各环节的协作和配合,而港口集装箱运输的迅速发展,更有赖于软硬两方面环境的不断改善。长期以来，为推动集装箱运输的发展，国家及相关主管部门相继出台了一系列政策、法律和法规，进一步规范和加强集装箱运输市场的管理，加快与国际接轨；建立上海国际航运中心，为客户提供集中报关报验、便利货柜交接和结算、沟通船舶和货物信息等项服务；围绕“一票到底，全程负责”的“门到门”服务要求，铁路、公路、沿海和内河运输部门积极开展集装箱多式联运、国内集装箱和内支线运输；海关在加强监管同时，努力改善通关服务、提高通关效率；各主要港口利用现代信息技术，致力于在集装箱运输实现单证传递电子化。凡此种种，都为我国港口集装箱事业的迅速发展创造了良好的环境。

3. 国际集装箱运输的发展

国际物流中集装箱运输占有重要地位，在国际航运业中，集装箱运输货物约占海运总量的30%，尤以亚太地区发展更为迅速。在世界集装箱大港中，亚太地区的香港、新加坡和上海占据了前3位，香港自1989年取代荷兰鹿特丹港成为世界最大集装箱港以来始终位居世界前矛。上海2005年港口集装箱吞吐总量以达1 800万TEU。表1-2为2005年世界十大集装箱港排名。

**表1-2 2005年世界十大集装箱港排名**

| 排序 | 港口 | 吞吐量(万TEU) | 同比增长 |
|---|---|---|---|
| 1 | 新加坡 | 2 320 | 8.7% |
| 2 | 香港 | 2 242 | 2.0% |
| 3 | 上海 | 1 808 | 24.3% |
| 4 | 深圳 | 1 620 | 18.6% |
| 5 | 釜山 | 1 184 | 3.0% |
| 6 | 高雄 | 947 | 2.5% |
| 7 | 鹿特丹 | 930 | 12.0% |
| 8 | 汉堡 | 810 | 15.5% |
| 9 | 迪拜 | 762 | 18.5% |
| 10 | 洛杉矶 | 748 | 2.2% |

目前国际集装箱运输为了降低成本，正朝着船舶大型化、专业化，装卸堆存自动化的方向发展，它有利于增加载货，减少航线配船，降低成本，增强竞争力，5 000 TEU以上的第五代集装箱船将会大幅度增加，9 000 TEU以上的船舶也已投入使用。随着大型集装箱船投入干线航线，集装箱的海运总量将呈直线上升趋势，国际集装箱运输的发展必将促进我国港口建设与集装箱运输的发展。

随着现代物流的发展，国际集装箱多式联运的发展会更加迅速，服务范围将进一步拓展，并涉及更多的领域，除传统海运业务外，还会介入陆上运输的代理、仓储和流通领域。许多企业已从单纯运输服务型向物流服务型转变，形成以集装箱运输为主，多式联运、信息网络系统、多项服务功能并存的大型综合企业，这些企业将具备国际货运代理、物流配送、揽货、仓储等综合服务功能。

集装箱运输是现代运输业在物流领域的反映，其固有性质要求运输网络化，装卸机械化，管理科学化，包装标准化，并与国际通行模式接轨，其发展前景是广阔而深远的。

## 第二节　集装箱运输的优越性

二战结束以后，各国为发展国民经济，无一例外地发展国际贸易，而开展国际贸易离不开远洋运输。发展高效、低成本、安全可靠的货物运输方式，成为国际航运界的一个重大课题。在 20 世纪 50 年代中叶，集装箱运输这种新的运输方式的出现，与传统的运输方式相比，展示了它诸多的优越性。

1. 运输量大

将货物先用集装箱成组，即通过集装箱化形成一个扩大了的运输单元，不仅增加了运输量，也便于机械化装卸，大大缩短了船只在港口停泊的时间和货物在仓库里存放的时间，加快了货物运送的速度，降低了运输费用。另外，集装箱规格统一，在集装箱船这种容积船上积载，也同时增加了船舶的装载量。

2. 减少物品的破损

采用集装箱装卸，可以保证货运时完整无损，几乎可以完全消除物品的耗损量，大大减少损坏与赔偿。如平时运送玻璃板，损坏率达 15%，采用集装箱运输，仅损坏 0.2%～1%。

3. 节约包装材料

传统货物运输所采取的包装多为一次性使用，而集装箱则可多次使用，并可减少装箱和拆箱费用，降低货运费用，对顾客有利。使用集装箱装运货物，可简化运输包装或直接使用商品包装，节省包装材料，降低产品成本。

4. 最有效地提高件货的装卸效率

件杂货是国际贸易中的主要货种，传统作业方式条件下，其作业效率很低，通常传统运输方式中通常采用 10 t 门座起重机或船舶上的船用起重机作业，平均生产率只有 35～45 t/h。采用集装箱运输后，岸边集装箱起重机（以下简称岸桥）平均每小时可以装卸 30～40 TEU。以每个标准箱装货物 8～10 t 计，即装卸率为 240～400 t/h。由此可以看出，采用集装箱运输后，件货的装卸效率可以提高近 10 倍。

5. 船舶装卸实现全天候作业

传统的运输方式中，由于件杂货没有外包装或外包装不能防雨，露天作业是雨天就必须停止作业。在多雨季节，有的港口码头几乎有 1/3 日历天数内不能作业，导致港口泊位通过能力的下降。集装箱运输从根本上解决了这个问题。由于货物放置在密闭的钢制箱体内，既有防雨的功能，还具有防止货物被盗的功能，保证货物运输过程中的安全。

6. 提高了库场的利用率

一般集装箱可以堆码4～5个箱高，在少风的国家和地区，堆码高度甚至达到7个箱高，大大提高了堆场的利用率。充分利用了货物堆存场地的面积和空间，基本取消了仓库。

7. 缩短货物运输时间

在国际货物运输中，现代集装箱运输采用高速集装箱班轮制，即定点、定向、定船、定期的运输。因而可以准确预知货物启程和到达的时间，从而最有效地计划货物的产销周期。现代集装箱船舶的航速高达24～28 kn，缩短了路途时间。如从上海到美国西岸的定期集装箱班轮，每航次只需12～14天，而过去杂货船每航次约需1个半月。对承运人来说，采用集装箱运输可以减少船舶在港的停泊时间，加速了船舶的周转，船舶加速的周转可以更有效地利用它的运输能力，减少对货物的索赔责任等。

8. 实现了“门”到“门”的运输方式

采用“门”到“门”的运输方式，可以大大降低运输成本。因为，采用集装箱运输，货物始终在特制的箱子内，由生产商到用户，不必开箱倒载，大大减少了传统运输中的装卸环节，提高了货物运输质量和安全系数，减少被盗，减少了货损货差。对货主而言，可以大大地减少货物的损坏、偷窃和污染的发生，节省了包装费用，由于减少了转运时间，能够更好地对货物进行控制，从而降低了转运费用，也降低了内陆运输和装卸的费用，便于实现更迅速的“门到门”的运输。对于货运代理来说，使用集装箱进行货物运输可以为他们提供更多的机会来发挥无船承运人的作用，提供集中运输服务，分流运输服务，拆装箱服务，门到门运输服务和提供联运服务的机会。

9. 有利于实现货运管理现代化

集装箱运输简化了点件、检斤等货运手续和中转作业，便于开展多式联运，并为装卸机械化提供了条件，提高了装卸作业效率，加速车辆周转，有利于实现货运管理现代化。

当然，集装箱运输也存在一些缺点，主要表现为：

1. 受货载的限制，使航线上的货物流向不平衡，往往在一些支线运输中，出现空载回航或箱量大量减少的情况，从而影响了经济效益。

2. 需要大量投资，产生资金困难。

3. 转运不协调，造成运输时间延长，增加一定的费用。

4. 受内陆运输条件的限制，无法充分发挥集装箱运输“门到门”的运输优势。

5. 各国集装箱运输方面的法律、规章、手续及单证不统一，阻碍国际多式联运的开展。

## 第三节 集装箱运输体系

集装箱运输是商品运输的发展方向,集装箱运输体系是物流系统化的主要工程,它涉及到物流系统的各个功能要素,即商品包装、装卸、运输、储存保管、加工、配送和信息管理的各功能要素的全部设施,设备的系统化,所以建立和发展集装箱运输体系是推动物流系统化的关键和基础,集装箱运输体系是集装箱功能和作用得以充分发挥的基本条件,也就是集装箱运输合理化高效化应具备的各种保证因素。

集装箱运输体系的构建可以从硬件设施、软件设施和经济环境三个方面进行。

1. 集装箱综合运输网

现代物流的特点是量大、快捷、安全、经济。单一运输方式难以达到多、快、好、省的要求,因此要求各种运输方式协调合作,由各种运输方式的线路与它们的货物换载基地即结点,与各种运输设备或枢纽、场站、港口等联合贯通形成集装运输网络总体,是货物快速流通的重要硬件。

2. 先进的集装箱装卸搬运设备

先进的集装箱装卸搬运设备,例如自动化集装箱装卸机械、自动化集装箱码头等,是集装货物在结点改变运输方式进行换装的主要手段。

3. 产品包装标准化、规格化、系列化

产品包装标准化、规格化、系列化在集装箱和托盘的尺寸基础上,根据不同货物规定统一标准,其中产品包装的尺寸标准是提高集装箱运输和物流系统合理化标准化的关键。每种产品外包装尺寸,必须与集装箱内部尺寸或托盘尺寸相适应,充分利用其装货容积和装载重量,不致造成内空现象,以增强抗震能力,保证商品安全与运输装卸合理化、高效化。

4. 集装箱运输的信息化

以计算机为中心的现代信息系统使物流的远距离控制和集装运输合理化成为可能,集装箱运输信息网络一般由两部分组成:一是覆盖集装运输网络区域内的计算机管理系统,中心控制室在主要交通枢纽。海关或港口,终端与区域内各公司或作业单位相连接,货物与集装箱的准确位置、数量、种类都可以在计算机上反映出来,在各种定性定量基础上,进行准确无误的物流作业和经济活动,既节约时间又提高效率。二是各港口、场站间的电子信息传输系统,已装箱货物离开某地,信息便传输到换载基地,海关或港口提前实现报关与编组,运输装卸编排作业时间,仓储或货场为其预留场地,整个作业程序有条不紊,准确无误地进行。

5. 集装箱业务和箱务管理服务

可以提供拆装箱服务和集装箱的存放和维修。

6. 集装箱运输的经济腹地

货物稳定量大集中，是集装运输高效化的重要经济条件。集装运输网络所覆盖经济区域，经济发展有一定水平，特别是第一、二产业具有相当的规模和优势，能为集装运输提供技术含量相对较低，体积相对较大的，源源不断的适箱货，形成长期稳定充足的物流量。

**案例——洋山深水港开港：航运大国向航运强国迈进**

2005年12月11日，上海国际航运中心洋山港开港，标志着上海国际航运中心建设取得了重大突破，为加快确立东北亚国际航运中心地位，推进我国由航运大国迈向航运强国，创造了更好的基础和条件。

洋山深水港区和保税港区是上海国际航运中心的核心工程。洋山深水港区一期工程投入运营，在国际航运中心硬件设施方面取得重大突破将改写上海没有—15米以上深水航道和深水码头、泊位的历史，第五、第六代集装箱船可以全天候满载进港作业，为提升上海港的枢纽地位，加快国际航运中心建设，提供了非常好的硬件设施条件。

与此同时，上海国际航运中心洋山深水港区开港暨洋山保税港区的启用，在国际航运中心"软环境"方面取得重大突破。国际航运中心的形成，只有硬件还不够，还必须有软件支撑，要有吸引力的国际中转政策。2005年6月，国务院正式批准设立我国第一个保税港区——洋山保税港区。它由规划中的小洋山港口区域、东海大桥和与之相连的陆上特定区域组成。其中，小洋山港口区域面积2.14平方公里；陆地区域位于上海市南汇区芦潮港，面积6平方公里。洋山保税港区实行封闭管理，港区和陆地区域参照出口加工区的标准建设隔离监管设施。

洋山保税港区集目前国内保税区、出口加工区、保税物流园区三方面的政策优势于一体。主要税收政策为：国外货物入港区保税；货物出港区进入国内销售按货物进口的有关规定办理报关手续，并按货物实际状态征税；国内货物入港区视同出口，实行退税；港区内企业之间的货物交易不征增值税和消费税等。

洋山深水港区与洋山保税港区两者互为依托、相辅相成，既大大提升了航运基础设施的能级，又扭转了我国与周边国家港口竞争的政策劣势，对显著增强上海国际航运中心的集聚辐射和国际中转功能，具有非常重大的促进作用。

## [思考题]

1. 集装箱运输是在什么背景下产生的？

2. 采用集装箱运输要解决什么问题？

3. 最先采用集装箱运输的船公司是哪家？其首条船装载多少集装箱？

4. 采用集装箱运输方式体现哪些优越性？

5. 集装箱运输体系有哪些组成部分？

# 第二章 集装箱及其运输设备

## 第一节 集装箱及其类型

### 一、集装箱的定义

国际标准化组织(ISO)对国际标准集装箱作如下定义:

"集装箱是一种运输设备:

(1)具有耐久性,其坚固程度足以能反复使用。

(2)便于为商品运送而专门设计的,在一种或多种运输方式中运输时,无需中途换装。

(3)装有便于装卸和搬运的装置,特别是从一种运输方式转移到另一种运输方式时。

(4)设计时注意到便于货物装满或卸空。

(5)内容积为 1 $m^3$ 或 1 $m^3$ 以上。

集装箱一词不包括车辆和传统包装。"

除了上述 ISO 定义外,其他国际机构和公约也提出了相类似的条件。如 1977 年 9 月生效的国际集装箱安全公约(CSC)、联合国经济委员会(ECE)等所提出的定义都大同小异。总的要求是集装箱的结构附件和固定居具必须能够在承受通常应力的情况下,不间断地进行运输时,不会产生永久变形。至于对集装箱的容积尺寸的要求,则不完全一致。

另外,要注意的是,集装箱是一种必须取得有关检验机构签发的有效货运证书以后,才能投入营运的运载设备。在国际上营运的集装箱一般都具有固定的符合国际标准化组织(ISO)和其他国际公约规定的标记、标牌。目前,国际上发放这类证书的权威机构有:美国船舶局、德国劳氏船级社、英国劳氏船级社、法国船级社、日本船舶用品检验局、日本海事协会、日本检查协会等。

在集装箱运输中,符合国际标准的集装箱是使货物标准化的装运设备和外包装,是集装箱运输的基本单元。在运输过程中,它既是货物的一部分,又是运输工具的组成部分。在运输过程中使用的集装箱除少数属货主自有箱或租赁箱外,绝大多数是由船舶公司或其他集装箱运输经营人提供的。

**链接——集装箱的定义**

集装箱是一种运输设备:

(1)具有耐久性,其坚固程度足以能反复使用。

(2)便于为商品运送而专门设计的,在一种或多种运输方式中运输时,无需中途换装。

(3)装有便于装卸和搬运的装置,特别是从一种运输方式转移到另一种运输方式时。

(4)设计时注意到便于货物装满或卸空。

(5)内容积为 1 $m^3$ 或 1 $m^3$ 以上。

集装箱一词不包括车辆和传统包装。

## 二、集装箱的标准与规格

### (一)现行的国际集装箱标准与规格

为了使集装箱能够进行多种运输形式的联运,必须使集装箱在海运、陆运甚至空运的任何运输形式运输的区间都能通用,能够实现互换性。为此,ISO 专门成立了研究国际集装箱的各种技术参数和规格的技术委员会(ISO/TC 104),并于 1973 年正式颁布了集装箱国际标准,并经两次修订后形成现行的国际集装箱标准 ISO 668—1979 第一系列,见表 2-1。

**表 2-1 国际集装箱标准 ISO 668—1979 第一系列**

| 箱型 | 长(L) | | | | 宽(W) | | | | 高(H) | | | | 总重 | |
|---|---|---|---|---|---|---|---|---|---|---|---|---|---|---|
| | mm | 公差 mm | ft | 公差 in | mm | 公差 mm | ft | 公差 in | mm | 公差 mm | ft | 公差 in | kg | lb |
| 1AA | 12 192 | 1~10 | 40 | 0~3/8 | 2 438 | 0~5 | 8 | 0~3/16 | 2 591 | 0~5 | 8.5 | 0~3/16 | 30 480 | 67 200 |
| 1A | 12 192 | 1~10 | 40 | 0~3/8 | 2 438 | 0~5 | 8 | 0~3/16 | 2 438 | | 8 | | 30 480 | 67 200 |
| 1AX | 12 192 | 1~10 | 40 | 0~3/8 | 2 438 | 0~5 | 8 | 0~3/16 | <2 438 | | <8 | 0~3/16 | 30 480 | 67 200 |
| 1BB | 9 125 | 1~10 | 30 | 0~3/8 | 2 438 | 0~5 | 8 | 0~3/16 | 2 591 | 0~5 | 8.5 | 0~3/16 | 25 400 | 56 000 |
| 1B | 9 125 | 1~10 | 30 | 0~3/8 | 2 438 | 0~5 | 8 | 0~3/16 | 2 438 | 0~5 | 8 | 0~3/16 | 25 400 | 56 000 |
| 1BX | 9 125 | 1~10 | 30 | 0~3/8 | 2 438 | 0~5 | 8 | 0~3/16 | <2 438 | | <8 | | 25 400 | 56 000 |
| 1CC | 6 058 | 0~6 | 20 | 0~1/4 | 2 438 | 0~5 | 8 | 0~3/16 | 2 591 | 0~5 | 8.5 | 0~3/16 | 24 000 | 52 920 |
| 1C | 6 058 | 0~6 | 20 | 0~1/4 | 2 438 | 0~5 | 8 | 0~3/16 | 2 438 | 0~5 | 8 | 0~3/16 | 24 000 | 52 920 |
| 1CX | 6 058 | 0~6 | 20 | 0~1/4 | 2 438 | 0~5 | 8 | 0~3/16 | <2 438 | | <8 | | 24 000 | 52 920 |
| 1D | 2 991 | 0~5 | 10 | 0~3/16 | 2 438 | 0~5 | 8 | 0~3/16 | 2 438 | 0~5 | 8 | 0~3/16 | 10 160 | 22 400 |
| 1DX | 2 991 | 0~5 | 10 | 0~3/16 | 2 438 | 0~5 | 8 | 0~3/16 | <2 438 | 0~5 | <8 | | 10 160 | 22 400 |
| 1AAA | 12 192 | 0~10 | 40 | 0~3/8 | 2 438 | 0~5 | 8 | 0~3/16 | 2 896 | 0~5 | 9.5 | 0~3/16 | 30 480 | 67 200 |
| 1BBB | 9 125 | 0~10 | 30 | 0~3/8 | 2 438 | 0~5 | 8 | 0~3/16 | 2 896 | 0~5 | 9.5 | 0~3/16 | 25 400 | 56 000 |

国际集装箱标准的制订，为集装箱的标准化为集装箱运输设备提供了选型的依据，加快了集装箱运输的专业化，使国际贸易货物运输达到最大经济性、通用性和互换性。

目前在世界上流通使用的第一系列集装箱中，经常使用的是 20 ft 和 40 ft 集装箱，亦即第一系列中的 1C 和 1A 型集装箱。其他型号标准规格的集装箱在实际中很少使用。

为了便于统计集装箱的吞吐量、集装箱码头的通过能力以及机械的装卸效率，国际上通常以一个 20 ft 集装箱作为一个当量箱（用 TEU 表示）来进行换算。因此，又把一个 20 ft 长度的集装箱称之为一个标准箱，其换算方法如下：

40 ft 集装箱＝2 TEU

30 ft 集装箱＝1.5 TEU

20 ft 集装箱＝1 TEU

10 ft 集装箱＝0.5 TEU

（二）我国国内标准集装箱

我国从 1978 年 10 月 1 日起，实施国家标准 GB 1413—78《货物集装箱外部尺寸和重量系列》。标准中规定的集装箱重量系列为 5 t、10 t、20 t、30 t 4 种，其相应的型号为 5D、10D、1CC 和 1AA。1985 年该标准又修改为《集装箱外部尺寸和额定重量》(GB 1413—85)，并增加了 1A、1AX 和 1C、1CX 4 种箱型。我国实施的《集装箱外部尺寸和额定重量》(GB 1413—85)主要应用与铁路运输。表 2-2 为我国国内集装箱标准规格表。目前，为了使我国现行集装箱标准与国际接轨，有关部门正在修订相关的法规和标准，以满足我国内贸运输和外贸运输的需求。

**表 2-2 我国国内集装箱标准与规格**(GB 1413—85)

<table>
<tr><th rowspan="2">箱型</th><th colspan="2">高度(H)</th><th colspan="2">宽度(W)</th><th colspan="2">长度(L)</th><th>总重</th></tr>
<tr><th>尺寸(mm)</th><th>公差(mm)</th><th>尺寸(mm)</th><th>公差(mm)</th><th>尺寸(mm)</th><th>公差(mm)</th><th>kg</th></tr>
<tr><td>1AA</td><td>2 591</td><td rowspan="8">0～5</td><td>2 438</td><td rowspan="8">0～5</td><td>12 192</td><td rowspan="3">0～10</td><td rowspan="3">30 480</td></tr>
<tr><td>1A</td><td>2 438</td><td>2 438</td><td>12 192</td></tr>
<tr><td>1AX</td><td><2 438</td><td>2 438</td><td>12 192</td></tr>
<tr><td>1CC</td><td>2 591</td><td>2 438</td><td>6 058</td><td rowspan="3">0～6</td><td rowspan="3">24 000</td></tr>
<tr><td>1C</td><td>2 438</td><td>2 438</td><td>6 058</td></tr>
<tr><td>1CX</td><td><2 438</td><td>2 438</td><td>6 058</td></tr>
<tr><td>10D</td><td>2 438</td><td>2 438</td><td>4 012</td><td rowspan="2">0～5</td><td>10 000</td></tr>
<tr><td>5D</td><td>2 438</td><td>2 438</td><td>1 968</td><td>5 000</td></tr>
</table>

注：1. 1AA、1A、1AX、1CC、1C、1CX 型箱用于国际间运输；

2. 10D、5D 型箱用于国内运输。

## 三、集装箱尺寸和重量

ISO 对集装箱的尺寸与重量都有明确的规定。

### (一)集装箱尺寸

集装箱的尺寸主要是指集装箱的长度、宽度、高度和箱门的有效尺寸。

1. 集装箱的外部尺寸

即包括集装箱永久性附件在内的最大的长、宽、高尺寸。

集装箱外部长、宽、高尺寸的乘积为集装箱的体积。

集装箱的外部尺寸主要用于当集装箱装在铁路车辆、卡车上通过桥梁时是否能通得过，当装在船舶的箱格里时是否能装得下，以及集装箱在上述各运输工具之间是否能快速有效地进行换装，这都同集装箱的外部尺寸有关。

2. 集装箱的内部尺寸

即按集装箱内接最大矩形平行六面体确定的最大的长、宽、高的净空尺寸，一般不考虑顶角件凸入箱内部分(即内四角的附件凸出件)。

集装箱内部长、宽、高尺寸的乘积，称为集装箱的容积。

集装箱的实际容积为集装箱内部容积减去顶角件凸出在箱内部分的体积。

集装箱内部高度尺寸又分为公称高度尺寸和净空高度尺寸。

(1)公称尺寸。公称尺寸是指不计公差，用近似整数表示的集装箱的尺寸。如 1A 型集装箱的长度为 40 ft(实际长度为 39.370 08 ft)，1C 型集装箱的长度为 20 ft(实际为 19.685 04 ft)即为公称尺寸。

(2)净空尺寸。净空尺寸是指集装箱内部不考虑角件凸出部分的尺寸。

3. 集装箱箱门尺寸

集装箱箱门尺寸是指箱门开口部分的宽度和高度的尺寸。由于箱门上端有门格，故其开口高度比内部的公称高度要小。要求箱门开口的有效尺越好，尽可能接近于内部尺寸。根据国际标准的规定，集装箱箱门最小开口尺寸如表 2-3 所示。

**表 2-3　集装箱箱门最小开口尺寸**

| 箱　型 | 高度(mm) | 宽度(mm) |
|---|---|---|
| 1AA | 2 282 以上 | 2 290 以上 |
| 1A、1B、1C、1D | 2 130 以上 | 2 290 以上 |

### (二)集装箱重量

集装箱的重量分自重、载重和额定重量 3 种。

自重又称空箱质量，以 T 表示。它是包括各种集装箱在正常工作状态下应备有的附件和各种设备，如机械式冷藏集装箱的机械制冷装置及其所需的燃油、台架式集装箱上两侧的立柱、敞顶集装箱上的帆布顶篷等。

载重又称载货质量，以 P 表示。它是集装箱最大容许承载的货物重量（货物质量），包括集装箱在正常工作状态下所需的货物紧固设备及垫货材料等在内的重量（质量）。

额定重量是指集装箱的空箱重量（空箱质量）和箱内装载货物的最大容许重量（最大容许质量）之和，即最大工作总重量（最大工作总质量），简称最大总重，以 R 表示。

额定重量减去自重量等于载重量，即 P＝R－T。

集装箱在装货前，为了使集装箱的容积和重量能充分利用，必须仔细参阅集装箱箱体上标注的各主要参数。

由于集装箱的制造材料和制造厂不同，就是同一种类的集装箱，其尺寸和重量参数也是有不同的，即使是同一种材料、同一制造厂制造的集装箱，其制造时间不同，尺寸和重量参数也有差异。因此，在选用集装箱进行积载时，业务人员必须首先查看集装箱箱体上的具体参数。

表 2-4 为集装箱的内容积和载重量。

**表 2-4 集装箱内容积和载重量**

| 箱型 | 干货箱 | | 冷藏箱 | | 开顶箱 | | 框架箱 | |
|---|---|---|---|---|---|---|---|---|
| | 内容积（$m^3$） | 载重量（kg） | 内容积（$m^3$） | 载重量（kg） | 内容积（$m^3$） | 载重量（kg） | 内容积（$m^3$） | 载重量（kg） |
| 20 ft(6.1 m) | 33.1 | 21 740 | 27.5 | 21 135 | 32.6 | 21 740 | | 27 800 |
| 40 ft(12.2 m) | 67.7 | 26 630 | 58.7 | 26 580 | 56.8 | 26 410 | | 40 250 |

## 四、集装箱的结构

ISO 对集装箱的结构有一定的要求，其结构简图见图 2-1。

### （一）集装箱的结构

集装箱是由各种不同的构件组成的。现以常见的干货箱为例，将其基本结构及各构件主要有：

（1）框架。包括四个角柱、两个上横梁、两个下横梁、两个上纵梁和两个下纵梁。

（2）两个侧壁。包括侧板和侧柱。

（3）两个端壁。包括端板和端柱。

（4）箱顶。包括顶板和顶梁。

（5）箱底。包括底板和底梁。

（6）箱门。包括门楣、门槛、门铰链、箱门搭扣件、门锁装置和箱门密封垫等。

（7）角件。角件是一个三面有孔的专用于固定和起吊集装箱的装置。每个标准集装箱均有 8 个角件。集装箱箱顶的角件称顶角件，下底的角件称底角件。

集装箱应具有一定的强度，要求在运输时不能摇摆（包括横摇和纵摇）。吊起时不能变形，且在运输过程中要坚固、耐用和经济。

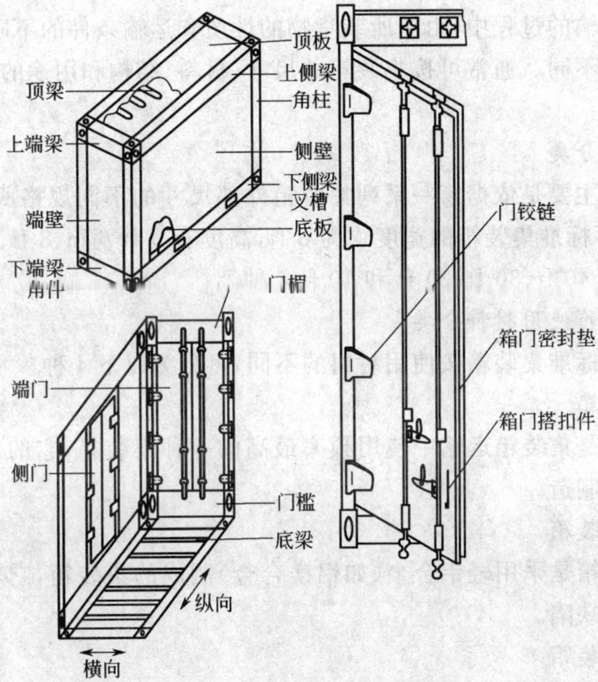


图 2-1　集装箱的结构简图

（二）集装箱的方位性术语

这里的方位性术语主要是指区分集装箱的前、后、左、右以及纵、横的方向和位置的定义。

占集装箱总数 85％以上的干货集装箱，均一端设门，另一端是盲端。这类集装箱的方位性术语如下：

（1）前端。指没有箱门的一端。

（2）后端。指有箱门的一端。

如集装箱两端结构相同，则应避免使用前端和后端这两个术语，若必须使用时，应依据标记、铭牌等特征加以区别。

（3）左侧。从集装箱后端向前看，左边的一侧。

（4）右侧。从集装箱后端向前看，右边的一侧。

由于集装箱在公路上行驶时，有箱门的后端都必须装在拖车的后方，因此有的标准把左侧称为公路侧，右侧称为路缘侧。

（5）纵向。指集装箱的前后方向。

（6）横向。指集装箱的左右、与纵向垂直的方向。

## 五、集装箱种类

在集装箱运输的过程中，由于所装货物的性质和运输条件的不同，因而选择集装箱的种类也有所不同。通常可按集装箱的尺寸、材料、结构和用途的不同而对集装箱进行分类。

### (一)按尺寸分类

按尺寸分类主要是依据第一系列集装箱外部尺寸的不同规格所做的分类(见表3-1)。目前，国际标准集装箱的宽度均为 8 ft，高度有 9 ft 6 in、8 ft、8 ft 6 in 和小于 8 ft 4 种；长度有 40 ft、30 ft、20 ft 和 10 ft 4 种。

### (二)按集装箱使用材料分类

现有的国际标准集装箱按使用材料的不同，可分为以下 4 种。

1. 钢制集装箱

钢制集装箱是集装箱运输中使用频率最高的一种集装箱，它的外板和结构部件均使用钢板材料制造。

2. 铝合金集装箱

铝合金集装箱是采用轻铝合金(如铝镁合金)制成的集装箱，它较好地解决了钢制集装箱存在的缺陷。

3. 玻璃钢集装箱

玻璃钢是用玻璃纤维、合成树脂和胶合板混合组成的一种材料，将这种材料(玻璃钢复合板)敷设在集装箱的框架上便做成玻璃钢集装箱。

4. 不锈钢集装箱

不锈钢集装箱的强度大、不生锈，遇海水耐腐蚀性能好，使用年限比钢制集装箱长；但不锈钢集装箱的制造价格高，初始投资数额大，制造困难。目前一般都用作罐式集装箱。

### (三)按结构分类

集装箱按其结构形式的不同，可分为以下 3 种。

1. 内柱式集装箱和外柱式集装箱

内柱式集装箱是指集装箱的侧柱和端柱位于侧壁和端壁之内的集装箱。外柱式集装箱是指集装箱的侧柱和端柱位于侧壁和端壁之外的集装箱。

2. 折叠式集装箱和固定式集装箱

折叠式集装箱是一种侧壁、端壁和箱门等主要部件能方便地折叠和撑开起来使用的集装箱。

固定式集装箱是指集装箱的主要构件永久固定在一起的呈密闭状的集装箱。目前，常用的集装箱一般都是固定式集装箱。

3. 预制件式集装箱和薄壳式集装箱

预制件式集装箱是由骨架和外板等许多预制件组合制成的集装箱。薄壳式集装箱的所有部件结合成一个刚体，它的自重较轻，受扭力作用时不会引起永久变形。

(四)按用途分类

1. 杂货集装箱

这是一种不需要调节温度的货物所使用的集装箱中最常采用的标准集装箱，一般也称通用集装箱或干货集装箱。它适于装载各种干杂货，包括日用百货、食品、机械、仪器、药品等。见图 2-2。

图 2-2 干货集装箱

2. 保温集装箱

保温集装箱是指那些装载在运输过程中需要保温或冷藏货物的，其所有侧壁都敷设泡沫苯乙烯等热传导率较低的材料制成的集装箱。这种集装箱可以分成 3 种。

(1)冷藏集装箱。它是以运输冷冻食品为主，能保持所定温度的保温集装箱。它是专为运输如鱼、肉、新鲜水果、蔬菜等食品而特殊设计的。目前国际上采用的冷藏集装箱基本上分两种：一种是集装箱内带有冷冻机的叫机械式冷藏集装箱，又称内置式机械冷冻集装箱。见图 2-3。

(2)隔热集装箱。隔热集装箱是为载运水果、蔬菜等货物，防止温度上升过快，以保持货物鲜度而具有完善隔热结构的集装箱。通常用冰作制冷剂，保温时间为 72 小时左右。

(3)通风集装箱

图 2-3 冷藏集装箱

通风集装箱是封闭式的，一端设有门，侧壁或端壁设有通风窗口，空气从通风窗口进入箱内。通风集装箱适宜于装运水果、蔬菜等不需要冷冻而具有呼吸作用的货物。关闭通风窗口，即可当干货集装箱使用。

3. 特种集装箱

特种集装箱是为运输特种货物而特别设计、制造，并具有特别结构和设施的集装箱，其种类繁多，常见的主要有以下 6 种。

(1)板架集装箱。板架集装箱见图 2-4。主要用于重货、较长货物的运输。

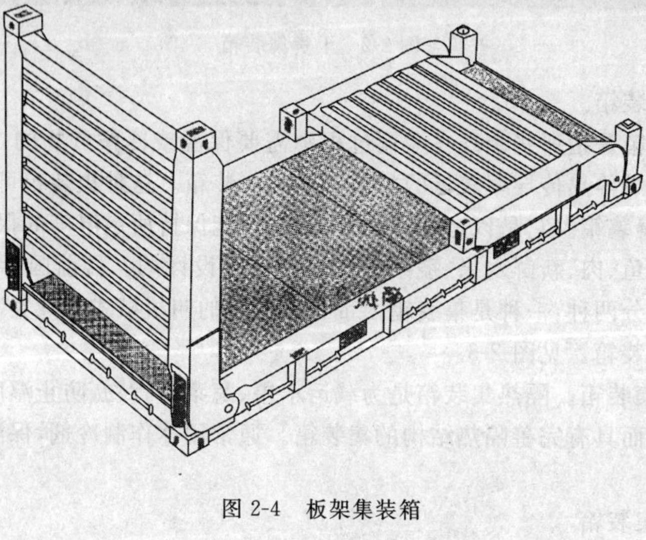

图 2-4 板架集装箱

(2)罐式集装箱。罐式集装箱是专用以装运酒类、油类(如动植物油)、液体食品以及化学品等液体货物的集装箱。它还可以装运其他的液体危险货物。这种集装箱有单罐和多罐数种。见图 2-5。

图 2-5　罐式集装箱

(3)敞顶集装箱。又称为开顶集装箱,这是一种没有刚性箱顶的集装箱,但有由可折叠式或可拆式顶梁支撑的帆布、塑料布或涂塑布制成的顶篷,其他构件与通用集装箱类似。这种集装箱适于装载大型货物和重货,如钢铁、木材,特别是像玻璃板等易碎的重货,利用吊车从顶部吊入箱内不易损坏,而且也便于在箱内固定。见图2-6。

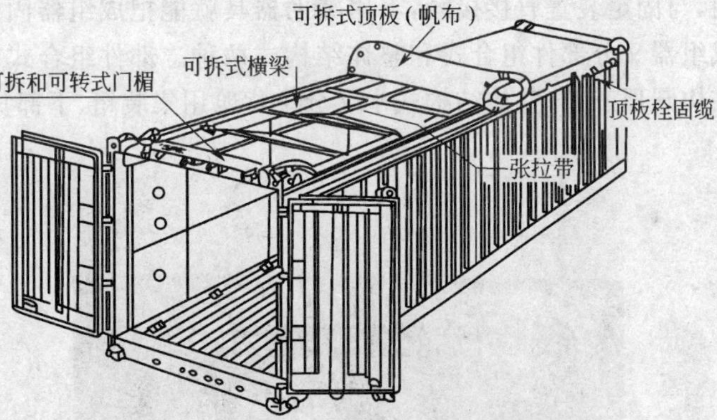


图 2-6　敞顶集装箱

(4)汽车集装箱。它是一种运输小型轿车用的专用集装箱,其特点是在简易箱底上装一个钢制框架,通常没有箱壁(包括端壁和侧壁)。这种集装箱分为单层的和双层的两种。汽车集装箱一般不是国际标准集装箱。

(5)动物集装箱。这是一种装运鸡、鸭、鹅等活家禽和牛、马、羊、猪等活家畜用的集装箱。

(6)服装集装箱。这种集装箱的特点是在箱内上侧梁上装有许多根横杆,每根横杆上垂下若干条皮带扣、尼龙带扣或绳索,成衣利用衣架上的钩,直接挂在带扣或绳索上。集装箱内的服装装载属于无包装运输,它不仅节约了包装材料和包装费用,而且减少了人工劳动,提高了服装的运输质量。见图 2-7。

图 2-7 服装集装箱

4. 航空集装箱

国际航空运输协会(IATA)把航空运输中使用的集装箱采用了“成组器”这一术语(图 2-8)。成组器又分为航空用成组器和非航空用成组器两种。前者是指可装在飞机的机舱内,与固定装置直接接触,不用辅助器具就能把成组器固定的装卸工具。这种航空用成组器又分部件组合式和整体结构式两种。部件组合式中包括托盘、货网和非固定结构圆顶三种;整体结构式中又分主货舱用集装箱、下部货舱用集装箱和

图 2-8 航空集装箱

固定结构圆顶三种。后者是指未满足航空用成组器条件的成组器，它可用叉式装卸车进行装卸，必须根据国际航空运输协会规定的标准规格制造，是一种标准化的装卸工具。

各类集装箱都是根据不同货物运输、装卸的需要设计的，针对不同的货物选用适当的集装箱是集装箱运输中非常重要的一项工作。

## 六、集装箱标志

一般来说，集装箱箱体上所印刷的标志可以分为商业性标志、运输标志和指示性标志。运输中主要涉及运输标志和指示性标志。

### (一)集装箱标志的一般内容

在国际间流通的集装箱须有相应的标志，以便海关或其他有关方面对它进行监督和管理。集装箱标志的一般内容是：

1. 箱主或主要经营者的标志。
2. 箱主或经营者确定的集装箱标志符号和号码。
3. 集装箱的总重和自重(包括全部永久固定设备的重量)。

### (二)国际标准化组织(ISO)关于集装箱标志位置的规定

国际标准化组织(ISO)规定在集装箱相应位置(见图 2-9)上应有以下标志：

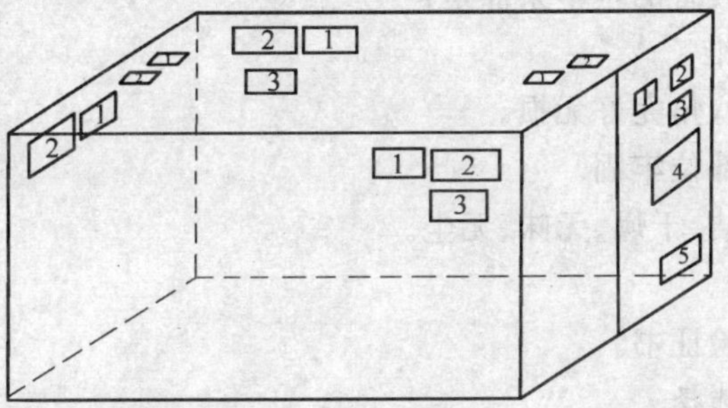

图 2-9　国际标准化组织(ISO)规定的集装箱标志位置

1—箱主代号；2—顺序号(又称箱号)和核对数字；3—尺寸和类型代号；

4—集装箱的总重和自重(吨或公斤)；5—集装箱制造厂商。

1. 箱主代号、顺序号(又称箱号)和核对数字。
2. 集装箱的国家代号、尺寸和类型代号。
3. 集装箱的总重和自重(吨或公斤)。

### (三)指示性标志

指示性标志又称为通行标志，是为确保安全运输和简化运输过程中的通关、检疫、安全检查等方面的手续而设置的标志。这类标志主要有危险品标志、空运箱标志、带电警告标志、超高集装箱标志等。部分指示性标志见图 2-10。

第三类危险品标志

超高集装箱标志

图 2-10 部分集装箱指示性标志

## 七、集装箱的选择

在进行集装箱货物装箱前，首先应根据所运输的货物种类、包装、性质和其运输要求，选择合适的集装箱。因为，采用统一标准规格的集装箱，不仅能保证货运质量，而且还是提高集装箱运输效率的必要条件。

### （一）集装箱选择应具备的基本条件

集装箱选择应具备的基本条件是：

1. 符合 ISO 标准。
2. 四柱、六面、八角完好无损。
3. 箱子各焊接部位牢固。
4. 箱子内部清洁、干燥、无味、无尘。
5. 不漏水、漏光。
6. 具有合格检验证书。

### （二）集装箱的选择

采用何种规格的集装箱为宜，应根据航线上和所经运输路线具体的货源条件和港口条件来定，因为这对集装箱运输能否取得成效有重大的关系。

一般来说，在货物批量较少的航线上，选用集装箱的规格不宜太大。当然，还得视货物的密度，如在进出口货物中轻泡货较多，则以采用规格较大的集装箱为宜。

另外，在决定选用何种规格的集装箱时，还应考虑到与国外船公司、货主的合作问题。因为在进行集装箱货物的国际多式联运中，很有可能与国外船公司进行箱子交换、互用。因此，最好选用国际上广泛使用的集装箱。

开展集装箱的国际多式联运，应以实行“门到门”运输为原则。因此，在选用集装箱运输时，还必须注意到内陆运输的条件。为了适应公路、铁路运输条件的限制，使货运量少、运输条件差的国家和地区也能实现“门到门”运输，可采用“子母箱”运输方法。子母箱运输方法系指子箱的尺寸应与母箱的尺寸紧密配合，在海上运输时可采用大型国际标准箱，而在内陆运输时，则采用小型集装箱运输，等这些国家和地区的集装箱运输得以发展成熟和货运量增大后，逐步完善大型集装箱的“门到门”运输。

选用集装箱时，主要考虑的还是根据货物的不同种类、性质、形状、包装、体积、重量，以及运输要求采用其合适的箱子。首先要考虑的是货物是否装得下，其次再考虑在经济上是否合理，与货物所要求的运输条件是否符合。

表 2-5 所列的集装箱种类，可供按不同货物性质装货选用集装箱时的参考。

**表 2-5 按不同货物性质装货时选用的集装箱**

| 主要货种 | 集装箱种类 |
| --- | --- |
| 一般货物 | 干货集装箱，通风集装箱 |
| 重量货物 | 敞顶集装箱、板架、平板集装箱 |
| 冷冻、冷藏货物 | 冷冻、保温、通风集装箱 |
| 散装货物 | 罐式集装箱 |
| 贵重货物 | 干货集装箱 |
| 动植物 | 动物集装箱、通风集装箱 |
| 危险品 | 适合于危险品及有关法规的集装箱 |

（三）集装箱的检查

集装箱在装载货物之前，都必须经过严格检查。一只有缺陷的集装箱，轻则导致货损，重则在运输、装卸过程中造成箱毁人亡事故。

所以，对集装箱的检查是货物安全运输的基本条件之一。发货人、承运人、收货人，以及其他关系人在相互交接时，除对箱子进行检查外，则应以设备交接单等书面形式确认箱子交接时的状态。

1. 外部检查

外部检查系指对箱子进行六面察看，外部是否有损伤、变形、破口等异样情况，如有，即作出修理部位的标志。

2. 内部检查

内部检查是对箱子的内侧进行六面察看，是否漏水、漏光、有无污点、水迹等。

3. 箱门检查

检查箱门是否完好，门的四周是否水密，门锁是否完整，箱门能否 270°开启。

4. 清洁检查

清洁检查是指箱子内有无残留物、污染、锈蚀异味、水湿。如不符合要求，应予以清扫，甚至更换。

5. 附属件的检查

附属件的检查是指对货物的加固环节状态，如：板架式集装箱的支柱的状态，平板集装箱、敞顶集装箱上部延伸用加强结构的状态等进行检查。

**链接——集装箱检查的内容**

(1)外部检查

(2)内部检查

(3)箱门检查

(4)清洁检查

(5)附属件的检查

## 八、集装箱的固定

为了防止集装箱在车船上发生移动而损坏箱体、伤害人员，集装箱运输途中应加以固定。由于集装箱的主要强度构件是框架，故集装箱的固定主要是通过角件来固定(图 2-11)。

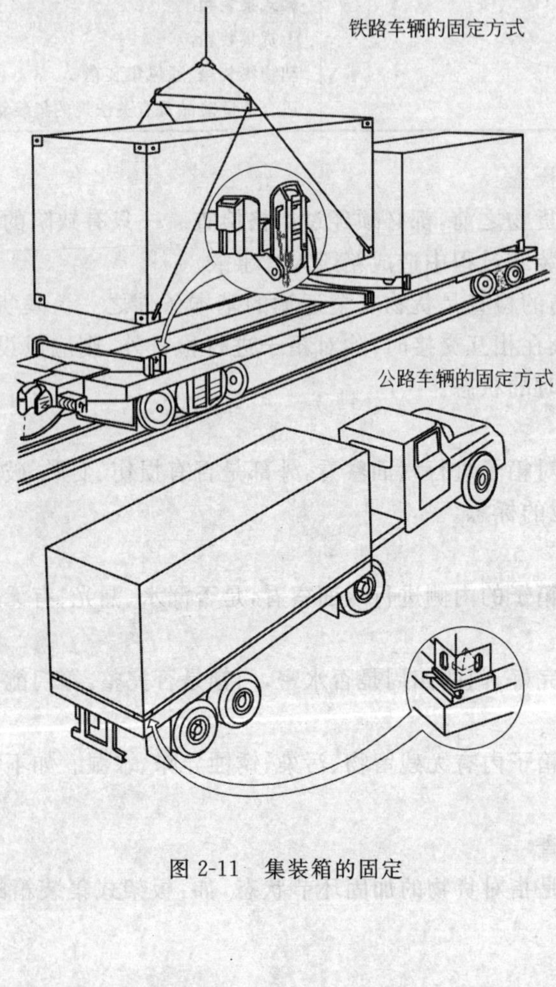


图 2-11 集装箱的固定

(一)集装箱在车辆上的固定

集装箱在铁路车辆上的固定方法与公路车辆上的固定方法一样,即利用四个底部角件加以固定。

集装箱在装上车辆之前,应先检查车辆的所有固定装置是否处于完好状态。在集装箱装上车辆后,还需检查固定件是否已正确可靠地把集装箱牢牢地固定住。

为了保证集装箱在运输途中的安全,必须将集装箱的四个底部角件牢牢地固定在运输车辆上。在车辆上的固定方法通常是通过手动操作将车上的扭锁锁住集装箱底部的四个角件。除采用扭锁外,车辆还可用其他固定件固定集装箱,如锥体固定件、导槽固定件等。

(二)集装箱在船舶上的固定

集装箱在海上运输时,如装在集装箱专用船(即全集装箱船)的舱内,由于舱内设有箱格导柱,它能起阻止集装箱移动的作用,因此,无须用固定件固定。

集装箱装在甲板上或舱盖上时,则必须采用固定件加以固定。如甲板和舱盖口需堆装数层集装箱,则上、下层集装箱之间应采用堆码固定件加以连接,除此之外,还要在集装箱的角件处用钢丝绳与甲板或舱盖上设置的系环拉紧。

集装箱与甲板或舱盖之间的固定可采用设置在甲板或舱盖上的甲板固定件(“地铃”)与集装箱底部角件固定,甲板固定件有固定式和可卸式两种。两舷侧的集装箱固定除采用上述方法外,还应采用带导槽的固定件。

## 第二节　集装箱船舶

### 一、全集装箱船

杂货船所装货物品种繁多,规格不一,重量和体积大小又相差很大,致使装卸工作十分困难,装卸效率很低,工人的劳动强度大,还容易发生货损货差。为了克服上述缺点,实现件货运输机械化,20 世纪 50 年代中期美国首先将杂货船改装成集装箱船。

由于集装箱运输是将件杂货预先集装于一种坚固并有一定规格的货箱内,然后把货箱作为货运单元装到船上进行运输,所以使货物运输规格化,便于实行装卸和运输自动化,可以大大缩短停港时间,加速船舶周转,从而提高装卸效率,获得良好的经济效果。另外,集装箱运输还能减轻劳动强度,防止货损货差,简化理货手续及节省包装费用,使运输成本减少。

集装箱船是指以装运集装箱货物为主,用来专门装运规格统一的标准货箱的船舶,各种货物在装船前先已装入标准货箱内,再把集装箱装上船。这种运输方式的优点是装卸效率高,能减少货损货差,在装、卸船过程中不再出现成千上万的单件货物，便于装卸。由于集装箱运输提高了装卸效率，减轻了劳动强度，加速了车船周转，加快了货物送达，减少了营运费用，降低了运输成本，因此，集装箱船得到很快的发展。

集装箱船是以载运集装箱为主的运输船舶，又称货箱船。目前，集装箱船主要是指全集装箱船。这种船舶的全部货舱和上甲板都装载集装箱，它适用于货源充足稳定的航线。

集装箱船与一般货船相比，具有这样几个优点：

1.装卸速度高、在港时间短。一般集装箱的装卸速度每小时约装卸20～30箱，而一般杂货船的装卸速度要低的多。因此，船舶因装卸作业而停港的时间可大大节省。

2.年运输能力强。装卸效率的提高使船舶停港时间缩短，为加快船舶周转及增加载货量，集装箱船舶的吨位和航速都较高，从而使集装箱船舶的运输能力提高。

3.劳动强度低。由于装卸方式的改变，装卸工作实现了机械化，因而工人劳动强度可大大减轻，劳动人数可大为减少。装卸工人数约可减少90%左右。

4.港口吞吐能力提高。因装卸效率高，船舶在港时间短，使港口利用率高、吞吐能力提高。

5.货损货差少。因为货物装在集装箱内，故在运输过程中避免了包装件杂货在运输过程中的货损和货差。

当然，集装箱船也存在一些不足之处。由于集装箱船的造价高，且需要专用的码头和设备与其配合，因此需要大量的投资，在今后还不能完全替代杂货船及其他运输船舶。从性能上讲，因为集装箱船的重心较高，受风面积较大，所以稳性稍差。

集装箱船舶的大型化进程可分为六个发展阶段：普通货船改装成集装箱船；早期集装箱船；早期巴拿马型船；极限巴拿马型船；早期超巴拿马型船；特超巴拿马型船。根据集装箱船的发展情况，集装箱船的大小，大体划分成四代。第一代集装箱船长170 m，宽25 m，吃水8 m，载箱量为700～1 000 TEU，载重量10 000 t左右；第二代集装箱船长225 m，宽29 m，吃水10～11 m，载箱量为1 500 TEU，载重量约25 000～30 000 t；第三代集装箱船长275 m，宽32 m，吃水11.5～12 m，载箱量为2 500～3 000 TEU，载重量约40 000 t；第四代集装箱船长约295 m，宽32 m，吃水12 m以上，载箱量为3 000～4 000 TEU，载重量约50 000 t。

集装箱船的出现尽管不到40多年，但是发展很快，第四代以上的全集装箱船均可称为超大型集装箱船。目前的第五代全集装箱船可装载集装箱5 000 TEU以上。同时，也有可载6 000～11 000 TEU的集装箱船投入营运。世界十大船公司的排名见表2-6。

表 2-6 世界十大船公司的排名(BRS-AIPHALINER 发布,截至 2005/5/1)

| 公 司 | 排名 | 市场份额(%) | TEU 总计 | 艘数总计 | 自有船舶 TEU | 自有船舶艘数 | 租赁船舶 TEU | 租赁船舶艘数 |
|---|---|---|---|---|---|---|---|---|
| 马士基一海陆 | 1 | 12.4% | 1 053 888 | 391 | 558 425 | 130 | 495 463 | 261 |
| 地中海航运 | 2 | 8.1% | 687 621 | 257 | 481 325 | 179 | 206 296 | 78 |
| 铁行渣华 | 3 | 5.5% | 464 769 | 160 | 141 124 | 38 | 323 645 | 122 |
| 长荣海运 | 4 | 5.2% | 442 962 | 151 | 348 358 | 112 | 94 604 | 39 |
| 达飞轮船 | 5 | 4.8% | 411 723 | 184 | 130 253 | 45 | 281 470 | 139 |
| 美国总统 | 6 | 3.8% | 319 804 | 101 | 127 270 | 36 | 192 534 | 65 |
| 中远集运 | 7 | 3.5% | 299 452 | 120 | 226 657 | 102 | 72 795 | 18 |
| 中海集运 | 8 | 3.5% | 297 541 | 112 | 129 791 | 67 | 167 750 | 45 |
| 韩进海运 | 9 | 3.5% | 294 532 | 78 | 69 951 | 18 | 224 581 | 60 |
| 日本邮船 | 10 | 3.4% | 287 210 | 108 | 167 650 | 40 | 119 560 | 68 |
| 东方海外 | 11 | 2.8% | 238 661 | 69 | 149 962 | 28 | 88 699 | 41 |
| 智利南美轮船 | 12 | 2.6% | 218 349 | 83 | 1 585 | 1 | 216 764 | 82 |
| 赫伯罗特 | 13 | 2.5% | 215 311 | 57 | 126 114 | 26 | 89 197 | 31 |
| 川崎汽船 | 14 | 2.5% | 213 266 | 73 | 105 028 | 26 | 108 238 | 47 |
| 以星航运 | 15 | 2.5% | 211 107 | 93 | 110 694 | 37 | 100 413 | 56 |
| 商船三井 | 16 | 2.4% | 202 309 | 67 | 113 318 | 30 | 88 991 | 37 |
| 加拿大太平洋 | 17 | 2.3% | 195 177 | 81 | 107 221 | 39 | 87 956 | 42 |
| 阳明海运 | 18 | 2.1% | 182 745 | 63 | 124 757 | 37 | 57 988 | 26 |
| 汉堡航运 | 19 | 1.9% | 162 158 | 81 | 51 718 | 19 | 110 440 | 62 |
| 现代商船 | 20 | 1.7% | 146 681 | 39 | 55 254 | 16 | 93 427 | 23 |

全集装箱船的货舱和甲板均能装载集装箱。货舱内设有格栅式货架,以利货箱的固定。其甲板和货舱盖是平直的,上面可以装 2~4 层集装箱,如图 2-12 所示。这类船适合于货源充足的航线。通常船上不设起货设备,而利用码头上的专用设备装卸。

当今世界,国际集装箱船舶的大型化发展趋势十分明显,世界上各大船公司为了获得足够的规模经济而在竞争中不断地开发越来越大的集装箱船舶,其中 4 000 TEU 以上的第五、六代集装箱船,已成为国际干线航运的主流船型。船公司在主干航线上采用合理的配船方式,保证大型集装箱船舶达到合理的载箱率,可使其进一步降低营运成本。因此,如果没有技术条件制约和不考虑港口费用的增加情况下,船公司将采用更为大型的集装箱船舶,以进一步降低营运成本,增强竞争力。

从理论上讲,单船运力超过 8 000 TEU 的超大型集装箱船舶带来的最大好处是

图 2-12 我国自行建造的全集装箱船

每一个航次的集装箱运量高，挂靠的港口次数减少，平均每一只集装箱的成本费用，比单船 5 000～6 000 TEU 的集装箱船舶低大约 10%～12%；比单船运力 4 000 TEU 集装箱船舶低 30%，从而提高集装箱船舶经营人的经济效益。但是，得出这一结论的前提是超大型集装箱船舶必须满箱满载。否则，超大型集装箱船舶的所谓优势就不复存在。从经营实际来看，集装箱船舶超大型化的趋势也是不可逆转的潮流。

## 二、滚装船

把装有集装箱及其他件货的半挂车或装有货物的带轮的托盘作为货运单元，由牵引车或叉车直接通过船侧、船首或船尾的开口处跳板进出货船装卸的船舶称为滚装船。

在船的尾部、舷侧或首部，有跳板放到码头上，汽车或拖车通过跳板开上开下，实现货物的装卸。故滚装船又称开上开下船或滚上滚下船，如图 2-13 所示。

滚装船是在汽车轮渡的基础上发展起来的。汽车轮渡的使用由来已久，但以滚装形式用于远洋运输还只是近 30 年的事。滚装船能穿梭般地进出那些装卸设备落后的港口，依靠本身的运载设备，在码头简陋的设备配合下进行滚装装卸。目前，世界已有许多国家拥有滚装船。

滚装船的尺度和集装箱船一样，也分第一代、第二代和第三代滚装船。第一代滚装船载重量约 18 500 t。装箱量为 854 只 20 ft 标准箱，航速为 24 nmile/h；第二代滚

图 2-13　滚装船

装船载重量约 22 000 t，装箱量为 1 400 只 20 ft 标准箱，航速为 22 nmile/h；第三代滚装船载重量约 32 500 t，装箱量为 1 700 只 20 ft 标准箱，航速为 22 nmile/h。

滚装运输的优点是节省货物在船、港之间中转和装卸的环节，可以减少码头设备的投资，避免港口压船，并便于开展从发货点到目的地的“门到门”的运输，也便于从大港口向中小型港口的集散运输，使整个运输过程合理化。同时，它可以在没有现代化装卸设备或设备不完善的港口或江河岸边进行装卸，因而能完成集装箱船和杂货船所不能完成的任务。

滚装船的不足之处是装卸作业受跳板坡度的限制，舱内容积利用率低，空船重量大，造价高。从性能上讲，它的稳性、抗沉性和通风要求高，要采取一定措施才能满足。

滚装船的上层建筑高大，最上层的露天甲板平坦，无起货设备。货舱内设有多层纵通甲板，汽车或拖车可以通过坡道或升降平台进入上、下层舱内。滚装船对码头要求低，装卸效率高，船速较快，但舱容利用率低，造价高。

滚装船最早出现于 50 年代末。目前，全世界大小滚装船近 1 000 艘，主要为发达国家所拥有。滚装船也在朝大型化方向发展。

### 三、载驳船

载驳船(图 2-14)是 20 世纪 50 年代初期发展起来的一种船型。是专门用于载运货驳的一种运输船舶，又称子母船。载驳船本身为“母船”，它所载的驳船为“子船”，它的载卸过程是将货物或集装箱先装载在规格统一的驳船上，再把驳船装上载驳船。运抵目的港后，卸下货驳由推船或拖轮把它们分送内河各地，载驳船再装上等候在锚地的满载货驳驶向新的目的港。这种运输方式可以实现海河联运，减少中转，提高运输效率。

载驳船一问世就以其一系列独特之处引起航运界的巨大兴趣。它的主要优点是：

1. 载驳船装卸作业一般不需要靠码头，可以在锚地进行装卸，故不受港口限制，

图 2-14 载驳船

机动灵活。

2. 有利于江海联运，内地货物可直接装上驳船，拖运到锚泊区后，由母船横渡大洋运往国外。

3. 由于驳船内可装各种货物，如杂货、托盘货、散货、液货和集装箱等，故对货种具有很大的适应性。

4. 载驳船的装卸效率高，运价低。载驳船的装卸效率随装卸方式不同而不同，一般比杂货船高 30～60 倍，比集装箱船高 3～4 倍。由于实现了联运，故载驳船运输每吨货物的成本约比杂货船低 28%左右。

但是，载驳船的发展不如集装箱船和滚装船那样快，主要原因是初始投资大，一艘母船加几十艘子船所花的代价是同载重量的杂货船 5 倍左右。所以目前只在一些工业发达国家使用。另外，载驳船要求港口有广大的锚地和水深，并要配备一定数量的推轮和拖轮，使用受到限制，一般只适用于货源稳定的航线。

## 四、集装箱驳船

集装箱驳船(图 2-15)有动力型和非动力型。动力型集装箱驳船又称为自航驳。非动力型集装箱驳船没有动力装置和推进设备，由拖轮拖带或推轮顶推。

**链接——全集装箱船船型的划分**

| 营运年代 | 载运能力(TEU) | 总吨 | 长度(m) | 宽度(m) | 吃水(m) |
|---|---|---|---|---|---|
| 第一代(1957) | 750 | 14 000 | 180 | 25.0 | 9.0 |
| 第二代(1968) | 1 500 | 30 000 | 210 | 30.5 | 10.5 |
| 第三代(1972) | 3 000 | 40 000 | 275 | 32.2 | 11.5 |
| 第四代(1988) | 4 500 | 55 000 | 298 | 39.2 | 12.5 |
| 第五代(1995) | 6 000 | 72 000 | 315 | 42.8 | 14.0 |
| 第六代(1997) | 8 000 | 89 000 | 338 | 46.5 | 14.5 |

图 2-15 集装箱驳船

## 五、集装箱海上货物运输航线

### (一)国际海运主要航线

船舶在两个或多个港口之间从事货物运输的线路称为航线。海运航线按航行区域范围的大小、运输距离的长短分为国际大洋航线、地区性的国际航线和沿海航线。

国际大洋航线有:太平洋航线、大西洋航线和印度洋航线。

1. 太平洋航线

太平洋航线又细分为:远东—北美西海岸各港航线(从中国、日本、韩国和俄罗斯远东海港出发到加拿大、美国、墨西哥等北美西海岸各港);远东—加勒比海、北美东海岸各港口航线(上述远东国家海港出发,经巴拿马运河后到达中美洲、加勒比海各港口、北美东部各港口);远东—南美西海岸航线(上述远东国家海港出发,经琉球群岛、硫磺列岛、夏威夷群岛之南的莱恩群岛附近穿越赤道进入南太平洋至南美西海岸各港口);远东—澳、新航线(分为两条航线:中国北方沿海港口和日本港口去澳大利亚东岸和新西兰港口,走琉球、加罗林群岛,进入所罗门海、珊瑚海;另外就是从中国沿海港口南下,经中国香港、南海、苏拉威海、班达海、阿拉弗拉海、珊瑚海、塔斯曼海。此外还有从中国去澳大利亚西海岸航线,多经菲律宾的民都洛海峡、望加锡海峡、龙目海峡南下);远东—东南亚航线(上述远东国家海港出发,经东海、中国台湾海峡、巴士海峡、南海到东南亚各国港口);澳、新—北美东西海岸航线(从澳、新港口出发,途经苏瓦、檀香山等太平洋上重要港口到北美西海岸,或经帕皮提群岛、过巴拿马运河到北美东海岸);北美—东南亚航线(这组航线一般要经过夏威夷、关岛、菲律宾等地,或通过巴拿马运河将北美东、加勒比海各港与东南亚各国的港口连接。

2. 大西洋航线

由于大西洋位于西欧、北美两个世界经济发达的地区,有许多优良港湾和深入大陆的内河、内海。有苏伊士运河和巴拿马运河与印度洋和太平洋连接。其中的主要航线有:西北欧—北美东海岸航线(自北美东海岸经过纽芬兰横渡大西洋到达西北欧沿岸各港口);西北欧—北美东岸、加勒比海各港口航线(该航线多出英吉利海峡后横渡大西洋。除去北美、加勒比海沿岸各港口外,还可经巴拿马运河到达美洲太平洋西岸各港口);北美东岸、西北欧—地中海、苏伊士运河去东方航线;西北欧、地中海—南美东海岸航线;西北欧、北美大西洋—好望角、东方航线(这是油轮从海湾地区向西北欧、北美运送石油的必经之路);南美东海岸—好望角航线(这是南美东海岸去海湾地区运油,或远东国家购买巴西矿石常选用的路线)。

3. 印度洋航线

横贯印度洋东西的航线(从亚洲太平洋地区和大洋洲横穿印度洋西行的航线);进出印度洋北部国家各港口的航线(印度洋北部包括:孟加拉湾、阿拉伯沿岸国家等);进出波斯湾沿岸国家的航线(一条经曼德海峡、红海、苏伊士运河、地中海进入大西洋,到欧洲或往北美;一条是南下印度洋,经东非沿岸,绕道好望角通往大西洋,到西北欧、北美;还有一条是出波斯湾东行,经印度洋、马六甲海峡、太平洋到东南亚和远东。

(二)国际集装箱海运主要航线

集装箱运输是一种资金密集型的运输系统,为了最大限度地发挥运输系统的运输效率和经济效益,必须促进集装箱主要航线的稳定,扩大配套运输支线网络,加强和完善多式联运的运输体制。当前,世界上规模最大的三条集装箱航线是:远东—北美航线;远东—欧洲、地中海航线;北美—欧洲、地中海航线。

1. 远东—北美航线

远东—北美航线实际上可分为两条航线,即远东—北美西岸航线,远东—北美东岸、墨西哥海湾航线。远东—北美西岸航线又有远东—美西北航线(主要港口为远东的新加坡、香港、高雄、上海、釜山、神户、横滨,及温哥华、西雅图、塔科马等);远东—美西南航线(主要港口为上述远东港口,及长滩、洛杉矶、旧金山等)。远东—北美东岸、墨西哥海湾航线(主要港口为上述远东港口,及纽约、新泽西、查尔斯顿和新奥尔良等)。

2. 远东—欧洲、地中海航线

远东—欧洲、地中海航线又称为欧地线。可分为远东—欧洲航线(涉及的主要港口有:荷兰的鹿特丹、德国的汉堡和不来梅、比利时的安特卫普、英国的费利克斯托、法国的勒哈弗尔等);远东—地中海航线(涉及的主要港口有:西班牙的巴塞罗那和瓦伦西亚、法国的马赛、意大利的那不勒斯和热那亚、土耳其的梅尔辛、塞浦路斯的利马索尔、埃及的塞得港、以色列得海法等)。

3. 北美—欧洲、地中海航线

北美—欧洲、地中海航线,又称跨大西洋航线。该航线实际包括三条航线:北美东岸、墨西哥海湾—欧洲航线,北美东、墨西哥海湾—地中海航线和北美西岸—欧洲、地中海航线。

**链接——世界著名的运河**

苏伊士运河位于埃及东北部，它连接了大西洋和印度洋，大大缩短了从欧洲通往印度洋的航程。目前可通行吃水 20.4 m、载重 25 万 t 的超级油轮，通过运河平均需时 10 h。

巴拿马运河，贯穿巴拿马国中部，航道水深 13.5～26.5 m，可通行 6.5 万 t 以下船舶。

基尔运河，位于德国东北部，横贯日德兰半岛，沟通波罗的海和北海。可通行吃水 9.4 m、载重 2 万 t 以下的船舶。

## 六、集装箱船舶的技术管理性能

1.船舶的航行性能

船舶的航行性能主要包括有浮性、稳性、抗沉性、快速性、适航性和操纵性。

(1)浮性与干舷

船舶在各种装载情况下，保持一定浮态的性能，称为船舶的浮性。使船舶具有浮性是由于船舶具有浮力，浮力的大小是等于船舶所排开同体积水的重量。

船舶在水上航行时，受到风浪等外界条件的影响，重力与浮力的平衡状态常被破坏，致使船舶始终处在不停的浮沉升降运动之中。为了确保航行安全，船舶除了在设计水线以下具有足够的排水体积以提供浮力外，还必须在水线以上保留相当的水密体积，以保证船舶在继续下沉时提供更大的浮力，使船舶不致沉没。该水密体积所拥有的浮力称为储备浮力，一般都以干舷 F(由干舷甲板至设计水线的垂直距离)来表示储备浮力的大小。船舶干舷 F 近似等于型深 H 与夏季满载吃水 d 的差值。

储备浮力的大小与船的用途、结构、航行季节和区域等因素有关。为了保证船舶具有一定的储备浮力，其吃水决不允许超过相应的装载水线。

(2)船舶吃水

船舶吃水是指船底龙骨外缘到实际水线间的垂直距离。船舶吃水是一个变数，在不同的载重量情况下有不同的吃水，同时也反映了船舶一定的载重量。船舶吃水大小的量值称为水尺。

船舶首部吃水量值称为首吃水 dF，船舶尾部吃水量值称为尾吃水 dA，船中侧吃水量值称为船中吃水或平均吃水 dM。船舶的平均吃水也可以用六面水尺求得。

同一条船，在相同排水量的情况下，由于水的比重的缘故，在海水和淡水中吃水是不同的。因海水与淡水之间产生的吃水差量，在船舶航行途中必须加以修正。

(3)船舶吃水差

船体平浮时，船舶首尾部分吃水相等。当船体由于装载或其他原因产生船舶纵倾时，其首尾吃水就会不相等，产生的首尾吃水差额称为吃水差 t。

船舶首吃水大时叫船舶首纵倾，俗称拱头，这时船舶吃水差为正值。船舶尾吃水大时叫船舶尾纵倾，俗称尾沉，这时船舶吃水差为负值。当船舶吃水差为零时，称为船舶平吃水。

(4)稳性

船舶受外力作用离开平衡位置而倾斜，当外力消除后能自行回复至原平衡位置的能力，称为船舶的稳性。

船舶在未受外力前一般是平浮在水面上，此时，作用于船舶的重力 G 和浮力 F 两力相等但方向相反，且在同一条垂线上，船舶即处于平衡状态。当船舶横向受外力作用后，失去平衡，发生横向倾斜，此时船的重量并没有改变，重心仍在原来位置，但是由于船舶横倾后水下排水体积的形状发生了变化，所以浮心位置就从原来的位置移到了新的位置。重力通过重心作用点垂直向下，而浮力面则经过新的作用点垂直向上，但重力和浮力不在同一垂线上，因而形成了一个力偶矩。它的方向同船的横倾方向相反，促使船舶回到初始状态位置，此力矩称为复原力矩。当外力消除后就能依靠这个复原力矩回复到原来的平衡位置。

船舶横向倾斜后，通过新浮心点的浮力作用线与通过原平衡状态时浮力点的浮力作用线相交于 M 点，此谓横稳心。在横倾角度较小时(一般为 10°以内)可以把 M 看成是一个固定点。横稳心 M 与重心 G 之间的距离称为初稳性高度，也叫横稳心高度，用 GM 表示。

船舶失稳时，船的重心位置 G 点在稳心位置 M 点之上，当船受到外力横倾后，此时，重力和浮力不在同一垂线上，所形成的力偶矩的方向与外力矩的方向相同，即船的复原力矩为负值，这个力矩就不再能使船舶回复到原来位置，而是加剧了船舶继续横倾。船的重心 G 点与稳心 M 点的相对位置对船的稳性关系极大。若要判断船舶是否具有复原能力，首先看船的重心位置 G 点是否在稳心位置 M 点之下，也就是要求 GM 为正值。

船的复原能力有多大，是根据重力和浮力形成的力偶矩即复原力矩的大小决定的。复原力矩的大小是与船舶的初稳性高度 GM 值成正比的。因而通常可以用初稳性高度 GM 值的大小来衡量船舶稳性的好坏。集装箱船舶的适度稳性范围(GM 值)在 1～1.3 m。

(5)抗沉性

船舶破损浸水后仍保持一定浮态和稳性的能力，称为船舶的抗沉性。

对于运输船舶，抗沉性的基本要求在于船舶进水后仍然具有一定的储备浮力和剩余稳性，保证船舶安全浮在水面，不致因进水而沉没或倾覆。

船舶的抗沉性主要是依靠它留有足够的储备浮力和水密分舱来保证的。干舷高度大，则表示储备浮力大，干舷大还意味着船可以倾斜的角度大，船舶的抗沉性就好。

为了保障海上航行安全，世界各主要海运国家，对于海船的抗沉性都订有规范，提出具体要求。此外，航行于国际航线的船舶，对抗沉性的要求必须符合“国际海上人命安全公约”的规定。对于船舶抗沉性的衡量标准在规范中规定：船舶在任何一舱破损进水后，仍能满足抗沉性要求的称为一舱制；相邻两舱破损进水后，仍能满足抗沉性要求的称为两舱制；相邻三舱破损进水后，仍能满足抗沉性要求的称为三舱制。根据船舶的用途不同对各类船的抗沉性要求也作了相应规定，一般货船通常达到一舱制的要求，大型海上客船应达到两舱制或三舱制的要求。

(6)快速性

船舶的快速性，就是指船舶主机以较小的功率消耗而得到较高航速的性能。

(7)适航性

船舶在多变的海况中的运动性能和营运条件，称为船舶的适航性。

(8)操纵性

船舶操纵性是指船舶能保持或改变航行方向的性能。

2.船舶的重量性能

运输船舶的重量性能包括船舶的排水量和载重量，计量单位以吨表示。

(1)排水量

排水量指船舶浮于水面时所排开水的重量，亦等于船上的总重量。排水量又可根据不同装载状态分为：

1)空船排水量　指船舶空载时的排水量，也就是空船重量。它包括船体、船机及设备、管系中的液体、锅炉及冷凝器中的水等重量的总和。

2)满载排水量　指船舶满载时的排水量，即船舶在满载水线下所排开水的重量。它包括空船重量、货物或旅客、燃料、淡水、食物、船员和行李以及船舶常数等重量的总和。

3)装载排水量　指界于船舶空载排水量与船舶满载排水量之间的排水量。

(2)载重量

载重量指船舶所允许装载的重量。载重量有总载重量、净载重量和船舶常数。

1)总载重量　指在任一水线下，船舶所允许装载的最大重量。它包括货物或旅客、燃料、淡水、粮食和供应品、船用备品、船员和行车以及船舶常数等重量的总和。船舶总载重量等于相应该吃水时的船舶排水量减去空船重量。

2)净载重量　指船舶所能装载的最大限度的货物重量。船舶净载重量等于船舶总载重量减去燃料、淡水、粮食和供应品、船用备品、船员和行李以及船舶常数后的重量。

3)船舶常数　指实际空船重量与新船出厂资料上空船重量之间的差值，通常该值由船方提供。

(3)船舶载重线标志

为了保证运输船舶能够在各种航行条件下安全行驶，同时又能最大限度地利用船舶的载重量。因此，国家验船机构或其他国家勘定干舷的主管机关，根据船舶航行于不同航区和季节，分别规定船舶的最小干舷及允许使用的载重水线，称为船舶的载重线(图 2-16)。它用载重线标志的形式，勘绘在船中两舷外侧，以限制船舶的最大吃水。

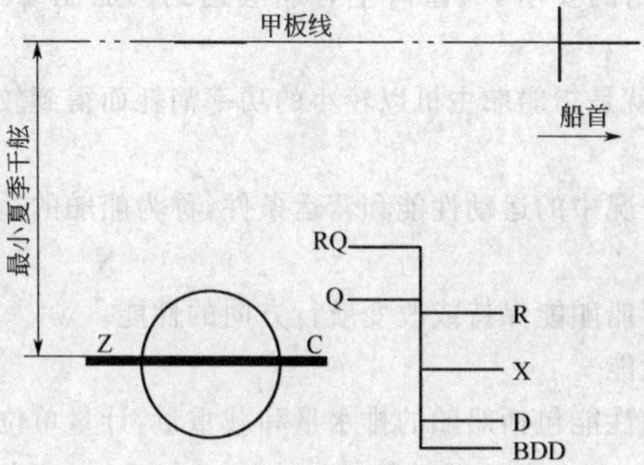


图 2-16 海船载重线标志

在海上，风浪是影响船舶安全航行的重要因素。根据海洋风浪大小和频率，将世界范围内具有相似风浪条件的海域分成若干区带或区域，在同一区带或区域内又接风浪变化的不同划分为不同季节期。

我国船舶的载重线标志中：ZC 表示勘定干舷的主管机关是中华人民共和国船舶检验局；RQ 表示热带淡水载重线；Q 表示夏季淡水载重线；R 表示热带载重线；X 表示夏季载重线；D 表示冬季载重线；BDD 表示北大西洋冬季载重线。上述各载重线是表示适用于各种区带、区域和季节期的最大吃水，均以载重线的上边缘线为准。载重线标志中的圆圈称为载重线圈，图上的水平线与夏季载重线平齐，水平线的上缘通过载重线圈中心，中心位于船中。船舶在热带淡水中航行时干舷最小，夏季干舷比冬季干舷小，冬季在北大西洋航行时，干舷最大。这是因为夏季季节期一般风浪比较小，而冬季季节期风浪比较大，尤其是北大西洋冬季的气候险恶，风浪很大，所以干舷要求更大。

国外船舶载重线符号多数采用英语字母表示，其含义是：TF 表示热带淡水；F 表示淡水；IT 表示热带；S 表示夏季；W 表示冬季；WNA 表示北大西洋冬季。

在内河，根据航道条件不同分为 A、B、C 三级。A 级航区指大河流的下游，B 级航区指较大湖泊、大河流的中游及中等河流的下游，C 级航区指大河流的上游及其支流、以及其他小河流和小型湖泊。内河货船(或货驳)的载重线标志除了载重线圈外，并标有“A”、“B”、“C”的载重线。此外，标“J”的线段表示船舶在枯、洪水季节航行在急流航段应使用的载重线。

3.船舶的容积性能

船舶容积性能包括货舱容积和船舶登记吨位，货舱容积的计量单位以立方米或立方英尺表示，登记吨位的计量单位是以立方米或立方英尺折算的“登记吨”表示。

(1)集装箱船舶货舱容积

集装箱船因其货舱和甲板均装载集装箱，则以船舶标准箱容量来表示。分为20英尺集装箱最大容量和40英尺集装箱最大容量。

(2)船舶登记吨位

登记吨位是指按吨位丈量规范所核定的吨位。它是为船舶注册登记而规定的一种以容积折算的专门吨位。船舶投入营运以前，根据国家规定须对船舶进行丈量以确定其登记吨位。

每艘船舶经过丈量核算后，均将结果记入“吨位证书”内。船舶登记吨位分为总吨位、净吨位和运河吨位。

1)总吨位是指对船舶所有密闭处所经过丈量计算后确定的吨位。

总吨位主要用于：表示船舶大小；国家统计船舶数量的单位；计算造船、买卖船舶和租船费用；计算海损事故赔偿的基准以及计算净吨位的依据等。

2)净吨位是对船舶能够实际营运的载货(客)处所进行丈量计算后得出的吨位。

净吨位主要用于计算船舶向港口交纳各种费用和税收(如停泊费、引航费、拖带费及海关税)的依据。

3)运河吨位主要作为船舶通过苏伊士运河、巴拿马运河等，由运河当局据以征收运河费的基准。

4.船舶的装卸性能

船舶在港口能否快速装卸的性能称为船舶的装卸性能。

船舶的货舱数、舱口尺度、货舱的结构形状、货舱位置、货舱容积的不平衡性，起货设备的型式、技术性能及数量等，不仅影响船舶的装卸性能，而且还影响船舶的装卸效率。船舶装卸效率的高低在很大程度上决定了船舶在港的停泊时间，影响船舶周转、影响船舶运输性能力和运输成本，同时也影响港口泊位的通过能力和货物的装卸成本。因此，努力改善船舶的装卸性能，进而提高船舶的装卸效率，具有重大的经济意义。

## 七、集装箱船舶的结构

1.全集装箱船结构

全集装箱船一般为大开口单甲板船，所有舱内的集装箱均堆放在舱口的下方，舱内设置永久性的箱格结构(图 2-17)，使舱内集装箱不能纵横移动，以保证航行安全；箱格结构一般由导柱、导口、横向系材和内底板局部加强垫板组成；由于不需要舱内系紧作业，故可提高集装箱的装卸效率。每一箱格可堆放集装箱 4～7 层，最大可达 9 层。由于舱口上要堆放数层集装箱，要求舱口盖具有足够的强度，通常采用箱形结构。为减轻舱口盖重量，大型集装箱船的舱口，一般布置成 2～3 列。

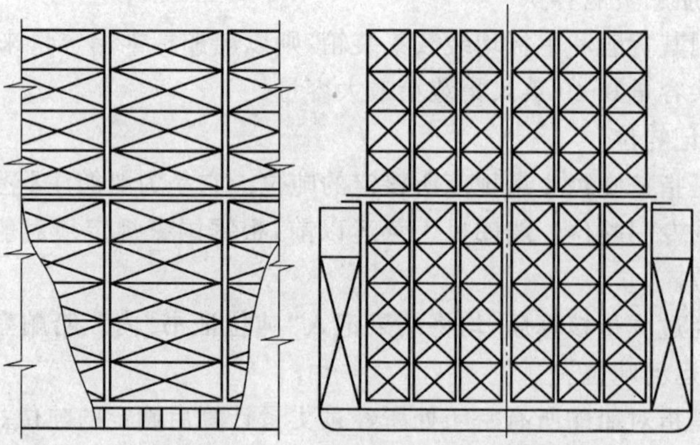

图 2-17　全集装箱船舱内箱格结构

由于采用箱格结构，舷侧设有边舱，可供装载燃料或作压载用。沿船长方向，一般布置有若干横向舱壁；大型集装箱船还设有纵向舱壁，以保证船体结构强度，提高抗沉性。

为便于集装箱在舱内及甲板上的布置，以及方便装卸作业，集装箱船多采用尾机型或偏尾机型船型。全集装箱船有带船用起重设备和不带船用起重设备两种。在港口条件允许的情况下，一般均不带船用起重设备。

集装箱船属布置型船型，舱容利用率较低，故集装箱船的主尺度比同吨位的普通货船要大。为提高船舶载重量利用率，在集装箱船的甲板上，必须装载一定数量的集装箱；在集装箱船甲板上装载的集装箱，为防止因船舶摇摆而产生移动，集装箱必须加以绑扎系紧。甲板上装载集装箱，会造成船舶重心升高，稳性恶化。为此，集装箱船均设有大量的压载，以提高集装箱船在各种吃水状态下的稳性。

2. 集装箱滚装船结构

滚装船系一种多层甲板船，主甲板以上各层甲板间舱，均为无横向舱壁的纵通结构型式，且为平甲板型，无梁拱，以便于滚装作业。各层甲板之间的交通可采用升降机或斜坡道，通过狭长的甲板开口进行联系。

滚装船的滚装设备主要有：跳板、斜坡道、升降机、水密门、汽车甲板及其他设备。

3. 载驳船结构

载驳船的结构与特点主要根据其装卸系统和舱型进行考虑。

根据装卸货驳的方式，载驳船用可分为下面几种：

(1)门式起重机式载驳船　船的上甲板上沿两舷铺有轨道，并有沿轨道纵向移动的门式起重机。在船尾部(近年来也有在首部)有两个向后伸出的悬臂梁式构架，构架下面即为水面装卸区。推、拖轮将船带入水面装卸区，由起重机将货驳吊起送到货舱内。货舱用垂直道轨分成若干驳船格，每格可装 4 层货驳，每舱可装 40 多艘货驳。货驳有统一规格，这种驳船长 18.7 m，宽 9.5 m，高 4.4 m，吃水 2.7 m，载重约 375 t，全重约 460 t。这种载驳船又称“拉希”型载驳船。

(2)升降式载驳船　船尾设有升降平台，装卸时将平台降到水下一定深度。推船将货驳推到平台上固定，平台上升到各层甲板高度，再用输送车将货驳送到相应位置安放。最后将货驳系固在甲板上。

(3)浮船坞式载驳船　这种载驳船能下沉到一定深度，然后将船首或船尾的门开启，让货驳浮进浮出。这种船不需要笨重的起重设备，比前两种优越。但需要水域水深较大，一般港口不能适应，所以在使用上受到限制。

(4)下潜型载驳货船　是把驳船装在甲板上进行运输的一种船型。装在上甲板上的驳船到达目的港后，在压载舱内注满海水，使船体下沉到上甲板被海水淹没为止，驳船浮起，卸出母船。为了使操作水泵、注水排水管阀门和船内空气管能向船外排气，操作室必需置于比甲板高的地方。

按船舱型式分类，可分为：

(1)干舱型载驳货船。它是利用起重机或同步起升装置，把驳船升离水面，再利用起重机或滚动装置，使驳船水平移动到指定的存放位置，放进干舱内的一种船型。它分普通载驳货船、海峰式载驳货船和双体载驳货船等几种，多以普通载驳货船为代表。

(2)干湿船型载驳货船。这是在母船舱内注水，使驳船浮进舱内的一种船型。母船上设有大流量泵，用它来注入或排放舱内压载水，在母船吃水改变后，打开母船的尾门，使驳船浮进舱内。驳船进入母船后，关闭尾门，抽干驶舱内的水。

(3)湿舱型载驳货船。这是母船舱内注水，驳船浮于舱内水面上运输的一种船型。预先使母船进水下沉到能浮进驳船的吃水深度，打开首门，使浮在水面上的驳船直接引入湿舱内，驳船入船后，关闭首门，使驳船在舱内漂浮状态下运送。为了控制驳船在湿舱内的摇动，母船舱内设有消波口。

目前，比较常见的载驳船有“拉希”(LASH)型和“西比”(See—bee)型两种。

## 八、集装箱船舶的船体强度

各种各样的外力作用在船体上，会使船体产生各种各样的变形或损坏，为了保证船体正常营运，船体结构必须具有承受各种外力而不被变形或损坏的能力，这种能力称为船体强度。

根据抵抗变形的类别不同，船体强度分为总纵强度、扭转强度、横强度和局部强度四种。其中，总纵强度是船体承受外力，抵抗纵向弯曲变形的能力。扭转强度是船体抵抗扭转变形的能力。横强度是船体抵抗横向变形的能力。局部强度是船体有关构件抵抗局部变形或损坏的能力。

船舶为了维持其正常航行和使用，必须具有一定的抵抗外力，防止变形和损坏的能力，这种能力称为船体强度或刚度。其中抵抗变形的能力称为刚度，抵抗损坏的能力称为强度。

船体受到各种外力作用以后，会发生程度不同的损坏或变形。根据受力方向及作用位置的不同，船体形状的改变即变形，有整条船体的纵向弯曲变形、整条船体的扭曲变形，也有仅在横向发生的横向变形或在局部位置上产生的局部变形。为保证船体不变形，就需在结构上采取相应的措施。在各种变形中，对船体危害最大的是纵向弯曲变形。由于它对船舶整体有影响，所以常称为总纵弯曲变形。一般来说，如果船体结构能满足不产生总纵弯曲变形的要求，那么也就能满足不产生横向变形的要求。至于局部变形和扭转变形的问题，除了与船体整体结构有关外，还与局部受力的大小和方向有关，一般在使用中可以采取一些技术措施予以解决。

船舶总纵弯曲变形的典型情况有两种。一种是船体中部下垂，两端上翘，通常称之为“中垂变形”；另一种是船体中部上拱，两端下垂，通常称之为“中拱变形”。船舶在中垂变形时，上甲板受到压缩船底被拉伸。在中拱变形时，上甲板受到拉伸，船底受到压缩。

船舶是产生中垂还是产生中拱弯曲变形与船舶机舱位置、货物装载情况及吃水深浅等有关。一般说来，中机型船舶在空载时，一方面因机舱重量大于空舱重量，即中间较重、两端较轻；另一方面，由于空载时吃水较浅，中间的浮力往往小于机舱的重量，故容易产生中垂现象。在满载时，因吃水增大使中部浮力增大，两端货舱重量增加，中部机舱部位的重量比两端货舱重量为小，造成了中拱变形。对尾机型船舶，空载时容易产生中拱变形，满载时容易产生中垂变形，其受力情况正好与中机型船舶相反。

船舶在波浪中航行时，由于船体排水体积随波浪发生变化，处于波峰的那部分受到的浮力大，处于波谷的那部分受到的浮力小。这样，由于波浪的存在，使浮力沿船长有了重新分布，最终使船体受到一个因波浪引起的附加的总纵弯矩。这个弯矩加重了船体的总纵弯曲变形(图 2-18)。尤其是当波浪的波长等于船长时，情况更为严重。

当波浪的波谷位于船中而波峰位于船的首尾时，船体受到的浮力是中部小、两端

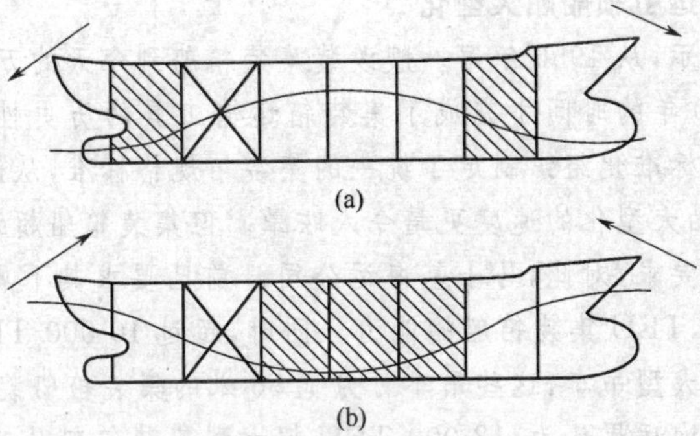


图 2-18　船舶总纵弯曲变形

大,船体将发生中垂变形。

当波浪的波峰位于船中而波谷位于船的首尾时,船体中部受到的浮力大,两端受到的浮力小,船体将发生中拱变形。

实际上,船舶是在波浪中航行的,因此它的中垂变形和中拱变形是不断交替出现的,这对于船舶的强度极为不利。所以为了尽量减少上述现象,必须妥善调节好船舶的重量分布,以减少船舶的总纵弯曲。

船舶在一些外力作用下,还常会发生横向剖面的变形,简称横向变形。横向变形主要形式有:在水压力、重力作用下的船体横向弯曲变形;由于船体中心线上装载笨重货物而引起的横向变形;由于横向受到波浪的作用,使船体左右舷水压力不对称造成的船体框架横向歪斜等。

当船舶斜向地处于波浪中,或首尾货舱内的货物堆放在不同的舷侧时,船舶所受的重力和浮力不能对称均匀分布,于是就造成了船体的扭转变形。

因此,船体结构件除有抵抗纵向和横向弯曲变形的能力外,还须具有抵抗扭转变形的能力。一般说来,对于甲板上开有较大货舱口的船舶,如集装箱船,特别容易产生扭转变形,因此需特别注意。

船体受到各种外力作用后,除了发生上述涉及整个结构的变形或破坏之外,还有仅涉及个别结构的变形成损坏,通常称之为局部变形、局部损坏。常见的局部变形和损坏有:外板及甲板板在骨架间的凹凸变形;货舱口等开口转角处的裂缝;舱口附近甲板纵桁的下塌;支柱的压弯;肘板的撕裂;舱壁的弯曲及舷侧结构在横舱壁之间的内凹等。船体结构必须有足够的能力去抵抗这些局部性的变形或损坏。

与整体变形相比,局部变形只发生在局部部位,所以只是局部性的。但是,有时局部的破坏也会导致全船的断裂。例如大开口转角处由应力集中产生的裂缝,若不及时阻止,就有可能蔓延造成全船断裂的事故。

**案例——马士基航运引领船舶大型化**

有统计资料显示，从1956年第一艘改装集装箱船到今天的万箱集装箱船出现，班轮业足足用了50年的时间才完成了集装箱运输工具的历史性换代升级。20世纪70年代末，国际标准化组织制定了统一的集装箱规格标准，从此集装箱运输进入高速发展时代，船舶大型化的速度更是令人眩晕。但集装箱船超过10 000 TEU，对港口设施提出相应要求，对此，马士基海运公司日前已要求其下属的世界各主要码头具备泊靠12 000 TEU集装箱船的能力。同时，超过10 000 TEU集装箱船泊靠码头需要配备新的大型吊车，这些吊车可为宽56米的集装箱船装卸货物。

国际造船界和海运界认为，12 000 TEU超大型集装箱船从某种意义上说代表着航运企业的综合实力和技术水平。马士基海运公司作为当今全球海运业的“盟主”，越过10 000 TEU集装箱船，直接订造12 000 TEU集装箱船，且在本国的欧登塞造船厂直接下单，此举将名利双收。无疑，这将让马士基公司在国际海运市场上再次大出风头。

一直以来，马士基航运因拥有自己船厂加上其地位，实力和经验是行业的佼佼者，因此，业内都承认马士基船厂制造的集装箱船，都是行业船型新品种的方向标。而马士基总是以其特有神秘姿态，不愿正面公开其有标志性的船舶实际装载量，但全行业都知道，第一艘六千箱集装箱船是马士基先开发投入使用的领先者。

马士基集装箱船队总容量是170万箱，占全球总容量的17.9%，其次是地中海航运，有988 129箱，占总容量的9.7%。马士基预造集装箱船120艘，配载容量差不多64万箱。

## 第三节　集装箱陆上运输设备

### 一、公路集装箱运输车辆

#### (一)集装箱牵引车

牵引车俗称“拖头”。集装箱牵引车是指专用于牵引集装箱底盘车的牵引车，又称为半拖车牵引车(图2-19)。集装箱牵引车上设有发动机和驾驶室，不能装载货物，后部有连接器(又称第五轮或牵引鞍座)与底盘车上的中心销连接，实现在码头内或公路上拖带底盘车运行。

集装箱牵引车按驾驶室的形状和用途可分为两种类型。

1.按驾驶室形状分

集装箱牵引车按驾驶室的可分为凸头式牵引车和平头式牵引车两种。

因为部分国家对陆上运输车辆规定有最大总重量(GCW)和最大长度。例如英国的牵引车所规定的最大总重量应以牵引车的前车轮至底盘车最后车轮的轮距为准。轮距愈长则容许的最大总重量也愈大,而且牵引车与底盘车连接后的最大长度不能变动。因此为求得牵引车与底盘车连接后能获得较大的总重量,只有使连接后之全长与轮距尽量接近,这是产生设计平头式牵引车的原因。

图 2-19 集装箱牵引车

平头式牵引车的优点是:发动机在驾驶室的下面,故前方视线好,一直可以看到车头底下的地方。由于轴距和车长较短,故能缩小回转半径。但由于发动机在司机座位的下面,司机受到发动机的振动、舒适感较差。目前在公路上使用的牵引车以平头式较普遍,集装箱用的牵引车大多数采用平头式。

凸头式牵引车的特点是:发动机和前车轮都在驾驶室的前面,如遇到车辆碰撞时,对驾驶员比较安全,另外驾驶室的座位较舒适,在狭窄的道路上行驶时,容易转向,机器的检查和维修也比较容易,打开机罩就可对发动机进行检修。但其驾驶室较长,因而整个车身长,故回转半径大。

2. 按用途分

牵引车按用途分可分为用于高速公路或普通公路上行驶的公路用牵引车和用于码头内行驶的场地用牵引车。

公路用牵引车要求速度高,马力大;而场地用牵引车要有较大的牵引力,并应有起升装置。

用于码头堆场内使用的牵引车,还应具有如下要求:

(1)回转半径小,机动性、操纵性好;

(2)摘挂次数频繁,摘挂要求迅速、准确、方便;

(3)为确保码头作业的安全性,要有良好的视野;

(4)作业时加减速操作频繁,要有结实可靠的变速传动机构和制动器。

(二)拖车

装载集装箱用的拖车有全拖车和半拖车之分。

全拖车是指底盘下前后两端均有车轴;半拖车是底盘下前端无车轴,而设有撑脚、后端有车轴。集装箱专用的拖车大部分都用半拖车,又称“底盘车”(图 2-20)。

集装箱拖车的结构主要有骨架式和平台式两种。

平台式拖车的车架面上铺有木底板,故除了装载集装箱外,还可以装载其他货物,一般适合于运输重货。其特点是刚性大,重量较重,用于装载集装箱时,底板上要

图 2-20 集装箱底盘车

装有专用的紧固集装箱用的装置。

骨架式拖车的车架面上不铺底板,只有骨架,故只能装载集装箱用,不能装其他货物。全是骨架式拖车,其特点是重量轻,结构简单,维修保养容易,造价也低。

1.底盘车的分类

底盘车可分公路用底盘车和场地用底盘车两种。

公路用底盘车的特点是四角有扭锁装置,运输时用于固定集装箱。这是由于在公路上行驶时,运输距离长,在高速行驶中为了避免因车体震动而使集装箱从底盘车上滑下,故集装箱四角要固定在集装箱底盘车上。另外,车辆的技术参数要受公路规则的限制。

场地用底盘车只用于码头内部搬运,运输距离短,堆场上一般路面平整,集装箱因震动而滑下的可能性相对较小。为了提高作业效率,一般四角不用扭锁而采用鹅掌型导手,既便于角件孔与扭锁对中,又能防止集装箱在车上的移动,操作时也不需要作业人员协助。由于它不受公路法规的限制,故在选择结构、强度、尺寸和重量时有较大的自由,但失去了与公路用底盘车的互换性。

底盘车的结构有直梁式底盘车和鹅颈式底盘车。

直梁式底盘车是平底结构,根据国际标准化组织(ISO)的要求制造的标准集装箱几乎都是平底型结构,故直梁式使用最普遍,是适合于装载集装箱的常用型式。

鹅颈式底盘车又称曲梁式底盘车,车辆前端设有鹅颈,专为运输高度超过 8.5 ft 的 40 ft 型集装箱而设计的。装载此种底盘车的集装箱,其底部必须设有鹅颈槽,装载时车辆上的鹅颈。

鹅颈底盘车上集装箱的固定,前端靠鹅颈在水平方向固定,后端用扭锁在垂直方向加以固定。

用鹅颈底盘车的另一优点可以降低底盘车上集装箱的总高度。

2.底盘车的选择

集装箱底盘车的选型,主要依其用途、使用场所和装载集装箱的种类而定。

目前用于运输集装箱的底盘车主要有如下几种:

(1)20 ft 型底盘车。其特点是重量轻、结构简单，长度短，选价便宜，一般适合在狭小的堆场内使用。

(2)40 ft 型底盘车。它可以兼用 20 ft 型和 40 ft 型两种集装箱。其特点是结构比较复杂、车架强度大，故重量也较重。可装载 1 个 40 ft 型集装箱，或两个 20 ft 型集装箱，如果底盘上铺设木底板，又称为平台式集装箱拖车，则还可以装运托盘货、杂货或其他长大件货。

有的平台式集装箱拖车的尾部没有 1.5 m 长的平台，作为集装箱在装拆箱时的装卸平台使用。其拖车板面长度一般可达 9 m，总负荷为 40 t，能装运长度在 10 m 以内的长大件货物，还可以装运 1B 型的 30 ft 型长的集装箱。在我国已广泛使用。

(3)45 ft 型带侧板底盘车。其结构与 40 ft 型平台式集装箱拖车基本相同，其车身加长了 5 ft(1.524 m)。可装运 45 ft 型非标准海上集装箱。设计时在车身四周加了护栏板，由于可作普通的半拖车使用，因此对装载货物的适应性更强。

(三)集装箱运输车组

集装箱运输车组是指牵引车与底盘车及其他拖车连接后形成的车辆整体。

1. 集装箱运输车组的种类

在公路上运输集装箱用的运输车组有几种不同的方式。即载重汽车方式，全拖车方式，半拖车方式和双联拖车方式等几种(图 2-21)。

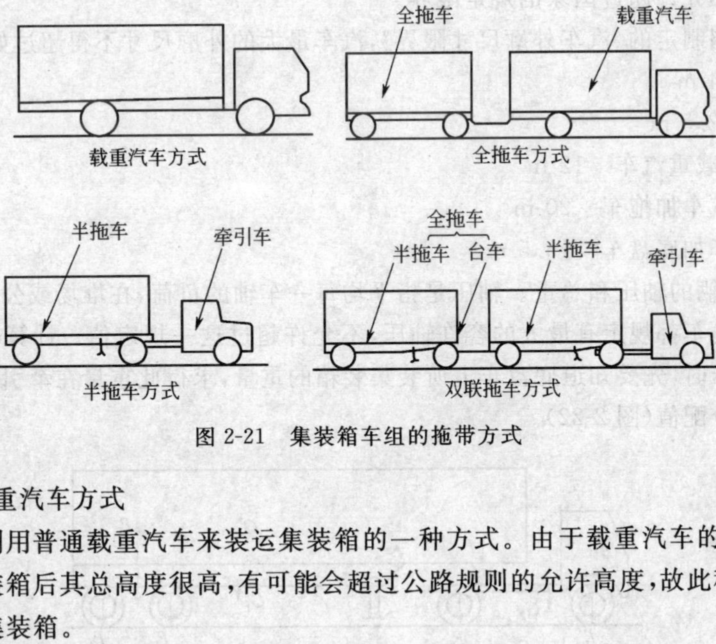


图 2-21　集装箱车组的拖带方式

(1)载重汽车方式

它是利用普通载重汽车来装运集装箱的一种方式。由于载重汽车的底板较高，故装上集装箱后其总高度很高，有可能会超过公路规则的允许高度，故此种方式不太适合装载集装箱。

(2)全拖车方式

它是在载重汽车后面通过牵引杆再拖一辆全拖车的运输方式。在载重汽车后面的一辆全拖车也可以用半拖车(底盘车)来代替,但按照公路法规的规定,要同时拖带两节半拖车时,后面的一节半拖车必须改成全拖车,即利用辘轴车把半拖车改成全拖车。

(3)半拖车方式

它是在牵引车后面拖带一辆半拖车(底盘车),这是集装箱运输中最常用的一种运输方式。

半拖车方式具有如下优点:

1)车辆的总长和回转半径较小;

2)集装箱的重量由牵引车和底盘车的车轴共同分担,故底盘车的轴压力小;

3)由于牵引车后车轴承受了部分集装箱的重量,故能获得较大的驱动力。因此,半拖车方式是最适合装运集装箱的方式。

(4)双联拖车方式

它是在半拖车方式后面再加拖一辆底盘车。实际是牵引车同时拖带两辆底盘车,则后一辆底盘车同样也要用辘轴车改成全拖车。这种方式在公路上高速行驶时,会引起后面一辆半拖车剧烈摆动,后退时操纵困难,因此尚需改善其运行性能。

2. 集装箱运输车组的选型要求

集装箱运输车组的选型要求是:

(1)车辆外廓尺寸限界。集装箱运输车的外廓尺寸是指车组的总长、总宽、总高;外廓尺寸不允许超过国家的规定限界。

按我国制定的《汽车外廓尺寸限界》,汽车最大的外廓尺寸不得超过如下数值:

总高:4 m

总宽:2.5 m

总长:载重汽车　12 m

载重汽车加拖车　20 m

牵引车加底盘车　16.5 m

(2)车辆的轴压和总重。轴压是指平均每一车轴的负荷,在堆场或公路上行驶的集装箱运输车都规定有最大的容许轴压,不允许超过这一规定值。计算牵引车和底盘车的轴压时,先要知道底盘车上所装集装箱的重量,求得此重量在牵引车和底盘车上的重量分配值(图 2-22)。

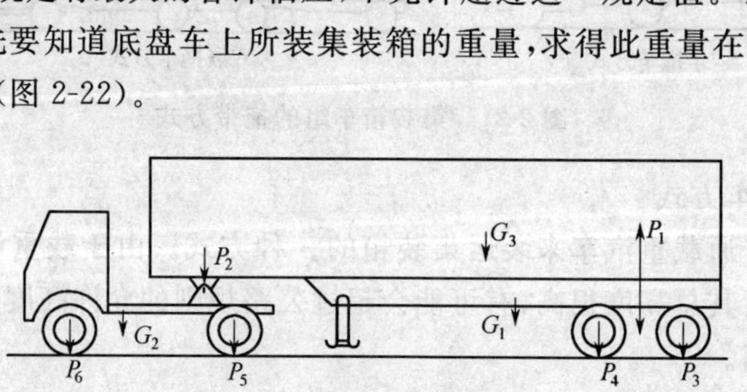


图 2-22　车组的重量分配

## 二、铁路集装箱运输车辆

铁路集装箱运输车辆是指铁路集装箱运输专用的机车和货车(图 2-23)。

图 2-23 集装箱专用列车

1.集装箱机车

机车是指为牵引铁路车辆而使用的备有发动机的动力车辆。按用途分,机车可分为客运机车、货运机车和调度机车,集装箱机车属于货运机车。

一般的货运机车只需要较大的牵引力,而不要求像客运机车那样高的速度,所以它的齿轮传动比大,主动轴数也要增加。但是集装箱列车用的机车,是一种高性能的高速货运机车,因为集装箱运输的列车都是快速货运列车或特快货运列车两种,所以都是用高速机车来牵引的。

机车按发动机的种类来分,又分为电机车和内燃机车两种。在非电气化区间使用的主要用于牵引集装箱列车的内燃机车。

2.集装箱货车

这种货车是指具有集装箱专用设备的车辆,其特点只需要有一个平坦的底架,底架上有的有底板,有的没有底板,四角没有固定集装箱用的扭锁装置。

集装箱货车可按如下不同的方法分类:

(1)按车辆的有效长度分。可分为 20 ft 型、40 ft 型、60 ft 型、80 ft 型和 90 ft 型等几种。

(2)按车轴型式分。可分为两轴车,2 个转向架的四轴车,3 个转向架的六轴车。

(3)按缓冲能力分。可分带缓冲装置的货车和无缓冲装置的货车。

(4)按运输方式分。可分定期直达列车用货车和普通货物列车用货车。

定期直达集装箱专用列车是当今世界各国普遍采用的一种铁路集装箱运输的组

织形式，也是今后铁路集装箱运输的发展方向。集装箱运输的条件来看，如果运量比较大，一般都采用定期直达列车的集装箱专用货车。

国际铁路联盟用的货车主要限制在欧洲铁路上使用，与美国铁路上使用的集装箱货车有所不同，就其长、宽、高的尺寸来说，显然美国铁路的限界要超过欧洲铁路的限界。

3. 集装箱货车的结构

集装箱货车由装载集装箱并支撑其重量的底架、使集装箱牢牢地固定在底架上的栓固装置和一般货车相同的运行装置、制动装置、连接装置以及其他为安全而附设的装置等组成。

4. 集装箱货车的发展要求

集装箱货车的发展要求是：

(1)提高速度。铁路运输的特点是运输能力大，长距离运输成本低，但运输的机动性没有公路运输灵活，铁路集装箱运输与公路运输的竞争中，要保持铁路的优势，必须提高其运送速度。目前许多国家集装箱列车的运输速度都在时速为 120 km 以上，为了满足集装箱运输的需要，还要进一步提高时速。

(2)增加货车的载重量。国际标准集装箱的总重在不断增加，20 ft 型集装箱的总重已从原来的 20.32 t 提高到 24.38 t，甚至有的已达到 30.48 t，从发展的趋势看，总重还可能进一步提高，为此货车必须提高本身的载重能力，以适应其发展的需要，在增加货车载重量的同时，还必须提高货车的轴负荷。

(3)提高铁路设施的限界。随着集装箱运输的发展，国际标准集装箱的尺度也在不断增加。铁路为了适应这些非标准集装箱的出现，设计并试验了新型的货车。当然在发展新型的集装箱货车时，必须在严格遵守铁路装载限界的基础上充分利用其尺寸。

**案例——我国铁路将推出时速 160 km 集装箱平车**

铁道部 2006 年 2 月 12 日在中国北方机车车辆工业集团公司齐齐哈尔铁路车辆(集团)有限责任公司组织召开了时速 160 km 集装箱平车技术研讨会，决心打造具有自主知识产权的快速集装箱平车品牌，以满足铁路跨越式发展的需要。

中铁集装箱运输有限责任公司根据我国铁路跨越式发展形势和集装箱运输发展的需要，提出在今年下半年推出我国铁路第一列时速 160 km 集装箱平车样车，以满足集装箱运输的需求。

中国北方机车车辆工业集团公司机车公司和中国南方机车车辆工业集团公司北京二七车辆厂在研讨会上汇报了 160 km 集装箱平车总体方案及 160 km 货车转向架方案，中国南车集团眉山车辆厂汇报了 160 km 货车转向架方案和制动配置方案，中国南车集团株洲车辆厂汇报了 160 km 货车转向架方案。与会专家和代表就 160 km 集装箱平车的运用模式、主要技术参数、主要结构形式、考核标准和下一步需要研究的集装箱专列空气动力学问题、在车体和转向架设计制造如何提高关键零部件的疲劳可靠性问题、车辆间采用牵引杆装置的必要性问题、第一列样车完成后进行列车综合性能试验等问题进行了认真讨论和交流。

据了解，正在研发的该集装箱平车，将采用成熟可靠的轮轴技术，并统一车轴、轴承尺寸；制动系统采用新型快速货车控制阀和轴盘制动，机械式防滑器；集装箱锁闭装置采用具有防盗功能的全自动旋转锁。该集装箱平车具有自重轻、速度快、车型短等特点。

## [思考题]

1. 集装箱的定义是什么？
2. 国际集装箱标准规定的集装箱箱型有几种？
3. 目前使用的集装箱船主要是什么船型？
4. 目前公路集装箱运输车组采用的运输方式有几种？
5. 对铁路集装箱运输所采用的货车有什么要求？

# 第三章 集装箱货物的装载与交接方式

## 第一节 集装箱货物的流转程序

### 一、集装箱货流特点和组织形式

集装箱运输的典型货流程序是预先将分散的小批量货流集中到内陆地区的内地仓库或货运站，组成大批量货物装入集装箱后，用专用列车送达起运港的集装箱码头，再用集装箱船运至到达港的集装箱码头，从此用专用列车运到内地仓库或货运站，最后用集装箱专用拖车送交收货人。

典型的集装箱货物流转过程见图 3-1。

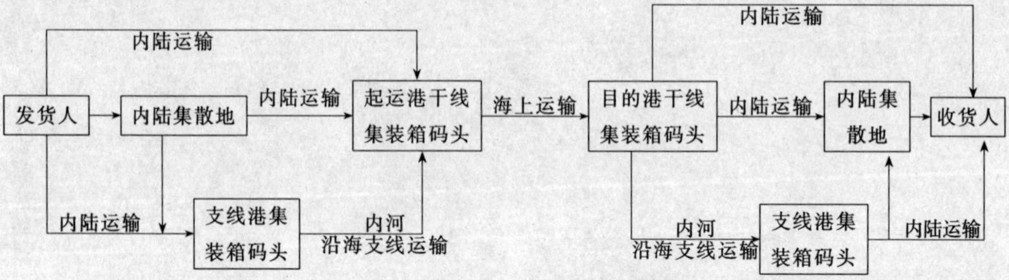


图 3-1 典型的集装箱货物流转过程

集装箱货流根据具体航线上的经济地理条件，可有四种不同的运输组织形式：

(1)发货量大，收货量大。在发货地组织整箱货，运到收货地后以整箱货送交收货人。

(2)发货量大，收货量小。在发货地组织整箱货，运到收货地内地仓库作为拼箱货拆箱，再分送各收货人。

(3)发货量小，收货量大。在发货地内地仓库组织拼箱货装箱，运到收货地整箱送交收货人。

(4)发货量小，收货量小，在发货地内地仓库组织拼箱货装箱，运到收货地内地仓库再拆箱分送各收货人。

四种形式中以第一种最有利于组织门到门运输。

集装箱在运输线路上作有目的的位移过程称为集装箱货流。在集装箱货物流通过程中，对于集装箱货物的流转程序主要有两种不同的形态，即整箱货货流和拼箱货货流。

整箱货(FCL)是指发货方自行将货物装满整箱以后，以箱为单位托运的集装箱，发货人自己负责装箱、计数、并加海关封志。这种情况在货主有足够货源装载一个或数个整箱时通常采用，除有些大的货主自己置备有集装箱外，一般都是向承运人或集装箱租赁公司租用一定的集装箱。空箱运到工厂或仓库后，在海关人员的监管下，货主把货装入箱内、加锁、铅封后交承运人并取得站场收据，最后凭收据换取提单或运单。整箱货的拆箱一般由收货人办理。

拼箱货(LCL)是指不满一整箱的小票货物，通常由承运人(或代理人)分别揽货，接受货主托运的数量不足整箱的小票货运后，根据货类性质和目的地进行分类整理。把去同一目的地的货，在集装箱货运站或内陆仓库集中到一定数量拼装入箱，并加海关封志。由于一个箱内有不同货主的货拼装在一起，所以叫拼箱。这种情况在货主托运数量不足装满整箱时采用。拼箱货的分类、整理、集中、装箱(拆箱)、交货等工作均在承运人码头集装箱货运站或内陆集装箱转运站进行。

整箱货(FCL)和拼箱货(LCL)的组织形式有：

(1)拼箱货装，整箱货拆。这种组织形式是把几个发货人的货物拼箱装货发给一个收货人整箱拆货，即装货是拼箱货集装箱，收货时是整箱货集装箱。

(2)拼箱货装，拼箱货拆。这种组织形式是把不同发货人的货物拼箱后发给不同收货人，即装货是拼箱货集装箱，收货时也是拼箱货集装箱。

(3)整箱货装，整箱货拆。这种组织形式是把一个发货人发给一个收货人，即装货是整箱货集装箱，收货时也是整箱货集装箱。

(4)整箱货装，拼箱货拆。这种组织形式是把一个发货人的货物拼箱后发给几个不同收货人，即装货是整箱货集装箱，收货时是拼箱货集装箱。

## 二、集装箱整箱货流转程序

集装箱整箱货流转程序如下：

(1)发货人在自己工厂或仓库装箱地点配置集装箱；

(2)发货人在自己工厂或仓库装箱地点配箱、装箱；

(3)通过内陆运输，将集装箱货物运至集装箱码头；

(4)根据堆场计划在对场内暂存集装箱货物，等待装船；

(5)根据装船计划，将集装箱货物装上船舶；

(6)通过海上运输，将集装箱货运地卸船港；

(7)根据卸船计划，从船上卸下集装箱货物；

(8)根据堆场计划在堆场内暂存集装箱货物，等待收货人前来提货；

(9)通过内陆运输,将集装箱货物运至收货人工厂和仓库;
(10)收货人在自己工厂和仓库拆箱地点拆箱;
(11)集装箱空箱回运。

### 三、集装箱拼箱货流转程序

集装箱拼箱货流转程序如下:

(1)发货人自己负责将货物运至集装箱货运站;
(2)集装箱货运站负责备箱、配箱、装箱;
(3)集装箱货运站负责将装载的集装箱货物运至集装箱码头;
(4)根据堆场计划将集装箱暂存堆场,等待装船;
(5)根据装船计划,将集装箱货物装上船舶;
(6)通过海上运输,将集装箱货运地卸船港;
(7)根据卸船计划,从船上卸下集装箱货物;
(8)根据堆场计划在堆场内暂存集装箱货物,等待货运站前来提货;
(9)集装箱货运站拆箱交货;
(10)集装箱空箱回运。

**链接——集装箱货物流转形态**

整箱货(FCL):系指由发货人自己负责装箱、计数、并加海关封志的集装箱货物,整箱货的拆箱一般由收货人办理。

拼箱货(LCL):系指不满一整箱的小票货物,通常由承运人或其代理人分别揽货,并在集装箱货运站或内陆仓库集中,将不同托运人的货物整理装箱,并加海关封志。

拼箱货的拆箱、交货同样要在目的地的集装箱货运站或内陆仓库进行。

## 第二节　集装箱货物装载的方法

随着集装箱运输的发展,种类繁多、性质、包装且不同的货物进入了集装箱运输领域。与此同时,从事集装箱运输的管理人员,以及操作人员不断增多,为确保货运质量的安全,做好箱内货物的积载工作是很重要的,许多货损事故的发生都系装箱不当所致。

### 一、集装箱货物装载应注意的基本事项

集装箱货物在积载、堆装时应注意的事项有:

1. 在不同件杂货混装在同一箱内时，应根据货物的性质、重量、外包装的强度、货物的特性等情况，将货区分开。将包装牢固、重件货装在箱子底部，包装较弱的货物、轻货则装在箱子上部。

2. 货物在箱子内的重量分布应均衡。如箱子某一部位装载的负荷过重，则有可能使箱子底部结构发生弯曲或脱开的危险。在吊机和其他机械作业时，由于箱内货物重量分布不均，作业时箱子会发生倾斜，致使作业不能进行。此外，在陆上运输时，如存在上述情况，拖车前后轮的负荷因差异过大，也会使行驶发生故障。

3. 在进行货物堆码时，则应根据货物的包装强度，决定货物的堆码层数。另外，为使箱内下层货物不致被压坏，应在货物堆码之间垫入缓冲材料。

4. 货物与货物之间，也应加隔板或隔垫材料，避免货物相互擦伤、沾湿、污损。

5. 货物的装载要严密整齐，货物之间不应留有空隙，这样不仅可充分利用箱内容积，也可防止货物相互碰撞而造成损坏。

6. 在目的地掏箱时，由于对靠箱口附近的货物没有采取系紧措施，曾发生过货物倒塌，造成货物损坏和人身伤亡的事故。因此，在装箱完毕。关箱前应采取措施，防止箱口附近货物的倒塌。

7. 应使用清洁、干燥的衬垫材料（胶合板、草席、缓冲器材、隔垫板），如使用潮湿的衬垫材料，易发生货损事故。

8. 应根据货物的不同种类、性质、包装，选用不同规格的集装箱，选用的箱子应符合国际标准，经过严格的检查，并具有检验部门发给的合格证书。

## 二、集装箱货物的现场装箱作业方法

集装箱货物的现场装箱作业方法主要有以下几种：

1. 全部用人力装箱；

2. 用叉式装卸车（铲车）搬进箱内再用人力堆装；

3. 全部用机械装箱，如货板（托盘）货用叉式装卸车在箱内堆装。

这三种方式中，第三种方法最理想，装卸率最高，发生货损事故最少。但是即使全部采用机械装箱，装载时如果忽视了货物特性和包装状态，或由于操作不当等原因，也往往会发生货损事故，特别是在内陆地区装载的集装箱，由于装箱人不了解海上运输时集装箱的状态，其装载方法通常都不符合海上运输的要求，从而引起货损事故的发生，这种实例很多。

## 三、件杂货装箱作业注意事项

件杂货装箱作业应注意以下事项：

1. 在货物装箱时，任何情况下箱内所装货物的重量不能超过集装箱的最大装载量，集装箱的最大装货重量由集装箱的总重减去集装箱的自重求得；总重和自重一般都标在集装箱的箱门上。

2. 每个集装箱的单位容重是一定的，因此如箱内装载一种货物时，只要知道货物密度，就能断定是重货还是轻货。货物密度大于箱的单位容重的是重货，装载的货物以重量计算，反之货物密度小于箱的单位容重的是轻货，装载的货物以容积计算。及时区分这两种不同的情况，对提高装箱效率是很重要的。

3. 装载时要使箱底上的负荷平衡，箱内负荷不得偏于一端或一侧，特别是要严格禁止负荷重心偏在一端的情况。

4. 要避免产生集中载荷，如装载机械设备等重货时，箱底应铺上木板等衬垫材料，尽量分散其负荷。标准集装箱底面平均单位面积的安全负荷大致如下：20 ft 集装箱为 $1\ 330\times9.8\ N/m^2$，40 ft 集装箱为 $980\times9.8\ N/m^2$。

5. 用人力装货时要注意包装上有无“不可倒置”、“平放”、“竖放”等装卸指示标志。要正确使用装货工具，捆包货禁止使用手钩。箱内所装的货物要装载整齐、紧密堆装。容易散捆和包装脆弱的货物，要使用衬垫或在货物间插入胶合板，防止货物在箱内移动。

6. 装载货板货时要确切掌握集装箱的内部尺寸和货物包装的外部尺寸，以便计算装载件数，达到尽量减少弃位、多装货物的目的。

7. 用叉式装卸车装箱时，将受到机械的自由提升高度和门架高度的限制。在条件允许的情况下，叉车装箱可一次装载两层，但上下应留有一定的间隙。

8. 如条件不允许一次装载两层，则在箱内装第二层时，要考虑到叉式装卸车的自由提升高度和叉式装卸车门架可能起升的高度(h)。叉式装卸车门架起升高度应为第一层货高减去自由提升高度。

一般用起重量为 2 t 的普通叉式装卸车，其自由提升高度为 50 cm 左右，但还有一种全自由提升高度的叉式装卸车，这种机械只要箱内高度允许，就不受门架起升高度的影响，就能很方便地堆装两层货物。此外，还应注意货物下面应铺有垫木，以便使货叉能顺利抽出。

在进行拼箱货装载作业时还应注意如下几点：

(1)轻货要放在重货上面；

(2)包装强度弱的货物要放在包装强度强的货物上面；

(3)不同形状、不同包装的货物尽可能不装在一起；

(4)液体货和清洁货要尽量在其他货物下面；

(5)从包装中会渗漏出灰尘、液体、潮气、臭气等的货物，最好不要与其他货混装在一起。如不得不混装时，就要用帆布、塑料薄膜或其他衬垫材料隔开；

(6)有尖角或突出部件的货物，要把尖角或突出部件保护起来，不使它损坏其他货物。

## 四、特殊货物的集装箱装载要求

特殊货物主要指超高、超长、超宽、超重的货物。

1. 超尺度和超重货的装载

所谓超尺度和超重货系指货物的尺度超过了国际标准集装箱的尺寸而装载不下的货物，以及单件货物重量超过了国际标准集装箱的最大载货重量而不能装载的货物。

(1)超高货集装箱装载。超高货的运输必须用开顶集装箱，或用板架集装箱装载。超高货的装载运输，会对内陆运输、车站、码头、装卸机械、船舶装载等带来许多问题。例如超高货通过陆上运输时，公路能通过的高度一般都有限制，这种限制高度各国规定不一，但在公路交通法规中均有具体规定。

(2)超宽度集装箱装载。集装箱运输一般不允许货物在横向突出集装箱宽度，其原因首先是受到集装箱船箱格结构的限制。在陆路运输时，其超宽的限制没有像超高那样严格。关于装卸机械对超宽的限制则根据所使用的机械设备种类而定。

(3)超长货集装箱装载。在有箱格结构的集装箱船上，船舱内是无法装载超长集装箱的，所以如必须装运时，也只能采用甲板积载的运输方法。从集装箱本身条件看，只有板架集装箱才能装载超长货，因板架集装箱可将两端插板放下，装货时，把插板铺在货物下面就可以了。

(4)超重货集装箱装载。集装箱装载货物的重量和箱子自重的总重是有限制的，20 ft 箱为 20 长吨(20.320 t)，40 ft 箱为 30 长吨(30.480 t)，所有的与其有关的运输工具和集装箱机械也都是根据这一总重来设计的。因此应注意在装箱完毕后，其总重量不能超出上述规定的数值。否则，会影响集装箱的安全运输。一旦在装箱完毕后发现已超出了所规定的最大允许重量，应取出一部分货物，因为，箱子超重是绝对不允许的。

2. 液体货的装载

液体货也可看作是散装货物的一种。利用罐式集装箱运输液体货可大量减少包装费和装卸费。运输液体货物的集装箱主要有两种，一是用罐式集装箱运输，二是液体货物在装入其他容器后再装载集装箱。

在采用罐式集装箱运输液体货物时应注意：

(1)罐式集装箱本身结构、性能、箱内面的涂料是否满足货物的运输要求。

(2)查明集装箱的容量和所允许的载重量的比例与货物比重是否接近一致。当货物比重较大装载半罐的情况下，在装卸和运输过程中有损罐的危险。

(3)查明排罐时是否具有必要的设备，这些设备是否适用于箱子的阀门等。

(4)检查安全阀是否有效。

(5)了解货物的特性，在运输和装卸过程中是否需要加温，以及装卸地是否具有蒸汽源和电源。

(6)了解有关法规是否受其制约等。

3. 冷藏货集装箱装载

冷藏货集装箱装载可分冷却货物和冷冻货物两种,前者是指一般选定不冻结的温度,或者是货物表面有轻微结冻以上的温度,冷却货物的目的是为了维持货物的呼吸和防止箱内出汗。后者是指将货物冷冻后进行运输。

对冷藏货物在运输途中应保持的温度,货主在托运时都有指示,对承运人来说必须严格遵照执行。同时,应把货主签发的有关该票货物在运输途中所需要的文件存管好,避免一旦发生纠纷后在货主与承运人之间,就温度问题引起争执。

冷藏货装载时应注意如下事项:

(1)冷冻集装箱在装货过程中,冷冻机要停止运转;

(2)在装货前,冷冻集装箱内使用的垫木和其他衬垫材料要预冷;要选用清洁卫生的衬垫材料,不使它污染货物;

(3)不要使用纸、板等材料作衬垫,以免堵塞通风管和通风口;

(4)装货后箱顶与货物顶部一定要留出空隙,使冷气能有效地流通;

(5)必须注意到冷藏货要比普通杂货更容易滑动,也容易破损,因此对货物要加以固定,固定货物时可以用网等作衬垫材料,这样不会影响冷气的循环和流通;

(6)严格禁止已降低鲜度或已变质发臭的货物装进箱内,以避免损坏其他正常货物。

4. 动、植物集装箱装载

一般来说,动、植物的检疫应根据出口国的规定,但也有部分国家规定动、植物的进口一定要经过检疫人员的检查,并得到许可后才能进口,如得不到许可,则通过处理(杀死、烧毁等)。

动、植物检疫的对象通常指牛、马、羊、猪和经屠宰后的皮、毛、肉,经加工后的香肠等。运输该类活体货物的集装箱有两种,一种是密闭式集装箱,如通用集装箱等;另一种是非密闭性集装箱,如开顶集装箱等。

5. 散装货集装箱装载

用集装箱装载运输散装货可节省包装费、装卸费。散装货通常采用散装集装箱装载,主要用于装载运输小麦、麦芽、谷物、树脂、铅粉等。

6. 危险货的装载

危险货采用集装箱装载和运输的要求与非危险货是完全不同的,这是因为考虑到该类货物的物理性、化学性,以及运输安全的要求。

危险货采用集装箱装载的要求是:

(1)不符合“危规”要求的货物,或已货损、渗漏的危险货不得装入箱内。危险货的任何部分不得突出箱容,装箱后即应关门封锁。

(2)不应将危险货与不相容的物质装载同一箱内，除特殊情况由主管当局同意者外。

(3)危险货只有按“危规”中有关规定包装后才能装载集装箱运输。液体货物和非冷藏的压缩气体的装载应得到主管部门的批准。某些干燥的散装危险货，可装载由主管当局特准制作的用于该种货物运输的集装箱内。

(4)装载危险物质和其他任何物质的包件，在集装箱内应装紧或有足够的支撑和固定，以适合航行的要求。

(5)当一票危险货物只构成集装箱内容的一部分，最好应装载箱门附近。装入集装箱内的危险货物，应目测其有无损坏，如证实有实质性的损坏，则不宜装箱。

(6)对托运人来说，应在货物托运单上或单独的申报单上保证他所托运的货物已正确地加以包装、标记、标志等内容，并具有适运的条件。对未列明的危险货物还应写明其正确的名称，单证内应确切说明所属的危险货物的类别。运输危险货物时，应准备与运输其他种类货物所需的同样单证，这些单证的格式应填写的具体内容，及其所承担的责任由适用于该项运输方式的国际公约和有关法规加以确定。

(7)负责将危险货物装入箱内的工作人员，应提交“装箱证明书”，以证实已正确装箱并符合装箱规定。装有危险货物的集装箱，应有规格不少于 250 mm×250 mm 的国际海上危险货物运输规则类别标志(标牌)，应至少有 4 幅这种标志(标牌)，并将其贴在外部明显的地方，每侧各一幅，前后端各一幅。集装箱一经认为无危险性，所有危险标志应自箱上去掉或加以遮盖。

(8)装载有危险货物的集装箱，应检查外部有无所破损、撒漏或渗漏迹象，一旦发现有破损、撒漏或渗漏的集装箱，在未加以修理和将容器移走前，都不予以承运。

(9)装载易于散发易燃的危险货物集装箱，不应与可能提供水源的冷藏，或加热的集装箱装载同一舱内。

(10)装载危险货物的集装箱卸空后，应采取措施保证集装箱没有污染，而使集装箱不具有危险性。

危险货物装箱时还应注意如下事项：

(1)货物装箱前应调查清楚该类危险货物的特性、防灾措施和发生危险后的处理方法，作业场所要选在避免日光照射、隔离热源和火源、通风良好的地点。

(2)作业场所要有足够的面积和必要的设备，以便发生事故时，能有效地处置。

(3)作业时要按有关规则的规定执行。作业人员操作时应穿防护工作衣，带防护面具和橡皮手套。

(4)装货前应检查所用集装箱的强度、结构，防止使用不符合装货要求的集装箱。

(5)装载爆炸品、氧化性物质的危险货物时，装货前箱内要仔细清扫，防止箱内因残存灰尘、垃圾等杂物而产生着火、爆炸的危险。

(6)要检查危险货物的容器、包装、标志是否完整，与运输文件上所载明的内容是否一致。禁止包装有损伤、容器有泄漏的危险货物装入箱内。

(7)使用固定危险货物的材料时，应注意防火要求和具有足够的安全系数和强度。

(8)危险货物的任何部分都不允许突出于集装箱外，装货后箱门要能正常地关闭起来。

(9)有些用纸袋、纤维板和纤维桶包装的危险货物，遇水后会引起化反应而发生自燃、发热或产生有毒气体，故应严格进行防水检查。

(10)危险货物的混载问题各国有不同的规定，如日本和美国规定，禁止在同一区域内装载的危险货物，或不能进行混合包装的危险货物，不能混载在同一集装箱内。英国规定，不能把属于不同等级的危险货物混载在同一集装箱内。在实际装载作业中，应尽量避免把不同的危险货物混装在一个集装箱内。

(11)危险货物与其他货物混载时，应尽量把危险货物装在箱门附近。

(12)严禁危险货物与仪器类货物混载。

(13)在装载时不能采用抛扔、坠落、翻倒、拖曳等方法，避免货物间的冲击和摩擦。

### 五、典型货物的集装箱装载

1.货板货的装箱操作

货板上通常装载纸箱货和袋装货。纸箱货在上下层之间可用粘贴法固定。袋装货装板后要求袋子的尺寸与货板的尺寸一致，对于比较滑的袋装货也要用粘贴法固定。

货板在装载和固定时应注意的问题有：

(1)货板的尺寸如在集装箱内横向只能装一块时，则货物必须放在集装箱的中央，并用纵向垫木等加以固定；

(2)装载两层以上的货物时，无论空隙在横向或纵向时，底部都应用档木固定，而上层货板货还需要用跨挡木条塞紧；

(3)如货板数为奇数时，则应把最后一块货板放在中央，并用绳索通过系环拉紧；

(4)货板货装载框架集装箱时，必须使集装箱前后、左右的重量平衡。装货后应用带子把货物拉紧，货物或装完后集装箱上应加罩帆布或塑料薄膜；

(5)袋装的货板货应根据袋包的尺寸，将不同尺寸的货板搭配起来，以充分利用集装箱的容积。

2. 捆包货的装箱操作

捆包货包括纸浆、板纸、羊毛、棉花、面布、其他棉织品、纺织品、纤维制品以及废旧物料等。其平均每件重量和容积常比纸箱货和小型木箱货大。一般捆包货都用杂货集装箱装载。

捆包在装载和固定时应注意的问题：

(1)捆包货一般可横向装载或竖向装载，此时可充分利用集装箱箱容；

(2)捆包或装载时一般都要用厚木板等进行衬垫；

(3)用粗布包装的捆包货，一般比较稳定而不需要加以固定。

3.袋装货的装箱操作

袋包装的种类有麻袋、布袋、塑料袋等，主要装载的货物有粮食、咖啡、可可、废料、水泥、粉状化学药品等。通常袋包装材料的抗潮、抗水湿能力较弱，故装箱完毕后，最好在货顶部铺设塑料等防水遮盖物。

袋装货在装载和固定时应注意的问题是：

(1)袋装货一般容易倒塌和滑动，可用粘贴剂粘固，或在袋装货中间插入衬垫板和防滑粗纸；

(2)袋包一般在中间呈鼓凸形，常用堆装方法有砌墙法和交叉法；

(3)为防止袋装货堆装过高而有塌货的危险，所以需要用系绑用具加以固定。

4.滚筒货的装箱操作

卷纸、卷钢、钢丝绳、电缆、盘元等卷盘货，塑料薄膜、柏油纸、钢瓶等滚筒货，以及轮胎、瓦管等均属于滚动类货物。滚动货装箱时一定要注意消除其滚动的特性，做到有效、合理地装载。

滚筒货在装载和固定时应注意的问题是：

(1)卷纸类货物的装载和固定操作。卷纸类货物原则上应竖装，并应保证卷纸两端的截面不受污损。只要把靠近箱门口的几个卷纸与内侧的几个卷纸用钢带捆在一起，并用填充物将箱门口处的空隙填满，即可将货物固定。

(2)盘元的装载和固定操作。盘元是一种只能用机械装载的重货，一般在箱底只能装一层。最好使用井字形的盘元架。大型盘元还可以用直板系板、夹件等在集装箱箱底进行固定。

(3)电缆的装载和固定操作。电缆是绕在电缆盘上进行运输的，装载电缆盘时也应注意箱底的局部强度问题。大型电缆盘在集装箱内只能装一层，一般使用支架以防止滚动。

(4)卷钢的装载和固定操作。卷钢虽然也属于集中负荷的货物，但是热轧卷钢一般比电缆轻。装载卷钢时，一定要使货物之间互相贴紧，并装在集装箱的中央。对于重3吨左右的卷钢，除用钢丝绳或钢带通过箱内系环将卷钢系紧外，还应在卷钢之间用钢丝绳或钢带连接起来；对于重5 t左右的卷钢，还应再用方形木条加以固定。固定时通常使用钢丝绳，而不使用钢带，因为钢带容易断裂。

(5)钢瓶的装载和固定操作。普通卡车用的小型轮胎竖装横装都可以。横装时比较稳定，不需要特别加以固定。大型轮胎一般以竖装为多，应根据轮胎的直径、厚度来研究其装载方法，并加以固定。

5.装货的装箱操作

桶装货一般包括各种油类、液体和粉末类的化学制品、酒精、糖浆等，其包装形式有铁桶、木桶、塑料桶、胶合板桶和纸板桶等5种。除桶口在腰部的传统鼓形木桶外，桶装货在集装箱内均以桶口向上的竖立方式堆装。由于桶体呈圆柱形，故在箱内堆装和加固的方法均由一定具体尺寸决定，使其与箱形尺寸相协调。

桶装货在装载和固定时应注意的问题是：

(1)铁质桶的装载和固定操作。集装箱运输中以 0.25 $m^3$(55 加仑)的铁桶最为常见。这种铁桶在集装箱内可堆装两层，每一个 20 ft 型集装箱内一般可装 80 桶。装载时要求桶与桶之间要靠近，对于桶上有凸元的铁桶，为了使桶与桶之间的凸缘错开，每隔一行要垫一块垫高板，装载第二层时同样要垫上垫高板，而不垫垫高板的这一行也要垫上胶合板，使上层的桶装载稳定。

(2)木质桶的装载和固定操作。木桶一般呈鼓形，两端有铁箍，由于竖装时容易脱盖，故原则上要求横向装载。横装时在木桶的两端垫上木楔，木楔的高度要使桶中央能离开箱底，不让桶的腰部受力。

(3)纸板桶的装载和固定操作。纸板桶的装载方法与铁桶相似，但其强度较弱，故在装箱时应注意不能使其翻倒而产生破损。装载时必须竖装，装载层数要根据桶的强度而定，有时要有一定限制，上下层之间一定有插入胶合板做衬垫，以便使负荷分散。

6.各种车辆的装箱操作

集装箱内装载的车辆有小轿车、小型卡车、各种叉式装卸车、推土机、压路机和小型拖拉机等。杂货集装箱只能装一辆小轿车，因此箱内将产生很大的空隙。如果航线上有回空的冷冻集装箱或动物集装箱，则用来装小轿车比较理想，因为冷冻集装箱和动物集装箱的容积比较小，可以更有效地利用集装箱的箱容。而对于各种叉式装卸车、拖拉机、推土机及压路机等特种车辆的运输，通常采用板架集装箱来装载。

各种车辆的装箱操作如下：

(1)小型轿车和卡车的装载和固定操作。小轿车和卡车一般都采用密闭集装箱装载。固定时利用集装箱上的系环把车辆拉紧，然后再利用方形木条钉成井字形木框垫在车轮下面，防止车辆滚动，同时应在轮胎与箱底或木条接触的部分用纱布或破布加以衬垫。也可按货主要求，不垫方形木条，只用绳索拉紧即可。利用冷冻箱装箱时，可用箱底通风轨上的孔眼进行拉紧。

(2)各种叉车的装卸和固定操作。装载叉式装卸车时，通常都把货叉取下后装在箱内。装箱时，在箱底要铺设衬垫，固定时要用纱头或布将橡胶轮胎保护起来，并在车轮下垫塞木楔或方形木条，最后要利用板架集装箱箱底的系环，用钢丝绳系紧。

(3)推土机和压路机的装载和固定操作。推土机、压路机每台重量很大，一般一个板架集装箱内只能装一台，通常都采用吊车从顶部装载，装载时必须注意车辆的履带是否在集装箱下侧梁上，因为铁与铁相接触，很容易产生滑动，所以箱底一定要衬垫厚木板。

(4)拖拉机和其他车辆类货物的装载和固定操作。小型拖拉机横向装载时可使其装载量增加，但装载时也应注意集中负荷的问题，故箱底要进行衬垫，以分散其负荷，并要用方形木条、木楔以及钢丝绳等进行固定。

## 六、集装箱货物的交接方式

在集装箱运输中，根据整箱货和拼箱货货源的不同，主要的货物交接方式有：

1. 门到门交接(DOOR TO DOOR)

该种货物的交接形式通常系指一个发货人，一个收货人。在由承运人负责内陆运输时，则在发货人的工厂或仓库验收后，负责将货物运至收货人的仓库或工厂交货。门到门交接的货物都为整箱货。

2. 门到场交接(DOOR TO CY)

这是一种在发货人的工厂或仓库接收货物并负责运至卸箱港集装货码头堆场的交货的交接方式。门到场货物交接方式有时在承运人不负责目的地内陆运输情况下发生。

3. 门到站交接(DOOR TO CFS)

这是一种从发货人的厂或仓库至目的地集装箱货运站的交接方式。即通常是整箱接，拆箱交。

4. 场到门交接(CY TO DOOR)

这是一种在起运地装船港的集装箱码头堆场接货，并将其运至收货人工厂或仓库交货的交接方式。通常发生在承运人不负责起运地发货人至集装箱码头堆场间的内陆运输。

5. 场到场交接(CY TO CY)

这是一种从装船港的集装箱码头堆场至卸船港的集装箱码头堆场的交接方式，通常是整箱货。

6. 场到站交接(CY TO CFS)

这是一种从装船港的集装箱码头堆场至目的地的货运站集装箱交接方式。

7. 站到门交接(CFS TO DOOR)

这是一种从起运地的集装箱货运站至目的地收货人的工厂或仓库的交接方式；经常发生在拼箱接整箱交的情况下。

8. 站到场交接(CFS TO CY)

这是一种从起运地的集装箱货运站至目的地集装箱码头堆场的交接方式。

9. 站到站交接(CFS TO CFS)

这是一种从起运地的集装箱货运站至目的地的集装箱货运站的交接方式，通常是拼箱接，拼箱交。

**链接——集装箱货物的交接方式**

DOOR TO DOOR； DOOR TO CY； DOOR TO CFS；
CY TO DOOR； CY TO CY； CY TO CFS；
CFS TO DOOR； CFS TO CY； CFS TO CFS。

**案例——集装箱货运站经营人案例分析**

案由：

上海一家公司(以下称发货人)出口30万美元的皮鞋，委托集装箱货运站装箱出运，发货人在合同规定的装运期内将皮鞋送货运站，并由货运站在卸车记录上签收后出具仓库收据。该批货出口提单记载CY-CY运输条款、SLAC(由货主装载并计数)、FOB价、由国外收货人买保险。国外收货人在提箱时箱子外表状况良好，关封完整，但打开箱门后一双皮鞋也没有。也许有人会提出，皮鞋没有装箱，怎么会出具装箱单？海关是如何验货放行的？提单又是怎样编制与签发的？船公司又是怎样装载出运的？收货人向谁提出赔偿要求呢？

处理：

1.收货人向发货人提出赔偿要求

由于出口提单记载“由货主装载并计数”，收货人根据提单记载向发货人索赔，但发货人拒赔，其理由：“尽管提单记载由货主装载并计数，但事实上皮鞋并非由货主自行装载，在皮鞋送货运站后，货运站不仅在卸车记录上签收，而且又出具了仓库收据。仓库收据的出具表明货运站已收到皮鞋，对皮鞋的责任已开始，同时也表明货主责任即告终止。因此，提单记载是没有任何意义的，不具有任何法律效力。此外，提单记载CY—CY运输条款并不能说明整箱交接，因为该批皮鞋由货运站装箱。而且，装载皮鞋的集装箱装船后，船公司已出具提单，更为主要的是集装箱货物交接下买卖双方风险以货交第一承运人前后划分，由于集装箱运输下承运人的责任是从“接受货开始”，因而随着货交承运人，其贸易风险也转移给了买方。

2.收货人向承运人提出赔偿要求

当收货人向承运人提出赔偿时，承运人认为：“提单记载的运输条款是CY—CY”，即整箱交接，提单的反面条款也规定：“整箱货交接下，承运人在箱子外表状况良好下，关封完整下接货、交货”。既然收货人在提箱时没有提出异议，则表面承运人已完整交货。承运人进一步说：“至于提单上记载由货主装载并计数，因为对承运人来说是货运站接受的已装载皮鞋的整箱货，事实上并非知道箱内是否装载皮鞋”。提单正面条款内容对提单签发人、提单持有人具有法律效力。

3.收货人向保险人提赔

当收货人向保险人提赔时，保险人也拒赔，并提出：“此种赔偿归属于集装箱整箱货运输下的‘隐藏损害’，即无法确定皮鞋灭失区段和责任方”。如收货人向保险人提赔，收货人应向保险人举证说明皮鞋灭失区段、责任方，这样才可保证在保险人赔付后可行驶追赔权，即进行“背对背”赔偿。

保险人进一步说：“整箱货隐藏损害同时应具备三个条件：

(1)物灭失或损害发生在保险人责任期限内；

(2)货物灭失或损害属保险人承保范围的内容；

(3)箱内货名称、数量、标志等装载必须与保单内容记载一致”。

## [思考题]

1. 集装箱货流有几种运输组织形式？
2. 集装箱货物的流转形态有几种？
3. 集装箱货物的现场装箱作业方法主要有几种？
4. 集装箱货物在积载、堆装时应注意什么？
5. 集装箱货物的交接方式有几种？

# 第四章 集装箱码头装卸工艺

## 第一节 集装箱装卸工艺概论

集装箱装卸工艺是集装箱装卸的方法和程序的总称。其中,集装箱装卸作业应采用集装箱专用机械,而集装箱装卸所采用的程序则是指装卸工艺方案。所以,集装箱装卸工艺是指将集装箱从集装箱船舶上卸到集装箱码头上,再由水平搬运至集装箱堆场,在集装箱堆场短期堆放后进行疏港,或将集装箱从内陆集运至集装箱码头堆场堆存,然后经水平搬运后进行装船的全部作业过程中的机械组合和流程。

设计集装箱装卸工艺的目的是对不同的集装箱船舶、不同的集装箱箱型采用不同的机械组合和作业程序,是装卸集装箱的时间最短、效率最高、成本最低、集装箱码头和堆场的通过能力最大、经济效益最好。

### 一、集装箱装卸机械的发展

集装箱装卸机械是用于集装箱船舶和车辆的装卸、库场上集装箱堆码、拆码及转运的专用机械。

集装箱装卸机械发展经历了三个阶段:

(1)发展的初级阶段。该阶段的主要特征是确定了集装箱船舶装卸作业采用岸边集装箱装卸桥吊,以及与之相配套的其他种类的集装箱装卸机械。

(2)发展阶段。该阶段的特征是在欧洲和亚洲相继采用岸边集装箱装卸桥进行集装箱船舶装卸作业。该阶段最主要的特征是公布了国际集装箱箱型标准,从而为集装箱装卸机械标准化提供了依据。

(3)改进提高阶段。该阶段的特征是集装箱装卸机械向高速化、自动化和智能化方向发展,并在可靠性、维修性、舒适性等方面进一步得到改进提高。

随着集装箱运输的出现和发展,为集装箱运输而建立的各种设施和装卸机械也得到了相应的发展。

1959 年美国 Paceca 公司和 Matson 公司共同试制了世界第一台岸边集装箱装卸桥,该机的起重量为 22.68 t,外伸距 23.77 m(78 ft)。从 1960 年起,在美国西海岸和夏威夷之间的航线上，集装箱船舶甲板上就不再配装龙门起重机(第一艘无船机的集装箱船为“Hawaiian Citizen”号)。这表明集装箱装卸作业开始进入了利用岸上装卸机械进行装卸的时代。

经过几年在实践中的对比和研究分析，证明采用集装箱装卸桥比在船上安装轨道式龙门起重机更为经济合理。

由于集装箱装卸桥具有很多的优越性，在集装箱运输的早期阶段，美国的海陆公司就办 Paceca 公司订购了 100 台岸边集装箱装卸桥，作为它雄心勃勃的集装箱运输规划的一部分。目前，这种装卸作业方式已成为世界各国集装箱码头装卸作业的主要形式。

在此期间，专用集装箱码头、专用集装箱堆场和其他配套的专用集装箱机械和设备也相继研制成功并投入使用，如大型集装箱箱型、集装箱叉车、集装箱跨运车、集装箱牵引车挂车、集装箱堆场起重机等。

1966 年，美国 Paceca 公司为原西德不来梅港建造了西欧第一台岸边集装箱装卸。1967 年，日本石川岛播磨重工业公司在日本大阪港建造了亚洲第一台岸边集装箱起重机，该机起重量为 30 t，外伸距为 34 m，轨距 23 m。

为适应和推动世界集装箱运输的发展，1973 年国际标准化组织(ISO)于 1979 年 4 月正式颁布了《第一系列货物集装箱外部尺寸、公差和重量——ISO668—1979》新标准，这项国际标准所规定的集装箱规格，即为目前世界上流通使用的集装箱的标准规格。这一国际标准的颁布，其意义在于为集装箱装卸机械的选型提供了依据，并使集装箱装卸机械形成了标准化设计，例如，岸边集装箱起重机的最大额定起重量按 ISO668—1979 的规定，发展到了 30.5 t。

我国从 1975 年开始开展国际集装箱海上运输，并同时开始了集装箱装卸机械的研制工作。1979 年前后，研制出了第一批岸边集装箱起重机等集装箱装卸机械。

集装箱装卸机械的种类很多。随着集装箱运输的发展，这类机械的性能和种类也得到了较大的发展，并且已经在高速化、自动化和智能化方面得到改善和发展。未来集装箱机械发展的趋势，除了继续向高速化、自动化和智能方向发展外，还要在提高集装箱装卸机械的可靠性、维修性、舒适性等方面进行更深入的研究和改进，使之成为更能适应未来集装箱运输的一种更有效的专用机械。

进入 20 世纪八十年代以后，由于集装箱运输的飞速发展，现有的集装箱装卸机械无论在对船型适应能力和生产效率上均不能满足时代的需要，为此，集装箱装卸机械的发展进入了改进和提高阶段。实现这一目标可分为两个阶段进行，首先是实现集装箱运输管理的自动化，然后，在此基础上，根据集装箱运输管理的要求，对各种集装箱装卸机械进行自动化控制。除了上述二个目标之外，集装箱装卸机械也正朝着采用新的设计计算方法(CAD，优化设计等)、提高可靠性、节能、操作简便舒适、提高机械完好率性等方向不断加以改进和提高。

### 二、集装箱装卸工艺的发展

集装箱运输产生以来，也给集装箱装卸工艺深刻的变革。当美国海陆公司首先开展集装箱运输时，产生了一种新的作业方式，即底盘车工艺方案。当马托松公司首先采用岸边集装箱装卸桥时，又产生了另一种作业方式，即跨运车工艺方案、随着集装箱运输的发展，又相继产生了堆场龙门起重机工艺方案，叉车工艺方案、滚装作业方式等多种装卸工艺方案。

集装箱装卸作业的生产效率，取决于装卸作业过程的作业机械化程度和管理水平，而这些又与集装箱装卸工艺方案的优劣有直接的联系。因此，要提高集装箱装卸作业的生产效率，就必须首先认真选择装卸机械和工艺方案。随着集装箱装卸作业的专业化和集装箱装卸工艺现代化的不断发展和完善，集装箱跨运车工艺方案和集装箱龙门起重机工艺方案，正成为当前最典型最成熟的工艺方案。

但是，随着集装箱运输的进一步发展、集装箱运量的日益增加和船舶的大型化，集装箱运输体系继续在探索新的集装箱装卸工艺方案，以适应当前集装箱运输的发展。

作为现代化的集装箱装卸工艺方案，它所追求的目标主要有：

(1)进一步提高船舶装卸效率。提高船舶装卸效率不仅能加速昂贵的集装箱船舶的营运效率，还能为货主减少货物流通所占用的时间(加速货物的流通)，并也能为港口赢得更多的利润。

(2)提高土地的利用率。土地对各国开展集装箱运输的企业而言都是相当宝贵的，因此，对于一个集装箱装卸工艺方案应尽量地能使每一平方米的土地都得到高效的利用。

(3)作业上的进一步省力和简单。从装卸作业的合理化原则来考虑，作业环节越少，并且能够充分使用机械，其作业过程就越简单，并且越省力。集装箱装卸作业是一个较复杂和繁重的作业过程，因此，怎样能使作业过程简单化，并降低劳动强度，是一项艰巨的研究课题。集装箱装卸作业的半自动化和自动化是解决这一课题主要途径。现代集装箱运输中的集装箱装卸工艺方案，正是朝着这一方向探索和发展。

## 第二节 集装箱吊具

集装箱吊具是供集装箱装卸机械吊运集装箱时使用的专用属具。在专业作业场所用于集装箱吊运的专用属具称为集装箱专用吊具。

### 一、集装箱的吊运方式

按集装箱吊具与装卸机械连接方式的不同，即按吊运方式的不同，集装箱吊具的吊运方式主要有：

1. 四吊点吊运

四吊点吊运方式在吊运集装箱时有四个吊运点，吊具从四个吊点连接集装箱，通过吊具上的钢丝绳滑轮系统，卷绕在装卸机械起升机构的起升卷筒上进行吊运集装箱。

集装箱专用装卸机械，如岸边集装箱起重机（集装箱装卸桥）、集装箱跨运车、集装箱龙门起重机等均采用这类集装箱吊具。

2. 单吊点吊运

利用门座起重机或船舶吊杆等吊运集装箱时，吊具的吊运点只有一个。吊具用四根绳索吊起后，集中在吊钩一点上，吊具与集装箱角件的连接可以有电动、电动液压或手动的操作方式。

用卸扣、钢丝绳和吊钩等吊运集装箱的吊具称索具。简易式集装箱吊具，其结构主要由吊具机架和手动旋锁机构等组成。它们均属于单吊点吊具（图 4-1）。

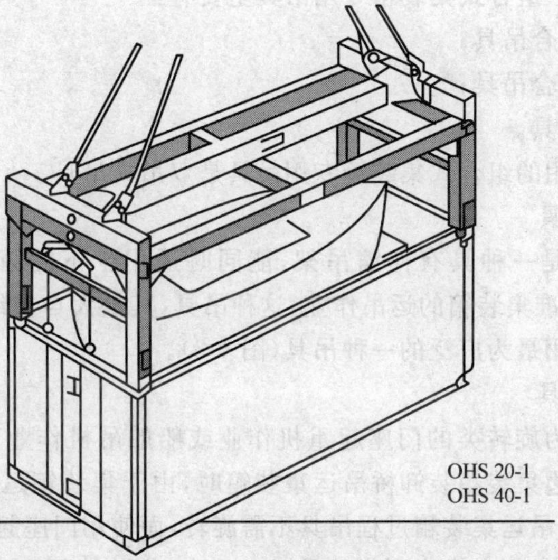


图 4-1 开顶箱吊具

## 二、集装箱专用用具

集装箱专用吊具的结构主要由吊具机架（包括伸缩式吊具的伸缩架），吊具旋锁驱动装置、导向板驱动装置、吊具前后倾斜装置、伸缩机架驱动装置（主要是伸缩式吊具）等组成。

常用的集装箱专用吊具不论其吊具结构如何，它们的基本工作原理是一样的，即在吊具的四角设有旋锁装置和导向装置，通过液压系统驱动旋锁与集装箱角件结合，当旋锁进入集装箱的角件孔内后，在液压系统的作用下是旋锁处于闭锁状态，此时就可起吊集装箱；当旋锁处于开锁状态时，旋锁可自由进出集装箱的顶角件孔，这时，吊具可与集装箱脱离。

按集装箱吊具的结构和吊具动作过程的不同，集装箱专用吊具的种类主要有固定式集装箱专用吊具、组合式集装箱专用吊具、伸缩式吊具三种。

1. 固定式集装箱专用吊具

这类吊具属于直接吊装式吊具。常用的有 20 ft 吊具和 40 ft 吊具，分别用于 20 ft箱型和 40 ft 箱型，它们之间不能互用，吊运不同箱型，需更换吊具。这类吊具具有结构简单、重量最轻等优点。简易式集装箱专用吊架也属这类吊具。由于不能同时适用于多种箱型，则操作过程中更换吊具所花费的时间较长，使用不够方便，所以，在专业化集装箱装卸作业中使用较少。

2. 组合式集装箱专用吊具

组合式集装箱专用吊具是通过几种不同尺寸的固定式集装箱专用吊具组合来实现吊运集装箱的。组合式集装箱专用吊具主要有：

(1)吊梁式组合吊具；

(2)主从式组合吊具；

(3)双吊式吊具。

目前主要采用的组合式集装箱专用吊具是双吊式吊具。

3. 伸缩式吊具

伸缩式吊具是一种具有伸缩吊架，能同时适用于不同箱型的吊具，它能适应 20～40 ft 国际标准集装箱的运吊作业，这种吊具，其最大自重约 8～10 t。是目前集装箱装卸机械采用最为广泛的一种吊具(图 4-2)。

4. 旋转式用具

这类吊具是为旋转类的门座起重机作业或船舶吊机作业而设计的一种专用吊具。通常采用岸边集装箱装卸桥吊运集装箱时，由于集装箱运行轨迹与岸上起重机轨道作平行移动，吊运集装箱过程吊具不需旋转，而使用门座起重机作业或船舶吊机作业时，集装箱由船到岸或岸到船的吊运过程中，集装箱要发生旋转，如果这时吊具不作相应的旋转，则会发生集装箱不能停放在与岸边集装箱装卸桥轨道成平行的作业线内，从而影响集装箱吊运作业的正常进行。

为了能够使集装箱卸到与岸边集装箱装卸桥轨道平行的作业线位置内，在使用门座起重机或船舶吊机吊运集装箱时，吊具也要作相应的旋转，其旋转角度与起重机旋转速度相同，但方向相反。

5. 顶吊和底吊两用式集装箱吊具

这种吊具既能顶吊装卸又能兜底起吊集装箱，这种吊运方式是一种比较安全的装卸方式。顶吊方式是用四个旋锁与集装箱的四个顶部角件连接；底吊方式是用抓

图 4-2 伸缩式集装箱专用吊具

臂将集装箱从底部吊起。采用抓臂时，集装箱应采用设有抓臂吊槽的集装箱。顶吊和底吊两用式集装箱吊具能够吊运 20 ft～40 ft 的集装箱。

**链接——集装箱吊运方式与集装箱专用吊具**

按集装箱吊具与装卸机械连接方式的不同，即按吊运方式的不同，集装箱吊具的吊运方式主要有四点吊运和单点吊运方式。

集装箱专用吊具主要有固定式集装箱专用吊具、组合式集装箱专用吊具、伸缩式吊具三种。

### 三、集装箱吊具的对位和减器

1. 集装箱吊具的对位

集装箱专用吊具为了方便吊运作业，缩短吊具与集装箱的对位时间，一般都配有导向板装置。当集装箱吊具中心线和集装箱中心线的偏差小于 200 mm 时，可通过放下吊具导向板迅速与集装箱对位，使集装箱吊具的旋锁快速插入集装箱的顶角件的孔中。吊具完成与集装箱连接后，吊具导向板全部翻转向上，这时，集装箱吊具的外廓尺寸和集装箱外形尺寸一致，因此可以畅通地出集装箱船舶舱内集装箱箱格和堆场箱堆之间。

在装卸过程中，如果集装箱出现横倾或纵倾等水平面上的误差时，就要求集装箱吊具具有横倾或纵倾的功能来适应这种误差。集装箱吊具的横倾或纵倾是由集装箱吊具的倾斜装置来实现的，其倾斜角度通常按±5°来考虑。

2. 集装箱吊具的减摇

对岸边集装箱装卸桥和堆场集装箱龙门起重机，当集装箱装卸机械的行走小车以一定的速度行走后制动停车时，集装箱吊具与其所吊运的集装箱将会产生摇摆。随着高速型机械的出现，集装箱装卸机械运行小车的行走速度得以大幅度提高，由此而产生的吊具与集装箱的摇摆也随之增大，这种摇摆会使集装箱吊具对位花费更长的时间，从而严重影响装卸效率。

根据当前的机型以及作业条件表明，当集装箱装卸机械运行小车的运行速度在130 m/min以上时，应在集装箱吊具上加装减摇装置。集装箱吊具减摇装置的性能指标是：当集装箱起吊离地10 m、运行小车以额定速度行驶一段距离并制动停车后10 s内，集装箱吊具的摇摆幅度应控制在±10 cm以内。应当提出，集装箱吊具与集装箱的摇摆量与操作人员的操作水平有很大的关系。

### 四、集装箱吊运索具和集装箱用货叉

在一些非专业化的集装箱装卸作业场合，由于存在设备配套等原因，吊运集装箱则采用索具进行起吊。通常可采用吊钩、钢丝绳、卸扣、吊索或带手动式旋锁装置的简易吊架起吊集装箱。

当采用这类吊具吊运集装箱时，应注意其稳性和吊钩、钢丝绳以及卸扣的承载能力，并遵循有关国际标准和国家标准进行操作。

## 第三节　港口集装箱装卸作业的基本机型

根据集装箱装卸方法的不同，港口集装箱装卸作业方式可分为吊装式作业方式和滚装式作业方式，其中最常用的作业方式为吊装式作业方式。

对船舶装卸而言，吊装式作业方式的特点，不论装船或卸船，均采用岸边集装箱起重机、门座起重机或船舶吊机进行集装箱的吊上吊下作业，故这种方式又称为“垂直作业方式”。

现代港口集装箱码头普遍采用岸边集装箱起重机进行船舶的装卸作业，也是集装箱码头前沿装卸作业的基本机型(图4-3)。岸边集装箱起重机又简称为集装箱装卸桥或集装箱桥吊，它是港口集装箱码头装卸集装箱专用船舶的专用机械。世界各港口集装箱专用码头均采用这种设备进行集装箱专用船舶的装卸作业。

### 一、岸边集装箱装卸桥的外形与结构

岸边集装箱装卸桥按外形结构分类主要有“A”型框架式、“H”型框架式等结构，这两种装卸桥的海侧臂架都可用铰链将悬臂俯仰。根据特殊作业要求，岸边集装箱装卸桥的外形与结构还有滑动式低门架型、前臂折叠型等。

图 4-3　岸边集装箱起重机

岸边集装箱起重机的结构主要由金属结构、起升机构、小车行走机构、大车行走机构、俯仰机构、机房、司机室等组成。

岸边集装箱装卸桥的金属结构主要由带行走机构的门架、臂架机构、拉杆等几部分组成。臂架又可分为海侧臂架、陆侧臂架以及中间臂架三部分。

海侧臂架和陆侧臂架由中间臂架连接。臂架的主要作用是承受装卸桥小车的重量，小车带有升降机构，而升降机构又用来承受集装箱吊具和集装箱的重量。海侧臂架一般设计成为可变幅式的。当集装箱装卸桥在进行装卸船舶作业前或行装卸船舶作业后，为了船舶的靠离安全，一般将海侧臂架仰起。随着"超巴拿马型"集装箱船的出现，常规的集装箱桥吊已不能适应需要了，因此，近年来在许多国家和地区的集装箱码头出现了适应"超巴拿马型"集装箱船作业的"超巴拿马型"集装箱桥吊。

为了提高集装箱桥吊的装卸效率，并降低集装箱桥吊的自重，集装箱桥吊的起升机构多采用简单钢丝绳卷绕系统，小车行走机构则多采用全绳索牵引式卷绕系统，而司机室多采用具有良好视野的独立移动式司机室。

## 二、岸边集装箱起重机的主要技术参数

吊装式作业方式装卸效率的高低，主要取决于岸边集装箱起重机的性能。根据ISO 有关集装箱箱型的标准以及联合国贸发会议对全集装箱船型的划分，适应现行箱型和全集装箱船的集装箱桥吊主要性能参数有起重量、起升高度、外伸距、内伸距、轨距(跨距)、横梁下净空高度、基距、工作速度等。

1. 起重量

集装箱桥吊的起重量是表示岸边集装箱起重机装卸集装箱能力的标志，起重量

也是表示岸边集装箱装卸桥负载能力的指标，它是根据集装箱额定起重量和集装箱吊具重量来确定的。

岸边集装箱装卸桥起重量计算公式如下：

$$Q=Q_0+W$$

其中：$Q$——集装箱装卸桥的起重量(t)

$Q_0$——额定起重量(t)

$W$——吊具自重(t)

所谓额定起重量是指集装箱吊具所能吊起的负荷。根据ISO规定，大部分40 ft集装箱的最大总重量为30.5 t，大部分20 ft集装箱的最大总重量为24 t。集装箱吊具额定起重量应按照ISO标准中40 ft集装箱的最大重量30.5 t来考虑，同时再考虑集装箱吊具重量7～10 t，故目前集装箱桥吊的起重量多数采用40.5 t；对于有舱盖板的船型，还要考虑舱盖板的最大重量。

确定集装箱装卸桥起重量要考虑下列作业条件：

(1)吊船舶舱盖板；

(2)考虑装卸非标准集装箱的需要；

(3)兼顾装卸其他非集装箱重大件货物的需要。

2. 集装箱装卸桥的尺寸参数

集装箱装卸桥的尺寸参数的确定，与所装卸的集装箱船型、箱型、码头作业条件以及堆场作业方式有关。

(1)起升高度

集装箱装卸桥的起升高度由轨顶面以上高度和轨顶面以下高度组成。轨顶面以上高度简称轨上高度；轨顶面以下高度简称轨下高度。它取决于船舶的型深、吃水、潮差、甲板集装箱层数、码头标高等因素。

集装箱桥吊的起升高度，应根据集装箱船舶甲板上堆放集装箱(至少堆放四层集装箱)和装卸条件(能通过三层集装箱)，以及集装箱船舶轻载高水位时能装卸甲板上三层集装箱、并堆高至四层，在重载低水位时能吊运舱底最下一层集装箱来确定。

轨上高度是指装卸桥吊具上升到最高点时，吊具抓取集装箱面与轨道面之间的垂直距离，约为25 m。

轨下高度是指装卸桥运行轨道以下到吊具所能吊到舱底最下一层集装箱之间的垂直距离，约为12 m。

世界各国设计制造的集装箱桥吊总起升高度分别有37 m(轨上25 m，轨下12 m)、43 m(轨上28 m，轨下15 m)至47 m。目前世界上的集装箱码头所装备的集装箱装卸桥的轨上高度以及轨下高度一般都在25 m和12 m。

(2)外伸距

外伸距是指集装箱装卸桥海侧轨道中心线向外至集装箱吊具铅垂中心线之间的

最大水平距离。

外伸距主要取决于到港集装箱船舶最大船宽。另外还要考虑船舶甲板上堆放数层集装箱，如果船舶在装卸作业过程中，船体向外档倾斜 3°左右时，仍能起吊外侧最高层的集装箱。故集装箱装卸桥的外伸距约为 35 m。

集装箱桥吊外伸距的确定与集装箱船型宽度有密切关系，集装箱桥吊外伸距应保证能装卸甲板上外舷最外侧的集装箱。

(3)内伸距

内伸距是指集装箱内侧轨道中心线向内到吊具铅垂中心线之间的最大水平距离。

在确定装卸桥的内伸距时，主要考虑装卸桥的内伸距可用来暂时放置集装箱、内伸距可用来暂时放置舱盖板以及装卸桥的供电方式等几个因素。

集装箱桥吊内伸距的一个重要作用是放置集装箱，即当码头前沿疏运不及时时，内伸距可起到某些缓冲作用，另一个重要作用就是放置舱盖板，在放置舱盖板时，要考虑到目前世界上的大型集装箱船的最大舱盖板，则内伸距的参数至少要达到 11 m。

如果码头前沿所配备的搬运机械是跨运车(跨运车的宽度一般为 4.7 m)，且同时在两条作业线上搬运两个集装箱，则所配备的装卸桥的内伸距也须在 11 m 以上。

(4)轨距

集装箱装卸桥的轨距是指装卸桥两条行走轨道之间的距离。轨距的大小直接影响到装卸桥的稳定性，并影响岸边的集装箱的疏运作业。

集装箱桥吊轨距的大小影响到桥吊的稳定性以及集装箱码头前沿的作业方式。从稳定性和更有效地疏运码头前沿的集装箱这二个方面来考虑。考虑到上述因素，轨距内最好能容纳三条运输线。对几种集装箱搬运机械进行比较，当使用跨运车时，则轨距应在 16 m 左右。集装箱桥吊的轨距不应小于 16 m。

我国目前集装箱桥吊所采用的轨距标准与我国起重机轨距标准相一致的，标准型集装箱桥吊均采用 16 m 轨距。随着起重机的大型化，在保证起重机总体稳定性和降低轮压的前提下，集装箱桥吊采用宽门架可以加快装卸效率。集装箱桥吊轨距的增大，可增加码头前沿门架下的作业线数，加快集装箱的疏运。因此，目前集装箱桥吊的轨距可由 16 m 增至 30～35 m。

(5)横梁净空高度

横梁净空高度指装卸桥的横梁最低点到轨道面之间的距离。集装箱桥吊门架横梁下净空高度取决于门架下通过流动搬运机械的外度，该距离的确定也必须根据码头所配备的机械来确定，其原则是码头前沿搬运机械在作业时能顺利地在装卸桥跨距内通过。

它主要是考虑采用跨运车进行作业，对于能堆码三层，通过两层集装箱的跨运车，门架横梁下净空高度至少取 10 m。

当岸边搬运机械采用集装箱牵挂车和集装箱叉车时，所配备的集装箱装卸桥的横梁净空高度应在 13 m 以上。

(6)基距

集装箱装卸桥基距是指同侧轨道上两主支承柱中心线之间的距离。

集装箱桥吊基距的大小除影响到集装辖桥吊的稳定性外，它与集装箱在门架下的通过性有密切的关系。根据 ISO 有关标准，集装箱桥吊基距的大小至少应满足 40 ft集装箱的通过，并考虑到最大舱盖板情况，故基距有效宽度至少取 16 m。对非标准集装箱，如 45、48 等箱型，集装箱桥吊的基距应增大，目前世界上最大桥吊的基距有效宽度能适应更大的集装箱箱型。

3. 工作速度

集装箱桥吊的工作速度也是一个最重要的技术参数指标，其中集装箱桥吊的起升速度和小车运行速度对缩短集装箱装卸作业循环时间意义较大。

集装箱装卸桥工作速度的选择应根据下列原则：

(1)应满足整个集装箱码头的工艺效率要求；

(2)对各种机构的工作速度进行合理的分配；

(3)工作速度的提高应和相应的技术措施相结合；

(4)与工作速度有关的动力设备的选型应考虑到维修的简便性所选用的机电设备及其配件应尽可能与港口其他起重搬运机械通用，以便于维修。

集装箱装卸桥的工作速度通常有以下几种：

(1)起升速度

通常设计为两种速度：起吊额定负荷时的满载起升速度和不起吊额定负荷时的空载起升速度。

(2)小车行走速度

集装箱装卸桥的小车的行程一般都大于 55 m，但在装卸作业时，小车的行走距离平均在 40 m 左右，小车行走的时间占整个工作循环时间的 25%，因此提高小车行走速度对缩短工作周期，提高装卸桥的效率很有作用。

一般集装箱装卸桥的小车行走速度在 120 m/min 或大于 130 m/min。当集装箱装卸桥的小车行走速度大于 130 m/min 时，该集装箱装卸桥被视为高速型集装箱装卸桥。

普通型集装箱桥用的满载起升速度为 25～35 m/min，空载起升速度为 50～70 m/min，小车运行速度 120～125 m/min，相应的生产率为 20 箱/h 左右。高速型集装箱桥吊的满载起升速度为 50～55 m/min，空载起升速度为 120～130 m/min，小车运行速度为 130～150 m/min，相应的生产率为 30～35 箱/h。

随着集装箱装卸机械高速化的发展，集装箱桥吊小车运行速度将进一步提高，可达到 180～200 m/min。

(3)大车行走速度

集装箱桥吊的大车行走速度主要考虑桥吊调整工作位置的需要。在进行集装箱装卸作业时，当完成了一个 BAY 位后，集装箱装卸桥要移位（大车行走）至船舶的另一个 BAY 位进行作业。大车的行走速度一般在 25～45 m/min 左右。这一速度是按人的行走速度确定的，以便在检修时，检修人员可跟随集装箱装卸桥进行检查。

(4)臂架俯仰时间

前臂架俯仰主要考虑船舶靠离码头时，能让船舶通过。船舶靠泊前，臂架仰起。臂架仰起是为了船舶靠泊的安全。一般前臂架俯仰的一个工作循环时间为 8～10 min。臂架的俯仰属非工作性操作。

当集装箱在作业过程中大车行走必须跨过船舶的起货设备和驾驶台时，装卸桥的臂架也应仰起，以免臂架与船舶驾驶台或起货设备发生碰撞。

4. 集装箱装卸桥的轮压

目前集装箱桥吊的自重约为 500～650 t 左右，在每条支腿有 6 个行走轮的条件下，最大轮压要到 48 t 左右，为承受巨大的轮压，因而码头的建造费用就非常昂贵，因此，降低自重是集装箱桥吊制造的一个重要课题。目前的方法主要有采用 CAD 设计，采用高强度轻质钢材，采用合理的桥架结构等，通过这些方法，可使集装箱桥吊的自重有原来的 650 t 左右降低至 400～500 t，每条支腿上的轮压下降至 24～27 t。

## 三、集装箱装卸桥的装卸船作业过程

集装箱装卸桥的装卸船作业时，集装箱装卸桥是沿着与码头岸线平行的轨道行走，可完成集装箱船舶的装船与卸船作业。通常集装箱装卸桥装卸船作业时的一个工作循环耗时约需 120 s 左右。

卸船作业步骤：

1. 船靠码头前，将集装箱装卸桥运行至码头岸线的大致作业位置；
2. 船靠码头后，将集装箱装卸桥移至具体的作业位置；
3. 按照装卸顺序，将小车移至船上待卸箱的正上方，放下吊具；
4. 用具上的扭锁装置将集装箱锁定后，吊起船上的集装箱；
5. 小车沿悬臂向陆侧方向移动，将集装箱吊至码头前沿等待着的水平运输机械上；
6. 松开扭锁装置，吊具与集装箱分离；
7. 吊具起升，小车向海侧方向移动，进入下一个操作。

装船作业步骤：

1. 船靠码头前，将集装箱装卸桥运行至码头岸线的大致作业位置；
2. 船靠码头后，将集装箱装卸桥移至具体的作业位置；

3. 按照装卸顺序，将小车移至水平运输机械上待装箱的正上方，放下吊具；

4. 吊具上的扭锁装置将集装箱锁定后，吊起水平运输机械上的集装箱；

5. 小车沿悬臂向海侧方向移动，将集装箱吊至船上的指定位置；

6. 松开扭锁装置，吊具与集装箱分离；

7. 吊具起升，小车向陆侧方向移动，进入下一个操作。

## 第四节 集装箱装卸工艺方案

工艺的概念是指对改变劳动对象采取的一定手段和方法。对生产企业而言，是指一种加工的方法，通过这种加工的方法可以产生新的产品。

装卸工艺是运输企业的生产方法，其实质是实现运输企业生产过程中货物或旅客位移的方法或程序。

集装箱装卸工艺是实现运输企业生产过程中集装箱位移的方法或程序，这种方法或程序是集装箱在整个搬运过程中所采用的工艺流程，是各种集装箱装卸机械之间相互配合作的过程，也是运输企业集装箱装卸作业的基础。根据集装箱装卸作业的标准与集装箱装卸机械设备的组合形式的方法，可产生不同的作业方式，这些方式就称为集装箱装卸工艺方案，因此，集装箱装卸工艺方案也是各种集装箱装卸机械、各种集装箱装卸作业方式的组合体。通过选择合理的工艺方案，可使集装箱运输企业的装卸作业效率更加提高，并可获得最佳的经济效益。

### 一、选择集装箱装卸工艺方案的原则

选择集装箱装卸工艺方案是集装箱运输企业经营者的一项重要决策，它将直接影响到集装箱装卸效率的高低，投资的大小，集装箱集疏运的快慢以及集装箱运输成本的大小。对于集装箱运输企业来说，无论选择哪一种集装箱装卸工艺方案，都应遵守以下基本原则：

1. 有效地利用区域；

2. 加快集装箱船舶的周转；

3. 堆场和通道的合理布置；

4. 装卸机械机型的合理选择与配套；

5. 合理的、有效的堆场作业方式；

6. 具有快速的信息处理能力；

7. 工艺方案的有效性(应以减少作业环节，减少装载次数、减少人力操作、降低劳动强度为前提)。

事实上要同时满足上述要求是相当困难的，有此甚至是相互抵触的，但是，集装箱运输企业的经营者应研究集装箱运输过程中各项原则的主次，以便最终选择一个

符合实际要求的集装箱装卸工艺方案。

## 二、底盘车装卸工艺方案

底盘车装卸工艺方案首先为美国海陆航运公司所采用，故又称为海陆方式，其工艺过程为：集装箱装卸桥将船上卸下的集装箱直接装在挂车上，然后由牵引车拉至堆场按顺序存放，存放期间，集装箱与挂车不脱离；或者相反，用牵引车将堆场上装有集装箱的挂车拖至码头前沿，再由集装箱装卸桥将集装箱装到集装箱船上。其工艺流程图为：

船—装卸桥—底盘车—场堆

从集装箱在码头装卸过程及堆放过程可以发现，底盘车装卸工艺方案是一种集装箱不落地的作业方式，它的主要优点是：把集装箱存放在挂车上，因而堆场上的作业环节少，搬运方便，取箱容易，疏运能力很高，集装箱破损率很小，机动性较好，适用于运距较长的作业条件，特别适合开展“门到门”运输。对码头建设而言，它具有建设周期短，投资见效快，所需设备类型少，故障停工时间短等优点。但是从投资角度来看，由于初期投资较大，需配备与集装箱堆存量相等数量的挂车，并且车辆寿命短，故使用费昂贵。另外，由于集装箱存放在挂车上故只能堆放一层集装箱，在一定堆存量的前提下，占用堆场面积较大，堆场利用率较低。从操作角度来看，由于集装箱装卸桥把集装箱装到挂车上时的对位操作比较困难，从而影响了装卸效率。

采用底盘车装卸工艺方案，提高集装箱装卸桥的装卸效率和解决集装箱装卸桥与底盘车的快速对位，是提高整个工艺方案效率的关键。

提高集装箱装卸桥的装卸效率要考虑的因素很多，如船型条件，船舶装载情况，码头作业条件，装卸作业线路，所采用的工艺方案以及司机操作熟练程度等。

底盘车工艺方案的堆场搬运机械主要采用挂车和牵引车，牵引车用于拖带装运集装箱的挂车。牵引车用于港口或集装箱堆场作短距离运输，属于货物运输用牵引车，一般功率较小，如用于高速公路长距离运输，如门到门运输，则采用公路运输用牵引车。公路运输用牵引车的牵引力可达 220～400 马力(164～298 kW)。集装箱牵引车与挂车的拖带方式有半拖挂式，全拖挂式，杆拖挂式和双拖挂式等，其中最常用的是半拖挂式。因为挂车和集装箱的一部分重量由牵引车直接支承，因而牵引车的牵引力能得到有效发挥，这种拖带方式既适用于拖带集装箱，还可用于拖带重件、长大件等货物，并且整车长度短，倒车和转向方便，安全可靠，挂车停泊可由其前支腿支撑，便于甩挂运输，牵引车与挂车的连接是依靠牵引车的鞍座来实现的，对牵引车的选型要求主要有：牵引力、爬坡能力和牵引鞍座的承载能力。

集装箱挂车是专门用于装运集装箱的车辆，由于拖挂方式多采用半拖挂式，故集装箱挂车按其使用场所的不同，有公路用半挂车和货场用半挂车，其结构形式主要有平板式和骨架式。平板式集装箱半挂车既能装运一般货物，又可装运国际标准集装

图 4-4 集装箱底盘车工艺方案

箱，也适用于运输长大件货物，骨架式集装箱半挂车专门用于运集装箱的，故又称为底盘车。半挂车的型号有 20 ft、40 ft 专用和 20 ft 与 40 ft 通用三大类，公路用半挂车的车长约比同尺寸的货物用半挂车在尾部约长 1 m 左右，主要是便于在车尾集装箱处进行箱内搬运作业。骨架式半挂车还可做成可伸缩型的，使其既可运输 ISO 标准的箱型，也可运输非标准集装箱。

进行公路运输的集装箱牵挂车组（图 4-5），其外廓尺寸和车组重量会受到公路条件的限制。我国对进行公路运输用的集装箱牵挂车车组的外廓尺寸限制是 4 m×2.5 m×16 m（总高×总宽×总长）。对车组重量的限制为：20 ft 牵挂车组总重量约为 34 t。40 ft 牵挂车组约 42～43 t。

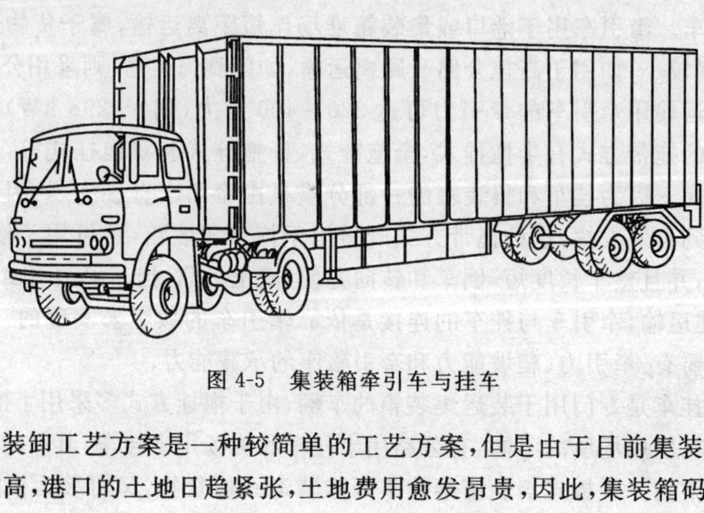

图 4-5 集装箱牵引车与挂车

底盘车装卸工艺方案是一种较简单的工艺方案，但是由于目前集装箱位的通过能力越来越高，港口的土地日趋紧张，土地费用愈发昂贵，因此，集装箱码头较少选用这种工艺方案。但近年来由于集装箱多式联运的发展，美国、日本、韩国和欧洲一些集装箱码头又开始较多应用和发展这种方案。

底盘车装卸工艺方案是公路运输高度发展的产物，因此，采用这种方案的前提是：

1. 要有足够的陆域；

2. 要有较发达的公路运输系统。

在铁路运输占优势、平均堆存期较长以及拆装箱频繁的集装箱码头，一般不宜采用底盘车装卸工艺方案。底盘车装卸工艺方案的经济效益只有在高度"门到门"的条件下才会有显示出来。

### 三、集装箱跨运车装卸工艺方案

该工艺首先为美国的马托松航运公司所采用，故又称为"马托松方式"。这种工艺方案在世界集装箱码头中所占的比例较大。其工艺流程为：卸船作业用码头上集装箱装卸桥将船上集装箱卸至码头前沿的场地上，然后由跨运车（图 4-6）运至堆场进行堆垛或给拖挂车装车；装船作业用跨运车拆垛并将集装箱运经码头前沿，再由码头前沿的集装箱装卸桥装船。其工艺流程为：

船—装卸桥—码头前沿—（集装箱落地）—跨运车—堆场

从该方案的工艺流程中可以发现，跨运车工艺方案（图 4-7）是一种集装箱落地的作业方式，其主要优点表现在作业灵活，机动性强，当作业量发生变化时，可随时重

图 4-6　集装箱跨运车

新增减作业线数和跨运车台数，不会影响船舶装卸，装卸效率高，由于作业时集装箱是一种落地方式，故集装箱装卸桥可将卸下的集装箱直接放在门架下的跨运车作业线上，无须准确对位，因而有利于提高装卸桥的卸船效率，另外，跨运车方案的堆场作业可以把集装箱堆码至2～3层，能节约堆场面积，与底盘车方案相比较，占用场地面积要小得多，堆场投资仅为相同堆存量的底盘车方案的1/3左右。

图 4-7 集装箱跨运车装卸工艺方案

由于跨运车工艺方案中集装箱在码头前沿为落地型式，故跨运车的转运效率是影响集装箱装卸桥装卸船效率的主要因素之一。因此，码头前沿跨运车作业线数是提高卸船效率的关键因素之一。作业线数太少，转运效率就低，就会造成码头前沿的阻塞，通常集装箱装卸桥的轨距可供三条跨运车作业，但在当前集装箱装卸桥向高速化方向发展的趋势中，这显然是不够的。目前集装箱装卸桥的轨距最大可增至30～50 m，跨运车作业线也相应增至6～7条(按跨运车车宽4.7 m计算)。

在跨运车工艺方案中，跨运车是一种搬运堆码集装箱的专用机械，堆场集装箱的搬运也由跨运车来完成，集装箱跨运车在性能和构造上的改进提高主要在于：堆码和通过集装箱层数的性能由原来曲“堆二过一”或“堆二过二”发展至目前的“堆三过二”或“堆三过三”，甚至达到“堆四过三”或更高，以及改进车架设计，增加跨内通过宽度，采用伸缩式吊具，为减少司机的操作疲劳，提高装卸效率，将司机方向盘的方向由横视改为前视等。

采用跨运车工艺方案，跨运车的搬运效率应与集装箱装卸桥的效率相适应。理论上讲，跨运车的搬运效率约为普通型集装箱装卸桥效率的1/2。在采用全跨运车方式的集装箱专用码头，跨运车典型的搬运过程可分为单程操作和往复操作两种情况：

1. 单程操作循环

跨运车从码头前沿搬运重箱至堆场，由堆场空车返回码头前沿。

2. 往复操作循环

跨运车从码头前沿搬运重箱至后方堆场，由后方堆场空车行驶至前方堆场，并从前方堆场搬运重箱至码头前沿。

跨运车搬运效率的高低与跨运车性能参数有关，其主要参数为额定起重量(30.5 t)，吊具最大起升高度、吊具升降速度、跨运车行驶速度(空载、满载)、转弯半径、通过宽度等。从效率和安全角度来看，跨运车直线行驶的速度一般为 3～10 km/h，最高行驶速度在 20 km/h 左右，转向行驶必须限速，一般速度为 7 km/h，以防车辆发生倾覆。由于吊具的升降时间一般只占整个循环时间的 15%～20%，故吊具升降速度不宜过快，一般取 200～250 m/s 较为适宜。跨运车的转向性能不仅反映了跨运车的机动性，也反映了跨运车对堆场条件的适应性，跨运车的机动性有转弯半径和通过宽度等，这些指标也与跨运车的搬运效率有密切关系。目前，世界各国的跨运车的最小转弯半径为 11～12 m 左右，最小通过宽度可取 22～25 m。

采用跨运车进行堆场集装箱堆拆码，集装箱的排列形成和堆箱高度与其搬运效率有关，一般集装箱在堆场的排列形式有斜向排列(鱼刺状排列)、集装箱的纵向与码头前沿有一定角度，这种排列方式，便于跨运车的进出。

跨运车装卸工艺方案存在的主要缺点是：跨运车造价较昂贵，且由于液压元件较多，容易损坏，故障率较高。对司机的操作熟练程度要求较高，轮压较大，对堆场运行通道和码头前沿要求较对的承载能力，占用通道面积较大，土建工程投资大，不能用于铁路车辆联运作业等。

### 四、轮胎式集装箱龙门起重机装卸工艺方案

美国的集装箱海运公司(Container Ocean Shing Company)在荷兰的阿姆斯特丹集装箱码头最先采用另外轮胎式龙门起重机装卸工艺方案，该工艺过程为：再用轮胎式龙门起重机进行装卸车和拆码垛作业、或者在堆场由轮胎式龙门起重机将集装箱装上拖挂车，运往码头前沿，等待装卸桥装船，其工艺流程图为：

船—集装箱装卸桥—集装箱拖挂车—堆场轮船式集装箱龙门起重机—堆场

该方案的特点是：集装箱拖挂车只作水平运输，轮胎式集装箱龙门起重机担任堆拆垛作业，从而将集装箱拖挂车快速疏运和轮胎式集装箱龙门起重机堆码层数较多的特点结合起来，达到提高集装箱码头装卸效率的目的。

在轮胎式集装箱龙门起重机装卸工艺方案(图 4-8)中，堆场作业机械是采用轮胎式集装箱龙门起重机，它由前后两片门框和底梁等金属结构，以及吊具机构、行走机构等组成。装有集装箱吊具的行走起升装置可在门框横梁上的轨道行走，用于进

行车辆和堆场拆码箱作业。轮胎式集装箱龙门起重机的驱动方式一般采用柴油机—电动机方式，该方式操作性能好，运转平稳，维修保养方便：行走机构可作 90°直角转向，可实现转场作业，并采用定向装置或感应电线控制系统来保证其在堆场上的直线行走，其中，感应电缆控制系统是目前较有实用价值的保证直线行走的自动控制系统。

图 4-8　轮胎式集装箱龙门起重机装卸工艺方案

轮胎式集装箱龙门起重机主要参数(图 4-9)有：额定起重量、跨距、起升高度、速度基距、轨压等。

轮胎式集装箱龙门起重机跨距的大小取决于龙门吊跨越的集装箱列数和挂车的通道宽度，常用的轮胎式集装箱龙门起重机可跨越六列集装箱和一条车道，其跨度可达 23.5 m。

轮胎式集装箱集装箱龙门起重机的起升高度的确定，取决于起重机门架下所堆放的集装箱的层数和高度，现代集装箱码头堆场采用的轮胎式集装箱龙门起重机一般可堆高 4～5 层集装箱。根据目前的机型情况，世界许多国家的厂家对于轮胎式龙门起重机的起升高度大都取能满足堆高 5～6 层的要求。

轮胎式集装箱龙门起重机的基距与整机的稳定性、跨距与基距间的合理比例以及动力装置的布置形式和起升机构的通过性等有关，考虑上述因素，基距一般为 6.4 m。

轮胎式集装箱龙门起重机的轮压是选用轮胎和设计起重机行走通道路面承载能力的依据。根据国内外的机型，轮胎式集装箱龙门起重机的最大工作轮压为 22.5～

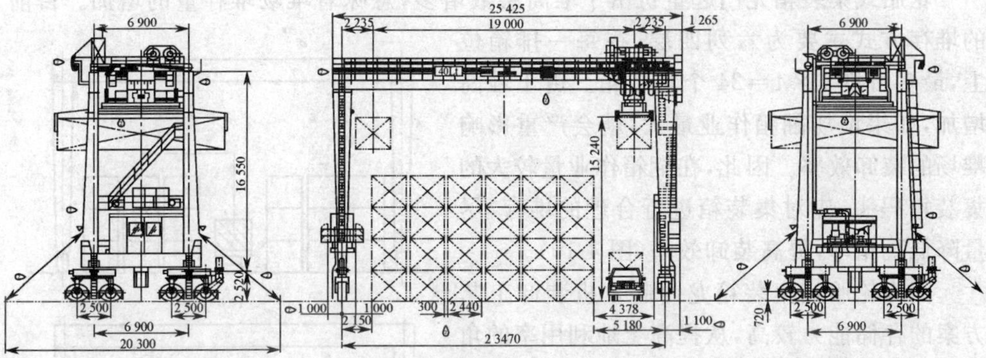


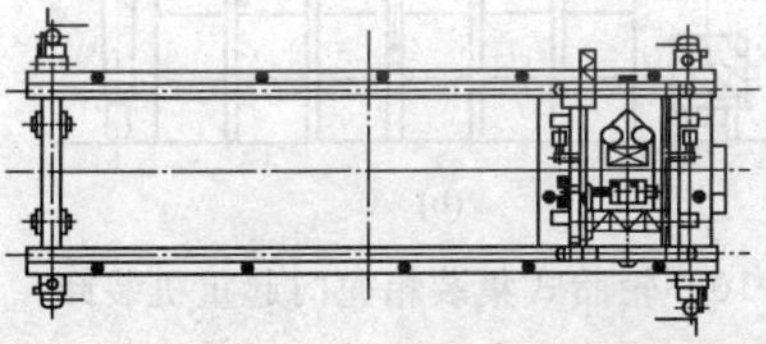

| 主要性能表 | | |
|---|---|---|
| 额定起重量 | | 40Lt |
| 起升速度 | 满载 | 23m/min |
| | 空载 | 52m/min |
| 大车运行速度 | 满载 | 70m/min |
| | 空载 | 135m/min |
| 小车运行速度 | | 70m/min |

| performance table | | |
|---|---|---|
| rated load | | 40Lt |
| hoisring speed | full load | 23m/min |
| | empty load | 52m/min |
| gantry traveling speed | full load | 70m/min |
| | empty load | 135m/min |
| trolley traveling speed | | 70m/min |

图 4-9　轮胎式集装箱龙门起重机

28 t/每轮。根据轮压的大小，堆场通道路面要根据轮压值的大小进行加固。轮胎式集装箱龙门起重机的转向一般在堆场的两端进行 90°或定轴转向时，由于存在较大的轮压，故转向处应铺设转向垫板，以防止转向时车辆变形和磨损。

轮胎式集装箱集装箱龙门起重机的工作速度是根据其装卸效率来确定的，其中起升速度和小车行走速度是两个主要的工作速度。提高着两个工作速度，对缩短装卸工作循环时间有着重大的意义。一般要求轮胎式集装箱龙门起重机的装卸效率应与码头前沿岸边集装箱起重机的效率相适应，以保证码头前沿不停顿地进行装卸作业。

轮胎式集装箱龙门起重机装卸工艺方案的优点是；装卸效率高，可进行大面积连续堆码作业；机械利用率高，完成率高；机械维修量少，维修费用低于可节省投资和定员；跨距大，堆层高，堆场空间利用率高；由于采用转向装置，便于从一个堆场转移到另一个堆场，尤其是采用 90°原地转向后，占用堆场的通道面积很小，堆场的有效利用得到提高。并且，该方案易于实现自动控制和堆场装卸作业自动化。

轮胎式集装箱集装箱龙门起重机的主要缺点是：水于搬运需与集装箱拖挂车联合作业，因此，使用的机械数量多，初次投资较大。由于轮胎式集装箱龙门起重机的轮压较大，对码头的承载能力需求就高，特别是行走车道需要进行加固，故码头的土建投资较大。

轮胎式集装箱龙门起重机由于堆高层数增多，意味着堆场堆存量的增加。目前的堆存方式主要为六列四层，在每一排箱位上，最多可堆 6×4＝24 个集装箱。由于堆高增加，如果堆场翻箱作业最大，就会严重影响堆场的装卸效率。因此，在翻箱作业量较大的集装箱码头，应对集装箱进行合理的堆存，尽量降低翻箱率，提高装卸效率(图 4-10)。

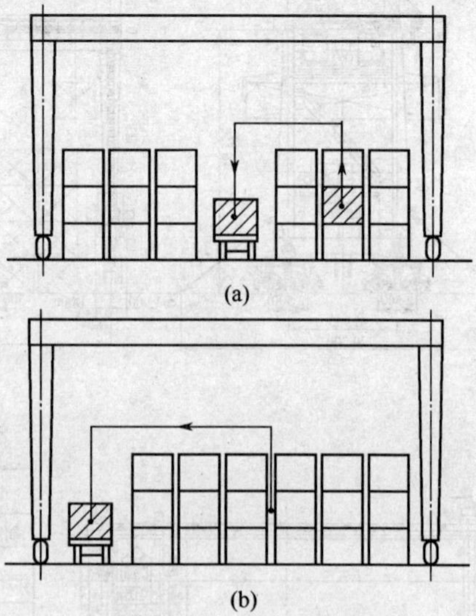

图 4-10　轮胎式集装箱龙门起重机装卸工艺方案的堆场布置

因为轮胎式集装箱龙门起重机装卸工艺方案的存储能力较高，从提高土地利用率的角度看，它是一种较理想的工艺方案，对交接速度要求不高，目前吞吐量尚不大，且有稳步发展趋势的港口，它是一种较理想的选择。随着吞吐量的增加，该方案尤其适用于两个以上连续泊位的集装箱码头。另外，它还是一种集装箱堆场从机械化过渡到自动化无人操作的重要方案。

从加快装卸速度出发，国外近几年也出现了一种跨运车配合轮胎式集装箱龙门起重机作业的混合工艺方案，该工艺方案以轮胎式龙门起重机为主，跨运车为辅，共同承担堆场装卸作业，这样可以发挥两种集装箱装卸机械各自的特长。

## 五、轨道式集装箱龙门起重机装卸工艺方案

该方案采用轨道式集装箱龙门起重机(图 4-11)作为堆场主要机械的一种工艺方案，其工艺流程包括两种形：一种是用集装箱装卸桥将集装箱从船上卸到码头前沿的集装箱拖挂车上，然后拖到堆场，采用轨道式集装箱龙门起重机进行堆码，或相反，在堆场上用轨道式集装箱龙门起重机将集装箱装到集装箱拖挂车上，然后拖到码头前沿，用装卸桥把集装箱装船。另一种则是在船与堆场之间不使用水平搬运机械，而是由集装箱装卸桥与轨道式集装箱龙门起重机直接转运。轨道式集装箱龙门起重机将悬臂伸至集装箱装卸桥的内伸距的下方，接力式的将集装箱转送至堆场或进行铁路装卸。

轨道式集装箱龙门起重机装卸工艺方案工艺流程图为：

1. 船—桥吊—拖挂车—龙门吊—堆场
2. 船—桥吊—龙门吊—堆场

轨道式集装箱龙门起重机具有跨度大，堆码层度高多，一般可堆放 5～6 层集装箱，可以充分利用堆场面积，提高堆场的堆存能力等特点。并且由于结构简单，操作

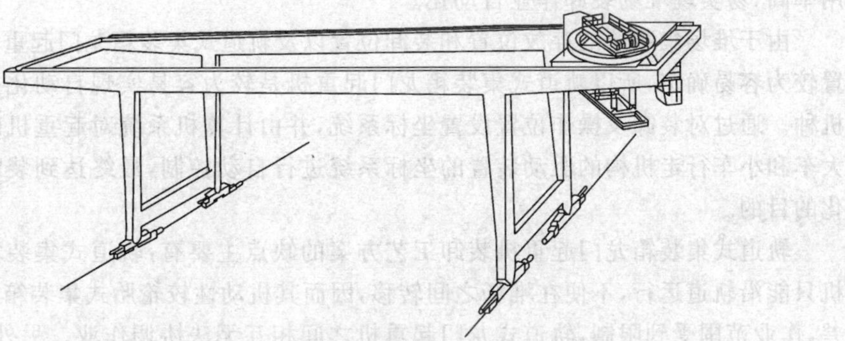

图 4-11　轨道式集装箱龙门起重机

和维修都比较方便，更易实现单机自动化控制。

轨道式集装箱龙门起重机多为双悬臂式龙门起重机，主要适用于集装箱码头和大型铁路中转站。通常门架下可跨越 10～20 多列集装箱，悬臂下一般可跨 3～4 列集装箱，并采用回转式小车机构，可使吊具在 180°～210°范围内回转，以适应不同方向堆放的集装箱。

对于国际集装箱码头和大型铁路中转站，轨道式集装箱龙门起重机的额定起重量为 30.5 t，跨度在 30～60 m 范围，悬臂伸距为 8～10 m，起升高度可达 16 m。为了便于公路、铁路联运，基距及门距通过宽度通常应取 14 m，其工作速度的选择应与集装箱装卸桥的装卸效相相适应，通常要求轨道式集装箱龙门起重机的效率等于或略高于岸边集装箱起重机的效率。

轨道式集装箱龙门起重机的跨度是决定堆场堆存量的一个重要参数值，跨度的增大，无疑堆存量会得到提高，但随着跨度的增加，将会带来以下一些问题，例如，对起重机金属结构的强度要求提高、作业循环时间延长、集装箱翻箱作业困难等。

所以，由于上述原因，轨道式集装箱龙门起重机的跨度设在 30～40 m 的范围内是比较合理的，其堆存高度一般不超过 6 层。

轨道式集装箱龙门起重机装卸工艺方案（图 4-12）的优点在于其可靠性好，机械完好率高，维修费用低，能耗省，装卸成本低，跨度大，堆层高，便于铁路装卸，土地利

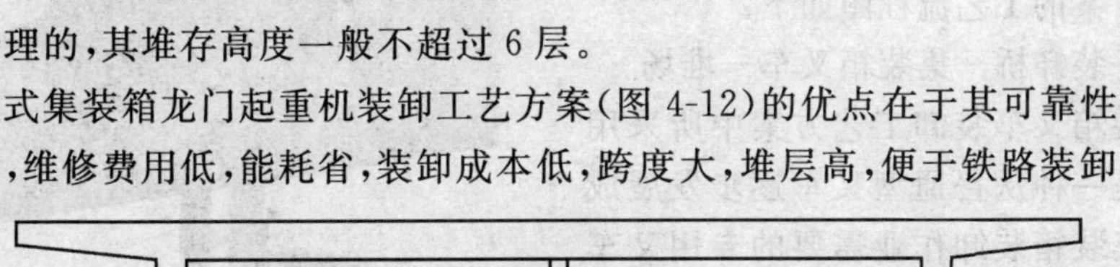


图 4-12　轨道式集装箱龙门起重机装卸工艺方案

用率高,易实现堆场装卸作业自动化。

由于堆场集装箱的存放位置和装卸位置以及轨道式集装箱龙门起重机的操作位置较为容易确定,所以轨道式集装箱龙门起重机是较为容易实现自动化控制的一个机种。通过对装卸及操作位置设置坐标系统,并由计算机系统对起重机的起升以及大车和小车行走机构的驱动装置的坐标系统进行自动控制,最终达到装卸作业自动化的目的。

轨道式集装箱龙门起重机装卸工艺方案的缺点主要有:轨道式集装箱龙门起重机只能沿轨道运行,不便在堆场之间转移,因而其机动性较轮胎式集装箱龙门起重机差,作业范围受到限制,轨道式龙门起重机之间相互无法协调作业。另外,由于堆存量大,相应的翻箱率也会增大,该方案初次投资也较高。

轨道式集装箱龙门起重机装卸工艺方案虽然初次投资高,但由于其完好率高,维修费用低,在所有工艺方案中其堆场面积利用率最高,单位面积堆箱数最多,特别适用于寒冷地带,内燃机启动有困难的地区。从经营管理和实现自动化方面考虑,轨道式集装箱龙门起重机装卸工艺方案适用于在吞吐量较大(大于 10 万箱/年),但陆域面积较小并且是两个以上集装箱连续泊位的集装箱码头采用,如香港的葵涌码头。但在堆箱作业时,应该尽量注意能降低翻箱率,降低装卸成本,提高效益。

## 六、集装箱叉车装卸工艺方案

集装箱叉车装卸工艺方案是由美国赫斯公司最先推出的,该工艺方案中,采用集装箱专用叉车作为堆场主要机械,在全集装箱叉车工艺方案中,其工艺流程是:装卸桥将集装箱从船上放到码头前沿,然后由集装箱叉车将其搬运到堆场堆码或装车,等待疏运。装船过程则与此相反。该方案的工艺流程图如下:

船—装卸桥—集装箱叉车—堆场

集装箱叉车装卸工艺方案中所采用的叉车是一种从普通型叉车逐步发展成为适应集装箱装卸作业需要的专用叉车(图 4-13)。

图 4-13 集装箱叉车

根据装卸集装箱的要求,主要类型有:

1. 装卸空载集装箱用的集装箱空箱叉车;

2. 装卸重载集装箱用的集装箱重箱

叉车；

3. 装卸轻载集装箱用的集装箱轻箱叉车；

4. 集装箱箱内作业叉车(图 4-14)。

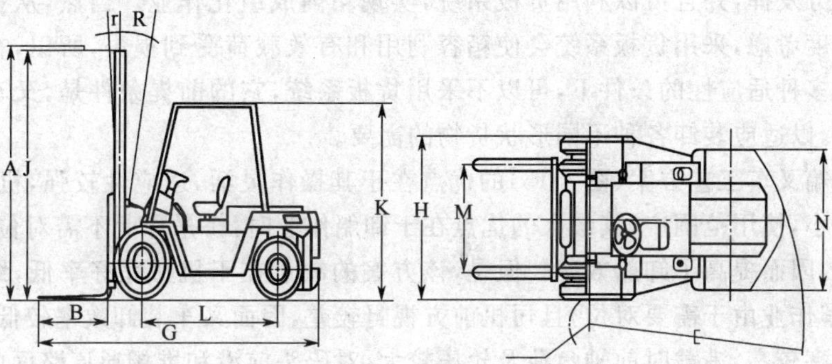


图 4-14　集装箱箱内作业叉车

根据目前集装箱码头装箱和拆箱作业，这类箱内作业叉车主要用于进行装箱和拆箱作业。由于受到箱内作业条件的限制，在设计和选用箱内作业叉车时应考虑到以下几个问题：

1. 外型高度尺寸

根据现行 ISO 标准集装箱，箱内作业叉车的最大外型高度应大于 2 030 mm。

2. 轴压和轮压

根据 ISO 有关集装箱箱底试验标准规定每根轴的负荷为 460 kg，每个轮的平均负荷为 2 730 kg，接地面积为 142 $m^2$。

3. 自由提升

由于受到箱内高度的限制，要求叉车具有全自由提升的性能。所谓全自由提升是指提升高度达到提升高度的一半，即起升托架的上部已经升高到内门架顶部时，内门架才开始升高的性能，因此，箱内作业叉车一般采用全自由提升式叉车。

4. 货叉和货架侧移

对于在箱内作业的叉车，为了能准确地对准货位，叉车的货架和货叉要求具有侧移功能，通常货架侧移距离为左右各 100 mm，货叉侧移距离约为 150～200 mm。

5. 防止污染和减少噪声

由于集装箱内作业空间狭小，通风条件差，应考虑防止空气污染和减少噪声，防止火灾和污染货物等问题，为此，箱内作业可以采用电瓶叉车。

使用集装箱叉车进行堆场集装箱堆拆码及搬运，所需的堆场通道宽度约为 14 m，相对而言，占用通道面积较大，并且，为了快速装卸集装箱，集装箱只能成两列堆放，堆场面积利用率较低，由于使用的叉车多为正面叉车，叉车前方视野较差集装箱的损坏率较高。

对于使用箱内叉车，如果在拆装箱过程，叉车不能直接进入箱内作业，则装卸效率很低，货物只能提升后，由人力进行箱内货物堆拆码。因此，为了能使用叉车进行箱内作业，一般要求集装箱箱内底面与叉车运行平面处于一个平面内，这样叉车的效率可以充分发挥，并且可以利用货板系统，实现箱内成组化作业。当然，从提高箱容利用率角度考虑，采用货板系统会使箱容利用和有效载荷受到损失，所以，在叉车对货种具有多种适应性的条件下，可以不采用货板系统，它的前提条件是，叉车需配备多种属具，以适应装卸各种不同形状货物的需要。

集装箱叉车工艺方案(图 4-15)的优点在于其操作灵活，适应性较强，机动性大，设备投资小，使用范围广，其最大的优点在于卸船作业时，桥吊作业不需对位，集装箱直接落地，因而提高了卸船效率。但是，该方案的缺点在于机械完好率低，维修费用较高，叉车作业由于需要对位，且司机前方视野较差，因而叉车装卸效率较低，并且集装箱破损率较高，满载时前轴负荷及轮压较大，对码头前沿和堆场通道路面的承载能力要求高。另外，由于占用通道面积较大，在相同堆存量的条件下，码头占地面积较大，但由于为了加快装卸速度，集装箱只能成两列堆放，同一堆场面积条件下，堆场的堆存量就较低，堆场利用率也就较低。

图 4-15 集装箱叉车工艺方案

为了减少叉车占用通道面积，可以采用侧面叉车。侧面集装箱叉车载箱行走的横向尺寸较小，因而要求的通道宽度也较小(约 4 m 左右)，因而堆场利用率可相应提高。

由于集装箱叉车工艺方案的堆场利用率低，理论上讲作为集装箱码头装卸工艺并不理想，这是因为，集装箱叉车一般仅适用于作短距离搬运，其合理搬运距离仅为 50 m 左右，超过 100 m 用集装箱叉车搬运就不经济了。因此，集装箱叉车工艺方案一船只适用于吞吐量不大(约 3 万标准箱左右)的集装箱码头或普通综合性码头。

## 七、集装箱正面吊运机工艺方案

堆场利用率低，堆存量小、成本高等缺点，不符合当今集装箱码头应具备的效率高、成本低、效益好等要求，因此，在 20 世纪 70 年代中后期，开发了一种性能好、效率高、用途广的新机种，这就是集装箱正面吊运机。与叉车相比较，集装箱正面吊运机(图4-16)具有机动性强、稳性好、轮压低、堆码层数高，堆场利用率高等优点，是目前集装箱码头堆场较为理想的一种新型堆场搬运机械。

图 4-16 集装箱正面吊运机

集装箱正面吊运机的装卸作业特点主要有以下几点：

1. 吊具可以伸缩以及旋转；
2. 能带载变幅和行走；
3. 能堆码多层集装箱以及跨箱作业；
4. 可以采用吊爪作业；
5. 有点动功能；
6. 可以进行其他货种的装卸作业。

采用集装箱正面吊运机工艺方案(图 4-17)，其工艺流程有以下几种：

1. 码头前沿至堆场堆箱作业

其工艺流程为：用集装箱正面吊从码头前沿吊起重箱，运至堆场堆箱空载返回码头前沿进行第二次循环作业，工艺流程图为：

船—码头前沿—集装箱正面吊运机—堆场

2. 堆场至半挂车的装箱作业

其工艺流程为：用集装箱正面吊从堆场吊起重箱，运至半挂车上放下，由半挂车运走，然后空载返回堆场准备第二次循环作业，工艺流程图为：

堆场—半挂车

3. 操作循环作业

其工艺流程为：正面吊从码头前沿吊运重箱至堆场维箱，然后在堆场吊运空箱回码头前沿放下，再吊运重箱作第二次循环，工艺流程图为：

船—码头前沿—(重箱)—集装箱正面吊运机—堆场

船—码头前沿—集装箱正面吊运机—(空箱)—堆场

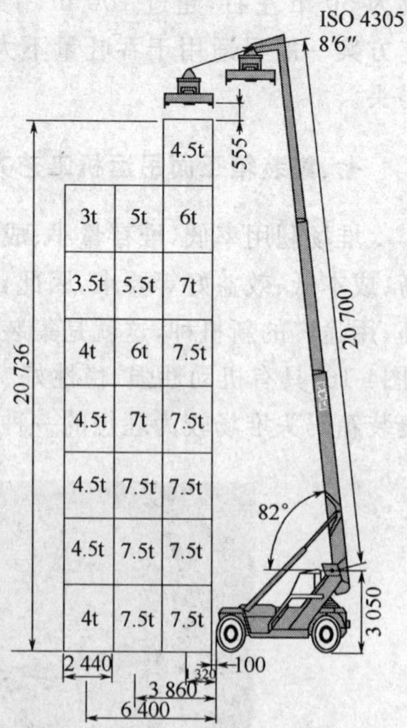


图 4-17 集装箱正面吊运机工艺方案

从上述工艺流程可以看出，集装箱正面吊工艺方案是属于一种落地作业方式，由于集装箱桥吊卸下的集装箱在码头前沿不需对位而直接放在地上任何一处，所以，集装箱桥吊的生产率可以有所提高。堆场上使用集装箱正面吊，其生产率应与集装箱桥吊的生产率相一致，在一定的作业条件下，正面吊的生产率一般在 38～40 箱/时。从工艺流程中可以看到，集装箱正面吊主要是用于堆场作业，因此，要求其能适应狭小的场地条件，通过性要求较高。一般集装箱正面吊要求能在 7.5 m 左右的直角通道上转弯，9.5 m 左右的通道内能 90°转向，最小转弯半径在 8.5 m 左右。采用集装箱正面吊工艺方案的运距可因堆场大小而异，一般在 40～50 m 以内较为合理，如果距离太远，则应在前沿机械和堆场之间用集装箱拖挂车作水平运输，而不应使用集装箱正面吊去作长距离搬运。另外，由于集装箱正面吊自重(50～60 t)较大，吊运 40 t 时，整机重量达 100 t，因此，对码头堆场的承载能力要求较高。目前，集装箱正面吊工艺方案一般多用于吞吐量不大的综合性码头和多式联运。

选用集装箱正面吊时，应考虑的主要参数有：起重量、起升高度、工作幅度、工作速度等。集装箱正面吊的工作速度包括行走速度(满载小于 10 km/h，空载小于 25 km/h)，起升速度(满载小于 24 m/min，空载小于 12 m/min)和吊具工作速度(伸缩小于 12 m/s、平移小于 6 m/min，旋转小于 1.5 m/min 或 540°/min)，其相应的生产率应满足工艺方案的要求。

## 八、集装箱滚装装卸工艺方案

集装箱滚装装卸工艺方案(图 4-18)就是采用滚装船运输的港口装卸工艺方案。滚装工艺所采用的船型为滚装船。滚装船是从轮渡和登陆舰艇发展而来的一种专用运输船。海上滚装运输于 1959 年 10 月首次应用于澳大利亚的墨尔本—塔斯马亚航线。目前,世界各国都大力开展滚装运输,用于国内沿海、大陆与岛屿、近邻国家之间的水路运输。滚装运输可以运输各种车辆、载货(集装箱或其他货物)拖挂车以及可以用叉车和拖挂车进入船舱进行装卸的集装箱和托盘货物。对于近距离航线,采用滚装运输可以大幅度缩短船舶在港停时,提高装卸效率,单航程在一星期以内航线,则更适宜采用滚装运输。

图 4-18　集装箱滚装装卸工艺方案

集装箱滚装装卸工艺方案中,集装箱拖挂车或其他用于搬运集装箱的搬运机,装载了货物的卡车以及其他车辆通过滚装船船侧或船尾的舷门直接驶入滚装舱内,将集装箱或集装拖挂车、或卡车以及其他车辆停在舱内预定的位置,装载了货物的卡车以及其他车辆通过滚装船船侧或船尾的舷门直接驶入滚舶船舱内,将集装箱或集装拖挂车以及其他车辆停在舱内预定的位置上,这种作业方式称为滚装方式,也称为滚上滚下方式或开上开下方式。由于其货物的装卸方式是在水平方向移动,所以又称为水平作业方式。

采用滚装作业的集装箱码头,其装卸工艺方案主要有三种形式:

1. 不带轮滚装方式;
2. 带轮该装方式;
3. 开上开下方式。

滚装式工艺方案与吊装式工艺方案相比,其装卸速度要比吊装式工艺方案快

30%左右，并且码头设施简单，基建投资少，装卸费用低，操作技术水平较低，有利于组织"门到门"运输，减少作业环节，降低集装箱的破损率。但是滚装船的造价要比普通集装箱船造价高出10%左右，并且，滚装船的载重利用率仅为普通集装箱的50%，每一载重吨的运费要比普通集装箱船高。另外，滚装集装箱码头所需的堆场面积要比吊装式集装箱码头大。

滚装运输的关键问题之一是如何充分利用滚装船的舱容，以提高船舶的载重利用率，一方面要求合理设计滚装船，另一方面则要求进入船舱的车辆或装卸机械占用的空间最小。就装卸机械而言，为了提高滚装船的载重利用率，目前主要使用二种专用机型，一种是滚装集装箱叉车，它与通用型集装箱叉车相比，具有外型高度小、门架低，具有全自由提升之功能等特点；另一种是滚装拖挂车系统（图4-19），该系统由牵引车、鹅颈管、滚装挂车所组成，如德国所生产的MAFI滚装拖挂车系统，该系统的挂车采用了极低床式结构，比一般公路和货物用拖挂车的高度要低得多，牵引车与挂车通过专用的联结装置（鹅颈管）联结，能使车体高度降低很多，并具有更好的行驶稳定性，挂车可装载二层集装箱，挂车和集装箱可停放在舱内，牵引车退出。空挂车可用叉车重叠堆放5～6层。但这种拖挂车系统不能用于公路运输。

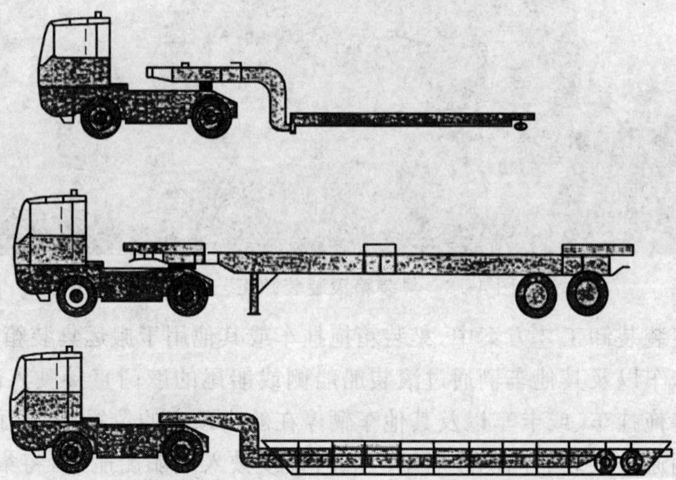

图4-19 滚装拖挂车系统

对于港口而言，滚装式工艺方案要比吊装式工艺方案简单易行，其效率也不低，因此，世界各国在20世纪80年代后都大力开展滚装运输。

**链接——集装箱装卸工艺方案**

根据集装箱装卸作业的标准与集装箱装卸机械设备的组合形式的方法，可产生不同的作业方式，这些方式就称为集装箱装卸工艺方案，因此，集装箱装卸工艺方案也是各种集装箱装卸机械、各种集装箱装卸作业方式的组合体。

集装箱装卸工艺方案的类型主要有：

(1)集装箱底盘车工艺方案；

(2)集装箱跨运车工艺方案；

(3)集装箱轮胎式龙门起重机工艺方案；

(4)集装箱轨道式龙门起重机工艺方案；

(5)集装箱叉车工艺方案；

(6)集装箱正面吊运机工艺方案；

(7)集装箱滚装工艺方案。

**案例——集装箱自动化无人堆场在上海正式投入运行**

上海市重大科技攻关计划"现代集装箱物流与装备集成技术研究与应用示范"在上海港外高桥二期码头通过验收，一个集装箱自动化无人堆场正式投入生产运行。这个项目主要包括一个自动化的集装箱智能无人堆场、2条高效双小车RMG(轨道式门式起重机)集装箱全自动装卸堆放线，以及一个现代港口集装箱物流智能化、数字化管理平台。

作业过程，装载着集装箱的卡车只要在码头智能道口停靠，道口的车号和箱号识别系统立即会把有关信息传输到2 km外的码头作业中央控制室。数字化智能堆场数据管理和任务协调系统，立即将指定的卸箱位置打印出来。

司机只需按照小票上的地址，把车开到目的地停下，一架17 m高的无人驾驶轨道式龙门吊会立即开过来，将集卡上的集装箱轻轻抓起，平移卸在中转平台上；这时，一架高达34 m多的无人驾驶龙门吊过来，迅速地将集装箱吊起，跨过堆场，准确地堆放在指定位置上。

这个智能化无人堆场码头中有多项创新技术，其中高低龙门吊接力装卸的工艺属世界首创，将目前的"堆4过5"，提高到"堆8过9"，也就是说，垂直码放8个集装箱后，第9个箱子能从上面通过，这比目前国际上的平均水平几乎翻了一番。而现代港口集装箱物流智能化、数字化管理平台，可使港口集装箱综合作业效率提高5%～8%。

此项目由上海国际港务集团研发中心主持承担，并联合振华港机开展高效轨道龙门吊的研发，联合上海交大研发集装箱智能化无人堆场系统与港口智能化信息平台关键技术，是产学研紧密合作攻关的创新成果。

经上海科技情报所检索查新，此项目技术上已达到国际先进水平，整体达到德国汉堡哈拉码头的自动化水平，其中关键指标超过国际同类水平，目前已成功申请和授权 20 余项专利。

## [思考题]

1. 集装箱装卸机械发展经历了几个阶段?
2. 集装箱专用吊具有几种?
3. 港口集装箱船舶装卸采用哪种专用机械?
4. 岸边集装箱起重机有哪些主要技术参数?
5. 集装箱装卸工艺方案有几种?

# 第五章　集装箱船舶配积载

## 第一节　集装箱船舶配积载概述

由于集装箱船舶海上运输航线长，受气候、风浪等自然条件影响大，为了在错综复杂的情况下能安全、优质、快速、经济地完成货运任务，必须在装载前根据装货清单所列的船舶航次任务和船舶技术性能制定一个周密合理的集装箱配置计划，即船舶的配积载。

用以表示航次集装箱配置装载计划的船舶侧面图称为船舶配积载图。船公司根据订舱单和船图编制的配载计划称为预配图。码头根据实际装箱情况和船图编制的配载计划称为积载图，也称为最终积载图或主积载图。

### 一、编制船舶配积载图的基本要求

集装箱船舶运输要求做到安全、优质、快速、经济，即在保证船舶安全、货运优质的前提下，加速船舶周转。

提高船舶经济效益是编制配积载图的基本要求，具体体现在以下几个方面：

1. 充分利用集装箱船舶的装载能力；
2. 保证船体强度不受损伤；
3. 保证集装箱船舶具有适度的稳性；
4. 保证集装箱船舶具有适当的吃水差；
5. 保证集装箱运输的质量；
6. 满足中途港卸货顺序的要求；
7. 便于集装箱装卸，缩短船舶在港停泊时间；
8. 正确合理地进行舱面集装箱装载。

### 二、集装箱配积载图的内容和作用

1. 配积载图的内容

包括航次起运港、中途港及终点港，船舶离、到港日期，装货后的船舶状态，航次货运总量，各卸货港的集装箱数量，集装箱在货舱（或舱面）的具体选配位置以及对货物装卸的特殊要求和注意事项等。

2. 配积载图的作用

船舶配积载图是集装箱船舶货运的指导文件，经船长审批的配积载图就成为指导航次货物装运的主要依据，船港双方都要按照配积载图的要求组织好货物装载工作，不经船方同意，任何人不得擅自更改。

配积载图也是发生货运事故时据以查证原因和分清责任的原始资料，具有一定的法律效力。

### 三、编制配积载图的步骤

配积载图的基本编制步骤如下：

1. 核定船舶航次装载能力（即最大的集装箱运量），确定装货清单所列集装箱能否全部装上船；
2. 确定各舱分配的集装箱数；
3. 为集装箱选配装载舱位；
4. 校核船舶的强度、稳性、吃水差；
5. 绘制配积载图。

**链接——集装箱船舶的配积载**

装载前根据装货清单所列的船舶航次任务和船舶技术性能制定一个周密合理的集装箱配置计划，即船舶的配积载。

用以表示航次集装箱配置装载计划的船舶侧面图称为船舶配积载图。

## 第二节　集装箱船舶的箱位号

每个集装箱在全集装箱船上都有一个用6个阿拉伯数字表示的箱位号。它是以“行”、“列”、“层”三维空间来表示集装箱在船上的位置。第1、2两位数字表示集装箱的行号（BAY No.）；第3、4两位数字表示集装箱的列号（SLOT No. 或 ROW No.）；第5、6两位数字表示集装箱的层号（TIER No.）。

### 一、行位号的表示方法

“行”（BAY）是指集装箱在船舶纵向（首尾方向）的排列次序号，规定由船首向船尾顺次排列。由于集装箱有20 ft和40 ft之分。因此舱内的箱格也分20 ft和40 ft两种。根据箱格结构的不同，有的箱格导柱是固定的，因此，20 ft的箱格只能装20 ft

箱,40 ft 的箱格只能装 40 ft 箱;但也有的箱格其箱格导柱可以拆装的,把 20 ft 的箱格导柱拆除就可以装 40 ft 箱。

通常的情况下,40 ft 箱格内可以装 2 个 20 ft 箱(注意,并非所有的 40 ft 箱格内都可以装 2 个 20 ft 箱)。

为了区分 20 ft 和 40 ft 箱的行位,规定单数行位表示 20 ft 箱,双数行位表示 40 ft 箱。如图 4-1 所示,01,03,05,07……均为 20 ft 箱,而 02,06,10,14……均为 40 ft 箱。由于 04,08,12 等箱位间有大舱舱壁隔开,无法装 40 ft 箱。

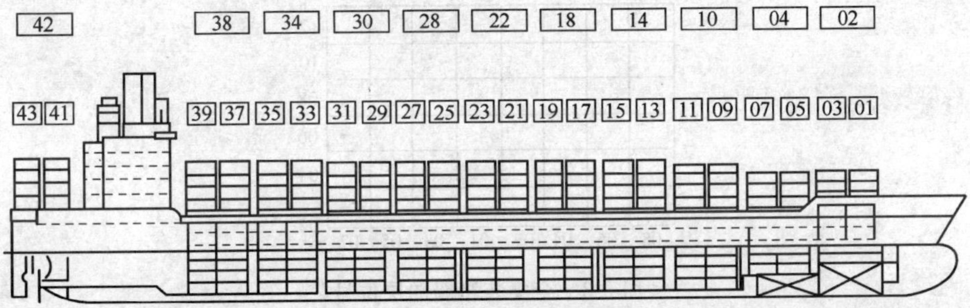


图 5-1　全集装箱船舶行位图

## 二、列位号的表示方法

"列"(SLOT 或 ROW)是指集装箱在船舶横向(左右方向)的排列次序号,目前较常用的表示方法为:从中间列算起,如列数为奇数,向左舷为双数编号,向右舷为单数编号。如左舷为 02,04,06……,右舷为 01,03,05……,中间列为"00"号。如列数为偶数,则"00"号空(图 5-2)。

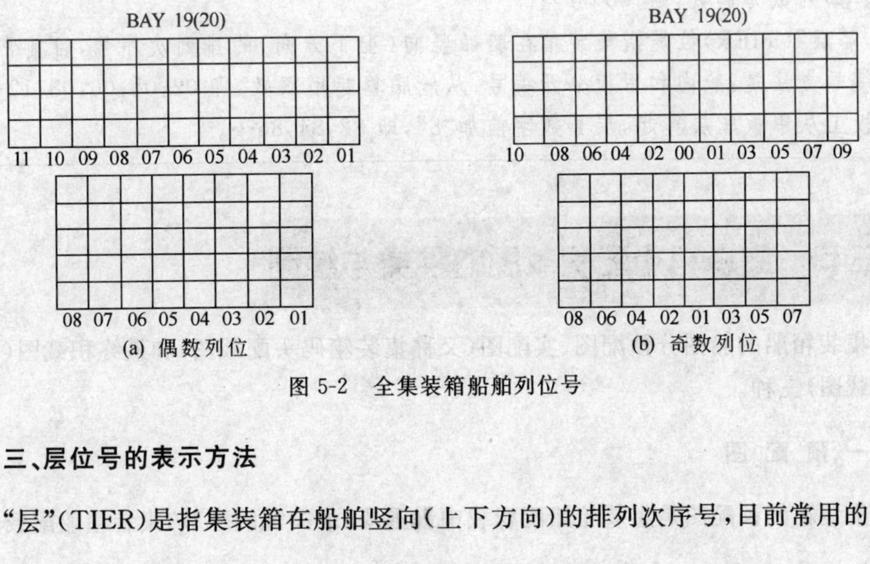


图 5-2　全集装箱船舶列位号

## 三、层位号的表示方法

"层"(TIER)是指集装箱在船舶竖向(上下方向)的排列次序号,目前常用的编号方法是:舱内和甲板分开编号,从舱底算起用双数,即 02,04,06,08,12…”。甲板上从甲板底层算起,层号数字前加“8”,即 82,84,86…(图 5-3)。

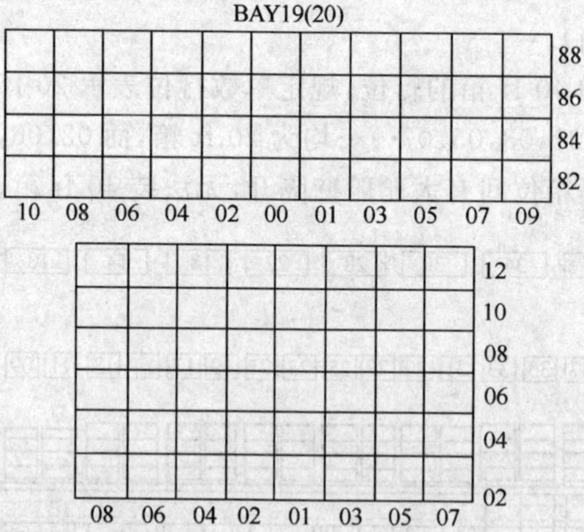


图 5-3 全集装箱船舶层位号

**链接——集装箱船舶箱位号的表示方法**

“行”(BAY)位是指集装箱在船舶纵向(首尾方向)的排列次序号,规定由船首向船尾顺次排列,单数行位表示 20 ft 箱,双数行位表示 40 ft 箱。

“列”(SLOT 或 ROW)位是指集装箱在船舶横向(左右方向)的排列次序号,目前较常用的表示方法为:从中间列算起,如列数为奇数,向左舷为双数编号,向右舷为单数编号。如左舷为 02,04,06……,右舷为 01,03,05……,中间列为“00”号。如列数为偶数,则“00”号空。

“层”(TIER)位是指集装箱在船舶竖向(上下方向)的排列次序号,目前常用的编号方法是:舱内和甲板分开编号,从舱底算起用双数,即 02,04,06,08,12…。甲板上从甲板底层算起,层号数字前加“8”,即 82,84,86…。

## 第三节 集装箱船配积载图的种类与编制

集装箱船的船图分预配图、实配图(又称集装箱码头配载图)和最终积载图(又称主积载图)三种。

### 一、预 配 图

集装箱的预配图是集装箱船配积载中最重要、最关键的环节,集装箱船配载的好坏，不仅影响到能否保证班期和营运的经济性，还会影响航运的安全。

集装箱船的预配图由三幅图组成：

(1)字母图。船图上每个箱位内用1个英文字母表示该箱的卸箱港，如K：代表神户港(KOBE)，L：代表长滩港(LONGBEACH)，N：代表纽约港(NEW YORK)，H：代表休斯敦港(HOUSTON)，C：代表查尔斯顿(CHARLESTON：)等，一般在预配图有注明。

图5-4为冰河轮第18航次的字母图。

(2)重量图。在图上每个箱位内用阿拉伯数字表示以吨为单位计算的集装箱总重(图5-5)。

(3)冷藏箱和危险货物箱图。该图上所配的均为冷藏箱和危险货物箱，冷藏箱在图上的箱位内用英文字母"R"表示，危险货物箱在图上箱位内用阿拉伯数字表示按国际危规规定的危险等级(图5-6)。

## 二、实 配 图

集装箱的实配图由封面图和行箱位图组成。

1. 封面图

一艘集装箱船只有一幅封面图，通常在图上标注着集装箱的卸箱港和特殊集装箱的标记。

封面图上卸箱港的表示方法有两种，一种与预配图一样用一个英文字母表示，也有用不同的颜色来表示不同的卸箱港。两者比较起来后一种表示更清楚。

封面图上特殊箱的表示方法与预配图一样。冷藏箱用"R"表示，危险货物箱因图上的箱格内又表示了卸箱港，故一般在该箱格上加"O"，并在旁边注明危险等级，如"D4.1"，"D6.1"等。

图5-7为冰河轮第18航次的实配封面图。

2. 行箱位图

图5-8为冰河轮第18航次第19行的行箱位图。此图每行位一张。

在每一箱位图中应标有如下内容：

(1)集装箱的卸箱港和装箱港。表示方法一般卸箱港在前，装箱港在后，中间用"×"符号隔开，也有的只标注卸箱港不标注装箱港。

卸箱港和装箱港用3个英文字母代号表示，此代号表示方法借用国际航空港标准代码，不另订标准。

(2)集装箱的总重。在每个箱位上标注集装箱总重。

(3)集装箱的箱主代号、箱号和核对数字。

(4)堆场上的箱位号。堆场箱位号主要给码头上的堆场管理员提供该集装箱在堆场上的堆放位置。

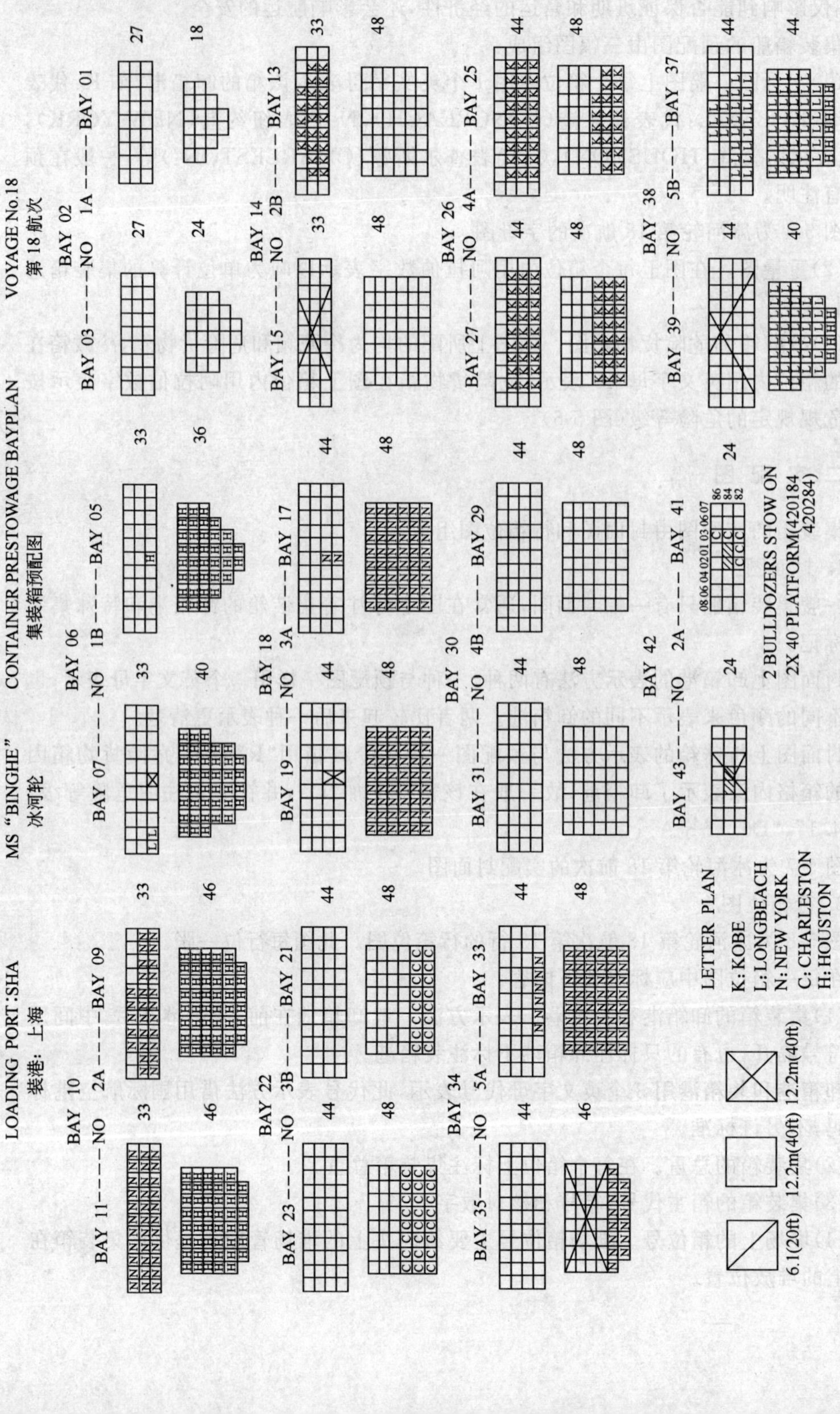
LOADING PORT:SHA
装港：上海
MS "BINGHE"
冰河轮
CONTAINER PRESTOWAGE BAYPLAN
集装箱预配图
VOYAGE No.18
第18航次
BAY 11——NO 2A——BAY 09
BAY 10
BAY 07——NO 1B——BAY 05
BAY 06
BAY 03——NO 1A——BAY 01
BAY 02
BAY 23——NO 3B——BAY 21
BAY 22
BAY 19——NO 3A——BAY 17
BAY 18
BAY 15——NO 2B——BAY 13
BAY 14
BAY 35——NO 5A——BAY 33
BAY 34
BAY 31——NO 4B——BAY 29
BAY 30
BAY 27——NO 4A——BAY 25
BAY 26
BAY 43——NO 2A——BAY 41
BAY 42
BAY 39——NO 5B——BAY 37
BAY 38
2 BULLDOZERS STOW ON
2X 40 PLATFORM(420184
420284)
LETTER PLAN
K: KOBE
L: LONGBEACH
N: NEW YORK
C: CHARLESTON
H: HOUSTON
6.1(20ft)
12.2m(40ft)
12.2m(40ft)

图 5-4 字母图

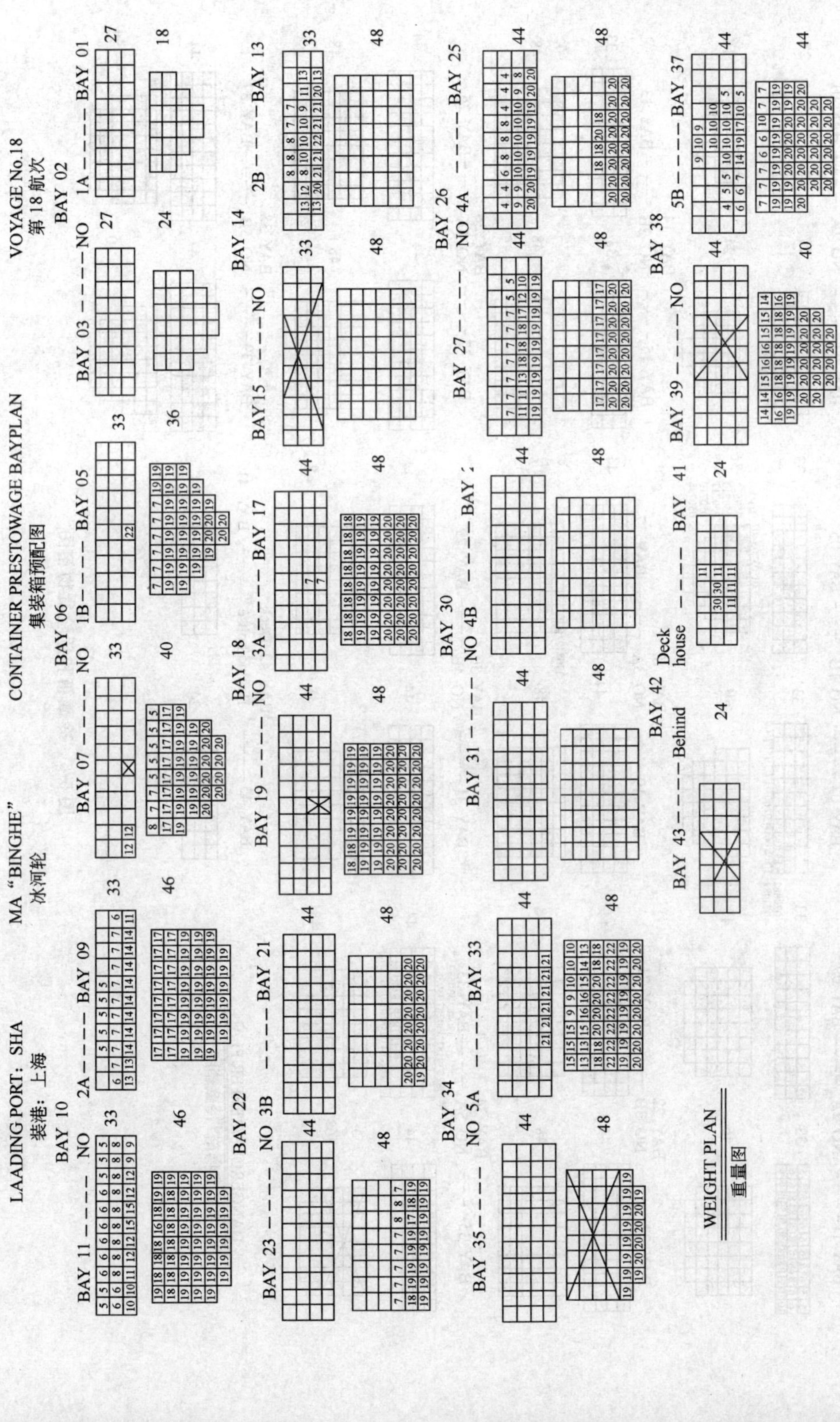
LAADING PORT: SHA
装港：上海
MA "BINGHE"
冰河轮
CONTAINER PRESTOWAGE BAYPLAN
集装箱预配图
VOYAGE No.18
第18航次
WEIGHT PLAN
重量图
Deck house
Behind

图 5-5 重量图

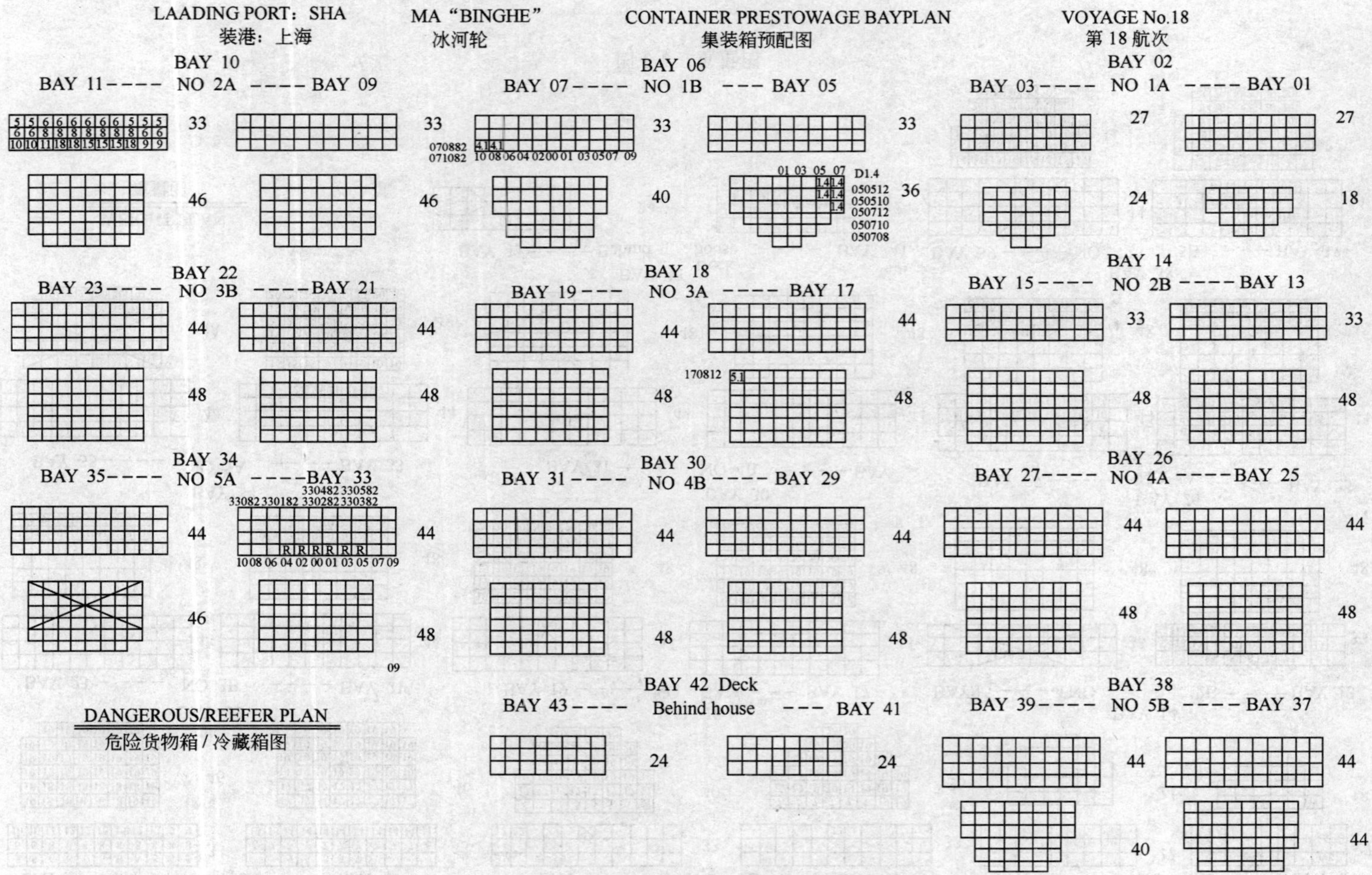


图 5-6 冷藏箱和危险货物箱图

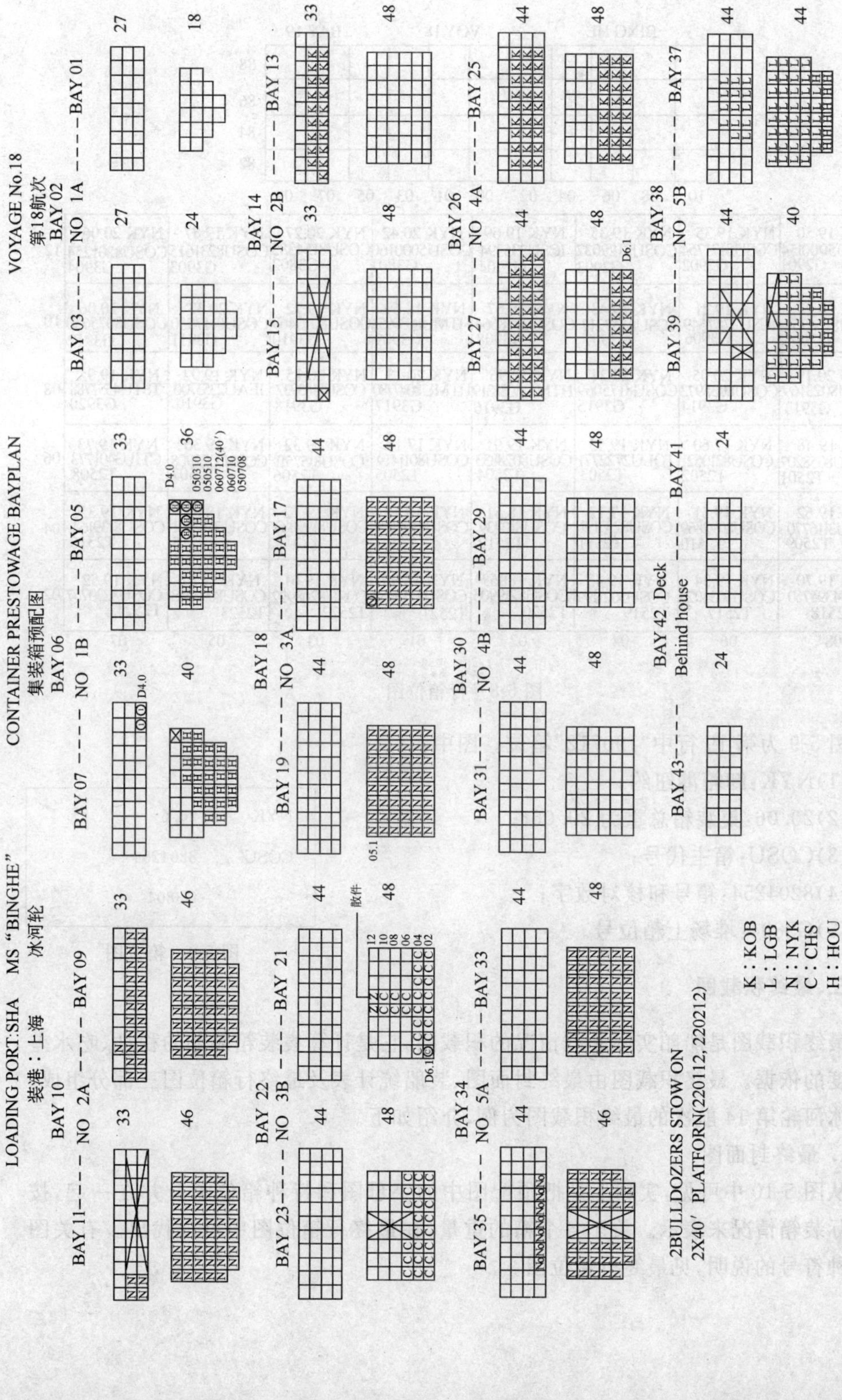

LOADING PORT:SHA MS "BINGHE" CONTAINER PRESTOWAGE BAYPLAN VOYAGE No.18
装港：上海 冰河轮 集装箱预配图 第18航次
BAY 11——NO 2A——BAY 09
BAY 10
BAY 07——NO 1B——BAY 05
BAY 06
BAY 03——NO 1A——BAY 01
BAY 02
BAY 23——NO 3B——BAY 21
BAY 22
BAY 19——NO 3A——BAY 17
BAY 18
BAY 15——NO 2B——BAY 13
BAY 14
BAY 35——NO 5A——BAY 33
BAY 34
BAY 31——NO 4B——BAY 29
BAY 30
BAY 27——NO 4A——BAY 25
BAY 26
BAY 43——BAY 42 Deck Behind house——BAY 41
BAY 39——NO 5B——BAY 37
BAY 38
2BULLDOZERS STOW ON
2X40' PLATFORM(220112,220212)
K：KOB
L：LGB
N：NYK
C：CHS
H：HOU
散件
D4.0
D6.1
05.1
050310
050510
060712(40')
060710
050708

图 5-7 实配封面图

BING HE　　VOY.18　　BAY 19

| 10 | 08 | 06 | 04 | 02 | 00 | 01 | 03 | 05 | 07 | 09 | |
|---|---|---|---|---|---|---|---|---|---|---|---|
| | | | | | | | | | | | 88 |
| | | | | | | | | | | | 86 |
| | | | | | | | | | | | 84 |
| | | | | | | | | | | | 82 |

| 08 | 06 | 04 | 02 | 01 | 03 | 05 | 07 | |
|---|---|---|---|---|---|---|---|---|
| NYK 19.50<br>COSU5000154<br>G2901 | NYK 19.35<br>COSU8131754<br>G2902 | NYK 19.35<br>COSU8129037<br>G2903 | NYK 19.69<br>ICSU335394<br>G2904 | NYK 20.42<br>COSU5000160<br>G3801 | NYK 20.27<br>COSU8154385<br>G3802 | NYK 19.87<br>COSU8231615<br>G3903 | NYK 20.06<br>COSU8201254<br>G3904 | 12 |
| NYK 20.27<br>COSU8156958<br>G3905 | NYK 19.21<br>ICSU3787649<br>G3906 | NYK 19.43<br>ICSU4157217<br>G3907 | NYK 19.67<br>COSU8178664<br>G3908 | NYK 18.69<br>HTMU8039953<br>G3909 | NYK 19.72<br>COSU8013469<br>G3910 | NYK 20.33<br>COSU0117550<br>G3911 | NYK 20.06<br>COSU8075650<br>G3912 | 10 |
| NYK 20.19<br>COSU8023169<br>G3913 | NYK 20.05<br>COSU8035973<br>G3914 | NYK 20.24<br>COSU8175069<br>G3915 | NYK 19.96<br>HTMU8038319<br>G3916 | NYK 20.13<br>HTMU8047780<br>G3917 | NYK 20.15<br>COSU8183932<br>G3918 | NYK 19.92<br>IEAU2353700<br>G3919 | NYK 19.95<br>TSTU4557788<br>G3920 | 08 |
| NYK 19.48<br>HTMU8058207<br>T2501 | NYK 17.60<br>COSU8210621<br>T2502 | NYK 19.53<br>TOLU2722771<br>T2503 | NYK 19.91<br>COSU8028833<br>T2504 | NYK 17.18<br>COSU8011419<br>T2505 | NYK 19.32<br>COSU8157511<br>T2506 | NYK 19.30<br>COSU5022908<br>T2507 | NYK 19.73<br>CTIU3401773<br>T2508 | 06 |
| NYK 19.62<br>COSU3116770<br>T2509 | NYK 19.51<br>COSU8092869<br>T2510 | NYK 17.12<br>COSU8233191<br>T2511 | NYK 18.51<br>COSU810739<br>T2512 | NYK 19.18<br>COSU8190504<br>T2513 | NYK 19.12<br>COSU8199883<br>T2514 | NYK 18.09<br>COSU5037641<br>T2515 | NYK 19.35<br>COSU8139164<br>T2516 | 04 |
| NYK 19.70<br>ICSU4395750<br>T2518 | NYK 19.34<br>COSU5034025<br>T2517 | NYK 19.43<br>COSU5021199<br>T2519 | NYK 1886<br>COSU8219906<br>T2520 | NYK 18.90<br>COSU8143483<br>T2521 | NYK 19.61<br>COSU8208922<br>T2522 | NYK 19.51<br>COSU8095683<br>T2523 | NYK 19.52<br>COSU8230757<br>T2524 | 02 |

图 5-8　行箱位图

图 5-9 为第 19 行中“190712”箱位。图中：

(1)NYK：卸箱港纽约；

(2)20.06：集装箱总重为 20.06t；

(3)COSU：箱主代号；

(4)8204254：箱号和核对数字；

(5)G3804：堆场上箱位号。

| NYK | 20.6 |
|---|---|
| COSU | 8204254 |
| | G3804 |

图 5-9　箱位图

## 三、最终积载图

最终积载图是船舶实际装载情况的积载图，它是计算集装箱船舶的稳性、吃水差和强度的依据。最终积载图由最终封面图、装船统计表及最终行箱位图三部分组成。现以冰河轮第 14 航次的最终积载图为例，介绍如下。

1. 最终封面图

从图 5-10 中可见，实际上是把预配图中的字母图和特种箱位图合并在一起，按照实际装箱情况来表示。关于各个箱的重量，在最终行箱位图中可以找出。有关图中各种符号的说明，见最终行箱位图。

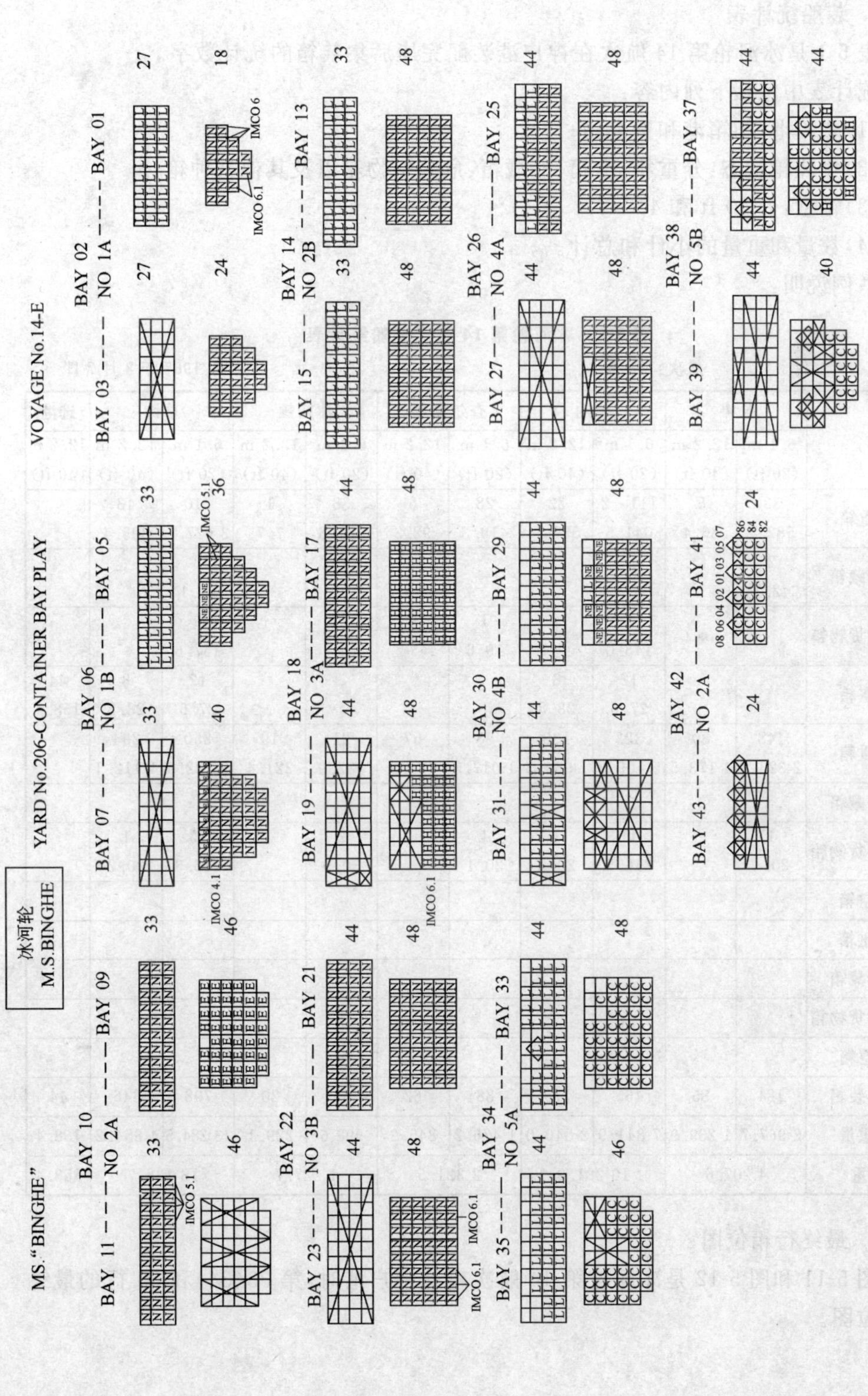
MS."BINGHE"
冰河轮
M.S.BINGHE
YARD No.206-CONTAINER BAY PLAY
VOYAGE No.14-E

图 5-10 最终封面图

2. 装船统计表

表 5-1 是冰河轮第 14 航次在神户港装船完毕后集装箱的统计数字。

统计表中包括下列内容：

(1)装箱港、卸箱港和选港箱；

(2)集装箱状态：分重箱、空箱、冷藏箱、危险货物箱以及其他特种箱；

(3)箱型：分 20 ft 和 40 ft；

(4)数量和重量的小计和总计。

举例说明：

**表 5-1 冰河轮第 14 航次装船统计表**

冰河轮　　　　航次：14—E　　　　日期：1987 年 2 月 7 日

| 装货港 | | 长滩 | | 纽约 | | 查尔斯顿 | | 休斯顿 | | 总计 | | 选港 |
|---|---|---|---|---|---|---|---|---|---|---|---|---|
| | | 6.1 m (20 ft) | 12.2 m (40 ft) | 6.1 m (20 ft) | 12.2 m (40 ft) | 6.1 m (20 ft) | 12.2 m (40 ft) | 6.1 m (20 ft) | 12.2 m (40 ft) | 6.1 m (20 ft) | 12.2 m (40 ft) | 12.2 m (40 ft) |
| 上海 | 重箱 | 33<br>582.1 | 5<br>86.4 | 111<br>2 041.5 | 32<br>526.7 | 28<br>419.3 | 5<br>92.3 | 38<br>584.8 | 1<br>7.7 | 210<br>3 627.7 | 43<br>693.1 | |
| | 冷藏箱 | 2<br>42.1 | | | | | | | | 2<br>42.1 | | |
| | 危险货物箱 | | | 8<br>148.0 | | 1<br>19.6 | | | | 9<br>167.6 | | |
| | 空箱 | | | 12<br>27.6 | 8<br>28.8 | | | | | 12<br>27.6 | 8<br>28.8 | 44<br>158.4 |
| 神户 | 重箱 | 148<br>2 323.1 | 80<br>1 173.5 | 323<br>5 409.3 | 138<br>1 964.3 | 58<br>1 017.3 | 57<br>725.9 | 21<br>382.9 | 19<br>221.4 | 550<br>9 132.6 | 294<br>4 112.1 | |
| | 冷藏箱 | | | | | | | | | | | |
| | 危险货物箱 | 1<br>20.4 | | 11<br>215.5 | 1<br>20.2 | 1<br>20.1 | | 2<br>30.9 | | 15<br>286.9 | 1<br>20.2 | |
| | 空箱 | | | | | | | | | | | |
| | 重箱 | | | | | | | | | | | |
| | 冷藏箱 | | | | | | | | | | | |
| | 危险货物箱 | | | | | | | | | | | |
| | 空箱 | | | | | | | | | | | |
| 总计 | 集装箱 | 184 | 85 | 465 | 179 | 88 | 62 | 61 | 20 | 798 | 346 | 44 |
| | 重量 | 2 967.7 | 1 239.9 | 7 841.9 | 2 540.0 | 1 476.2 | 845.2 | 998 6 | 229.1 | 13 284.5 | 4 854.2 | 158.4 |
| 总重 | | 4 207.6 | | 10 381.9 | | 2 321.5 | | 1 227.7 | | 18 138.7 | | 158.4 |

3. 最终行箱位图

图 5-11 和图 5-12 是冰河轮第 14 航次离开神户港时，第 33(34)和 35 行的最终行箱位图。

MS. "BINGHE" VOYAE No.14 BAY No.35

| 351088 | 350888 | 350688 | 350488 | 350288 | 350088 | 350188 | 350388 | 350588 | 350788 | 350988 | 88 |
|---|---|---|---|---|---|---|---|---|---|---|---|
| 351086 | 350886 | COSU 8134157 19.7 350686 | COSU LGB 8231500 19.1 350486 | COSU 8226870 12.4 350286 | COSU 8237638 12.7 350086 | TOLU 2886287 10.4 350186 | ICSU KOB 3063290 14.5 350386 | HTMU 8057089 9.5 350586 | CTIU 0341780 12.7 350786 | UFCU 3962201 25 350986 | 86 134.4 |
| ICSU 4223047 19.5 351084 | ICSU 4020857 19.2 350884 | COSU 8236930 20.0 350684 | HTMU 5006278 19.6 350484 | COSU 8212049 20.0 350284 | CTIU 2291923 16.9 350084 | ICSU 3725204 20.0 350184 | IEAU 2166680 19.2 350384 | TOLU 2623275 19.2 350584 | ICSU 3336250 20.9 350784 | TOLU 2786272 17.4 350984 | 84 211.5 |
| COSU 8225431 17.3 351082 | CTIU 1518777 19.6 350882 | IETU 2016838 19.1 350682 | COSU 8232359 18.9 350482 | COSU 8195548 19.4 350282 | TOLU 2662292 20.0 350082 | COSU 8237155 15.8 350182 | COSU 8226280 17.0 350382 | ICSU 4009919 19.4 350582 | COSU 8089124 19.6 350782 | COSU 8239158 15.8 350982 | 82 262.0 |

| | | | | | | | | |
|---|---|---|---|---|---|---|---|---|
| COSU 8151621 19.4 350812 | CHS/KOB HTMU 8055960 19.1 350612 | COSU 8149835 19.4 350412 | 350212 | 350112 | 350312 | 350512 | 350712 | 12 57.9 |
| COSU 8097541 19.2 350810 | CHS/KOB TOLU 2624348 17.9 350610 | ICSU 3843260 20.0 350410 | 350210 | 350110 | 350310 | 350510 | 350710 | 10 57.2 |
| ICSU 3170111 19.4 350808 | CHS/KOB COSU 8089802 19.3 350608 | UFCU 3757275 19.3 350408 | 350208 | 350108 | COSU 5028280 19.3 350308 | CHS/KOB UFCU 3770317 19.3 350508 | COSU 8236879 19.3 350708 | 08 115.9 |
| COSU 8072667 18.4 350806 | CHS/KOB COSU 8018882 18.5 350606 | COSU 8028345 18.5 350406 | 350206 | 350106 | ICSU 4013924 18.6 350306 | CHS/KOB UFCU 3990836 19.6 350506 | TOLU 2830510 17.2 350706 | 06 110.8 |
| COSU 8173678 6.5 350804 | CHS/SHA COSU 8215916 6.3 350604 | COSU 5023102 15.7 350404 | ICSU 3897097 18.2 350204 | CFCU 3620997 15.6 350104 | CHS/SHA COSU 8195511 11.9 350304 | TOLU 8430450 10.6 350504 | TOLU 8451160 16.7 350704 | 04 101.5 |
| | COSU 8229550 12.1 350602 | CHS/SHA ICSU 9053992 19.9 350402 | HTMU 8048739 20.4 350202 | COSU 8236415 19.6 350102 | CHS/SHA TOLU 2818750 19.9 350302 | COSU 8087034 13.9 350502 | | 02 105.8 |

1097.0

TOTAL TONS

| DEST | No.OF CONT |
|---|---|
| | |
| | |
| | |
| | |
| | |
| | |
| | |
| | |
| TOTAL | |

ON DECK UNDER DECK

图 5-11 最终行箱位图(1)

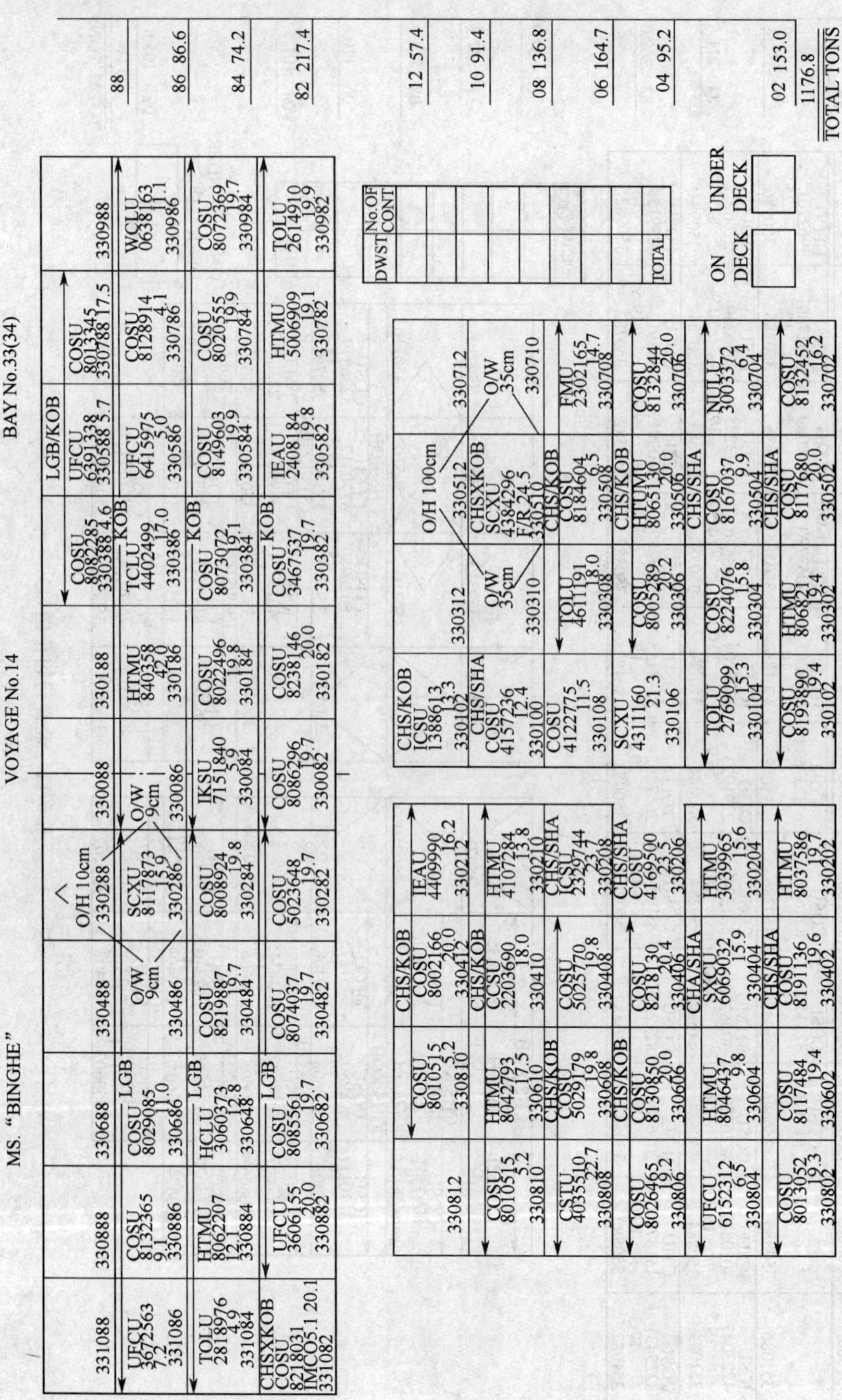


图 5-12 最终行箱位图(2)

最终行箱位图的每一个箱位上应标有如下内容：

(1)卸箱港和装箱港。卸箱港在前，装箱港在后，中间用“×”隔开；也可以只标卸箱港，不标装箱港。

(2)箱主代号、箱号和核对数字。

(3)特种箱的标志。如冷藏箱用“R”；敞顶箱用“O/T”；板架箱用“F/R”；危险货物箱用“IMCO”或“D”外，还要标出危险货物等级。

(4)集装箱的总重。

(5)船上的箱位号。

(6)40 ft 箱的标志。

用⊠表示 40’箱位，即此箱位已被 40 ft 箱占用。

(7)超高和超宽标志。超高(O/H)箱应在箱位上方用“∧”符号表示，并标出其超高的高度；超宽(O/W)箱要在箱位的左向或有向用“＜”或“＞”符号表示，并标出其超宽的宽度。

“331082”箱位举例说明：

(1)CHS×KOB：卸箱港查尔斯顿，装箱港神户；

(2)COSU8218031：箱主代号、箱号及核对数字；

(3)IMCO 5.1：危险货物 5.1 级；

(4)20.1：总重 20.1t；

(5)D/C：杂货集装箱；

(6)331082：本箱在船上的箱位。

“350106”、“350108”箱位举例说明：

表示此两箱位被 40 ft 所占用，就是说从图 4-11 中可见“330106”、“330108”箱位中的 SCXU 4311160 和 COSU 4122775 这 2 个集装箱均为 40 ft 箱。

“330510”箱位举例说明：

表示是一个既超长，又超宽的板架集装箱(F/R)。O/H100 cm：超高 100 cm；O/W35 cm：左侧超宽 35 cm；O/W37 cm：右侧超宽 37 cm。

**链接——集装箱船舶配积载预配图和实配图**

集装箱船舶配积载预配图由字母图、重量图和冷藏箱和危险货物箱图组成。

集装箱船舶配积载实配图由封面图和行箱位图组成。

## 四、集装箱船配积载图的编制过程

集装箱船的配积载图中的预配图编制是以订舱单为依据，而实配图和最终积载图的编制都是以预配图为基础的。

集装箱船配积载图的编制过程如下：

1. 预配图编制。由船公司的集装箱配载中心或船舶大副，根据分类整理的订舱单，编制航次集装箱预配图。

2. 预配图传递。航次集装箱预配图由船公司直接寄送给港口的集装箱装卸公司，或通过船舶代理用电报、电传或传真形式转给港口集装箱装卸公司。

3. 编制集装箱实配图。港口装卸公司收到预配图后，由码头船长或集装箱配载员，根据预配图和码头实际进箱情况，编制集装箱实配图。

4. 实配图确认。待集装箱船靠泊后，码头配载员持实配图上船，交由大副审查，经船方同意后应签字认可。

## 第四节　集装箱船舶编制预配图的要求

### 一、预配图编制的要求

1. 要保证船舶的稳性

集装箱船发展初期，舱内装载量都大于甲板装载量，而现代的集装箱船，其甲板装载量大部分都已超过舱内而造成集装箱船重心较高。由于集装箱船都必须甲板装载，其重心就很高，如果装载不当，船舶的稳性就很差。稳性对船舶航行安全是至关重要的，集装箱船舶的初稳性高度值一般在 1～1.3 m，横摇周期以 15 s 为最佳；对于大型集装箱船（甲板上装 11 列以上）初稳性高度值要求在 1.5 m，横摇周期以 18 s 为宜。

2. 保持具有适当的吃水差

船舶是不允许有首吃水差的，但也不宜有过大的尾吃水差。因此集装箱船应具有适当的吃水差，以保证具有良好的操纵性。由于集装箱船一般采用尾机型或偏尾机型船型，尾部较重，故要适当地将一些重箱配于船首箱位上，同时，一港货集中地配在一起，也容易造成过大的尾吃水差。

船舶最佳吃水差值应从船模试验中取得，或从船舶实际操纵经验中摸索出来。

3. 充分利用船舶的箱位

集装箱船一般首部箱位较少，故在配载时极易产生过大的尾吃水。尾吃水过大就需要用压载水来调整，就会增压载重量，减少集装箱的装载量。上海是个潮汐港，航道水深又浅，故大船的吃水受到很大的限制，如果箱量多，平均箱重很大时，预配时要求船舶达到平吃水出港，就能减少压载而使箱位得到充分利用。

4. 要保持船舶的纵向强度

集装箱船大多数为尾机型船，而油舱、淡水舱一般也集中在尾部，所以船舶在开航时如首部箱量满载，容易产生中拱，而且集装箱船都是大舱口，船舶纵向强度本来就弱，如果配载不当，在风浪中容易断裂，为了使它具有良好的纵向强度，抵消船舶的中拱变形，配载时要适当地在船中多配重箱。

5. 尽量避免中途港倒箱

选择集装箱船一般途中均需要靠多个中途港，因此配载时必须注意港序，避免中途港倒箱。对于某些航线上的船舶，其箱位少，而挂港又多时，后港箱压在前港箱上面的情况也不可避免，所以对挂靠日本港口的中远集装箱船规定倒箱在 10 个以内，港口不收费。但是倒箱不仅是经济损失，还会贻误船期，故应尽量减少。

6. 要平衡舱时，消灭重点舱

对于箱量特别多的港口的集装箱，应分舱装载，不要集中装在一个舱内，以免造成重点舱，延长船舶在港装卸时间。在分舱配载时还要注意到几台装卸桥同时作业的可能性。

7. 在装卸作业中要能保持船舶左右平衡

全集装箱船都采用箱格结构，故在装卸中不能产生过大的横倾，一般如横倾大于 3°，集装箱进出箱格时就会产生困难。因此，在配载时要注意不要把同一港口的集装箱集中配于一侧，应左右对称，以免在装卸过程中使船舶出现过大的横倾，影响船舶作业。

8. 要注意特种箱的配载

各种特种箱都看特殊的配载要求，这些要求必须满足，例如危险货物集装箱必须按国际危规的要求配载。

## 二、集装箱预配时的注意事项

1. 集装箱装载量的表示单位

集装箱常用的有 20 ft 和 40 ft 两种，因此集装箱船上的箱格也有 20 ft 箱格和 40 ft 箱格之分。所以在集装箱船上有的箱格只能装 20 ft 箱，不能装 40 ft 箱，还有的箱格内只能装 40 ft 箱，不能装 20 ft 箱。

在表示集装箱装载量的单位时必须注意以下几点：

(1) TEU 与 FEU 的关系。一个舱内装载量为 100 TEU，并不是就可以装 50 FEU；反之，一个舱内装载量为 50 FEU，并不是就可以装 100 TEU。

(2) 非标准长度集装箱的配载。当集装箱货的超长长度超过两行集装箱之间的间隙时，则必侵占相邻行的箱位。这时相邻行的箱位必须空配。所以如有多个超长箱时，应集中配位，减少空箱位的损失，当然超长箱必须配位在甲板上的顶层，配载时还要避免与卸港次序的矛盾。

2. 超宽箱的预配

对于平台集装箱和某种台架式集装箱允许货物横向超出箱侧一定的距离。但当集装箱货的超宽尺寸超过了两列集装箱之间的间隙时，则必将侵占相邻列的箱位，这时相邻列的箱位必须空配。所以如有多个超宽箱时，应集中配位，减少空箱位的损失，超宽箱应配在舱内或甲板上的顶层。为使船舶纵向和横向平衡，超宽箱一般都配在船中部位，在横向都配在船舶中心线附近。有的集装箱船舱内箱格之间有纵向构件，这种船舶只能装载容许范围内的超宽箱。

3. 超高箱的预配

超高箱是指货物超出集装箱顶角件高度的集装箱，此种超高箱必须配在舱内或甲板上的顶层。

4. 超重箱

这里所指的"超重箱"是指集装箱码头上的装卸桥（或其他装卸设备）的起重量达不到集装箱的总重，而需要用其他起吊设备（如浮吊等）来进行装卸的集装箱。为了便于浮吊或其他陆上装卸机械的作业，在配载时应注意把这些超重箱尽可能地配在船中部位，不宜配在船首或船尾的箱位上。由于船舶首尾是呈流线型的，浮吊船靠舷装卸会带来不便，利用陆上岸吊也可能产生外伸距不够。另外，超重箱配位时还要考虑到利用浮吊或其他陆上机械在装卸过程中不应妨碍装卸桥的正常作业。

5. 关于选港箱的配载

有些集装箱在装船时尚不能确定卸箱港，要在航行途中根据货主的通知，从装船时已知道的几个卸箱港中选择一港卸箱，此种集装箱为选港箱。在配载时应考虑各选择港的港口码头装卸条件，要求配在各卸港都能方便卸下的箱位上。

选港箱最好配在后甲板的平台上，这些箱位上配的集装箱应配重箱，不宜配轻箱或空箱，以免造成尾端水浅而使螺旋桨产生空泡，从而使船体抖动。

6. 关于重大散件货的配载

这是指货物的重量大于集装箱的总重，或货物的尺寸大于集装箱的外部尺寸，或者重量和尺寸均大于国际标准集装箱参数的货物，例如：火车机车、大型起重车、大型机械设备、铁塔、桥梁桁架等等。虽然在一个集装箱里装不下，但它可以利用数个平台集装箱或某种台架式集装箱，使其拼合成一个大集装箱来装载，此种集装箱的装载通常称"散件装载"。

## 第五节　配载图的审核

无论是集装箱船的预配图和实配图都必须进行审核。

### 一、预配图的审核

编制预配图是一件既复杂又繁琐的工作，编制时还有许多严格的要求，故编制时往往会顾此失彼，这是免不了的事，所以编制好的预配图，为了减少差错，保证航行时的安全，都必须进行认真的审核。

预配图审核的主要内容有如下几方面：

(1)预配图上的集装箱数应与订舱单上的数量吻合。这主要利用字母图与订舱统计进行对照，检查各卸箱港的集装箱数量是否与表中订舱数量符合。

(2)计算每列集装箱的总重量。集装箱船的舱底或甲板上都有限定的堆码负荷，要计算每列集装箱的总重量是否超过该列的堆码负荷，如果超过，则应调整集装箱的重量。

(3)检查特种箱的配位是否正确。即检查冷藏箱、危险货物箱、四超箱(超长箱、超宽箱、超高箱、超重箱)以及选港箱的配位是否适当，如不适当时应加以调整。

(4)审核港序。防止后港压前港而产生倒箱，增加倒箱费用。但应该指出的是，对于某些箱位少而挂港又多的班轮航线上的船舶，有时产生若干箱位要倒箱是不可避免的。这里要防止的是由于配载错误、麻痹大意而造成不必要的倒箱。

(5)适航性的审核。最后对预配图的配箱情况重新进行稳性、吃水差和纵向强度的计算校核，以保证船舶具有良好的适航性。

预配图通过上述审核，确定无误后，由船公司可直接邮寄或传送给港口的装卸公司，以便着手编制实配图。

### 二、实配图的审核

实配图是由港口的码头船长或集装箱码头的配载员，根据预配图和实际码头进箱情况来编制的，但是对船舶结构最了解的无疑是集装箱船的船长和大副。所以实配图编制后，在装船前应取得船长和大副的同意方可装船。这就是实配图的审核。

实配图审核的内容一般与预配图审核相同，不外乎船舶的适航性、装卸量、港序等。审核实配图时发现的问题一般比较细、比较具体。

## 第六节 集装箱码头船舶电子配载系统

现代化的集装箱运输，速度快，效率高，很多集装箱船队和集装箱码头，都已经采用了集装箱电子配载系统，实现了集装箱配载的高效率化。

集装箱码头的电子配载系统一般由“配载计划”和“配载制作”两部分构成。

### 一、配载计划

配载计划系统是整个配载系统的前期环节和收尾环节。

#### (一)制作船舶规范

船舶规范的制作是所有配载工作的前提，配载计划员在收到船公司的船舶规范图后，将船舶规范输入系统。在船舶规范制作模块中共有四个 MOOD，分别是船舶资料、船舶 BAY 位、船舶舱盖、船舶机械。

1. 船舶资料

船舶资料屏幕的输入项包括有：船舶代码、船舶长度、船舶宽度、船舶总吨位、净吨位、夏季载重吨、船舶吃水、船公司、船舶总箱位数、船舶总倍位数、甲板最大层数和排数、舱内最大层数和排数、舱口数、舱盖数、冷藏箱插座数、船舶吊杆数、驾驶台开始位置、驾驶台结束位置、两柱间长、船舶型深、原点位置等。如图 5-13。

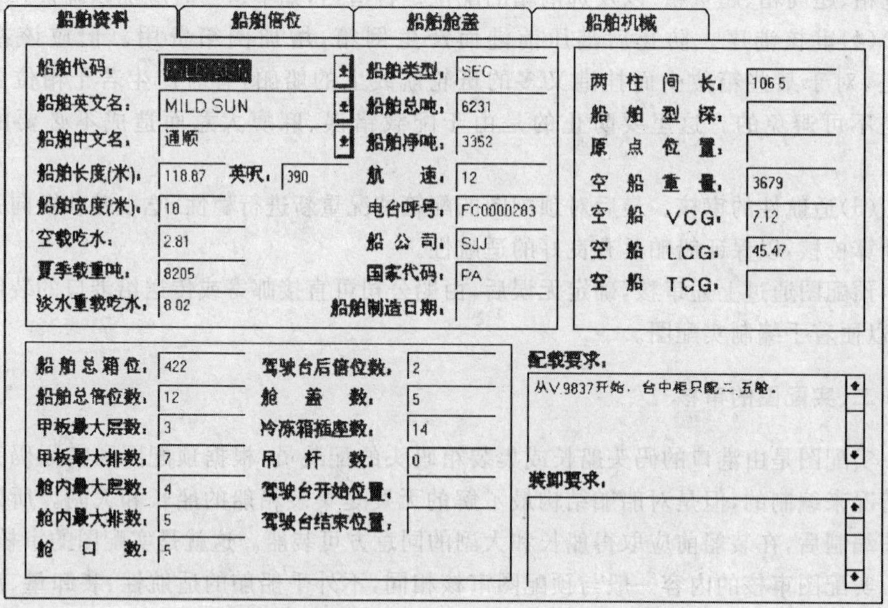


图 5-13 船舶资料界面

2. 船舶 BAY 位

船舶 BAY 位界面可将每一船舶 BAY 位的具体结构输入系统，并可将某一 BAY 位定义为 20 ft 全隔舱、40 ft 全隔槽舱或 20 ft 和 40 ft 皆可积载的舱位。另外，该屏幕还可指定冷藏箱插座的具体数量和位置。如图 5-14。

3. 船舶舱盖

船舶的开舱类型、舱盖位置对码头的装卸作业的安排和操作十分重要，配载员可用船舶舱盖屏幕将舱盖板的具体位置、尺寸输入系统。如图 5-15。

4. 船舶机械

船舶机械主要是指船用的 CRANE 吊，配载员可将船舶 CRANE 吊资料输入系统。如果船舶经过修整或改装，其舱位数据等有所变动，配载业务员可根据具体情况

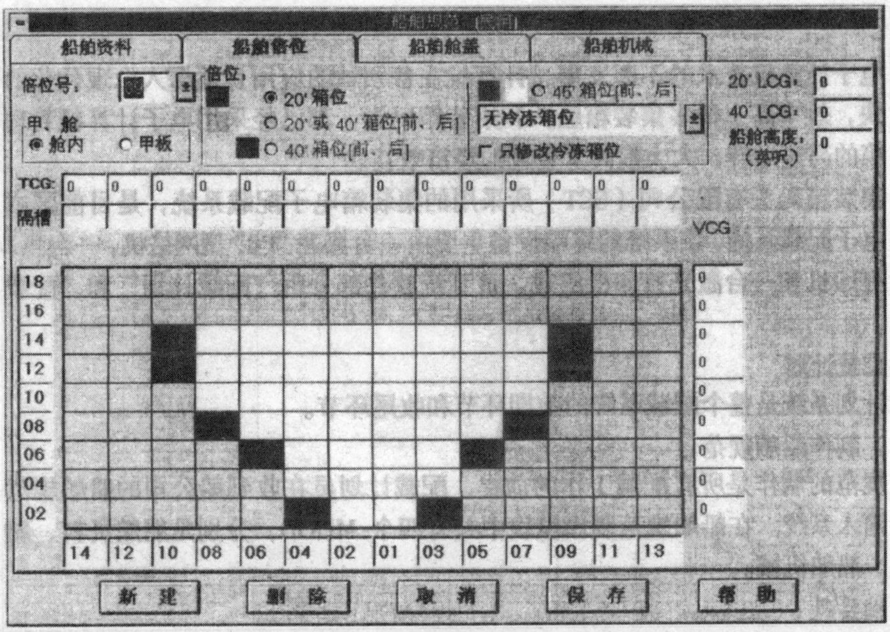

图 5-14　船舶 BAY 位界面

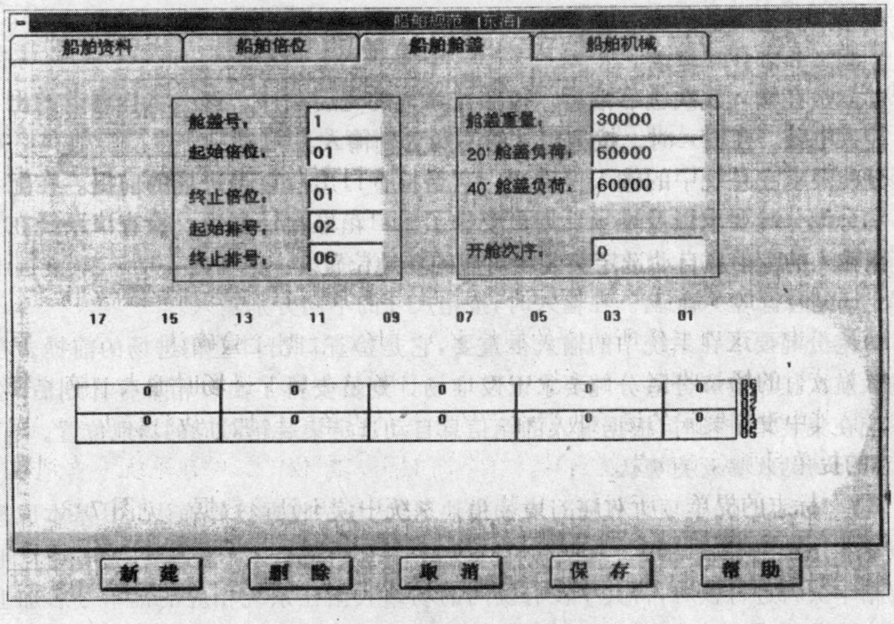

图 5-15　船舶舱盖界面

在船舶规范 MOOD 中进行修改。如图 5-16。

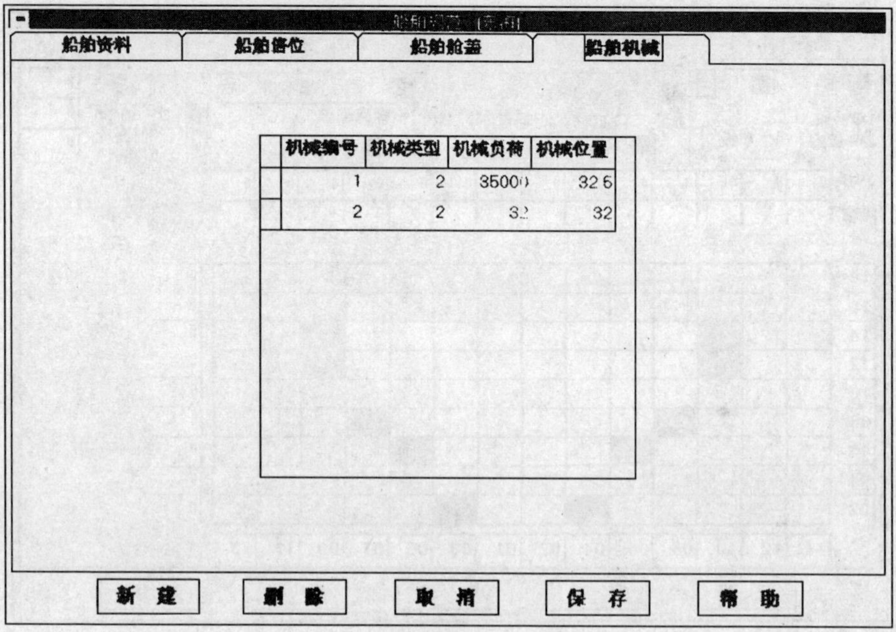


图 5-16　船舶机械界面

(二)确定航次挂靠港

集装箱码头堆场在收到船公司寄送的船舶航次挂靠港后，由配载计划员将挂靠港的代码输入电脑系统。

航次挂靠港的输入是码头堆场计划员安排出口重箱进场堆存计划的前提。如图 5-16。

(三)制定分港分吨要求

配载计划员在输入航次挂靠港后，按照挂靠港的先后顺序，逐一将挂靠港的出口重箱的分吨要求输入电脑。在输入时，按箱尺寸的不同分别输入。

分港分吨要求在系统中的输入很重要，它是检查口出口重箱进场的前提。在配载输入航次挂靠港和分港分吨要求以及堆场计划员安排了出口箱堆存计划后，检查口系统在集装箱进场时，根据输入的箱信息自动选定集装箱对应的场地位置。

(四)场站收据放关确认

在电脑系统中，这项工作所对应的模块名为“场站收据校验确认”，其基本原理为配载业务员将海关放行的场站收据，与系统中检查口业务员在集卡进场时输入电脑的装箱单资料进行核对，将其中没有疑问的场站收据在系统相应的提单号后加上放行标志“Y”，凡是已有“Y”标志的提单号所对应的集装箱号，在今后的正式配载中，可在系统中读到数据；凡是没有打上“Y”标志的提单号所对应的集装箱，系统中读不到数据。如图 5-17。

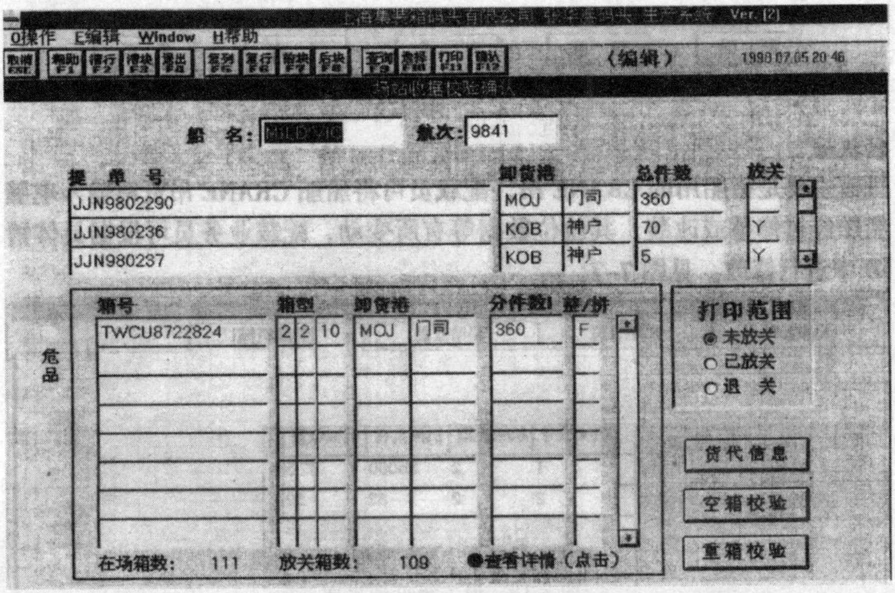

图 5-17 场站收据确认界面

(五)退关箱、复关箱处理

凡是没有打上“Y”标志的提单号所对应的集装箱,必须在系统中按箱号作迟关处理,并输入退关原因,例如:无场站收据、货主要求、船方要求等。但在场站收据放关确认中已打上放关标志的集装箱,也有可能作退关处理,如在正式配载过程中发现该航次船舶已满载超配。

凡是已在系统中作退关处理的集装箱,其箱状态由出口状态改为退关状态,该箱的信息在正式配载中将不被读到。

如果某一集装箱在系统中已经作了退关处理,但由于各种原因,该集装箱必须恢复出口(不一定是原来的船名航次)。配载业务员可在系统中进行箱复关处理。箱复关屏幕必须输入复关的船名、航次、复关箱号以及集装箱复关的原因。如图 5-18。

(六)出口箱整船换装

出口集装箱进检查口时,其箱信息便和某一船名航次挂钩,但有时由于各种原因,原船名航次取消,原出口箱必须换装另一船名航次出口,配载业务员可在系统中利用整船换装功能,将这批集装箱改为由另一指定的船名航次出口。该模块的操作只需在屏幕中输入原船名、航次,新船名和航次以及客户的联系单编号即可。如图 5-19。

## 二、配载制作

(一)预配制作

配载计划在收到船公司的预配信息后,在系统中的“预配制作”项内进行预配制作。

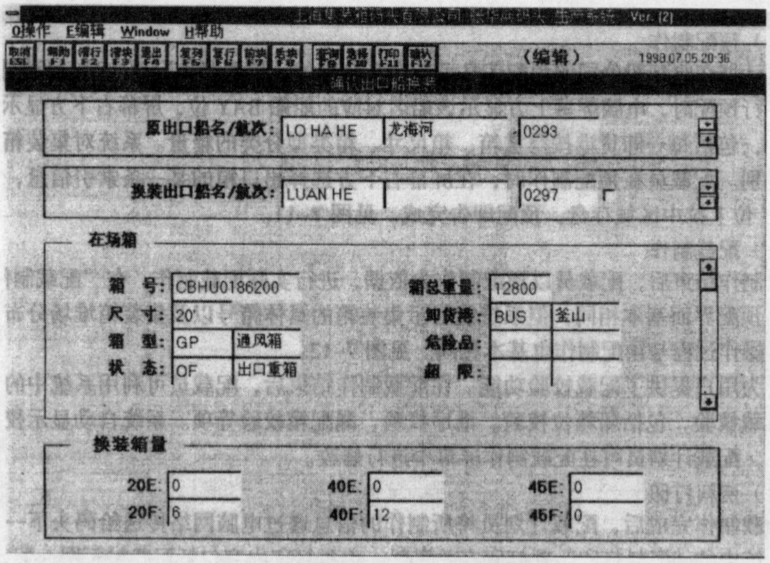


图 5-18 退关箱处理界面

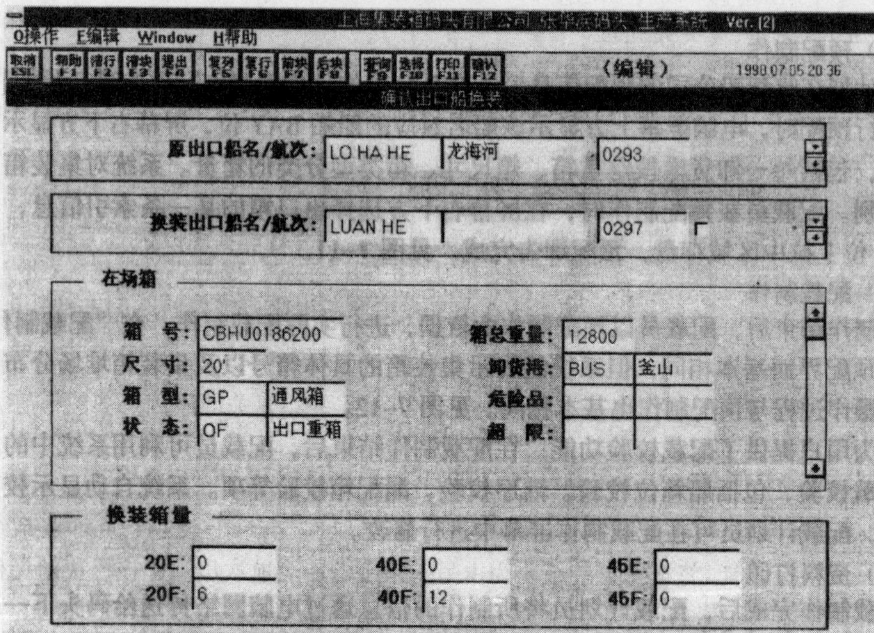


图 5-19 出口箱整船换装界面

作。

在进行预配时，电脑屏幕上方显示该船名对应的船舶 BAY 位，屏幕右下方显示出口箱的索引信息，包括每一卸货港按空重箱、箱尺寸、箱类型分类的箱量。系统对集装箱的具体箱号不作识别。配载员在预配制作时，在屏幕右下方选择出口箱的某一条索引信息，然后用鼠标在BAY位上拉中区域存盘，预配即告完成。如图5-20。

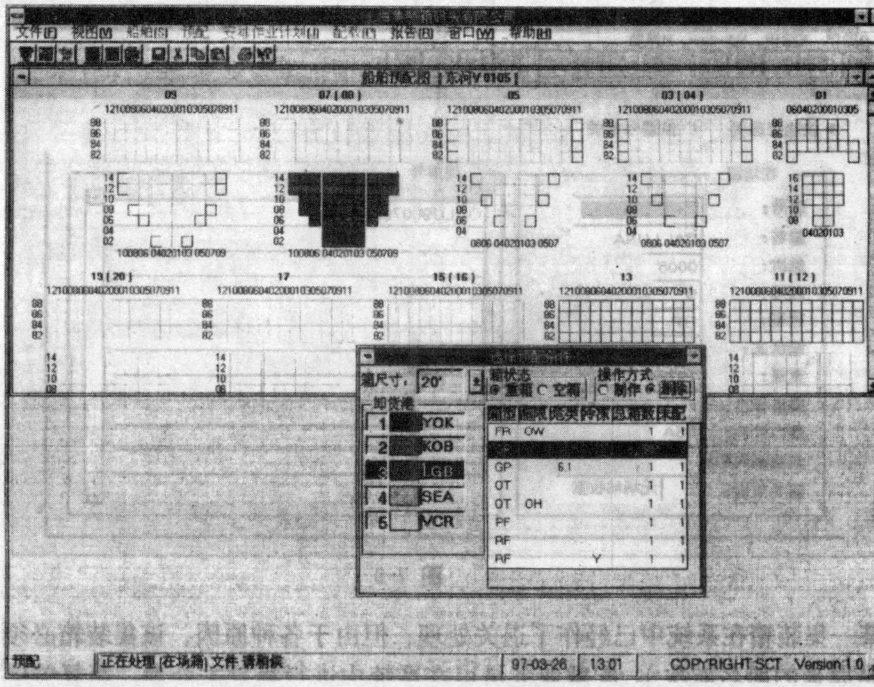

图5-20 预配制作界面

(二)配载制作

预配制作结束后，配载员以预配制作为依据，进行实际配载制作。在“配载制作”项中，其界面与预配界面基本相同，但系统能显示集装箱的具体箱号以及集装箱堆场分布位置。配载制作的操作过程与预配制作也基本相同。如图5-21。

系统为用户提供了配载校验功能。在配载制作结束后，配载员可利用系统中的“校验”项进行配载校验，包括船箱位校验、港序校验、漏配箱校验等项。系统自动显示校验结果。如有问题，配载计划员可在配载制作屏幕中进行修改。

(三)资料打印

在配载制作完成后，配载计划员将所制作的信息通过电脑网络传送给码头下一级用户，并利用系统中的“资料打印”项打印有关资料。主要打印内容包括配载封面图、配载BAY位图、出口箱场地位置图、出口箱量汇总、出口吨位汇总等。

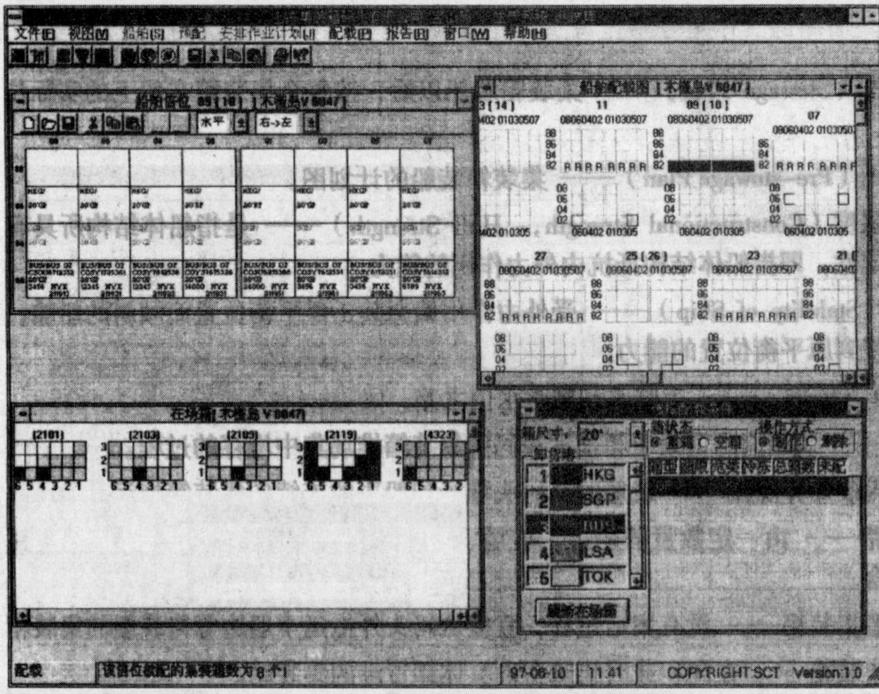

图 5-21 配载制作界面

**链接——中远集装箱运输有限公司诉山东省海丰船务有限公司、青岛港务局大港公司互换舱位合同纠纷案**

原告:中远集装箱运输有限公司。

被告:山东省海丰船务有限公司。

被告:青岛港务局大港公司。

1999 年 7 月 19 日,中远集装箱运输有限公司(以下简称中集公司)与山东省海丰船务有限公司(以下简称海丰公司)就国内沿海集装箱班轮航线的互换舱位合作事宜签订航线合作协议书,约定:合作时间一年;双方各自独立揽货订舱,编制提单号,放柜、装箱,签发各自的提单和运单,编制装箱单及仓单,对外结算运费。双方各港口的操作人员应每日 16:00 之前互相通报各自的预配情况,并且在开船前 24 h 内将仓单递交船舶代理。对于装船货物,包船方要保证在船舶到达之前办好有关清点工作,并及时提交有关文件给船舶经营方以便安排作业,对卸船的货物,按各方的舱单分别给双方的代理或办事处,并办理放货手续,谁的货由谁负责放货及提货手续;如在运输过程中出现货损,由船舶经营方负责索赔和理赔。协议最后约定本协议未尽事宜或有争议事件，双方应本着友好互利的态度协商解决，如协商无法解决，应提交当地仲裁机构解决。

1999 年 11 月 16 日，个体经营者魏秀英委托中集公司由青岛运输一批辣椒干至蛇口。中集公司的青岛港代理青岛中远国际货运有限公司(以下简称中货青岛)接受订舱后，安排拖车前往装货地点装货。按照魏秀英的要求，货物装载于 1×40 ft 集装箱中，左半开门，配放在通风良好的位置。青岛中货将该集装箱运至码头堆场时，向青岛港务局大港公司(以下简称大港公司)提交了青岛港集装箱入港装箱单/设备交接单，在该单上标注“超高”、“配放在通风良好的位置”、“左半开门”，“损坏、异常描述”一栏未作任何批注。

大港公司承认其接受海丰公司的委托负责装船，由海丰公司的大副负责配载。根据中集公司与海丰公司之间签订的航线合作协议书，青岛中货将该集装箱交由海丰公司运输，并以自己的名义签发了提单号为 COSN334101427 水路集装箱货物运单。据该轮舱位图显示，集装箱被积载于舱内第二层，并非处于通风良好的位置。

11 月 26 日，货至目的港蛇口。据中国外轮理货总公司蛇口分公司的理货报告显示，本案所涉集装箱右门铅封未变，左门仅开 12 cm，440 袋货物外包装发热，其中 205 袋外包装有水渍，70 袋外包装有严重水渍及部分霉迹。

庭审时，中集公司主张大港公司是接受海丰公司的委托从事集装箱货物的装卸作业，海丰公司则主张是由中集公司委托的，大港公司承认是由海丰公司委托的。

2000 年 4 月 6 日，魏秀英以青岛中货和中集公司为被告诉至本院，要求两被告赔偿其货物损失 225 135 元人民币。在审理过程中，中集公司申请追加海丰公司为第三人。该案经一审、二审，认定：此案为沿海货物运输合同纠纷，合同的相对主体为承运人中集公司和托运人魏秀英。在沿海运输中，对托运人应当负有责任的人是承运人，而海丰公司不是此案所涉及海上运输合同的当事人，对此案所争议的标的没有直接的牵连，因此中集公司和海丰公司之间的责任分担不属于本案的审理范围。中集公司作为一家经验丰富的集装箱公司应当具备运输辣椒干类货物的经验。但舱位图显示，卸货港的理货报告显示集装箱仅左开门 12 cm，不符合“左半开门”的合同要求。因此中集公司作为承运人没有尽到妥善谨慎运输的义务。为此，判令中集公司赔偿魏秀英货物损失 104 040 元人民币，并承担一、二审的诉讼费 10 596.60 元人民币。

## [思考题]

1. 什么叫集装箱船舶配积载？
2. 集装箱船舶的集装箱行、列、层位如何表示？
3. 集装箱船舶配积载图由哪些组成？
4. 集装箱船舶配积载图如何编制？
5. 集装箱船舶配积载图如何审核？

# 第六章 集装箱码头业务管理

## 第一节 集装箱码头作业计划

### 一、集装箱码头作业计划

#### (一)集装箱码头作业计划的含义

集装箱码头作业计划是集装箱码头企业计划的具体执行计划。它以企业计划为总目标,结合各阶段(月度、近期、昼夜、工班)装卸作业具体情况,规定了各阶段作业的具体任务和实施办法。

集装箱码头作业计划的基本任务是,根据集装箱运输市场的需求和企业的经营目标来确定集装箱港口吞吐量,并在保证社会经济效益的前提下,对集装箱码头的装卸、堆存等工作进行综合平衡,科学合理地配置和利用各生产要素,力争取得最好的经济效益。

随着我国企业经营机制的转换、市场经济的发展,国家下达给集装箱码头的指令性计划将逐步减少。因此在确定集装箱码头作业计划任务时,除了国家下达任务外,还要发挥集装箱码头企业的积极性、主动性和创造性,将企业置身于市场竞争之中,根据市场的需求和企业的可能,吸引更多的集装箱经过码头,提高集装箱码头企业经济效益。

#### (二)集装箱码头作业计划的内容

集装箱码头作业计划多是阶段性计划。它一般分为月度、近期、昼夜等计划。集装箱码头作业通常涉及安排船舶作业的码头和泊位、确定装却工艺和流程、确定各项作业的进度要求、保证装却作业连续顺利进行。

1. 安排船舶作业的码头和泊位

安排船舶作业的码头和泊位,要根据各码头泊位的条件以及在港作业船舶的进度,充分掌握抵港船舶的各种信息,科学合理地安排船舶装卸作业的码头泊位,并布置各项船舶在港作业的准备工作。

2. 确定装卸工艺和流程

根据抵港船舶船型特点、集装箱类型特点和集装箱码头机械设备资源情况，选择最合理的装卸工艺和流程。

3. 根据已确定的装卸工艺和流程，合理分配集装箱码头各作业要素，确定各项作业的进度要求、安全质量要求以及相应的责任者。

4. 根据船方、货方的有关要求，确定与作业有关的协作单位，向他们提出协作要求，保证装卸作业连续顺利地进行。

（三）集装箱码头作业计划的作用

集装箱码头作业计划实际上是集装箱码头企业计划的继续和具体化。企业计划一般是按年度分季度编制的，它不可能也无必要规定企业每月、近期（五日）、每日甚至每工班的计划任务，而这种细分化的工作由作业计划来承担。

作业计划根据企业计划指标，结合码头实际情况，规定了月度、近期、昼夜、工班的具体生产任务和要求，从而日积月累地保证企业计划的完成和超额完成。

集装箱码头作业计划的作用有：

1. 科学合理地配置集装箱码头生产要素、协调集装箱码头内外关系、组织集装箱码头均衡的进行装卸作业。

集装箱码头作业既受集装箱码头内部条件，如人力、物力、财力的限制，也受集装箱码头外部条件的影响，如政治、经济、协作单位、运输市场、然条件的影响。从内部来看，要使集装箱码头装卸作业实现高度机械化、高度连续性和高效率，必须通过作业计划把不同的有机地组织起来，使其各自内部之间、作业过程的各个环节之间能均衡地进行。从集装箱码头的外部环境来看，由于现代化集装箱码头作业过程的平衡关系，因此必须通过月度、近期、昼夜和工班等不同形式的分阶段作业计划，避免和控制不利于生产的因素，从变化中求得集装箱码头生产的稳定和平衡。

2. 作业计划是调动全体员工的责任感和创造性，组织全体员工实现企业目标的动员令和任务书。

通过作业计划，可以使全体员工明确企业各阶段的总任务及其所在部门的分任务，也明确本班组每日甚至每工班工作的具体任务和工作量。这样，把企业目标与全体职工的责任及其日常工作紧密联系，有利于发挥每个员工的主动性、积极性和创造性，激发他们努力完成自己的工作任务。

企业计划通过各阶段作业计划的层层分解，使得每个部门、每个班组、甚至每个员工任务明确，目标具体，从而使企业计划落实到了实处。

3. 作业计划是对集装箱码头日常装卸作业进行指挥，并对阶段作业成果进行核算和对员工劳动进行考核的依据。

在集装箱码头日常的装卸作业过程中，如果没有强而有力的指挥，就不可能使装卸作业均衡地有节奏地进行。由于作业计划明确规定了企业各阶段的任务、进度、要求及其相应的措施办法，使得指挥集装箱码头日常作业有了可靠的依据。

作业计划也是企业对员工劳动进行考核最重要和最基本的依据之一。通过核算，可以了解成果，总结经验，找出不足，从而可以采取措施更好地完成任务。通过考核，可以根据员工劳动的数量和质量来分配劳动成果，把员工的劳动与收益挂起钩来，真正体现"按劳分配"的原则，从而可以激发职工的劳动热情。

(四)编制集装箱码头作业计划应遵循的原则

编制集装箱码头作业计划应遵循相关的原则。

1. 企业经济效益与社会效益相结合的原则

港口是国民经济建设的重要部门，它直接影响着国民经济发展的速度。因此在编制集装箱码头作业计划时，既要考虑集装箱码头自身的经济效益，也要考虑社会效益。要遵循国家的方针、政策，讲究企业职业道德和协作精神，满足国民经济发展对集装箱码头的需要。

2. 安全质量第一的原则

安全质量既包括员工人身安全，也包括机械设备和集装箱及货物的安全，还包括码头服务工作的质量。编制作业计划时，要牢固地确立安全质量第一的观念。没有安全质量保证，集装箱码头将受事故的牵制而无法组织正常的和有效的活动，工人的生命安全会受到威胁，企业的经济效益和声誉会受到影响，还会给顾客(如货方、船方)带来损失。

3. 综合平衡的原则

编制集装箱码头作业计划时要掌握综合平衡的原则。这是由于集装箱码头生产的多环节多因素所要求的。

所谓综合平衡，首先要合理配置企业各生产要素，平衡各主要作业环节的能力，使各要素发挥最佳效益，使集装箱码头发挥最大通过能力；其次要综合考虑集装箱码头外部环境的影响，使生产作业计划既具先进性，又具合理性。

4. 先进科学的原则

组织现代化集装箱码头大生产，需要扎实的专业知识和丰富的实践经验，即要善于应用现代科学的管理方法，也要善于总结以往的工作经验。在编制生产作业计划时，要尽可能采用先进的工艺、流程和方法，提高设备利用率和工时效率；要尽可能充分挖掘和利用各生产要素的潜力，特别是发挥其中最活跃最具决定性的要素——人的积极性，以最少的消耗争取最好的经济效益。

## 二、集装箱码头月度生产计划

(一)集装箱码头月度作业计划的组成

月度作业计划是年度作业计划的分阶段计划。它是为了保证年度计划的完成而制定的，主要由集装箱码头月吞吐量计划和集装箱码头装卸工作计划组成。

集装箱码头月吞吐量计划是依据年度吞吐量计划，各码头综合通过能力和月度集装箱箱源组织落实情况而编制的。它反映月度进出码头集装箱的数量，并以此确定集装箱码头月度任务，所以它也是集装箱码头组织作业的主要依据。

集装箱码头装卸工作计划是在吞吐量计划确定后编制的，它集中反映了集装箱码头装卸作业量以及与装卸工作有关的各项工作的数量与质量指标，其目的是为了确保吞吐量计划的完成。装卸工作计划既用以安排集装箱码头及其各部门月度工作，也是对月度工作考核的主要依据。

(二)集装箱码头月度计划的内容及编制

1. 月度吞吐量计划

集装箱码头月度吞吐量计划，又称“集装箱码头月度船舶计划表”，是集装箱码头装卸过程的基本计划。它由集装箱码头的营运操作部门及市场开发部门根据各船公司提供的“航线船期表”，结合集装箱码头通过能力，并参考有关历史资料编制而成。

集装箱码头月度吞吐量计划内容主要包括：

(1)船舶作业码头安排。

(2)船舶预计抵离港日期。

(3)预计进/出口箱量。

(4)集装箱码头月度总进/出口箱量计划。

(5)集装箱码头月度吞吐量计划等内容。

其中，集装箱码头计划吞吐量是衡量集装箱码头装卸作业的主要指标，反映了集装箱码头的规模、能力以及集装箱码头在集装箱运输中所起的作用，同时也是集装箱码头规划、基本建设、计划管理、资源配置的主要依据。

2. 月度吞吐量计划的编制

编制集装箱码头吞吐量计划，计划人员首先必须熟悉本码头各作业要素的情况和规律，掌握计划月内各船公司的船舶和航线安排情况及有关历史资料，并对上月计划执行和完成情况进行深入调查、仔细分析和认真总结，以此作为本计划月内吞吐量计划编制的依据。

编制计划的参考资料中，尤其要认真分析和预测计划月内集装箱码头各种主客观条件的状况及其变化，充分估计和认识各项作业的有利因素和不利因素的影响，切实调动劳动者的主观能动性，使吞吐量计划既避免脱离实际，又防止保守不前。

编制吞吐量计划的具体步骤是：

(1)收集编制计划的资料。编制计划所需的资料应依据货源与运力情况来确定下一月度的吞吐量计划，以此作为编制集装箱码头吞吐量计划的重要依据。

(2)编制码头集船舶到离港日期。根据集装箱码头吞吐量计划，港方应主动同船公司(代理)取得直接联系，获取其下月各航线船舶班期表，了解配船情况、配箱情况及作业要求，作为编制码头集装箱船舶吞吐量计划中船舶到离港日期的根据。

(3)安排到港船舶靠泊码头及作业。根据历年同期及上月吞吐完成实际情况，结合船公司提供的船期表，编制到港船舶的进出口箱量，并根据船公司的要求，安排各船舶到港作业计划。

3. 月度装卸工作计划

月度装卸工作计划是为保证完成吞吐量任务而编制的具体执行计划。

月度装卸工作计划的编制应首先根据已确定的吞吐量计划任务，结合集装箱码头各具体作业码头的泊位、库场、专业化设备及劳动力状况，作为编制各具体作业码头装卸工作计划的依据。

然后，结合其历年同期及上月装卸工作完成实际情况，确定下月码头装卸工作计划。

## 三、集装箱码头近期作业计划与昼夜作业计划

1. 集装箱码头近期作业计划

也称"五日计划"。基本同月度生产计划，仅是将船舶具体到港预报(预计到港船名、时间、箱量)、预靠泊位、靠泊起止尺码、预开靠时间进行了安排。

近期作业计划只是将装卸作业任务分配到具体的作业泊位，但它还不是具体执行计划。其原因是在编制近期计划时，由于仍存在许多可变因素，如船舶实际到港确报时间、集装箱的实际种类数量、相关单位的协作情况、气象因素等等，因此在操作时还须根据实际情况对近期计划进行修正。此外，由于受变动因素的影响，近期计划不可能对集装箱码头所有作业作出具体安排。

2. 集装箱码头昼夜作业计划

集装箱码头昼夜作业计划就是依据近期计划，结合实际情况，对集装箱码头昼夜24 h连续不断的装卸作业的具体安排。

昼夜作业计划是集装箱码头各级作业调度控制部门组织和指挥船舶装卸作业的主要依据，也是协调集装箱码头内部各作业环节、协调集装箱码头与其他有关单位的配合，保证集装箱码头连续均衡作业的重要手段。通过昼夜作业计划，把每天的生产任务层层落实，具体明确。

集装箱码头昼夜作业计划不但对车船的装卸顺序、作业地点、操作方法作了明确规定，而且对每艘船、每辆车的作业方法、使用机械设备、劳动力配备都作了合理安排，对昼夜各工班装卸的数量以及船舶、车辆作业开/完工时间等也做了规定。

昼夜作业计划是集装箱码头计划体系中最基本也是最具体的计划，集装箱码头企业的月度、以至年度计划的完成，都有赖于每个昼夜计划的完成。

由于集装箱码头具有多环节、多工序、涉及面广、情况多变的特点，编制好昼夜作业计划就显得十分重要。

3. 编制昼夜作业计划的依据

编制昼夜生产作业计划必须有可靠的资料作为依据，这些资料主要是：

(1)有关上级指示及协作单位要求的资料。主要包括地方政府和上级调度部门对码头工作的指标、通知、命令;与有关协作单位签订的协议、合同及特殊要求,及包干协议等;月度、近期船舶计划表。

(2)有关船舶动态和箱量的资料。码头出口集装箱的动态(包括出口箱进箱情况、截止进港日期、堆场占用情况、特种箱和危险品箱情况、出口集装箱预配船图、出口预配清单、船舶班期等);进口集装箱的船舶动态(包括进口箱型、数量、特种箱和危险品箱情况、载运船舶进口集装箱积载图、进口舱单、接运方式和接运工具、收货人等)。

(3)各类进出口集装箱的箱型、状态、装卸条件、中转计划、滞留期限及有关装卸的申请通知等。

(4)船公司(代理)提供的"五日到港船舶动态表"。

(5)有关水文气象的资料。码头水深、各季节风力和风向、海浪预报、水流、潮差、锚地和浮筒情况,与码头有关的航道水深、水流、潮差、潮时及调头区大小等情况。

(6)有关集装箱码头作业能力的资料。码头的专业化程度、泊位数、泊位能力、水深、系船设备等情况;库场的平面图、专业化分工、库场设备、堆存能力、目前利用率等情况;机械设备的种类、数量、技术状况、配套情况和机械设备的性能等。

(7)劳动组织和预计出勤情况。各作业工种的出勤人员的技术特点、劳动纪律、体力状况等。

(8)工艺方案和装卸定额。熟悉码头作业线工艺方案和装卸定额,作为配工依据。

(9)有关实际作业情况的资料。已靠泊船舶的实际装卸情况,特别是重点船、货和重点作业线的情况,作业之中的码头、机械、库场、道路、工班的变化情况,并预计下一昼夜作业情况和可能存在的问题等。

4. 编制昼夜作业计划应遵循的原则

编制昼夜作业计划,必须遵循以下基本的原则:

(1)积极的原则。编制计划时要最大限度地发挥本码头的泊位、库场、机械、设备和劳动力的能力,充分调动各方的积极性,利用一切有利条件千方百计提高装卸效率,力争消灭人员和机械(特别是桥吊)的窝工待时,努力编制出一个充分发挥各要素效用的积极的先进的计划来。

(2)合理的原则。编制计划要尊重事实,既要发挥各种有利因素,也要充分考虑各种变动情况和不利条件,使得编制的计划合理可靠。要使计划合理,主要是应注意平衡协调,要符合工艺要求,要注意安全质量,同时要确保重点船、货和重点作业线的作业。

(3)留有余地的原则。由于影响集装箱码头生产的可变因素很多,码头情况瞬息万变,因此在编制计划时要有一定的灵活性,既要强调先进合理,也要注意留有余地。

5. 编制昼夜作业计划的程序

编制昼夜作业计划通常要经过四个过程：了解情况、接受任务、编制计划、布置落实。

具体编制步骤是：

(1)掌握车、船、货、箱等方面的有关资料和在港船舶装卸作业实际情况，详细了解下个昼夜的机械、设备、人员出勤、库场利用和集装箱集散情况。

(2)接受调度下达的任务，或直接同船公司(代理)联系，取得下个昼夜到港船舶的预报、确报，包括船名、航线、航次、到港时间、箱型、数量、吨位、前后吃水，及特种箱的箱型、数量、吨位、船箱位(场箱位)等动态。

(3)根据上述资料和船公司要求，按轻重缓急不同要求和积极、合理、留有余地的原则，对车船各项作业全面平衡，进行预编，安排好开靠时间、泊位、起止尺码。

(4)向上级调度部门汇报下个昼夜的作业预编计划，主要内容有泊位、船名、离靠泊时间、开工路数、计划吞吐量、具体工艺方案、个工班配备的机械和劳动力数量、装卸作业起讫时间等等。安排好引水、拖轮、港监等，并于每日 13:00 前，向码头下达船舶开靠时间、泊位确报。

(5)按照船舶开靠时间、泊位确报，安排昼夜工班作业路线、作业机械、劳动力、工班箱量、吨位等，经码头每日 15:00 调度平衡会议讨论、修正、批准后，即作为正式计划组织实施。

## 四、集装箱码头单船作业计划

1. 单船作业计划的内容及其作用

在集装箱码头作业计划体系中，月度、近期、昼夜等计划是以装卸对象编制的，而集装箱码头装卸作业的特点之一就是围绕船舶展开作业，因比，以船舶为对象，从船舶进港靠岸起直至装卸结束出港为止的整个时间序列，编制一个单船作业计划，对集装箱码头生产有着现实意义和重要作用。

单船作业计划按照船舶作业时间序列进行编制，其内容主要包括：引船入港、靠泊、办理入港手续、开舱、卸货、装货、移泊、清舱、燃物料供应、办理货运文件、办理离港手续、引船出港等。

单船作业计划就是对船舶在集装箱码头所要进行的全部作业的项目、程序、延续时间、相应责任者作出安排，并对港区各部门及港外协作单位提出具体协作要求。

单船作业计划是集装箱码头内外各方面作好船舶作业准备工作的依据，也是组织船舶在港作业的依据。编制单船作业计划的目的就是要协调各方面的工作，科学合理地组织船舶在港的一系列作业，最大限度地压缩船舶在港停泊时间。

2. 编制单船作业计划应掌握的有关资料

由于单船计划包括了船舶进港靠泊、完成装卸、离泊出港整个过程，需要集装箱码头内外各方面的实际配合协作，因此在编制单船计划时除了应掌握本港各生产要素的资料外，还应重点掌握与船舶作业有关的各种外部资料。

编制单船作业计划的主要资料有：

(1)船舶的资料。包括船舶到港时间、船舶主要性能、船舶在港作业定额、船舶对辅助作业的要求等。

(2)集装箱资料。包括积载图，各类集装箱的箱量、数量、货类、重量、危险品箱的级别和流向等。

(3)接运工具资料。包括水运、铁路、公路各类接运工具的有关资料。

(4)其他资料。包括水文气象资料、上级指示、有关方面对该船的特殊要求等。

3. 单船作业计划的贯彻与执行

单船作业计划详细规定了船舶从抵港到发航为止所有的作业项目、程序、时间和相应责任者，因此它是组织船舶作业，尤其是组织船舶最主要的作业——装卸作业的主要依据。

船舶装卸作业是实施单船作业计划的主体，也是集装箱码头装卸作业的核心。但是，由于单船计划是流水计划，它只规定了作业者的程序和占用时间，并没有规定各项作业的具体起讫时间，同时由于集装箱码头生产的复杂性和多变性，使得计划与实际情况也不可能完全符合，这就有必要在贯彻执行单船计划时，发挥控制室各级控制指挥人员，尤其是船舶装卸指挥员的积极性和能动性，通过他们的再创造，把计划付诸实际。

为做好装卸作业的组织工作，保证单船计划的贯彻执行，要注意以下几个方面：

(1)做好充分准备。船舶装卸作业前的准备是多方面的，如思想准备上要使全体参加单船作业的人员明确任务，落实责任，树立参与意识，为完成和超额完成该船的装卸任务作好充分准备；要事先了解和掌握与船舶装卸作业有关的各种车、船、货以及其他有关信息资料；要根据箱型、数量以及库场情况，做好机械、设备、工具、劳动力的配备，以及重点舱、重点作业线机械行走路线等具体工作的安排。

(2)采取最佳工艺方案。在船舶作业组织既定的前提下，采用先进合理的装卸工艺，确保装卸安全质量、提高装卸工作效率。

(3)消灭重点舱、平衡各舱口装卸作业时间。集中集装箱码头的机械设备、人力等装卸力量，在一条船各舱口顺序作业中要把注意力放在缩短重点舱的装卸时间上，平衡各舱口的装卸作业时间，以取得该船装卸完工的最短时间。实践证明，集中力量和平衡舱时是缩短船舶在港时间、提高经济效益的有效途径，已成为大中型集装箱码头组织船舶装卸作业的基本方法。

(4)组织好各项辅助作业。要缩短船舶在港停时，除精心组织好船舶装卸作业外，还须组织好各项辅助作业。因为装卸时间只是船舶停时的一个部分，此外还有船舶离靠码头、调头、引航进出港、办理有关手续、燃物料和技术供应以及必要的移泊等辅助作业。所有这些辅助作业，需要有关各方面配合协调才能完成。

**链接——集装箱码头作业计划的种类**

集装箱码头月度吞吐量计划、集装箱码头月度装卸工作计划、集装箱码头近期作业计划、集装箱码头昼夜作业计划、集装箱码头单船作业计划等。

## 第二节 集装箱码头作业调度

### 一、码头调度概述

码头调度是指对集装箱码头作业全过程进行统一的管理和指导。由于在编制码头作业计划时，不可能把一切情况都考虑进去，因此在实施计划时，必然会出现某一作业环节或内部的不平衡，这就需要码头调度部门具体地创造性地工作，来保证作业计划的顺利完成。

码头调度部门具体负责日常生产的组织、协调、平衡、控制、监督与检查。它的经常业务就是以昼夜作业计划为依据，把装卸作业过程的各部门各环节有机地联系起来，进行有节奏的连续作业。它要解决的问题是如何根据船舶、箱源、运输工具、机械设备、仓库以及劳动力等情况，具体决定采用装卸操作方法、选用机械类型、配备劳动力和确定作业起讫时间等等。

码头调度是执行作业计划的关键，它的主要作用就是依据作业计划、对码头生产经营活动进行连续的日以继夜的组织、指挥、衔接、协调和平衡，在安全优质的基础上保证生产作业计划的完成。

由于码头装卸作业过程受诸多因素的影响，因此作业过程的可变性、机动性和创造性都比较大。发挥各级调度人员的主观能动性，控制工作做得越深入细致，对挖掘作业潜力、提高装卸效率和扩大码头通过能力会起到积极的作用就越大。

### 二、码头调度的要求与具体任务

1. 码头调度的要求

码头调度总的要求是：依据码头生产作业计划和码头内外各种情况的变化，科学合理地调节配置各生产要素，使码头作业能持续地均衡地进行。

对码头调度的要求是：

(1)有预见性。码头装卸生产影响因素多，情况变化快，调度人员应对作业中可能产生的问题有预见。对预见的问题可以采取预防措施，消除影响生产的不良因素，或事先进行准备，届时能采取有效的应急措施。

(2)有计划性。计划性是调度工作的基础和依据。调度部门要经常督促和检查计划的执行情况,围绕计划的目标,灵活机动地搞好调度工作,保证码头作业计划的完成。

(3)高度集中性。码头调度对全码头经营活动进行统一指挥的枢纽,它具有高度的集中性。凡是涉及船舶作业的一切指示和决定,均由调度部门集中统一布置下达。同时,有关码头经营上的重大问题,经指示汇报并由领导决定采取相应措施后,也统一由调度部门组织实施。

(4)及时性。无论在工时的利用、作业环节的衔接,还是装卸效率的提高、船舶停港时间的缩短等问题上,码头调度对作业的控制和衔接应及时准确,发现问题要迅速,信息反馈要及时,解决问题要果断。

(5)经常性。码头调度是一项昼夜连续不断的日常工作,要随时检查和掌握各生产环节的进度、装卸机械的运转情况、劳动力的配置及工作情况、安全操作和质量情况,要经常对作业过程进行协调。

(6)全面性。码头调度既要全面掌握码头内部人力、物力的配置和作业计划的执行情况,又要全面掌握与码头作业有关的各协作单位的情况。

2. 码头调度的具体任务

码头调度的具体任务是:

(1) 编制"工班任务书"。以昼夜生产作业计划表为主要依据,从提高装卸效率,压缩船舶、车辆在码头的作业时间出发,合理配置各环节作业要素,在此基础上编制"工班任务书"。

(2) 组织实施各项作业计划。根据工班的作业任务书,组织实施各项作业计划,统一指挥全码头与装卸有关的各个部门,协调港外有关单位的配合,预先控制和及时消除影响装卸生产正常进行的内外部不利因素,确保在泊船舶的船期。

(3)控制作业进度。控制各项作业的进度,安排好车、船、箱、货的衔接,组织好集装箱的进港、堆存、中转、疏运工作,努力扩大门到门作业比重。

(4) 提高工作质量。做好调度分析,掌握各项作业计划的完成情况,熟悉和掌握装卸生产的规律,提高工作质量。

(5)保证作业安全。树立安全质量第一和为现场装卸作业服务的思想,严格执行安全质量规范和各项操作规程,机动、灵活、迅速、果断地解决与装卸作业有关的问题,保证装卸作业安全均衡地进行。

3. 调度部门的职责与权限

调度室的职责主要有:

(1)编制作业计划。根据月度、近期生产计划,负责编制船舶月度计划表、公司昼夜船舶计划表和单船作业计划。

(2)组织装卸作业。按照各码头的条件,科学合理地调配指泊到港船舶、充分发挥各码头机械、人力、堆场、泊位及其他设施等各生产要素的最大效用，努力扩大各码头通过能力，并组织实施装卸方案。

(3)控制作业进度。全面掌握昼夜各工班各码头单船装卸作业进度，以及劳动力、机械、设备、库场的使用情况，及时解决作业中的关键和困难问题，保持装卸作业连续不断地进行。

(4)贯彻执行安全操作规程。坚持“安全质量第一”的方针，督促各码头操作部门严格执行安全操作规程。

(5)监督检查作业安全情况。监督检查码头装卸作业中有关安全、生产、装卸质量的情况和存在的问题，提出改进措施。

(6)统计装卸作业报表。负责日常装卸作业快速统计和日报的编制工作。

调度室的权限主要有：

(1)有权统一安排到港船的作业，有权统一劳动力、机械、设备、库场的使用和调动。

(2)根据主客观因素的变化和影响，有权综合平衡和调整生产作业计划。

(3)有权督促和检查各码头操作部门的装卸作业进况和执行作业计划的情况。

(4)有权制止违章行为，对违反工艺规定、安全操作规程等规章制度的部门和责任者进行批评教育，并提出处理意见。

4. 码头调度会议制度

一般大型港口多采用集装箱码头公司(集团)调度会议和基层公司调度会议两级会议制度。中小型港口多采用基层公司一级调度会议制度。

调度会议制度的内容有：

(1)月度调度会议。月度调度会议每月召开一次。会议内容主要是对本月港口工作的指示和有关措施要求，协调码头与其他协作单位的联系与合作；总结上月各项吞吐量完成情况，下达本月任务，并提出有关措施和要求；检查安全质量情况，分析薄弱环节，总结经验教训，研究重点对策与措施；针对本月计划特点，决定采取必要的技术措施和组织措施，由公司各责任部门分别负责贯彻实施。

(2)作业操作例会。作业操作例会通常每星期召开一次。会议内容主要是检查上一星期吞吐量完成情况和安全质量落实情况，布置本星期生产任务和安全质量要求；听取公司各码头作业和安全质量的情况汇报，协调、解决作业和安全质量方面存在的问题；针对存在问题及本星期装卸作业任务、要求和特点，提出相应的意见和决定；总结装卸作业和安全质量工作的先进经验，并组织推广。

(3)交接班会。交接班会应每日上午8时召开。会议内容主要是通报上一昼夜公司(码头)吞吐量完成情况和安全质量情况，尤其是重点船(舱)、重点作业线的装卸工作有关情况；布置本昼夜装卸作业任务和各项安排，提出本昼夜装卸生产有关注意事项，如重点船(舱)、重点货、安全质量，协作平衡等等；有关职能部门汇报上一交接班会有关决定、措施的落实情况，针对存在问题和本昼夜作业事项，分头贯彻落实具体要求；接班人员对交班情况提出咨询、意见，全面掌握有关信息。

(4)昼夜作业计划预编会。昼夜作业计划预编会应每日上午 11 时召开。会议内容主要是通报下昼夜生产作业预编计划，以及劳动力、机械、泊位、库场初步安排情况，提出重点任务、安全质量注意事项以及车、船、货、箱衔接要求；各有关部门对昼夜作业预编计划提出意见和建议；总结、协调平衡、确定下昼夜生产作业计划，布置各有关部门做好准备工作。

(5)昼夜作业会议。昼夜作业会议应每日下午 15 时召开。会议内容主要是通报本昼夜作业计划完成情况，安全质量情况，以及调度会议有关决定的执行情况；通报下昼夜作业计划安排，安全质量措施，有关注意事项以及提出下昼夜重点船(舱)、重点货的操作意见；有关职能部门对昼夜作业计划的编制提出意见和建议。

(6)工班会。工班会应在每日三班下班前一小时召开。会议内容主要是传达调度会议的决定和有关指示；通报本工班作业进度和安全质量等情况；布置下一工班作业任务，落实重点船、重点舱、重点货物的作业安排以及安全质量措施，并进行配工并布置各班组具体作业任务。

(7)重点船舶船前会。重点船舶船前会应在船舶抵港开工前召开。会议内容主要是沟通港、航、箱、货等有关单位的情况，落实集装箱和集装箱货物流向，确定接转方式，接运工具和卸载方案，预定开工时间，明确各方面的责任，并分头贯彻落实。

**链接——码头调度与调度会议制度**

码头调度是指对集装箱码头作业全过程进行统一的管理和指导。

码头调度会议制度内容：月度调度会议、作业操作例会、交接班会、昼夜作业计划预编会、昼夜作业会议、工班会、重点船舶船前会。

## 第三节 单船业务

单船是船舶指挥员、装卸指挥员、单船指挥员的简称，是集装箱码头装卸作业现场直接组织者和指挥者。

集装箱码头装卸作业的计划、控制、组织、实施，最终将与船舶装卸直接联系。从装卸作业需要出发，必须有一个以船舶为中心的有秩序和有效率的劳动组合，这个劳动组合既包括机械、设备、库场和劳动力，也包括装卸工艺和流程，而这个劳动组合需要一个指挥中心，单船就是这个劳动组合的管理者和指挥者。

1. 单船的任务

单船的任务是：

(1)在码头调度的领导下，以昼夜作业计划和具体的装卸作业任务为依据，具体负责所承担船舶装卸的劳动力和机械设备的配置，装卸工艺流程的落实和各装卸生产环节的平衡。

(2)合理有效地组织指挥单船装卸作业。在安全优质的前提下，充分发挥主要机械的能力，最大限度地提高装卸效率，缩短船舶装卸时间，完成或提前完成所负责的单船装卸作业计划。

2. 单船应具备的条件

单船应具备的条件是：

(1)事业心强、具有一定技术业务和领导能力、作风正派、敢于负责。

(2)了解本码头结构的特点、码头与驳岸的结合部位置及其荷载，了解码头停泊线水深，并能根据潮差对码头前沿水深作一般计算。

(3)了解本码头气候变化的一般规律及其对船舶装卸的影响，能采取相应措施。

(4)熟悉本码头现有机械和工属具的一般性能、负荷能力、各类机械的安全操作规程。

(5)熟知本码头集装箱装卸工艺标准和定额计算办法，能根据不同船舶的情况熟练运用装卸工艺标准，合理配合劳动力、机械和工具，协调各工种作业，解决疑难问题，并能准确、及时地审查或填报装卸作业票。

(6)熟知安全质量规章制度，能掌握装卸作业中的薄弱环节，及时采取必要的技术组织措施，防止事故的发生，对已发生的安全质量事故，能采取紧急措施进行补救。

(7)了解装卸工组及现场有关人员的特点，能合理使用力量，调动各类人员的积极性。

(8)熟悉船舶吃水差、压载水、集装箱装卸对船舶的影响，能根据船舶吃水、载重率曲线图计算出装卸集装箱的吨位，能根据作业需要，协同船方调整配积载。

(9)熟悉应向船方、货主收取的费用种类，费收标准和所需签证的内容。

(10)熟悉港口规章制度。

(11)了解各航线集装箱班轮船泊的一般进/出口积载情况、箱型、箱量情况和要求，掌握危险品集装箱箱型、数量及在船的分布位置，了解各种直提/直装运输工具的来源、去向和周转时间。

(12)了解卫检、商检、动检、海关、港监、边防等对集装箱货运的基本要求，并能使用英语进行装卸业务的简易会话。

3. 单船的主要职责、范围、工作内容

单船的主要职责是：

(1)负责工班单船生产计划的实施。

(2)根据作业进度要求，实施船舶装卸工作。

(3)按照船方及控制室班督导的要求，指挥桥吊作业。检查、督促桥吊安全装卸，及时制止不安全因素。

(4)负责检查、督促工人做好集装箱的验残工作，并监督理货作好原始记录。

(5)负责作业后与船方的签证工作。

(6)做好各类单证和资料的交接工作。

(7)积极参与公司举办的各类培训。

(8)完成上级交办的各项任务。

(9)协助及配合其他同事共同完成部门或公司的整体工作。

单船的工作内容有：

(1)交接班工作。交接清当班的装卸作业的数量及剩余箱量，传达有关特种箱作业要求，及其他作业中应注意的事项，以确保装卸作业安全正常的进行，交接清当班作业签与未签的各类情况。

(2)做好开工前准备。清楚正确地掌握本班船舶开、靠时间，靠泊尺码；了解靠船泊位的桥吊布置情况，以保证开靠船安全。

(3)合理安排作业机械。合理利用和安排机械，提高装卸效率，落实安全质量措施和执行作业要求，发现问题及时采取解决措施。

(4)加强理货作业。加强卸船验残，对原残箱应加强与船方和理货的联系，做好"残损箱清单"/"设备交接单"签证记录；装船作业中要认真的复核船图，严格核对箱号和按船图位置布置作业，保证船舶准时开航。

(5)确保作业安全。桥吊在舱一舱的移动中，要认真监护，以防意外；拆箱和卸驳作业，要确保作业安全；工索具要加强检查，操作工艺要适当、合理，确保货运质量。

(6)做好船舶作业结束工作。船舶作业结束后认真复核箱区，核对退关箱，发现疑问应立即汇报；杜绝漏装、错装、带装现象，转好退关箱；船舶卸箱结束后，认真检查每只BAY位是否有漏卸，保证不漏卸、错卸、多卸；确保作业完毕的桥吊不影响船舶离岸。

**链接——单船业务**

单船是船舶指挥员、装卸指挥员、单船指挥员的简称，是集装箱码头装卸作业现场直接组织者和指挥者。

单船的任务是：

1. 具体负责所承担船舶装卸的劳动力和机械设备的配置，装卸工艺流程的落实和各装卸生产环节的平衡。

2. 合理有效地组织指挥单船装卸作业。

## 第四节　集装箱码头的检查口业务管理

集装箱码头检查口是集装箱码头与内陆承运人进行集装箱设备交接的主要环节，所有由集卡运输进出集装箱码头堆场的集装箱，都必须通过码头的检查口。

当集装箱进出码头时，检查口要对集卡司机提供的文件进行审核，检查接收的集装箱有无异常，测定集装箱的重量。为此，检查口在集卡通过的道路上设置地秤，当出口重箱进场通过检查口时，地秤会自动测定其重量，并将集卡司机随车提供的“集装箱装箱单”的相关内容输入计算机，计算机自动选定该集装箱在码头堆场内的计划箱位，并打印一张带计划箱位的“收箱小票”交给集卡司机，集卡司机根据小票的计划箱位把集装箱运至指定的堆场。

## 一、集装箱码头检查口的职责

集装箱码头检查口是集装箱进出码头堆场的主要通道，对于集装箱码头而言，检查口业务管理的好坏，将直接影响码头的生产。因此，必须明确检查口的工作职责，制定检查口的工作要求。

1. 集装箱码头检查口的职责

(1)负责检查口的管理。

(2)负责检查口集装箱进出场作业的实施。

2. 集装箱码头检查口的工作要求

(1)执行有关安全生产劳动保护方面的方针政策，坚持安全第一，预防为主的思想。

(2)参加生产会，安排检查口作业人员，落实生产会布置时工作。

(3)负责检查口集装箱进出场作业的实施。

(4)负责审核进、出场集装箱的单证。

(5)实施检查口进、出场集装箱的交接签证工作。

(6)负责进出场集装箱的验残与签证工作。

(7)负责进出场集装箱的残损登记。

(8)负责进场冷藏箱记录卡的编制。

(9)负责输入集装箱动态信息。

(10)负责办理车/船直装、船/车直提箱作业及时上报控制室。

(11)负责检查口作业区域的交通安全。

## 二、集装箱码头检查口的工作内容

集装箱码头检查口的日常工作分进场业务和提箱业务。进场业务主要包括出口重箱进场、出口空箱进场、中转箱转码头进场。提箱业务主要包括提进口重箱、提空箱、提退关箱、提中转箱以及超期箱的疏运。

1. 检查口工作内容

(1)审核进、出场集装箱的有关单证。

(2)对进、出场集装箱箱体的实施检查与交接签证。

(3)将集装箱动态信息输入计算机。

(4)打印或“发箱小票”。

(5)整理进、出场集装箱的有关单证。

(6)打印集装箱进出场日报表。

2. 检查口工作的具体内容

集装箱码头检查口工作的具体内容是：

(1)办理出口重箱进场手续。检查口人员审核集卡司机提供的“集装箱装箱单”和“集装箱设备交接单”内容，并将箱号、箱型、车牌号、箱状态、出口船名、航次、卸货港、目的地、提单号、件数等等内容输入计算机。计算机将自动选择一个计划箱位，同时打印有计划箱位的“收箱小票”交集卡司机。

若是装有危险货物的集装箱进场，检查口还必须审核“危险货物集装箱装箱证明书”，并将危险货物的类别输入计算机。

若是装有冷冻货物的集装箱进场，检查口还必须输入冷藏箱的设置温度。

(2)办理出口空箱进场手续。集装箱码头检查口人员审核集卡司机提供的“集装箱设备交接单”内容，并将箱号、箱型、车牌号、箱状态、出口船名、航次、集装箱经营人、卸货港、目的地等等内容输入计算机，计算机将自动选择一个计划箱位，同时打印有计划箱位的“收箱小票”交集卡司机。

(3)办理回空箱进场手续。回空箱是指收货人将进口集装箱提离码头堆场，经过拆箱后，空箱仍然返回码头堆场储存。

检查口人员审核集卡司机提供的“集装箱设备交接单”内容，并将箱号、箱型、车牌号、箱状态、集装箱经营人等内容输入计算机，计算机将自动选择一个计划箱位，同时打印有计划箱位的“收箱小票”交集卡司机。

(4)办理中转箱进场手续。中转箱进场有两种情形，一种是指一程船在其他码头卸船，二程船在本码头装船的中转集装箱进场；另一种是指海铁联运的中转集装箱进场。

检查口人员在办理中转箱进场业务时，必须审核集卡司机提供的“中转动态表”和“集装箱设备交接单”内容，并将箱号、箱型、车牌号、箱状态、二程船船名、航次、卸货港、目的地、提单号、件数等等内容输入计算机。计算机将自动选择一个计划箱位，同时打印有计划箱位的“收箱小票”交集卡司机。

3. 办理提箱手续

(1)办理提进口重箱手续

审核集卡司机递交的由客户服务中心提供的“提箱凭证”，以及由船公司提供的“集装箱设备交接单”，将箱号、车牌号输入计算机，计算机打印“发箱小票”交集卡司机。

(2)办理提空箱手续

审核集卡司机递交的由客户服务中心提供的“提箱凭证”，以及由船公司提供的“集装箱设备交接单”，将集装箱经营人(或者箱号)、箱尺寸、车牌号以及内容户服务中心制作的计划号输入计算机，计算机打印“发箱小票”交集卡司机。

在提空箱作业时，如果所提的空箱不适合装货时，可以调换。检查口可先取消原来的作业，再重新办理提箱手续。

(3)办理提中转箱手续

审核集卡司机递交的由客户服务中心提供的“提箱凭证”，将箱号、车牌号输入计算机，计算机打印“发箱小票”交集卡司机。

(4)办理提退关箱手续

审核集卡司机递交的由客户服务中心提供的“提箱凭证”，以及由船公司提供的“集装箱设备交接单”，将箱号、车牌号输入计算机，计算机打印“发箱小票”交集卡司机。

4. 办理集卡出场确认手续

重载集卡出场，在检查口办理出场手续，集卡司机领取出场“出门证”，并将“出门证”交码头公司保安后，方可离开码头。

由于目前集装箱码头堆场管理采用图形监控，所有进场的集卡都能在监视屏幕上显示，能有效地控制外来集卡。因此，为了加强对外来集卡的管理，空载集卡出场，必须在检查口办理出场手续，集卡司机领取出场“出门证”，并将“出门证”交码头公司保安后，方可离开码头。许多码头对空载集卡出场，并没有采取这么严格的管理措施，其后果就是对外来集卡管理的失控。

5. 取消作业

虽然已办理提箱或进场手续，但由于若集卡坏或者码头堆场的轮胎龙门吊坏等等原因，未办理集卡出场确认手续的。检查口应收回“发箱小票”或“收箱小票”，取消该作业，并要注明取消作业的原因，输入计算机。

6. 计划与实绩查询

可查询进场或提箱计划以及计划完成的实绩。

7. 残损登记

检查口在检查集装箱箱体时，若发现箱体有异常情况如箱体残损等，应在“集装箱设备交接单”上登记、注明，并输入计算机。

## 三、集装箱码头检查口作业流程

集装箱码头检查口是集装箱码头业务管理的一个重要环节，它的通过能力直接影响码头堆场作业。因此，确保集卡在检查口快速通过就显得十分重要，必须制定一套相应的作业流程，在内、外条件具备的情况下，保证集卡司机在检查口办理提箱或进场手续的顺利进行。

图 6-1 为集装箱码头检查口作业流程。

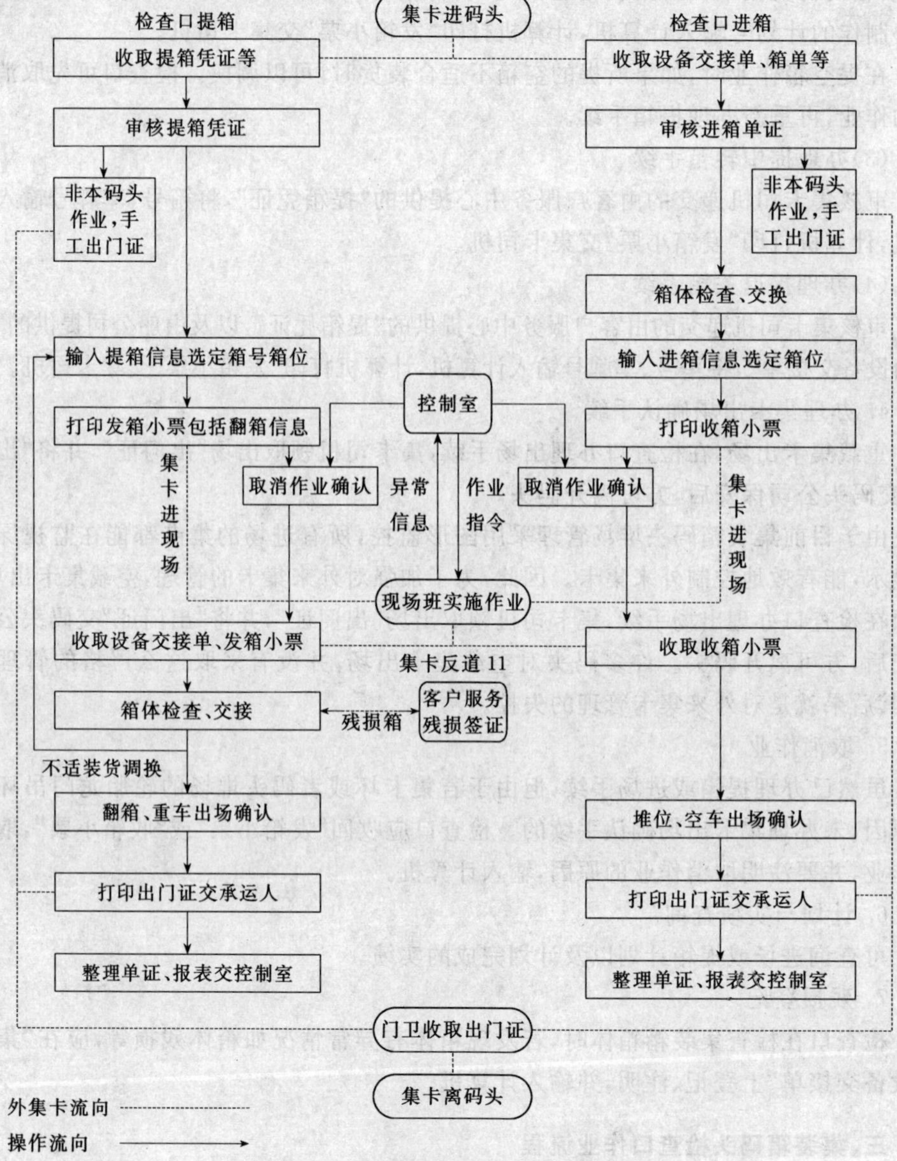


图 6-1　集装箱码头检查口作业流程

1. 集装箱码头检查口作业顺利进行的条件

(1)内部条件。码头内部事先需要做大量的计划准备工作。

如将收货人申请的提箱或者进场计划输入计算机，并打印“提箱凭证”交收货人；收货人将“集装箱设备交接单”和“提箱凭证”交内陆运输公司，并由集卡司机随车带至检查口，作为提箱的交接文件。

码头船舶计划员安排有关船舶的靠泊计划，并规定出口箱开始进场时间与截止进场时间。对于装载超高、超宽、超长或者超重，以及装载危险货物的出口集装箱进场，为了安全起见，还必须事先安排进箱计划。

码头堆场计划员安排提箱所需要的用空箱计划，以及安排出口重箱或者空箱进场的堆放箱位。这些计划的安排，完全由计算机来完成。

配载计划员按照船舶停靠不同卸货港的次序，在计算机上登记船舶的航次挂靠港，建立卸货港与目的地的对应关系。并且，配载计划员还要根据配载船图的需要，参照代理提供的出口预配清单，将要进场的出口重箱，按不同的卸货港、不同的尺码，分成若干重量等级，并输入计算机。

除了安排相应的计划外，最重要的就是必须按照箱务管理的要求确立集装箱在堆场内的堆放原则，以及计算机的选位原则，系统建立一套自动选位或选箱系统，减少检查口人工操作引起的差错。

(2)外部条件。内陆运输公司的集卡司机，必须提供在检查口进行提箱或者进场交接所需要的单证。并且交接单证各项内容必须清晰与完整。

2. 集装箱码头检查口作业流程

集装箱码头检查口作业流程是：

(1)集装箱的发放、交接。集装箱及集装箱设备的发放、交接，实行“集装箱设备交接单”制度。从事集装箱运输业务的企业，必须凭集装箱经营人或代理签发的“集装箱设备交接单”办理进出口集装箱及集装箱设备的提箱、收箱、进场、出场手续。

码头与货方、内陆(公路)承运人的交接责任划分以码头检查口为界。

(2)集装箱的交接验收。集装箱的交接验收标准应包括箱号清晰(以箱门上的为准)；箱门关紧无漏缝、箱体表面平整(凹损不超过内端面 3cm，凸损不超角配件外端面)、无破洞；门杆、手柄齐全，无弯曲；敞顶箱油布完好，横梁、钢丝绳安装完整；冷藏箱压缩机、控制箱表面完好，重箱铅封完好；台架箱装载超高、超宽或者超长货物，要检查超高、超宽或者超长尺码以及货物捆扎牢固状况；装载危险货物的集装箱，要检查危险货物标签。

(3)“集装箱设备交接单”的签证。集装箱的设备交接单主要用于集装箱设备的交接，分清交接双方的质量。集装箱箱体符合验收标准的，检查口人员和集卡司机双方应在“集装箱设备交接单”上签名。集装箱箱体因发生残损而不符合验收标准的，应将残损类型、部位、程度等等在“集装箱设备交接单”上注明，检查口人员和集卡司机双方应在“集装箱设备交接单”上签名。若因残损十分严重而影响箱内货物的，应通知船公司负责解决。

签证后的“集装箱设备交接单”“码头/堆场联”留码头，其余的由集卡司机带回。有残损记录的“集装箱设备交接单”，其残损情况按规定输入计算机，并交码头管理部门保存。没有残损记录的“集装箱设备交接单”,按规定统一保存。

3. 集装箱码头检查口交接的单证与审核

检查门交接时,涉及的单证较多,可分为外部单证和内部单证两大类,并且不同业务的集装箱在进出场时,需具备的交接单证不同。

(1)外部单证。外部单证有集卡司机随车提供。主要包括:用于出口重箱进场的“集装箱装箱单”;用于所有进出码头检查口交接的“集装箱设备交接单”;用于出口危险品箱进场的“集装箱装运危险货物装箱证明书”。

(2)内部单证。内部单证主要包括:用于客户提箱业务的“提箱凭证”;用于进入指定码头堆场提箱的“发箱小票”,在未使用无线终端系统时,“发箱小票”也可作为堆场人员发箱的依据;用于进入指定码头堆场卸箱的“收箱小票”,在未使用无线终端系统时,“收箱小票”可作为堆场人员收箱的依据;用于中转箱的进出场的“中转动态表”内码头计划部门提供;以及作为出码头通行证的“出门证”。

(3)单证的审核。在集装箱进出场交接过程中,单证的审核工作很重要。需认真审核各项内容,确保单证提供的信息与集装箱的信息一致,与计算机提供的信息一致。

**链接——集装箱码头检查口作业流程**

集装箱码头检查口作业流程:

(1)集装箱的发放、交接。

(2)集装箱的交接验收。

(3)“集装箱设备交接单”的签证。

## 第五节 集装箱码头堆场业务管理

集装箱码头堆场管理主要有堆场的堆垛规则、堆场的分类及箱位的安排。码头要保证船舶如期开船,就必须提高码头装卸速度,而装卸速度的提高很大程度上取决于码头堆场箱区、箱位安排的合理性。合理安排箱区和箱位,不仅能减少翻箱率,减少桥吊等箱的时间,提高码头装卸速度,而只还能最大限度地提高码头堆场利用率、码头通过能力,降低码头生产成本。

### 一、堆场堆垛规则

堆场堆垛的基本规则就是保证集装箱堆放安全,减少翻箱率。工艺不同,集装箱的尺寸不同,集装箱内装载的货种不同,其堆垛方式均不相同。

#### (一)按装卸工艺分类的堆场堆垛规则

这里主要介绍集装箱轮胎式装卸工艺方案的堆场堆垛规则。

1. 箱区的编码方式

集装箱堆放在码头堆场，一般都要用一组代码来表示其在堆场内的物理位置，这个位置就是堆场位置，又称“场箱位”。它是组成集装箱堆场的最小单元。

场箱位内箱区、位、排、层组成。“箱区”的编码分为两种，一种是用英文字母表示，内一个或两个字母组成；另一种是用数字来表示，一般由两位数字组成，其中第一位表示码头的泊位号，第二位表示堆场从海侧到陆侧后方堆场的顺序号。国内码头普遍采用一位字母或两位数字作为箱区的编码。“位”的编码用两位数字表示，一个箱区有若干个位组成。由于一个 40 ft 箱占用 2 个 20 ft 箱的位置，因此，一般用奇数表示 20 ft 箱的“位”，偶数表示 40 ft 或 45 ft 箱的“位”。“层”和“排”用一位数表示。因此，集装箱的箱位一般内“五位”或“六位”表示。如“A0111”表示该箱在 A 箱区 01 位第一排第一层；“210111”则表示 21 箱区 01 位第一排第一层。

在码头设计建造时，箱区的长度往往与泊位的长度相对应，而宽度则应视轮胎吊的跨度而定。一般轮胎吊的跨度为 23.47 m，这样箱区的排数就是六排。堆箱层数是视轮胎吊的高度而定，不同类型的轮胎吊系统，堆垛高度也不相同，一般是四层或五层。

2. 箱区的高度与轮胎的起吊高度的关系

堆三过四的轮胎吊，一般堆三层高，箱区最高限度堆四层。堆四过五的轮胎吊，一般堆四层高，箱区最高限度堆五层。

在原则上堆三过四的轮胎吊不能进入堆四过五的轮胎吊堆放的箱区作业。

3. 安全要求

轮胎吊作业区域，若是堆三过四的轮胎吊箱区，第 6 排应比其他排少堆一层。若是堆四过五的轮胎吊箱区，则第六排应堆二层高，第五排应堆三层高。

集装箱进场选位时，应充分考虑堆放的安全系数。相邻排孤立的层高之差不得大于 3。

各箱区之间要留有合适的通道，使集卡、铲车等机械能在堆场内安全行驶。

图 6-2 为集装箱轮胎式装卸工艺方案的堆场堆垛方案。

(二)按箱型状态划分箱区

1. 箱区划分的基本原则

箱区划分的基本原则是：

(1)重、空箱分开堆放。

(2)20 ft、40 ft 和 45 ft 集装箱分开堆放。

(3)冷藏箱、危险品箱、特种重箱应堆放在相应的专用箱区。

(4)进口箱和出口箱分开堆放。

(5)中转箱按海关指定的中转箱区堆放。

(6)出口重箱按装船要求分港、分吨堆放。

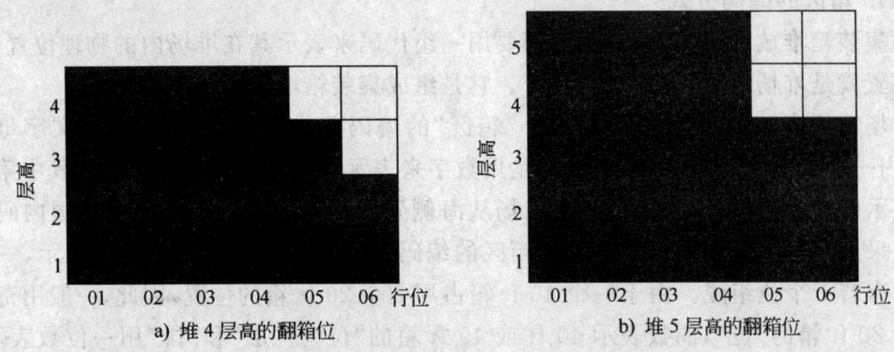


图 6-2 集装箱轮胎式装卸工艺方案的堆场堆垛方案

(7)空箱按不同持箱人,不同的尺码,不同的箱型分开堆放,污箱、坏箱分开堆放。

(8)重箱按堆场载荷要求堆放。

2. 进场出口箱箱区划分

堆场出口箱箱区划分应遵循下列原则:

(1)按排堆放。同一排内,堆放同一港口、同一吨级的箱;但同一位内不同的排,可以堆放不同港口、不同吨级的箱。

(2)按位堆放。同一位内,堆放同一港口、同一吨级的箱。

(3)按位、排堆放。同一位内,堆放同一港口、同一吨级的箱;而该位的同一排内,堆放相同港口、相同吨级的箱。

(4)不同吨级集装箱堆放。在同一位中,较重的箱堆放于靠近车道的第二排,较轻的箱堆放在最里面二排,中间等级的箱堆放于较中间的排。且重吨级的箱,可以压较轻吨级的箱;在多条路进箱时,可根据集卡的车号判别交替进箱。

3. 进场进口箱箱区划分

堆场进口箱箱区划分应遵循下列原则:

(1)同一位中相同的提单号,进同一排。

(2)一个位结束后,再选另一个位。

4. 进场空箱箱区划分

根据持箱人、箱型不同,选不同进场位置。

## 二、箱区的分类

按不同的分类方法可分出不同的箱区。

按进出口业务可分为进口箱区和出口箱区。

按集装箱货种可分为普通箱区,危险品箱区,冷藏箱区,特种箱区和中转箱区。

按集装箱空、重箱可分为空箱区,重箱区。

## 三、码头各类作业在集装箱进场时的堆场安排流程

1. 进口箱卸船进场

根据船代理提供的卸船船图或集装箱清单，遵循堆场堆垛规则安排场箱位。

2. 出口箱进场

根据船代理提供的预配清单或工作联系单，登录卸货港、目的港，制定“进场分港分吨要求”，堆场计划员遵循堆垛规则编制“进场堆存计划表”。

3. 堆场指位

堆场指位是指堆场业务人员给客户通过集装箱拖挂车送到码头的集装箱(出口箱)或从船上卸下来的集装箱(进口箱)安排在堆场堆放位置的行为。

堆场指位的步骤是：

(1)绘制堆场空白平面图。要求堆场业务人员在前一天下午就绘制好计划作业天(后一天)的堆场空白平面图。

(2)掌握计划作业天到港船舶停靠的泊位、卸箱时间、卸箱量。

(3)掌握计划作业天出口箱进场的交箱量及交箱时间。

(4)掌握计划作业天出口箱装船时间、装箱量、船舶靠泊情况。

(5)掌握计划作业天客户提箱量、提箱时间。

(6)编制计划作业天到港集装箱堆存计划，规划集装箱堆存货位图。

(7)对实际到港的集装箱根据已规划的货位图指定集装箱堆放位置。

对出口集装箱指位应注意的事项是：

(1)对计划天靠泊的船舶，看需装上该船的集装箱在堆场上的位置是否合理，如集装箱在堆场的堆放位置与到达船舶舱位的距离是否最短等。如不合理就需要作出移位。

(2)根据客观实际，随时更改集装箱货位。如船期变动、船舶舱位不够、转船、转港等原因，都需要对已规划的出口集装箱位置作相应的变动。

对进口集装箱指位应注意的事项是：

(1)对计划天靠泊，从船上卸下来的集装箱，看从卸箱舱位到预先规划的货位的距离是否最短，如果不是则需要对已规划的货位进行调整。

(2)对计划天靠泊的卸箱船舶，如果到港时间有变动，那么卸箱时间肯定有变动，同样需要对已规划的货位进行调整。

## 四、集装箱码头堆场内的归位、并位、转位

归位是指码头堆场内箱状态发生变化后，从变化前的箱区，归入状态改变后的指定箱区的作业过程。如出口重箱退关后，箱状态由“出口重箱”变成“退关箱”，就需将该箱从出口重箱箱区归入退关箱区。

并位一般指同一堆场箱区同一箱位内，将零星分散的集装箱整理合并在一起的作业过程。一般由一台场内作业机械就可完成作业。

转位一般指同一堆场不同箱区间，或同箱区不同箱位间集装箱整理转移的作业过程。一般需两台场内作业机械及水平运输机械配合才可完成作业。

集装箱码头堆场内的归、并、转，主要目的是为了提高堆场利用率，和提高箱区的作业效率，减少码头作业出差错的可能性，减少翻箱。

减少翻箱作业主要措施有：

(1)在装船结束后，应及时将退关的集装箱转入指定区域。

(2)箱区内进行过提箱作业后，对零星的集装箱，进行归并。

(3)根据客户申请的下昼夜提箱计划，可将此类要作业的集装箱转入一个箱区。这样可以在客户提箱时减少轮胎吊频繁跨箱区移动，加快客户的提箱速度，合理使用轮胎吊。轮胎吊较少的码头应采取该办法。

(4)对完成拆箱提货作业后的空箱，进行归并。

(5)提前进场的出口箱或中转箱，在装船前，按不同的卸货港进行归转作业。

**链接——堆场指位**

堆场指位是指堆场业务人员给客户通过集装箱拖挂车送到码头的集装箱(出口箱)或从船上卸下来的集装箱(进口箱)安排在堆场堆放位置的行为。

堆场指位的步骤是：

(1)绘制堆场空白平面图。

(2)掌握计划作业天到港船舶停靠的泊位、卸箱时间、卸箱量。

(3)掌握计划作业天出口箱进场的交箱量及交箱时间。

(4)掌握计划作业天出口箱装船时间、装箱量、船舶靠泊情况。

(5)掌握计划作业天客户提箱量、提箱时间。

(6)编制计划作业天到港集装箱堆存计划，规划集装箱堆存货位图。

(7)对实际到港的集装箱根据已规划的货位图指定集装箱堆放位置。

## 第六节 集装箱码头货运站业务管理

集装箱码头货运站是指把货物装进集装箱内或从集装箱内取出，并对这些货物进行储存、养护、收发和交接的作业场所。

### 一、集装箱码头货运站的功能

集装箱码头货运站和传统的件杂货码头的库场有很大的区别。件杂货码头的库场和码头船舶装卸有直接的联系，相当于集装箱码头的箱区堆场；而集装箱码头货运站主要负责集装箱拆/装箱业务和仓库内货物的管理，规模、功能都要比件杂货码头的库场要小得多。集装箱码头货运站除要有完整的仓库外，还需有一定面积的拆箱区，以堆放所需拆箱的集装箱及方便客户提货车辆的行走。

集装箱码头 CFS 的主要功能有：

(1)对进口是 CFS 交货条款交货的集装箱，安排拆箱进库、保管、发货。

(2)对进口是 CY 交货条款的集装箱，客户要求拆箱货物，进行车提、落驳、装火车提货的集装箱，安排拆箱装汽车、驳船、火车。

(3)客户要求出口货物在码头装箱出口的，安排货物的进栈、装箱。

(4)对库存的货物进行保管、管理及有关统计管理。

集装箱码头 CFS 业务是码头装卸服务的一种延伸。从方便客户，吸引货源的角度来看集装箱码头 CFS 是集装箱码头必不可少的一部分。集装箱码头 CFS 虽然也用来保管货物，但与储存性仓库不同。就其业务性质来说，集装箱码头 CFS 是运输过程中的临时性仓库，不用作中、长期储存。

## 二、集装箱码头货运站的业务

集装箱码头货运站业务一般包括拆箱提货业务（拆箱车提、落驳、装火车），拆箱进库和仓库提货业务，以及货运站库存管理业务。

### 1. 拆箱提货业务

拆箱提货业务按提货运输方式一般可分为车提（公路运输）、落驳（水上运输）、装火车（铁路运输）三种。图 6-3 是流程图。

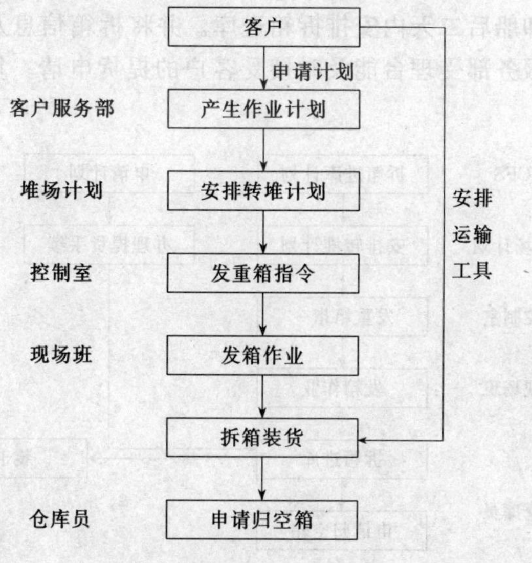


图 6-3　拆箱提货业务流程图

拆箱提货业务步骤如下：

(1)申请计划货主凭办完一关三检等手续的“提货单”来码头客户服务部(联办进口受理台)申请下昼夜拆箱车提、落驳、装火车的作业计划。码头客户服务部结清有关码头费用后，接受客户的申请，并制作拆箱车提、落驳、装火车“作业申请单”联，同交货记录联一起交货主。

(2)发箱及机械、人员安排。码头根据“作业申请单”安排机械，将受理过的要拆箱的集装箱从进口重箱区，发运至指定的拆箱区。码头货运站根据“作业申请单”的指令，安排拆箱所需机械、搬运工人和仓库员。

(3)提货前审单。客户凭“作业申请单”和交货记录到码头指定拆箱区提货。仓库员在提货前核查交货记录是否有效，有关费用是否已全部支付清楚，交货记录上有无加盖印鉴等。如发现交货记录无效、费用尚未支付、无交货记录一律不予发货。

(4)货物交接和单证处理。提货完毕后，码头货运站仓库员根据外轮理货的理货清单填制“出门证”交客户，并在提货单第三联(交货记录)上批注实际提货数量后，交客户服务部存档。如一票货物当天不能全部提完，仓库员在提货单第三联(交货记录)批注实际提货数量后交还给客户，以备客户第二天再来提货。

(5)填制报表。在当日作业结束后，仓库员应填制拆箱车提、落驳、装火车的“拆箱提货日报表”(拆箱车提提货日报表、拆箱落驳提货日报表、拆箱装火车提货日报表。)

(6)空箱归位在当日作业结束后，仓库员应安排申请将拆箱区的拆空后的空箱转运至码头专用的空箱箱区。

2. 货运站仓库拆箱进库业务

舱单上注明货物交货条款是CFS条款的，码头货运站仓库员根据仓库的库存情况，应在集装箱卸船后二天内安排拆箱进库。并将拆箱信息及时通知客户服务部受理台，以便客户服务部受理台能及时接受客户的提货申请。货运站仓库拆箱进库业务流程见图6-4。

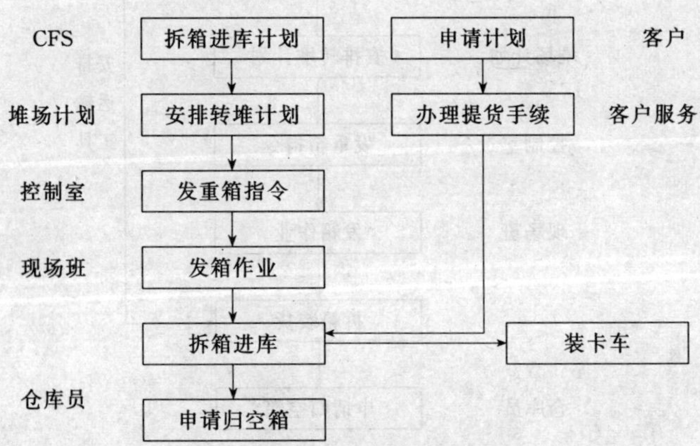


图6-4 货运站仓库拆箱进库业务流程

拆箱进库的步骤如下：

(1)计划安排。货运站业务员按要求安排下昼夜需拆箱进库的进口重箱计划清单，及相关机械、人员、仓库货位。码头中控室应根据计划清单安排机械和人员将有关集装箱转至 CFS 拆箱区。

(2)货物验收及进库。拆箱时货运站仓库理货员应根据舱单的货物信息会同外轮理货人员对拆箱的货物进行清点、检验，并将货物安排放置到指定的货位，并按堆码标准进行堆码，堆码完毕后要在货垛上张帖桩脚牌。桩脚牌上应注明船名、航次、提单号、件数、重量、麦头等信息，以便识别。如发现货损、货差、货单不符，应及时要求外轮理货员签发"货物残损记录"，并妥善保管。

(3)填制报表。在当日作业结束后，仓库员应根据桩脚牌填制"拆箱进库的日报"。拆箱进库日报表是当日拆箱后进入仓库货物的汇总表。它反映货物动态以及作为定期盘点货物的依据。实物必须与报表一致，做到货账相符。桩脚牌是填制进库报表的依据。

(4)空箱归位。在当日作业结束后，仓库员应申请将拆箱区的空箱转运至码头专用的空箱箱区。

3. 货运站仓库提货业务

货运站仓库提货业务(流程图见图 6-4)步骤如下：

(1)申请计划。货主凭办完一关三检等手续的提货单来码头客户服务部(联办进口受理台)申请下昼夜仓库提货计划；码头客户服务部同货主结清有关码头费用后，接受申请，并制作提货"作业申请单"，同交货记录联一起交货主。

(2)机械和人员的安排。码头货运站业务员根据"作业申请单"的要求，安排下昼夜的仓库发货机械、搬运工人。

(3)审单货主凭作业申请单和提货单第下联(交货记录)到码头 CFS 仓库提货。仓库员应仔细审交货记录是否有效，是否超过了规定的免费保管期限，有关费用是否已全部支付清楚，交货记录上有无加盖印鉴，如发现交货记录无效、费用尚未支付、无交货记录一律不予发货。

(4)发货前的检查。码头货运站仓库员在发货前要仔细核对交货记录与货物上的桩脚牌，做到票货相符。一旦发现票货不符的情况，则应查清后再发货。在发货时需清点数量，以免错发、多发、少发等货运事故。

(5)货物交接和单证处理。发货提货完毕，码头货运站仓库员根据实际发货情况填制出门证，交客户，并在提货单第二联(交货记录)上批注实际提货数量，交客户服务部存档。如一票货物当天不能全部提完，仓库员在提货单第二联(交货记录)批注实际提货数量后交还给客户，以备客户第二天再来提货，同时重新填制桩脚牌(要注明剩余数量)张贴在剩余货物上。发现短缺时，不能随便用同品种规格的货物抵补。发货完毕后，应检查仓库、道路注意是否有漏发、错发和掉落物件。

(6)填制报表。在当日作业结束后,仓库员应填制“仓库出仓日报”。“仓库出仓日报”是当日货物提离仓库的汇总表,反映当日货物提离码头的动态,由仓库员根据提货单编制。

## 三、集装箱码头货运站仓库库存管理

集装箱码头货运站仓库库存管理是指从仓库接受物品入库开始,到按需求将物品出库的全部过程。仓储作业过程由一系列相互联系、又相对独立的作业环节构成,并组成一个仓储作业系统。

### (一)入库准备

仓库应根据作业计划、物品入库凭证等单证及时地进行库场准备,并做好入库前的准备工作,以保证货物准确、迅速、安全入库。货物入库前的准备工作主要包括以下几方面的内容:

1. 编制仓储作业计划

仓库的业务和管理人员应掌握入库物品的品种、规格、数量、包装状况、单件体积、重量、确切的到库时间、物品存期、物品的物理化学特征、保管的要求等具体情况,以及仓库货位的使用情况、机械设备条件、劳动力等情况编制仓储计划,并将仓储计划信息下达到各个相应的作业单位。

2. 货位准备

仓库部门根据作业计划,结合仓库分区、分类、定位保管的要求,核算占用货位大小,根据货位使用原则,妥善安排货位,并做好具体的货位准备工作。

3. 苫垫材料准备

对需要苫垫的物品,应根据入库货物的性能、保管要求、数量及库场的具体条件确定堆垛方法,制订苫垫方案,准备好苫垫物料,以确保入库货物的安全。

4. 设备器具准备

为了提高入库作业的效率,货物入库作业必须采用装卸搬运机械和搬运工具的配合,仓库部门应该根据入库货物具体情况,设计好装卸搬运工艺,调配好设备,准备好验收用的检验工具,如衡具、量具等,并检测准确。

5. 资料准备

仓库员对货物入库所需的各种报表、单证、记录簿,如入库记录、理货检验记录、料卡、残损单等按要求准备妥当,以备使用。

### (二)货位安排

1. 货位规划

货位是指储存物品在仓库中具体存放的位置。货位规划要充分满足货物的保管要求和作业的方便。具体地说,货位安排应该注意以下几项规则。

(1)根据货物的货量、尺度、特性、保管要求选择货位应当根据储存物品存量的多少，比较准确地确定每种物品所需的货位大小及数量；货位尺度与货物尺度要匹配；为了避免物品在储存过程中相互影响，应注意货物之间的忌装问题，性质相同或者保管条件相近的物品可以集中存放，并且货位的通风、光照、温湿度、排水、防风、防雨等条件应该满足货物保管的需要。

(2)根据物品周转情况安排货位

货位规划应遵循“先进先出”的原则。为便于搬运，提高作业效率，对快进快出的货物在安排货位时，应尽可能安排在靠近出入口或专用线的位置，以加速作业和缩短搬运距离。

(3)根据存储物品的作业要求合理选择货位

对于重大件物品，货位的选择首先应从考虑装卸机械作业是否方便。对使用货架存放的货物应根据具体情况来合理选择货位，安排的货位应该尽可能地保证搬运、堆垛、上架的作业方便，要有足够的作业场地。

(4)作业分布均匀

所安排的货位尽可能避免在仓库内或同一作业线路上有多项作业同时进行，以免互相妨碍。

(5)建立储备货位

在规划货位时应该注意物品进出仓库的不平衡性，因此要保留一定的储备货位，以便当物品大量入库时可以调剂货位的使用，合理使用货位。

2. 货位布置方式

露天货物的货位布置，一般为货垛与主要作业通道成垂直方向。

库房货位布置的方式主要有以下三种：

(1)横列式。货垛(货架)与库房的宽向平行排列。

(2)纵列式。货垛(货架)与库房的宽向垂直排列。

(3)混合式。同一个库房里横列式排列货垛和纵列式排列货垛同时存在。

3. 货位使用方式

在实践中，仓库货位的使用主要有三种方式：

(1)固定货物的货位

货位只用于存放确定的货物，属于定位存放。货位具有固定用途，这种货位规划有利于提高货物保管质量，同时便于查找货物。但是，当特定的货源不稳定时，这种定位存放方式的仓容利用率相对较低。固定货物的货位存放方式主要适用于有相对长期稳定货源的仓储作业。

(2)不固定货物的货位

不固定货物的货位储存方式是指仓库内的货物储存可以任意存放在有空的货位上。不固定货位有利于提高仓容利用率，但在作业上不便于查找和管理。通常不固定货物的货位适用于货物保管时间极短、周转速度极快的流通仓库。

(3)分区分类固定货物的货位

分区分类固定货物的货位是指对货位进行分区分片,同一区内只存放一类货物,同一类货物在同一区内的货位则采用不固定使用的方式。这种方式不仅有利于货物保管,而且查找方便,仓容利用率也可以提高。国内外大多数储存仓库都使用这种方式。

4. 货位编号

货位编号就是将物品存放场所按照位置的排列,采用规定的货位编号方法,对每一个货位进行编号,以便存取货物速度的提高。

货位编号通常采用四号(位)定位法。例如,在仓库四号定位法中,四组数字依次代表仓库的编号、库门编号、库内柱子的编号、库内货位编号。

根据货位编号即可迅速地确定某种物品具体存放的位置。实行货位编号,有利于提高作业效率,减少差错,同时,也有利于对仓储物品进行检查和监督。

(三)仓储能力的确定

仓库储存货物时,在具体确定每个货位到底能储存多少某种物品时,要以该物品的单位仓容定额作为计算基础。单位仓容定额是指在一定的条件下,单位面积允许合理储存的货物的最高数量。在这里,"一定的条件"主要是指仓储管理水平,作业的机械化程度,仓库地坪的负荷量,存储货物本身的性质、特点及形状、重量等。在实践中,单位仓容定额通常是由库场单位面积技术定额和货物单位面积堆存定额两项指标取最小值来确定的。单位面积技术定额是指库场地面设计和建造所达到的强度。货物单位面积堆存定额一般是由货物本身的性质及其包装强度所确定的。

(四)物品验收入库

物品验收是按照验收业务作业流程,核对凭证等规定的程序和手续,对入库物品进行数量和质量检验的经济技术活动的总称,所有到库物品,在入库前必须进行检验,验收合格后方可正式入库。

1. 物品查验方式

物品查验方式分为全验和抽验。

(1)全验

全验需要耗费大量的人力、物力和时间,检验成本高,但可以保证验收质量。在物品批量小、规格复杂、包装不整齐的情况下,可采用此法。数量和外观质量检验一般要求全验。

(2)抽验

物品质量和储运管理水平的提高以及数理统计的发展,为抽验方式提供了物质条件和理论依据。对于大批量、同包装、同规格、信誉较高的存货单位的物品可采用抽验的方式检验。但在抽验中发现问题较多时,应扩大抽验范围,直至全验。

2. 物品检验

(1)数量检验

数量检验一般包括称重、计件、检尺求积等过程。

①称重。即对以重量为计量单位的物品，进行数量检验时的称重，所有经数量检验的物品都应填写数量检验单。

②计件。即对以件数为单位的物品进行件数的理算。一般情况下，固定包装物的小件物品，如果外包装完好，则无需开包验数，进口物品按合同或惯例办事。

③检尺求积。即对以体积为计量单位的物品先检尺、后求积所作的数量检验，如木材、轻泡货物等货，检尺求积的货物应根据实际检验结果填写数量检验单。

(2)质量检验

质量检验包括外观质量检验和内在质量检验。

①外观质量检验。外观质量检验包括：a. 包装检验。通过人的感觉器官，检查物品的外包装或装饰有无被撬开、开缝、污染、破损、水渍等不良情况，检查外包装的牢固程度。b. 物品外观检验。对无包装的物品，直接查看其表面，检查是否有撞击、变形、生锈、破碎等损害。c. 物品的重量尺寸的检验。对入库物品的单件重量、货物尺度进行衡量和测量，确定货物的重量。d. 标签、标志检验。检查物品标签、标志是否具备，是否完整、清晰，标签、标志与物品内容是否一致。e. 气味、颜色、手感检验。对某些特定的物品必须通过物品的气味、颜色、手感来判定其是否新鲜，有无变质，是否有干涸、结块、融化等现象。f. 开包检验。外观有缺陷的物品，有时可能影响其质量，当检验人员判定物品内容有受损可能时，就应该打包检验。开包检验必须有两人以上在场。检验后，根据实际情况及时封装或更换新包装，并印贴已验收的标志。

凡经过外观质量检验的物品都应填写“检验记录单”。

②内在质量检验。内在质量检验是对物品内在质量和物理化学性质所进的检验。对物品内在质量的检验要求有一定的技术支持和检验手段。由于目前大多数仓库都不具备这些条件，所以一般内在质量检验均由专业技术检验单位进行，经检验后出具检验报告。

3. 验收中发现和处理问题

对在物品检验过程中产生的问题，仓库管理部门应区别不同情况及时进行处理。同时，对在验收中存在问题和等待处理的物品，应该归类存放，妥善保管，避免混杂、丢失以及进一步损坏。

验收中常见的问题主要有：

(1)数量方面存在的问题

①数量发生短缺，但短缺的量在规定范围之内，这种情况下仓库可按原数入账。

②数量发生短缺，但短缺的量超过规定范围，这种情况下仓库应作好验收记录，填写验收单，交仓库主管部门会同货主向供货商进行交涉。

③验收中实际数量大于原发料量，此现象称为溢出，这种情况下可由仓库主管部门向供货商退回多发数或补发货款。

(2)质量方面存在的问题

①凡物品不符合规定的质量标准时，仓库主管部门应及时向供货商办理退货、换货。

②凡物品规格与标准不符或物品规格错发时，仓库验收部门应将验收情况制成验收记录交仓库主管部门办理换货。

(3)物品资料方面存在的问题

入库物品必须具备完整的入库单证，如入库通知单，订货合同副本，供货单位提供的材质证明书、装箱单、检验单、发货明细表以及承运单位的运单等资料。对那些入库物品资料未到或资料不齐的，应及时向供货商索取。对没有入库单证的物品则应作为待检物品堆放在待验区，直到这些物品的相关资料到齐后再进行验收。

(五)物品入库的交接手续

入库物品经仓库检验合格后可由仓库管理部门经签收后入库，并留存相应单证。同时，仓库应在入库单证上生成该批货物的货位编号，以便仓库管理。对验收过程中发现差错、破损等不良情况的物品，仓库必须在单证上详细注明情况，并由双方当事人签字，以便与供货方、承运方分清责任。

(六)分拣作业

1. 分拣作业的基本过程

分拣作业是仓库货运管理的核心环节。人工分拣作业通常有两种，即摘果法分拣和播种法分拣。分拣作业是在拣货信息指导下实现分拣。拣货作业人员根据客户订单要求，采用不同的拣选方法从储存的货物中拣出用户所需物品。对于少量客户的订单要求可以采取摘果法进行拣选；对客户订单要求则可采用播种法分拣。

分拣作业过程的组成环节是：

(1)拣货信息的产生

拣货作业是根据拣货信息进行的。拣货信息主要来源于客户的订单。拣货信息的传递可以采用纸面传递方式或电子拣货信息传递，如条形码等。拣货作业根据拣货信息进行，这样可以实现快速拣货，并提高拣货作业的效率和准确性。

(2)搬运作业

拣货作业产生的物品搬运是不可避免的时，因此，缩短拣货过程中货物搬运距离是提高仓储货运作业效率的关键。

(3)拣选作业

无论是采用人工拣选还是自动拣取作业，拣选作业的内容都必须与拣货信息传递的指示一致。

(4)配装作业

当拣选作业完毕或在拣选作业过程中需要按客户的订单进行配装，目的是能正确且迅速地集合顾客所订购的物品，然后快速出货。

2. 拣货作业系统的布置

拣货作业系统布置的原则是尽可能使拣选路线最短、作业效率最高，使进货、储存、拣货、出货的过程合理化。

拣货作业系统有以下几种布置模式：

(1)储存与拣货合一布置模式

储存与拣货合一布置模式是直接从储存区的货架上拣取物品的作业系统，有两面开放式货架和单面开放式货架的两种布置模式。

(2)储存与拣货分置的布置模式

储存与拣货分置的布置模式是储存作业和拣货作业在不同货架上进行。货物入库后先储存在储存区或储存货架，拣货前物品先从储存区或储存货架搬运到拣货架上，再从拣货架上拣取所需货物。

(3)电子标签拣选系统布置模式

在电子标签拣选系统布置模式中是通过计算机系统对拣选进行指令实现拣选作业，故又称为电子标签拣货系统。见图 6-5。

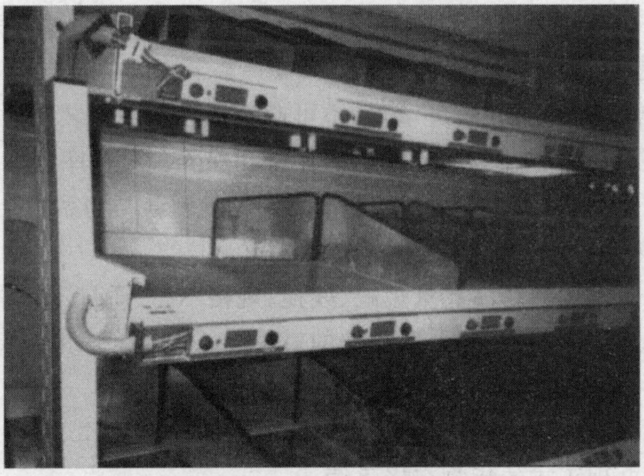

图 6-5　电子标签拣货系统

(4)自动拣选系统

自动拣选系统是采用扫描设备、计算机控制系统和条形码等自动分拣技术的无人化分拣作业。

采用自动分拣系统可进一步提高分拣速度、提高分拣质量、降低分拣差错率、降低分拣成本、减轻分拣作业的劳动强度。见图 6-6。

图 6-6 自动拣选系统

(七)理货作业

1. 理货的作用

理货作业是指对在库物品和已分拣的物品按客户订单的要求对物品进行数量清点、内外质量检查、分类分拣等一系列作业过程。

理货的主要作用表现为:

(1)理货是进行物品保管、保养的基础

物品经过运输、装卸、搬运等环节后,不可避免地会发生包装损坏、标志脱落、污损等现象,这些问题都会影响到物品入库后的保管和保养。对在库物品的保养和保管而言,理货作业能了解入库物品的实际状况,有针对性地对各类物品实行保管和保养。

(2)理货能够分清各方责任

对理货过程中发现的物品数量短缺、残损、规格不符、质量不合格等情况,并作详细记录,有助于分清各方责任并采取相应的对策。

(3)理货有利于物品的入库交接工作

在确认入库物品的数量和质量状况的前提下,通过理货作业,仓库理货人员可与供货方或承运方办理正式的货物交接手续。

2. 理货作业的内容

理货作业是仓储作业的重要工作,尤其在仓库配货和出货作业过程中,理货的重要性尤显突出。理货作业的好坏直接影响配货作业的好坏。

理货作业的具体内容有:

①入库物品进行数量和质量检验过程的理货作业;

②入库物品进行分拣分类过程的理货作业;

③入库物品安排货位过程的理货作业；

④入库物品的理货记录的编制；

⑤办理入库物品交接手续。

由理货人员与供货方、承运方办理交接手续，签署送货单或交接清单等相关单证，同时接受与入库物品相关的文件资料。

3. 理货作业的方法

(1)现场理货

对入库物品，理货作业必须在送货入库的运输工具现场进行。对出库物品，理货作业一般在配货现场和运输工具现场进行。

(2)当事人共同理货

理货作业时，必须送货方、承运方、仓库三方当事人都在场，以便当场明确各方责任。

(3)按订单或仓储合同的约定进行理货

理货作业时，应以订单或仓储合同所要求的内容作为理货标准，若无合同或单证约定的标准，则按照国家标准或行业标准理货。

(4)编制理货记录

对理货作业中发生、发现的问题，理货人员应进行现场记录，编制相关的理货报告和单证，并要求供货人、承运人、责任人签署。理货人员理货完毕应该及时签署对方提供的单据并进行交接。

理货过程的相关理货单据有：

①计数单；

②入库单；

③送货单或交接清单；

④现场记录。

(八)配装作业

为了提高车辆的实载率，对不同客户的少量配送货物进行搭配装载就需要配装。通过配装作业可以大大提高送货水平并降低送货成本。

仓储货运管理的配装作业主要涉及货物的托盘装载技术、货物的集装化以及车辆货物的配装。

1. 托盘技术

托盘是一种重要的成组集装器具，托盘与叉车的共同使用，能使装卸机械化水平大幅度提高，也有效促进了物流水平的提高。

2. 集装技术

集装是将许多单件物品，通过一定的技术措施组合成尺寸规格相同、重量相近的大型标准化的组合体，这种大型的组合状态称为集装。

集装的形态有网络、绳扣、笼车、集装箱等。

3. 车载货物的配装

车辆配装主要涉及车辆货位的安排、车辆载重和容积的有效利用以及选择最优的装车方案。为了充分利用运输车辆的容积和载重能力，提高运输效率，在选择合理的配送路线和运力的前提下，可以将不同客户的货物组合配装在同一辆载货车上，并有效地进行混载与配装。

(九)盘点作业

1. 盘点作业的目的和内容

对在库的物品进行账目和数量上的清点作业，称之为盘点作业。

(1)盘点作业的主要目的

①核查实际库存数量。盘点可以查清实际库存数量，并通过盈亏调整使库存账面数量与实际库存数量一致。

②计算企业资产的损益。库存物品总金额直接反映企业流动资产的使用情况，库存量过高，流动资金的正常运转将受到威胁，因此为了能准确地计算出企业实际损益，必须通过盘点。

③发现物品管理中存在的问题。通过盘点查明盈亏的原因，发现作业与管理中存在的问题，并通过解决问题来改善作业流程和作业方式，提高人员素质和企业的管理水平。

(2)盘点作业的内容

①查数量。通过点数计数查明物品在库的实际数量，核对库存账面资料与实际库存数量是否一致。

②查质量。检查在库物品质量有无变化，有无超过有效期和保质期，有无长期积压等现象，必要时还必须对物品进行技术检验。

③查保管条件。检查保管条件是否与各种物品的保管要求相符合。

2. 盘点作业的步骤

(1)盘点前的准备

盘点作业的事先准备工作是否充分，完全决定了盘点作业进行的顺利程度。

(2)盘点时间的确定

一般来说为保证账物相符，货物盘点次数愈多愈好，但盘点需投入人力、物力、财力，所以，合理的确定盘点时间非常必要。盘点时间的确定可参考表 6-1。

**表 6-1 盘点时间确定表**

| 盘点的对象 | 盘点的时间 |
|---|---|
| 主要物品(A 类物品) | 每天或每周盘点一次 |
| 一般物品(B 类物品) | 每二三周盘点一次 |
| 次要物品(C 类物品) | 每月盘点一次 |

(3)盘点的方法

因为不同现场对盘点的要求不同,盘点的方法也会有差异,为尽可能快速准确地完成盘点作业,必须根据实际需要确定盘点方法。

盘点方法主要分为账面盘点、实物盘点和账物盘点。

(4)盘点人员的培训

盘点人员通常应进行培训,熟悉盘点现场、盘点物品以及正确填制表格和单证。

(5)盘点现场的清理

盘点现场即仓库的作业区域,盘点作业开始之前必须对其进行整理,以提高盘点作业的效率和盘点结果的准确性。

(6)盘点作业

盘点作业的关键是点数,由于手工点数工作强度极大,差错率较高,通常可采用条形码进行盘点,以提高盘点的速度和精确性。

(7)查找盘点差异的原因

通过盘点发现账物不符,而且差异超过容许误差时,应立即追查产生差异的主要原因。

(8)盘点盘盈、盘亏的处理

差异原因查明后,应针对主要原因进行适当的调整与处理,至于呆滞品、废品、不良品减价的部分需与盘亏一并处理。

(9)盘点结果的评估检讨

通过对盘点结果的评估,可以查出作业和管理中存在问题并通过解决问题提高仓储管理水平,以减少仓储损失。

3. 盘点作业的方法

(1)账面盘点法

通常对在库的"次要"物品采用账面盘点的方法进行盘点。对"次要"物品平时采用账面盘点,一般一个月或一个季度等进行一次实物盘点。

(2)实物盘点法

通常对在库的"重要"物品采用实物盘点的方法进行盘点。对"重要"物品在每天或每周至少对实物清点一次。

(3)账物盘点

通常对在库的"一般"物品采用账物盘点的方法进行盘点。如相对"重要"物品在每天或每周至少对实物清点一次,而相对"次要"物品则采用账面盘点,一般一个月或一个季度等进行一次实物盘点。

**链接——盘点和盘点作业的方法**

盘点——对在库的物品进行账目和数量上的清点作业,称之为盘点作业。

盘点作业的方法——账面盘点、实物盘点和账物盘点

（十）出库作业

1. 催提

催提是指仓库通过传真、电话、信件、EDI 等方式向提货人或存货人发出提货通知的行为。

催提工作应该在存货到期日的前一段时间进行。如果仓储合同中约定了催提时限，则应根据合同约定的期限催提；如果合同没有约定的，仓库应该在合理的提前时间内催提，保证提货人有足够的准备时间。

2. 核单备货

物品出库必须根据货主开出的“提货单”或“物品调拨通知单”等正式出库凭证进行，严禁无单或白条发料。仓库接到出库凭证后，应该由业务部门进行仔细审核。核对的主要内容包括：审核出库凭证上的印鉴是否齐全、相符，有无涂改，以判断其真实性、合法性；核对出库物品的品名、规格、型号、数量、收货单位、银行账号等具体项目；审核出库凭证的有效期。审核无误后，业务部门将出库凭证移交给仓库保管人员，保管员复核无误后，应该根据出库凭证备货。备货应该遵循“先进先出、易霉易坏先出、不利保管先出”的原则。

备货的主要任务包括：

(1)根据出库凭证所列的货物的品名、规格、数量等要求备货。同时，要准备好随货出库的货物技术资料、合格证、质量检验书等资料。

(2)检查和整理出库物品的包装及标志。出库物品的包装应符合运输方式的要求。发现残损、潮湿、松散的不良包装时，应该负责更换和加固处理。标志模糊或脱落的，要进行补刷或补贴。

(3)有装箱、拼箱、改装等业务的仓库，在发货前，应根据货物的性质和运输部门的要求进行组合配装，准备各种包装材料、衬垫物以及刷写包装标志的各种用具和材料。

(4)复核出库凭证所列物品名称、规格、包装、件数、重量等与实物是否相符。

(5)最后，将出库物品搬运到备货区，以便及时装运。

3. 物品出库的形式

(1)自提出库

自提即由收货人或其委托人持“提货单”或“物品调拨通知单”直接到仓库提货。

(2)送货出库

送货即为仓库保管部门根据货主提交的“提货单”或“物品调拨通知单”备货，然后把应发物品送交运输部门，送达收货单位。

(3)移库出库

移库即货主单位由于业务上的需要或保管条件的要求，将某批物品从 A 仓库转移到 B 仓库的一种发货形式。对于 A 仓库来说是出库。仓库必须根据货主单位开出的正式移库单，给予办理移库手续。

(4)过户出库

过户即储存物品所有权的转移，物品不出库。仓库必须根据原存储户开发的正式过户凭证予以办理过户手续。

(5)取样

取样是指提货单位出于了解物品质量以及其他业务的需要，到仓库提取货样。仓库同样必须根据正式的取样凭证，发出样品，并作好相应的账务处理。

4. 出库交接

无论是哪一种出库方式，仓库都应该仔细核对提货凭证，认真核实提货人身份，避免出现多发货、错发货等情况。经全面复核无误后，即可办理清点交接手续。

仓库与运输部门或提货人的出库交接应在仓库现场办理交接手续，以此划清责任。运输部门则需根据货主指定的地点，送货并办理交接手续，明确责任。在自提方式下，仓库发货人与提货人在仓库现场当场交接清楚，并办理签收手续。

5. 货损货差

在仓库保管货物过程中发生的损耗，应该控制其损耗数量在仓储合同规定的合理范围之内。一般情况下，合理损耗应由货主单位承担，超过合理范围之外的损耗则应由仓储部门承担，并追究相关的责任人。如果是运输过程中发生的货损货差，则应由承运人负责赔偿。

**链接——货运站货运作业的步骤**

入库准备、货位安排、仓储能力的确定、物品验收入库、物品入库的交接手续、分拣作业、理货作业、配装作业、盘点作业、出库作业。

# 第七节　集装箱码头业务条款

## 一、集装箱码头与船公司的业务条款

1. 集装箱码头与船公司的主要业务

集装箱码头与船公司的主要业务包括：接受集装箱船靠泊(包括协助系缆、解缆作业)，集装箱装卸，代为船公司接受、交付集装箱货物，集装箱加固、绑扎作业等。

2. 集装箱码头与船公司的业务条款内容

与船公司的业务条款内容主要有以下各项：

(1)集装箱船靠泊、离泊时间按集装箱码头与船长或代理公司订立的协议安排。

(2)集装箱码头按实际情况并将以适当方式通知船长码头泊位是否已可靠泊。未经集装箱码头发出准备就绪通知，船长不得擅自靠泊。

(3)集装箱船驶近、驶离,或停靠码头泊位期间,集装箱码头不保证船舶不会搁浅。

(4)集装箱船驶、离泊位,集装箱码头提供系泊员和带缆水手,并按船长指示协助系、解缆作业,但对带缆数量适当与否由船方决定,并不提供带缆艇。

(5)集装箱船驶近或驶离码头泊位,停泊期间的全面风险和全部费用均有船公司承担。

(6)集装箱码头对系缆桩、柱的潜在缺陷以及对带缆状况适当与否不承担责任。

(7)集装箱船使用集装箱码头泊位,靠泊费、码头停泊费均由船舶所有人支付。

(8)船舶舷梯和其安全性或照明由船公司负责提供。船公司应遵守有关集装箱码头的各项现行条例规定,以及其他各类注意事项。

(9)集装箱船舶在靠泊、离泊,或在停靠码头期间由于带缆不当或不牢,致使集装箱码头设施、设备损坏,均应给予赔偿。

(10)集装箱码头不对集装箱装卸过程中因恶劣气候或其他集装箱码头无法预见或避免的原因造成的延误承担责任。

(11)集装箱码头根据船长要求提供集装箱在船上绑扎、松绑作业劳务,对此项劳务的有效性由船公司负责。

(12)在预计集装箱船抵达码头前××小时,或在双方约定的时间内,船公司或其代理应向集装箱码头提供所有因装卸集装箱所需要的资料,特别是危险品货物、特殊货物的详细资料。

(13)由于任何原因致使集装箱不能安全操作、堆存、装卸,集装箱码头可拒绝收受或作业,并在向船公司发出有关通知后,船公司即应将集装箱运走或作其他处理,或采取集装箱码头认为合理的措施。集装箱码头对船公司递交的集装箱或其所载内容存在缺陷不负责任,由此致使集装箱码头蒙受的损失、损害则由船公司负责。

(14)如集装箱码头按船公司或其代表指示开启冷藏箱门,由此造成箱内货物变质或污染其他货物,集装箱码头不负责任。对上述冷藏箱集装箱码头有权保留关闭或接通电源、重新装箱或作其他处理的权利,所产生的费用均由船公司负责,但集装箱码头并无义务必须采取上述方法。

**二、集装箱码头与发货人业务条款**

1. 集装箱码头与发货人的主要业务

集装箱码头与发货人的主要业务包括:从发货人、运箱人或代理人手中接受集装箱、货物,并堆存、仓储,或受其委托对货物进行装箱、拆箱,集装箱清洗、报关、报验等。

2. 集装箱码头与发货人的主要业务条款内容

集装箱码头与发货人的主要业务条款内容有:

(1)发货人在集装箱码头指定地点交付整箱货、拼箱货、空箱。

(2)由于任何原因致使集装箱或货物不能安全操作、堆存、装载、运送,集装箱码头有权决定接收与否。发货人在接到集装箱码头的有关通知后即应将集装箱或货物从码头移走,并承担费用。由于发货人递交的集装箱或货物的缺陷,致使集装箱码头遭受损失和损害,除非能证明此项损失或损害由集装箱码头过失所致,否则发货人对此项损失或损害承担责任。

(3)在集装箱码头接受集装箱或货物之前,发货人应提供业务所需要的有关资料。如由于发货人提供的资料不准确对集装箱码头所造成的一切损失或损害则由发货人承担责任。

(4)对由发货人提交集装箱码头为办理海关手续等所用的申报资料的准确性,以及对海关放行许可证的准确性和有效性,均应认为发货人已向集装箱码头作了保证。由于资料不准确或有所遗漏致使集装箱码头遭受的一切损失、费用、罚款等由发货人自己负责。

(5)对发货人自己的集装箱缺陷、货物或其他拼装货物的潜在缺陷等引起的索赔,发货人应免除集装箱码头的一切责任并予以赔偿,除非上述货物的灭失、损害由集装箱码头过失所致。

(6)集装箱码头并不保证为集装箱作业所选择的集装箱已检查或保证水密,或在其他方面适于载货。

(7)拆箱后的货物可在集装箱码头货运站或其他地点存放×天,并免收堆存费,在此期间发货人应负责安排提货。集装箱码头在确信上述安排已作出或将会作出之前可决定拆箱与否,或保留将货物转往其他地点的权利,所产生的风险和费用由发货人负担。

(8)集装箱码头如接收冷藏箱,发货人应将有关冷藏箱和货运资料通知集装箱码头,集装箱码头接收冷藏箱并在堆场接通电源,但并无保证辅助电源供应的义务,对电源供应时发生的故障、中断、干扰,集装箱码头概不负责。

(9)如集装箱码头接受发货人或其代表的指示,开启冷藏箱或拆箱,由此而造成箱内货物的变质,或因变质污染其他货物,集装箱码头不对其承担责任。发货人或收货人在货物变质或污染之前有义务提走货物,集装箱码头有权保留关闭、重新接通电源、重新装箱,或其他方法处理该冷藏箱和所载货物的权利,费用由发货人或收货人负责。

### 三、集装箱码头与收货人业务条款

集装箱码头与收货人主要的业务条款内容有:

(1)收货人应在集装箱货物或集装箱卸船×天内,凭船公司或其代理签发的提货单或其他提货凭证与集装箱码头办理提货或提箱手续,对逾期不提者集装箱码头则按有关规定收取费用，并不承担责任。

(2)整箱货以箱子外表状况是否良好，铅封是否完整作为划分集装箱码头与收货人的责任依据，并由集装箱码头与收货人或其代理人办理交接手续。

(3)在集装箱码头堆场或货运站拆箱的货物，如收货人或其代理人在接收货物时未提出有关货物灭失或损害的索赔通知，则业已认为集装箱码头完成交货责任。

(4)如在船公司或其代理人已向收货人发出交货通知后×天，收货人仍未与集装箱码头办理接货手续，集装箱码头有权将集装箱货物转栈堆存或储存，并不承担任何责任，因此而产生的费用由收货人负责。

(5)对自集装箱货物进口卸船 90 天内不提的货物，集装箱码头会同海关或根据有关部门的规定处理。

## 四、集装箱码头与其他人的业务条款

集装箱码头与其他人的业务条款主要有：

(1)集装箱码头认为所接受的集装箱不受气候影响，可在露天堆放。由于露天堆存直接或间接造成集装箱内货物损坏或由于下雨、台风、暴风雨、闪电造成集装箱或其所载货物内容生锈、变质、损坏，集装箱码头均不承担赔偿责任。

(2)对集装箱操作，集装箱码头并不因对集装箱或其所载货物内容的任何状况未作记录而应承担责任。

(3)对集装箱、货物的风险集装箱码头概不投保。

(4)集装箱码头尽最大努力做到集装箱、货物的准确理货、接货、交货、装卸、交接，过失则由责任方承担责任。

(5)集装箱码头有权对以下情况拒绝作业，认为由于任何原因不能安全操作、堆存、装载、运输的集装箱。并在向船公司或货主提出通知后，船公司或货主即应从码头提走货物并承担有关费用。

(6)对装有价值高或需要特殊照顾货物的集装箱，或装有其他贵重货物的集装箱，如金、银、硬币、宝石、珠宝、工艺品、古玩等，托运人应在 48 h 前通知集装箱码头，未经集装箱码头书面确认，托运人不得向集装箱码头接货地点提交此类货物或装载有此类货物的集装箱。

## 五、集装箱码头的交接责任

1. 集装箱交接标准

集装箱码头的集装箱交接标准是：

(1)重箱交接标准。重箱交接箱体应完好，箱号清晰，铅封完整无损。特殊集装箱的机械、电器装置运转正常，并符合有关单证内容记载。

(2)空箱交接标准。箱体完好、水密、不漏光、清洁、干燥、无味、箱号清晰、装载规范齐全，特殊集装箱的机械、电器装置无异常情况。

(3)单证交接标准。集装箱交接双方对箱体、箱号，或其他内容进行检查后，双方应在“设备交接单”上作出记录，并由双方共同签字，“设备交接单”实行一箱一单。

(4)单证签注交接标准。凡箱号、装载规范不明、不齐全、封志脱落、破损，或与有关单证记载不符，箱体结构不符合 ISO 标准，擦伤、割伤、破洞、漏光。不水密、箱门无法关闭、焊缝爆裂、凹损超出端面 3 cm、凸损超角配件外端面、箱内污染或有虫害、装载有毒、有害货物未经清洗处理，箱体处贴有危险品标志未经处理，集装箱附属部件损坏或灭失，特殊集装箱机械、电器装置异常，集装箱安全铭牌丢失等情况均应在“设备交接单”上明确注明，以确定责任方。

因检验、修理、清洗、熏蒸、退税、转租、堆存、中转等情况需要将空箱提交本公司码头或其他本公司属管地点时，货主、船公司、内陆承运人，或其代表应向有关方提出书面申请，并填写签署“设备交接单”。

2. 集装箱货物交接责任

凡采用集装箱装载运输的货物，均应使用集装箱运输或符合集装箱运输要求的单证。发货人在申请货物托运时，应在有关单证上注明具体集装箱运输条款。

集装箱货物交接责任主要有：

(1)由发货人或其代表负责装箱的集装箱货物，从装箱托运至在目的港交付收货人时，本公司均以箱体外表状况良好、铅封完整，接收与交付。

(2)由承运人或其代表负责装箱的货物，在其负责期间，不论箱体或铅封是否完好，承运人均应对箱内货物短少或损坏负责。

(3)在集装箱码头堆场，或发货人、收货人工厂或仓库交接的集装箱货物，均由货主自行装、拆箱，在本公司码头或货运站交接的集装箱货物，均由船公司或其他人必须委托本公司进行装、拆箱。

(4)在装卸船作业过程中，如发现集装箱封志脱落、损坏，或发现异常，则由责任方向海关报关。申请检验后作出事实记录，由海关补封并承担费用。

**案例——集装箱作业监控管理系统**

“北斗玉衡集装箱作业监控管理系统”是在目前港口集装箱码头 3C 生产体系的基础上，通过引入先进的全球卫星定位系统(GPS)、地理信息系统(GIS)等技术，对现有的集装箱码头作业工艺和生产信息流进行整合，加强了 3C 生产作业系统生产过程的可控性和可视性，满足操作层、调度层、管理层和决策层对现场的数据需求，为企业生产、计划、调度、决策提供多角度、全方位的科学数字依据，构建出具有国际一流水平的 3C2S 生产系统，从而实现对港口生产要素(堆存、集装箱、装卸机械)的精确定位、动态跟踪、过程控制和可视化管理，提高装卸效率，降低运营成本，有效地解决现有码头生产过程中司机操作不受控、生产要素实时信息滞后、生产过程中存在的某些安全隐患以及特殊天气和光照不足及堆场标线不清对生产的影响等问题。系统可与各种码头集装箱操作管理系统配套使用，相互间独立运行，并通过接口实现数据共享。根据专家预测，集装箱3C2S生产作业系统通常比3C生产作业系统生产成本降低约4%～8%，生产效率提高5%～10%，经济效益十分显著。该系统的应用，将有效提高码头公司港口集装箱生产作业系统的装卸效率，全面降低货损、货差，缩短船舶在港时间，使企业的科技、管理、服务、形象水平得到大大增强，在打造数字化码头的进程中与国际一流水平同步。

主要功能：

◇集装箱作业过程监控功能

◇堆场集装箱管理功能

◇集装箱作业安全管理功能

◇作业计划管理功能

◇作业信息管理功能

◇系统运行状态监控

系统构成：

系统由数据处理中心、GPS基准站、移动站、调度监控、DLP大屏监控、维修监控等6大分系统组成。

## [思考题]

1. 集装箱码头作业计划的基本任务是什么？
2. 集装箱码头调度的主要作用是什么？
3. 集装箱码头单船的主要作用是什么？
4. 什么叫堆场指位？
5. 集装箱码头货运站的作用是什么？

# 第七章 集装箱其他业务管理

## 第一节 集装箱租赁业务

集装箱租赁,出租方和承租方均有利可图。所以在近十几年来,发展迅速。目前全世界运营中的集装箱总数,有50%左右属租赁。集装箱租赁业务的发展,对集装箱运输的总体发展起着促进的作用。

### 一、集装箱租赁的优点

集装箱采用租赁方式对集装箱出租人和租箱人均有好处。

(一)集装箱租赁的出租方

1. 投资风险相对小

对集装箱出租方而言,将资金投于集装箱船舶,开展航线运营,与将资金投于集装箱,从事集装箱租赁相比,后者的风险明显小于前者。

2. 加强了集装箱运输的专业化分工

专业集装箱租赁公司的出现与发展有利于箱务管理合理程度的提高,有利于集装箱更有效地调配、提高利用率、加强维修,从而降低费用,提高整个集装箱运输的经济效益,使集装箱运输方式的优越性更充分发挥。

3. 提高了集装箱的利用率

租箱公司的箱子可供各个班轮公司租用,所以箱子的利用率高而空箱调运次数低。

(二)集装箱租赁的承租方

1. 可有效降低初始投资,避免资金被过多占用

租箱用少量资金就可取得集装箱的使用权,投资风险大为下降。

2. 省空箱调用费用,提高箱子利用率

采用租箱,可避免大量的空箱调运费。如合理利用单程租赁、短期租赁与灵活租赁等方式,则更能既满足对集装箱的需求,又节省租金,提高经济效益。

3. 避免置箱结构的风险

因为航线所运货物的结构变化,以及对特定箱型需求的变化,用箱人会面临无法

满足所需箱量的情况。采用租箱，就可对所需特殊箱型随时予以调整，可规避由此带来的风险。有时由于国际标准的修订，有些箱型被淘汰，也不会由此带来损失。

## 二、集装箱租赁的方式

集装箱租赁方式，大致可分成期租、程租、灵活租赁三种方式。

### (一)期　　租

期租是指定期租赁的方式。按其租期的长短，可分为长期租赁和短期租赁两类。

1. 长期租赁

长期租赁一般指租期达3～10年的租赁。长期租赁的特点是承租人只需按时支付租金，即可如同自备箱一样使用，租金较低，租期愈长，租金愈低。因此，对于货源稳定的班轮航线，采用这种方式租用一定数量的集装箱，既可保证航线集装箱需备量的要求，又可减少置箱费、利息及折旧费的负担，是一种比较经济的方式。

2. 短期租赁

短期租赁一般指租期在3年以下的租赁。这种租赁对班轮公司风险较小，较为灵活，而对租箱公司而言则风险较大。所以对于"期租"来说，一般租期越短，单位租金越高。

### (二)程　　租

程租是指根据一定的轮班航次进行租箱的租赁方式。这种方式对班轮公司灵活度大，对租箱公司相对不利。所以根据不同的实际情况，集装箱的单位租金会有很大的区别。程租又可分为单程租赁和来回程租赁两种。

### (三)灵活租赁

这是一种在租箱合同有效期内，承租人可在租箱公司指定地点灵活地进行提、还箱的租赁方式。它兼有"期租"和"程租"的特点。一般租期为一年。在大量租箱情况下，承租人可享受租金的优惠，租金甚至接近于长期租赁。在集装箱货源较多，且班轮公司经营航线较多，往返航次货源又不平衡的情况下，多采用这种租赁方式。

在灵活租赁的情况下，由于提、还箱灵活，因而给租赁公司带来一定的风险，所以在合同中规定有一些附加约束条件。如规定最短租期、基本日租金率等。一般最短租期不得少于30天，承租人须按租期支付租金。有时还可能规定起租额，如规定承租人在合同租期内必须保持一定租箱量，并按超期租额支付租金(即当实际租箱量少于起租额时采用)；规定全球范围内月最大还箱限额；规定最小月提箱量；规定各还箱地区的月最大还箱量等。

## 三、集装箱租箱合同主要条款

### (一)租箱合同的主要内容

租箱合同是规定承租人与租箱公司之间权利、义务、费用的法律文件。各租箱公司在开展租箱业务时，均制订具有一定固定格式的租箱合同文本，就双方承担责任、义务、费用等方面的问题做出条款规定。

租箱合同的内容通常涉及以下方面：

1. 租金。

2. 租箱方式。

3. 租箱数量与箱型。

4. 交箱期与还箱期。

5. 租、退箱费用。

6. 交、还箱地点。

7. 损坏修理责任。

8. 保险。

(二)交箱条款

通常规定租箱公司应在合同规定的时间、地点，将符合合同条款的集装箱交给承租人。

(三)还箱条款

指承租人在租期届满后，按合同规定的时间、地点，将状况良好的箱子退回租箱公司。

(四)损害修理责任条款

损害修理责任条款，简称 DPP 条款，指在承租人支付 DPP 费用的前提下，在归还箱子时，可不对租赁期间箱子的损坏负责，损坏的箱子由租箱公司负责修理。租赁合同中订有 DPP 条款，对承租人来说，可避免一旦发生箱子损坏后所引起的有关修理安排、查核、检验、支付修理费用等繁杂事务，并可节约将受损的箱子运至修理厂的额外费用。习惯上，DPP 只负责到比箱子本身价值低一点的一个固定限额。

(五)承租人的责任、义务

租赁合同中关于承租人的主要责任、义务有：

1. 按合同规定的时间、方式支付租金。

2. 租赁期内，承租人与租箱公司共同承担 CSC 规定的检验和修理责任。

3. 承租人在租赁期内，应承担本国或他国的一切有关集装箱的法律、法规规定的罚款、费用损失。

4. 承租人应承担租箱期内，箱子的全损或灭失。

5. 承租人可在租赁的箱子外表贴上自己的标志，但不得任意更动原有的标志。

6. 租赁期内，承租人应按有关规定使用箱子，不得超负荷装载，或长期堆存有损箱体的货物。

7. 租箱期内，承租人应对箱子进行良好的保养、维修，包括箱子的清洗、防污、油漆以及更换必要的部件。

8. 租赁期内，承租人应对第三者造成的箱子损坏责任负责，对其代理人或雇佣人员对箱子造成的损坏负责。

(六)租　　金

租金支付条款主要内容有：

1. 租期一般租箱合同均规定以提箱日为起租日，退租日则根据租箱合同规定的租期或实际用箱时间确定。长期租赁的退箱时间，根据合同确定。灵活租赁的退租日，则为将箱子退至租箱公司指定堆场的日子。承租人在终止租箱时，应按合同规定的时间事先通知租箱公司，无权任意延长租期或扣留使用箱子。

2. 租金一般按每箱天计收，即从交箱当日起算至租箱公司接受还箱的次日时止。长期租赁或无 DPP 条款的租箱，原则上在修复箱子后退租。有的租箱公司为简化还箱手续。在合同中订立提前终止条款，承租人在支付提前终止费用后，集装箱进入租箱堆场，租期即告终止。此项费用一般相当于 5～7 天的租金。对于超期还箱，其超期天数的租金通常为正常租金的一倍。

3. 租金支付方式租金支付方式有两种，一种是按月支付，另一种是按季预付。承租人在收到租箱公司的租金支付通知单后的 30 天之内必须支付，如延迟支付租金，则按合同规定的费率支付利息。

4. 交、还手续费承租人应按合同规定的费率支付交、还箱手续费，此项费用主要用以抵偿租箱公司支付租箱堆场的有关费用(如装卸车费、单证费等)，其支付方式主要有两种，一种按当地租箱堆场的费用规定支付，另一种是按租箱合同的规定支付。

(七)保险条款

集装箱的保险是租箱业务的主要内容之一，在集装箱租赁期内，箱子的保险可由承租人自行投保，也可以与租箱公司订立协议的方式投保。

**链接——集装箱租赁方式与租赁合同内容**

方式：期租、程租、灵活租赁。

租赁合同内容：租金、租箱方式、租箱数量与箱型、交箱期与还箱期、租箱与退箱费用、交箱与还箱地点、损坏修理责任、保险。

## 第二节　集装箱理货业务

### 一、集装箱理货工作的意义和性质

(一)集装箱理货工作的意义

理货工作是集装箱码头进、出口业务中的一个重要环节，它具有点多、线长、面广、单人作业、三班作业昼夜不停的特点。理货质量的好坏不仅直接影响到港口生产、船舶周转以及外贸进出口货物的集疏运,同时还会影响到国家的对外信誉。因此,作为代表船方和收、发货人办理集装箱和集装箱货物交接工作的理货人员,应该而且必须熟悉和掌握集装箱理货的有关业务。集装箱理货工作是集装箱码头业务工作中不可缺少的一项工作。由于理货工作处于承、托双方的中间地位,履行判断货物交接数字和状态的职能。因此,它对承、托双方履行运输契约,船方保质保量地完成运输任务,具有重要意义。

理货工作是国家对外的一个窗口。理货人员在外轮理货中,要接触外国船员,因此,他们的一言一行和工作的好坏不仅代表一个国家理货人员的素质,而且还反映了一个国家和民族的精神面貌。

理货工作在一定程度上能够影响到国家对外贸易的顺利进行和发展。出口货物,理货把最后一道关;进口货物,理货把第一道关。因此,它对于买卖双方履行贸易合同,按质按量地交易货物,促进贸易双方的相互信任,以及船公司经营航线的积极性,都具有重要意义。

理货工作是一项脑力与体力劳动相结合的管理工作,是为船舶在港口装卸货物提供理货服务工作。由于各国理货机构的理货宗旨不同,因此各国理货具有不同的性质。有些国家和地区的理货机构是以提供服务为手段,以营利为目的,这种理货就具有雇佣和服务的性质。有些国家的理货机构是以实事求是为原则,以社会公益为目的,这种理货就具有公证或证明的性质。

### (二)集装箱理货工作的性质

我国外轮理货主要具有以下四种性质:

(1)公正性。指以中间人的身份独立公正地对承、托运双方交接的货物数字和状态,作出实事求是的判断和确认,并出具理货证明,据以划分承、托运双方责任。

我国交通部颁布的《中国外轮理货公司业务章程》中明确理货宗旨是:“严守公正立场,遵循实事求是原则,维护委托方的正当权益。”同时在《中国外轮理货工作规程》中规定,“外轮理货工作具有公证性”,“理货人员必须立场公正”,“坚持实事求是原则”。以上表明我国的理货机构是以实事求是为原则,以社会公益为目的,是公证性理货机构。

(2)服务性。指理货服务于对外贸易和国际海上货物运输,服务于委托方,但又不受委托方的约束、授意和暗示,不偏袒委托方的利益。如当理货结果与委托方发生争议时,除非委托方能够举证说明理货结果错误,并被事实所证明,否则不能随意更改理货结果。因此,服务性是受到公证性制约的。这是我国理货的服务性和雇佣性理货的根本区别。

(3)涉外性。指理货人员本身在外轮上工作,又与外国人打交道,这些外国人中有外国海员和外国企业家、商人等,因此,在外轮上工作,要尊重外国的风俗习惯,不但要提高外事知识，而且要遵守外事纪律，要用自己的言行体现出中华民族的优秀品质，用自己的工作反映出中国理货的声誉。

(4)国际性。指船舶理货至少要由两个国家或地区的理货机构来共同完成，而且一个国家或地区理货机构的工作好坏，将直接牵连到另一个国家或地区的理货机构。这是由国际海上货物运输跨国家、跨地区的连续性特点所决定的。

## 二、集装箱理货工作的业务范围

根据理货公司的业务章程，集装箱理货工作主要的业务范围如下：

1. 航行国际航线船舶在我国港口装卸集装箱的理箱工作。

2. 对船方负责箱内货物的集装箱，代表船方办理集装箱装拆箱时的货物理货业务。

3. 接受收、发货人或国内外各单位委托，以第三者公证人身份，办理集装箱在各地装拆箱时的货物理货业务。

## 三、集装箱理货工作的性质和原则

### (一)集装箱理货工作的性质

各国理货机构对船舶的理货，有的是委托性的，有的是强制性的，这取决于国家的规定。

委托性理货：就是要根据船方的申请，理货机构与船方才能建立理货关系。

强制性理货：就是不要根据船方的申请，理货机构就与船方自动建立理货关系。按照国际航运惯例，船舶在港口装卸货物时，要申请理货机构代办理货业务。

根据我国交通部规定，外贸船舶在我国港口装卸计件货物时，实行带有强制性的理货。

### (二)集装箱理货工作的原则

《中国外轮理货公司业务章程》第1条规定："本公司的理货宗旨是：严守公正立场，遵循实事求是原则，维护委托方的正当权益。"集装箱理货工作必须严格遵循这一宗旨。

集装箱理货原则的具体要求是：

1. 坚持实事求是原则。理货工作必须以事实为依据，决不能弄虚作假，有意掩盖事实真相，这就是实事求是的原则。因此，理货人员在理货工作中，必须做到不受任何一方的约束、授意和暗示，不迁就任何一方的不合理的要求，不拘私舞弊，不屈从任何一方的压力，采取独立自主的立场，以货物的事实为依据，实事求是地理货。在编制各种单证时，要坚持"交前由交方负责，接后由接方负责"的原则，严格而公正地为船方和委托方把好数字和质量关。

2. 严守公正不偏立场。公正不偏的原则是对工作的高度责任感，公正的行为是对理货信誉的捍卫。要做到以事实为依据，如实反映理货结果，不受干扰，严格区分工残、原残，毫无偏见，认真执行理货章程。

3. 维护委托方的合法经济权益只要我们实事求是地反映理货事实，严格遵守公正立场，认真负责地进行理货，就能真正地维护委托方的合法经济权益。

## 四、集装箱理货工作的特殊性和优越性

### (一)集装箱理货工作的特殊性

与常规的件杂货理货工作相比较，集装箱理货工作有其自己的特殊性：

1. 集装箱运输过程中，理货人员要经历2个理货过程，即理箱过程和理箱内货物过程。

2. 反映在集装箱运输一些依据性单证上的数字，往往需要2个计算工序。(如“出口舱单”和“进口舱单”都要按照箱数和箱内货物数分两次进行结算。)

3. 件杂货理货工作的关键工序是最后一工班，但集装箱理货工作的关键则在第一工班，甚至在船舶靠泊之前。

4. 集装箱理箱的工作周期明显缩短，但如果把装拆箱理货过程也计算在内的话，则整船的工作周期又大大地延长了。

5. 装拆箱理货时，经常出现理货人员单独一人远离港区，与收、发货人进行面对面交接的情况，这就要求集装箱理货人员具备独自处理业务的能力和把关意识。

### (二)集装箱理货工作的优越性

与常规的件杂货理货工作相比较，集装箱理货工作又有其自己的优越性：

1. 工作方法与理货对象较方便、简单，而且便于复核。

2. 集装箱理货数字的准确性明显高于件杂货。

3. 理货人员的劳动强度相对降低。

## 五、进口卸船理箱和出口装船理箱

集装箱是一种现代化的运输工具，一个集装箱就是一个“单元”，所以，每个理货人员必须以高度负责的精神，严格按工艺流程，有条不紊地进行集装箱的理箱工作。理清箱号，检查铅封是否完好，分清集装箱外表残损，这是集装箱理箱工作的中心环节。

### (一)进口卸船理箱

1. 卸船理箱准备工作

理货公司在收到船公司或其代理人提供的进口集装箱舱单、装箱单、积载图等单证资料后，应及时进行分类、装订和登记，防止遗失。

核对“进口舱单”、“装箱单”和最后装箱港的“集装箱积载图”等单证，区别出整、拼箱，并按不同的装箱港结算出总箱数，计算出舱单上集装箱货物的净重，然后编制

“箱号圈销清单”。如发现舱单与积载图上记载的内容不一致时，应立即联系外轮代理解决，如船舶已靠泊，则应联系船方解决。

根据船舶作业计划，派出理货组长和理货员。通常每艘船舶派1名理货组长，每条作业线派2名理货员。船舶作业前，理货公司将整理好的船舶资料交理货组长，并在单船记录本上交代任务，提出要求。理货组长收到资料后，应立即进行复核。对有特殊要求的船舶，作业前理货机构应召开船前会，制定相应的单船措施。理货人员登船前，应备齐单证资料和各种理货用品。

2. 卸船理箱工作程序

理货组长登船后，应向船方索取“集装箱积载图”(远洋线)、“进口集装箱舱单”、“进口装箱单”和“集装箱积载图”(近洋线)以及一些附属的集装箱单证(如日本航线的“集装箱清单”，美国航线的“参考清单”，香港航线的“重箱明细单”等)；了解集装箱的装载情况和危险品集装箱的积载位置，并商定对残损箱的验残方法等。

对近洋线船舶，理货组长收到上述有关资料后，要按照装箱单区别出舱单上的整箱或拼箱，并计算出舱单总箱数。所有箱号都要实行“三转移”(即舱单、装箱单、积载图三者之间的转移)。

对远洋线船舶，理货组长要检查“箱号圈销清单”上的数字与积载图数字是否一致。

理货组长分配理货员的工作舱口，确定理货员的工作岗位和理箱方法，提供理箱资料，并交代有关的注意事项。理货员在接到理货组长提供的进口积载图和卸箱顺序单后，按分工实施如下的理箱方法：

船边理货员应根据积载图，认真核对集装箱箱号，检查铅封是否完好，逐一圈销卸船的集装箱箱号，并在每工班结束后，与集装箱公司堆场人员办理交接手续。

甲板理货员的工作重点，是检查集装箱的外表有无残损，铅封是否完好。如发现异状，应及时通知船方验看确认，并记载在“理箱单”和“设备交接单”上，经船方签认后方可卸船。工残集装箱则由责任工组签认。

对铅封断失的集装箱，理货员须重新施封。重新施加的铅封号既要记录在“设备交接单”和“理箱单”上，又要汇总记录在“集装箱溢短、残损单”上。

“进口理箱单”由船上理货员根据船边理货员提供的箱号填制，作为理货组长圈销箱号清单或圈销积载图的原始凭证。

工班结束后，理货组长根据理箱单编制“日报单”，并从总积载图上划去已卸船的集装箱移载箱位。

卸船结束后，理货组长根据“理箱单”、“设备交接单”编制“理货证明书”和“集装箱溢短、残损单”，并填制“单船报告单”。

3. 有关卸船理箱的附加理箱工作

因船方原因造成理货人员停工待时，理货人员应编制“理货人员待时记录”，写明待时原因和起讫时间。各作业舱口停工待时，可计算理货组长的待时时间。

在我国法定节、假日或每日后半夜工班，对外籍船舶、租船或中外合营船舶进行理箱时，理货员应在“理箱单”上注明“节、假日”或“夜班”字样。

对船方原因造成的“舱内翻舱”或“出舱翻舱”，应另外编制“理箱单”和“日报单”，并注明“翻舱”或“重装”的起讫时间。

(二)出口装船理箱

1. 装船理箱准备工作

理货公司收到船公司或其代理人送来的“出口集装箱舱单”和集装箱公司或其他订舱人送来的“集装箱装船预配图装箱单”和“场站收据”中的大副收据后，应及时进行整理登记，并做好如下几项工作：

(1)根据“装箱单”分别核对“出口舱单”和“大副收据”。

(2)根据“装货单”将箱号、铅封号、箱子状况(即整箱、拼箱和空箱)、卸货港名称等输入电脑，并印出集装箱清单。

(3)计算出全船出口总箱数和各卸货港的分箱数。

理货组长在船舶作业前，应向港区的有关配载部门索取两套装船预配图。

理货公司根据船舶作业计划，派出理货组长和理货员。与卸船理箱一样，每艘船通常派 1 名理货组长，每条作业线派 2 名理货员。

对有特殊要求的重点船舶，要在作业前召开船前会，制定切实可行的单船措施。

理货人员登船前，要备妥所需单证和各种理货用品。

2. 装船理箱工作程序

理货组长登船后，应向船方了解出口集装箱的积载情况，征求船方对特殊集装箱的理箱要求，并将这些内容详细记录在单船记录本上。

理货组长要根据“集装箱清单”，仔细核对港区提供的“集装箱装船预配图”。核对内容包括：船名、航次、卸箱港、最后目的港、箱号和重量，并在“集装箱装船预配图”的每一箱号旁边，打上已经核对的明显标记。若发现有疑问应及时与有关方面取得联系，以便妥善解决。

理货组长分配理货员的工作舱口，确定各自的工作岗位和理箱方法，并向理货员提供有关资料，布置工作重点。

理货员接到理货组长的工作指令后，按分工实施如下的理箱方法：

船边理货员应按理货组长提供的“装船预配图”，认真检查集装箱箱号，检查铅封是否完好，逐一圈销已装船的集装箱箱号，每工班结束后，按规定与集装箱公司船边验箱员办理交接手续。

在理箱过程中，如发现出口集装箱外表残损，应及时通知集装箱公司船边验箱员验看确认，并编制“设备交接单”。

对铅封断失的集装箱，理货人员应联系集装箱公司或集装箱单位处理，验看确认后，由理货人员重新施封，并记载在“理箱单”上。

甲板理货员应逐一记录每只集装箱的箱号，以及它们的实际装载位置，如发现集装箱破损或铅封断失，应及时通知船边理货员迅速处理。

工班结束后，理货组长应根据“理箱单”编制“日报单”，根据甲板、船边两位理货员记录的箱号和集装箱的实际积载位置，校对与“装箱单”核对过的“装船预配图”并在此基础上绘制“集装箱实际积载图”。

装船结束后，理货组长根据“理箱单”编制“理货证明书”，再将集装箱的分积载图汇制成“总积载图”和“各卸货港综合明细单(表)”。

3. 有关装船理箱的附加理箱工作

出口的附加理箱工作与进口相同。

## 六、拆箱理货和装箱理货

### (一)拆箱理货

1. 拆箱前的准备工作

理货公司在拆箱理货作业前，必须设立“单船拆箱表”。所谓“单船拆箱表”就是指把进口舱单上标明的提单号、箱号、每个提单号的总数及分箱数等有关数据，如实转移过来的一种供圈销用的台账。

2. 设立“单船拆箱表”时应注意的问题

转移进口舱单上的内容时，一定要参阅卸船理箱过程中编制的“集装箱溢短、残损单”，尤其要注意已变动过的箱号和卸船结束日期，因为此日期是投保开始计算的日期。

将各类集装箱残损和铅封断失等汇总情况，如实地转移到“单船拆箱表”上来。

设立“单船拆箱表”务求准确无误，因为该表在拆箱理货过程中将取代舱单，作为处理拆箱理货业务的主要依据之一。

另外，拆箱理货人员必须在作业前备妥有关单船资料和理货用品。

### (二)不同拆箱点的理货工作程序

不论拆箱在何地进行和采用何种操作过程，拆箱的依据都是集装箱公司(或港区)签发的“提货单”。但是，由于接货人的不同，凭“提货单”发货的方式可不同。

允许的具体方式是：

(1)当收货人或其委托人作为接货人时，一律凭“提货单”上记载的件数、标志等内容发货。

(2)当集装箱公司工作人员作为间接接货人时，可以凭集装箱公司签发的“作业计划单”、“进货运站计划单”等发货。

1. 拆箱进 CFS 作业

集装箱公司工作人员根据“提货单”编制“作业计划单”，理货公司接到“作业计划单”后应与“单船拆箱表”核对，确认其全部内容相符后，即安排理货员进行拆箱，与仓库人员进行点交点接。

拆箱进 CFS 作业时的理货作业应注意的问题是：

(1)发现非“作业计划单”上所列内容的货物，要另做“拆箱理货单”，并应尽量完整地写明货物的包装、标志、重量和发货港名称等。

(2)对上述货物，应要求仓库人员另外堆放，以便进一步复核。

(3)当数只集装箱同时作业时，如箱内货物发生溢短，则务必要查清溢出或短少货物的箱号。

2. 港区内车提作业

凭提货单发货允许的两种方式和作业时的注意事项基本同拆箱进 CFS 作业一样，但当接货人是收货人或其委托人时，如“提货单”内容与海运“提单”(正本)有出入，则应以海运“提单”为准。如“提货单”内容与“进口舱单”有出入，除危险品货物外，原则上可以接受保函。

接受保函的前提条件是：出具保函人必须具有海运“提单”(正本)或各种由发货人直接邮寄给收货人的有关单证，能从这些单证中判断该批货物确属该收货人。

保函的内容大致包括，一旦查清该批货物属于他人所有，出具保函人应将货物运回或按价赔偿损失，对于发生的这一切，理货人员不承担任何责任，等等。

3. 港区内落驳、装火车作业

凭“提货单”发货允许的第一种方式作业，注意事项同前两种作业大致相同。对这种作业，理货人员要严格把牢“提货单”上表明的件数，特别是大宗货物，交接总数应掌握在“提货单”规定的发货数之内，不能超出。

4. 市区内、外拆箱作业

该作业也是按第一种方式凭“提货单”发货，注意事项也基本相同。但是，当箱内货物说出时，理货人员原则上要在拆箱作业结束后，将溢出货物带回发箱处，不得随意采取接受保函等方式将这些货物留在拆箱点，尤其是对不同标志的货物。

### (三)拆箱作业的结束工作

每只集装箱拆箱作业结束后，理货人员要根据拆箱结果，编制“拆箱理货单”，提请接货人签认。

每日拆箱作业结束后，理货公司要及时安排人员销账，将经签认的“拆箱理货单”上的全部内容，如实转移到“单船拆箱表”上。

全船拆箱作业结束后，理货人员应根据“单船拆箱表”编制“集装箱货物溢短、残损单”。该单经公司加盖业务章后，分发给各有关单位。

### (四)理货公司提前出证业务

在拆箱理货作业中，还有一项属理货公司提前出证的业务。这是一项慎之又慎的工作，处理得好坏，将直接影响理货公司的信誉。

提前出证业务是集装箱船舶所特有的，是由于整条船舶集装箱理箱内货物过程过长而产生的。从某船第一只集装箱开始拆箱作业起，直至该船所有集装箱全部拆卸完毕，一般需要 3 个月左右的时间，这样就出现了持有某一提单的收货人未能按提单数收到全部货物，而要求出证的问题。根据理货公司《业务章程》规定，只有在全船集装箱拆卸完毕后，理货人员才能编制“集装箱货物溢短、残损单”，而不是按照每一提单分别编制的。所以在理货公司接受委托、办理货物交接手续时，为了维护委托方的正当权益，使他们能在规定的期限内提出索赔，减少损失，理货公司应安排人员做好该项工作。

(五)装箱理货

1. 装箱前的准备工作

理货公司接受装箱理货业务后，首先应了解谁是委托方，即是代表船方还是代表其他委托方参加装箱理货，以便确定是否需要制作“装箱单”。

理货公司根据装箱业务的具体情况，确定采用派人定点，还是随时派人的办法，并通知装箱单位，同他们建立必要的业务联系。

理箱作业前，理货人员应向有关方索取“装箱预配单”(该单记载内容较为简略，仅标明船名、航次、“装货单”、货名、件数、尺码号以及准备用多少 20 ft 箱数或多少 40 ft 箱数)，在有条件的情况下，装箱理货人员应根据“出口舱单”和代理公司提供的“装货清单”进行核对，检查这些单证上记载的内容是否一致。

2. 装箱理货工作程序

装箱理货人员根据“装箱须配单”，向装箱单位索取装箱资料，包括：“装货单”、“箱号清单”等，仔细核对“装箱预配单”，确认需装箱数和“箱号清单”上提供的箱数是否相符。当发现不一致时，应联系装箱单位及时查明原因。然后，理货人员按“装货单”提供的货物标志、货物件数，与装箱单位工作人员点交点接，坚持在箱边理清装箱件数，剔除残损货物。

装箱理货工作程序是：

(1)根据“装箱预配单”核对装箱货物的标志、件数、包装、重量、目的港等内容是否相符合，不相符的不能装，待联系发货单位处理后再装船。

(2)严格执行箱边理货，逐件进行检查和核对，做好件数记录，剔除残损货物。

(3)指导工人装箱积载，充分利用箱容，保障货物安全。

(4)在装箱理货过程中，要准确计算箱内货物的重量，保证 20 ft 箱的最大总重量(含货物重量和集装箱自重)不得超过 20 320 kg，40 ft 箱的最大总重量不得超过 30 480 kg，以确保运输和装卸的安全。

(5)装箱完毕后，由理货人员对集装箱施加铅封，并把铅封号填写在理货单上。集装箱施封后，如有关单位需要对集装箱再次施加铅封，则两个铅封号都应记录在理货单上。

(6)理货人员根据每箱理货结果，编制“装箱理货单”，并与装箱单位工作人员办理交接手续。

3. 装箱作业时清点装箱件数的方法

装箱作业时清点装箱件数的方法是：

(1)接受委托，以第三者身份参加装箱理货。在这种情况下，“装箱单”一般都已事先编制好，理货人员应根据“装箱单”上的内容，逐一圈销已装入箱内的货物。工班结束时，应及时编制“装箱理货单”，经发货人签认后，办妥货物交接手续。

(2)代表船方装箱理货。理货人员应根据“场站收据”上的内容，划关计数。工班结束时，应编制“装箱理货单”，同发货人办妥交接手续，并在此基础上，编制“集装箱装箱单”。

4. 装箱作业的结束工作

编制“集装箱装箱单”时，要贯彻按货物进箱的先后顺序来排列“装货单”号的原则，以便为卸货港拆箱时提供方便。

理货公司要安排人员整理现场提供的“装箱理货单”和“集装箱装箱单”，根据装箱单批注“装货单”，然后把全部程序纳入集装箱的理箱工序，让装箱和理箱两道工序有机地结合起来。

**链接——集装箱理货工作的业务范围**

1. 航行国际航线船舶在我国港口装卸集装箱的理箱工作；

2. 对船方负责箱内货物的集装箱，代表船方办理集装箱装拆箱时的货物理货业务；

3. 接受收、发货人或国内外各单位委托，以第三者公证人身份，办理集装箱在各地装拆箱时的货物理货业务。

## 第三节　集装箱货损事故及主要原因

### 一、集装箱货损事故产生的主要原因

集装箱货损事故产生的原因是多方面的，主要原因简述如下：

1. 货物本身或包装方面存在的缺陷

例如：木板箱包装没有足够的强度，造成木箱破损、货物倒塌。又如进口采用“门到门”运输方式的奶粉，因其包装纸太薄，在拆箱时造成破损。还有装箱配载时忽视了货物可能产生的互抵性，造成箱内不同性质的货物相互损害等。

2. 集装箱本身的缺陷

由于集装箱自身结构材料或设备的不足，以及操作不当也可能造成货损。如：因集装箱防雨密封性能不良、附属器具不良、箱内清扫不彻底、选用不适货的集装箱等造成对箱内货物的货损。

3. 货物装毕封箱或开箱取货不当

货物装毕封箱或掏箱取货不当主要是指由于工作人员对业务知识或工作经验缺乏，在操作时导致货物损坏。例如，箱门密封垫损坏或损缺，或密封垫老化等原因造成箱门不密封而使箱内货物受潮损坏。

4. 箱内货物积载或系固不当

集装箱在运输过程中不断地受到振动、颠簸和摇晃，装在箱内的货物如果缺乏必要的绑扎、衬垫和加固，或者重量分布不均匀，一旦遇上大风浪，都会在急剧移动中产生相互撞击和摩擦，导致货物受损。

5. 运输途中对温度、湿度的变化考虑不周

在众多影响货物质量的因素中，周围空气的温、湿度是最重要的，它会引起货物自身的物理变化，使货物受损，而集装箱运输是国际性的，要经过热带、温带和寒带，周围的气候变化很大。

6. 集装箱种类选择不当

需装在封闭式集装箱内的货物而选择了开顶集装箱，结果造成货物损坏。例如运输钢铁制品采用开顶集装箱但没有采取遮盖物遮盖而导致货物生锈。

7. 集装箱内货物被盗

如由于封箱铅封等原因导致集装箱箱内货物被盗等。

8. 集装箱处理不当及外来事故

例如，装卸作业中的碰撞、破损、跌落等，航海运输中的箱位移动、海水侵入、积载不当、加固不良、暴风雨袭击等，陆路运输中的装载、加固不当或发生交通事故等，还有因保管不善引起的，如堆场里的集装箱，上层空箱由于受台风影响而发生移位现象，擦伤下层集装箱的箱顶以及诸多的偷盗灭失、错装误发，等等。

9. 集装箱装卸操作中的问题

由于操作人员的技术不精良、操作不熟练而发生的货损事故等。例如，吊运作业中集装箱发生碰撞而导致箱体受损等。

10. 由于偶然性事故的发生

不可抗力等原因造成的事故，例如，集装箱堆场遭受台风影响，集装箱货堆上层空箱发生位移，导致下层集装箱箱顶破损而使箱内货物受损。

## 二、集装箱保险

为了减少由于集装箱货损事故造成的损失，通常采用对集装箱和集装箱货物保险的措施。

1. 集装箱保险类别

集装箱保险的险别有：

(1)全损险。针对集装箱全部损失的保险。

(2)综合险。针对集装箱全部损失或部分损失的保险。例如，沉没、触礁、搁浅、碰撞引起的，陆上或空中运输工具的碰撞、倾覆及其他意外事故，外来的火灾、爆炸等引起的。

2. 集装箱保险的除外责任

集装箱保险的除外责任是指在下列情况下，保险公司可免除责任：

(1)由于集装箱不符合国际标准或因其内在缺陷或特性以及工人罢工等引起的损失和费用。

(2)正常磨损及修理费用。

(3)集装箱战争险条款规定的承保责任和除外责任及费用。

(4)与投保集装箱经营有关的或由其引起的第三者责任和费用。

3. 保险的责任起讫

定期保险，起止时间以保险单规定的日期为准。

4. 保险赔款

保险的赔款额应按下列因素确定：

(1)集装箱全损时，全部赔付。

(2)集装箱部分损失时，部分赔付修理或作为推定全损处理。

(3)赔付保险费后，追赔权属保险公司。

## 三、集装箱货物保险

对集装箱货物保险的责任应做以下认定：

(1)进口集装箱货物运输保险责任按原运输保险单责任范围负责，但保险责任至原保险单载明的目的港收货人仓库终止。

(2)集装箱货物运抵目的港，原箱未经启封而转运内地的，其保险责任至转运目的地的收货人仓库终止。

(3)如集装箱货物运抵目的港或目的港集装箱转运站，经启封开箱，全部或部分箱内货物仍需继续转运内地时，被保险人或其代理人必须征得目的港保险公司同意，按原保险条件和保险金额加批加费手续后，保险责任可至转运单上标明的目的地收货人仓库终止。

(4)集装箱在目的港转运站收货人仓库或转运至目的地收货人仓库，被发现箱体明显损坏或铅封被损坏或灭失，或铅封号码与提单、发票所列号码不符时，被保险人或其代理人或收货人应保留现场，保存原铅封，并立即通知当地保险公司进行联合检查。

(5)凡集装箱箱体无明显损坏,铅封完整,经启封开箱后发现内装货物数量、规格等与合同规定不符,或因积载或配载不当所致的残损,不属保险责任。

(6)进口集装箱货物残损或短缺涉及承运人或第三者责任的,被保险人有义务先向有关承运人或第三者取证,进行索赔和保留追索权。

(7)装载货物的集装箱必须具有合格的检验证书,如集装箱因不适货而造成的货物残损或短少,不属保险责任。

## 四、集装箱货运事故的理赔和索赔

理赔是指受理他人提出的事故经济损失的责任赔偿的事务性处理工作;索赔是指向他人提出的因事故造成经济损失的追索经济补偿的事务性处理事宜。也就是说,一旦事故发生,当事人之间也可能涉及负有连带责任的第三方之间将进行事故善后处理的全过程,称为理/索赔过程。负有责任赔偿或经济给付的一方称为理赔方;享有经济补偿或责任赔偿的权利一方称为索赔方;既是理赔方又是索赔方的一方,称为负有连带责任的第三方。在此说明第三方虽与事故发生直接的因果关系,但在经济赔偿上,往往会因合约或协议的免除责任、限额赔付等免赔条件或虽受权利转让后追偿不足等事实而遭受一定的经济损失。

### (一)事故处理和施救措施

对集装箱码头,无论采取多么完善的安全防范措施,总是会有事故发生的。即使码头不发生负有责任的意外事件,不会造成他人损失,但他人在装卸作业过程中,总难免会发生事故。

一旦事故发生,集装箱码头应进行以下事故处理工作:

(1)保护现场,维护秩序,拍摄现场,事实记载。

(2)事故责任部门或涉及者应立即向上一级主管部门报告。

(3)召开事故分析会。

(4)通知事故涉及方,负有保险责任者,也应及时通知保险人。

(5)采取行之有效的施救措施,减少事故损失,不致损失扩大。

(6)当事人之间约定事故损失,不能约定者可请第三者参与。

(7)确定事故责任,按责任承担经济赔偿。

(8)码头责任者根据责任大小、有关法律条文及定损公估报告等事实依据,给予赔付。

(9)事故类别涉及相关的风险责任保险的,编制向保险人提出经济补偿的索赔报告,并根据保险合约追索应该享有的损失补偿和经济给付的权利。

(10)根据事故分析报告,落实相应的整改和防范措施,踏踏实实抓好安全生产,杜绝重复事故,遏制重大、大事故的发生。

在进行事故处理的同时,应积极对伤员进行医疗救助。

(二)事故经济损失的计算内容

事故的经济损失分两种:一种是直接损失,另一种是间接损失。间接损失在一般的情况下不予计算在内,例如因事故发生而影响的利润收入以及影响第三方以外的经济收入(另有约定的除外)。

直接损失是指:

(1)事故本身的实质性的物资损害。

(2)事故保护、整理、抢救等施救费用。

(3)修理费以及因修理而产生的其他必要费用。

(4)定损公估鉴定费。

(5)事故处理的必要的行政开支。

(6)银行贷款利息。

(7)如需重新进口的物资,则增加运输费、保险费、理货费,检验费、仓储费等相关费用。

(8)如诉至法院或提至仲裁机构的,尚发生律师费、诉讼费以及其他必要的合理费用。

(9)事故发生之前,当事人已同第二方订有合约、协议者,其违约责任也应计算在内。然而,虽有违约的存在,但尚未产生或可以补救以致无任何经济损失的,可以不计。

(10)人身意外伤害伤亡的,则涉及抢救费、医疗费、医药费、丧葬费、抚恤费、抚养费或伤残补贴费、营养费、误工费、护理费、生活困难补助费等相关费用。

(三)理/索赔材料

合同成立通常有两种形式,一种是口头合同,另一种是书面合同。在事故处理的理/索赔过程中,口头承诺、口头合同一般不予采纳和接受。所以在事故处理和交涉中必须以书面材料进行交换沟通,当事人之间互相收集、提供、整理归卷入档,以便历史审查。

理/索赔的材料包括:

(1)事故的现场记载。内容要求原始、真实。

(2)现场录像、拍照。要求:前后、左右、上下各种角度拍摄。

(3)事故报告。详细说明其事故发生的日期时间、地点环境、当事人、涉及者、事故原因、损害品名、目测损坏或伤害程度、初步处理意见。

(4)商检的检验报告或公估行的鉴定报告或理货报告等。

(5)事故损失的物体清单、价值、合同、发票等有效凭证。

(6)向责任方追索赔偿的索赔报告或受理损失方提出赔偿给付的理赔报告。

(7)如果是货损、货差、箱损、箱差、机损、船损事故,则需进出口仓单、装箱单、船舶规范等日常业务流转的有关单据。

(8)道路交通事故，尚需公安局交警机关的责任认定书、裁决书、调解书、损失清单等有关费用单据。

(9)人身伤亡需医疗报告、病史记录、医药费凭证、伤残、死亡等医院证明。

(10)与事故发生和事故损失，或在事故处理中有因果关系的各种有效凭证，等等。

(四)索赔操作程序

在理/索赔操作过程中，要将事故的经济损失缩小到最低限度，必须注意其操作程序，必要时还需进行适当的技术性处理。目前，就码头的理赔而言，事故一发生，应立即通知事故损失方、保险人等有关单位，进行现场查看，确定损坏或损失事实，然后对损害的主体进行检查、鉴定、测试、定损。如损害主体是物体的，该修理恢复的立即修理，该重新购买或进口的则购买或进口。如损害主体是人身的，应住院医疗或医治至康复。如伤残或死亡的，则根据政府有关赔偿规定办理。最后由受损方向码头出具索赔报告。如码头在该事故中，确系事故的责任者，就应按事故的责任大小进行比例赔付，如能采取码头服务条款或运用海运提单背书条款或政府机构的有关法律规定的有限责任者就进行限额责任赔付。

如该事故类别系码头责任保险的，应编制索赔报告，将该码头赔付金额损失向保险人提出补偿，直至码头得到保险人的赔偿给付为止。但在此过程中值得一提的是：如该事故的损害主体原已购买相关的风险责任保险，其受损方应首先向该损害主体的保险人提出索赔。由其保险人首先对该损害主体作出赔偿，同时由得到赔偿的受损方出具其权益转让书给保险人，然后由该保险人凭该权益转让书和有关赔偿凭证向码头提出追偿。码头根据国际惯例或经协商进行一次性的协议赔偿。随后，码头仍可按协议赔偿的损失金额向负有码头操作风险责任的保险人提出经济补偿，保险人将根据同码头间的合约扣除免赔额后赔付给码头。

索赔程序则与理赔程序相反，码头地位则处于事故的受损方，所以，一旦受损事故的发生，除施救和收集有关证人、证词或事实证据、物权凭证、残损记录、货损价值等有关技术部门的测定报告外，尚需编制一份严密的具有事实依据的合情合理的索赔报告，向事故责任方提出全额赔偿。当然，也可以向码头的责任保险人提出索赔。但应注意的是，如向其保险人提出索赔，得遭受保险合约中的免赔额损失，所以一般不急于采纳，除非该事故的责任方无能力赔偿或得不到应付的损失赔偿。

(五)索赔时效

当发生集装箱装卸或业务操作进行中的行为或自然灾害和外来的意外原因导致的任何事故或事件，任何一方都应以书面形式及时通知另一方。经事故施救、损失鉴定、分清责任、确定损失程度后，就应该及时向责任方或保险人提出索赔。如延误索赔时间，将会受到时效限制，受损方将由此而增加麻烦或蒙受更大的损失。

索赔时效是指：

(1)财产保险项下的资产物资遭受损失之日起，必须在1年内提出索赔，如遭盗窃应在通知保险人后 10 天内提出索赔请求。

(2)海洋运输的保险货物，从被保险货物在最后卸载港全部卸离远洋海轮后起算，向保险人提出索赔最多不超过 2 年。

(3)向承运人提出索赔，最多不得超过 1 年；在时效期间内或者时效期间届满后，要向第三人提出追偿请求的，时效期间为 90 天。

(4)属于集装箱码头责任造成货物或船舶损失的，从码头编制货运记录或船损记录的次日起，不超过 180 天；涉及国外的则不超过 1 年(另有合约或法律规定的除外)。

(5)码头道路交通事故的保险车辆自事故车辆修验或交通民警对事故处理结果之日起 3 个月内，不提出索赔或不提供各种必要大单证，即视作自愿放弃权益。

(6)码头员工的人身意外伤害应在事故发生之日起 30 天内通知保险人，2 年内必须书面形式提出索赔申请，否则作自动放弃权益处理。

(7)当事人之间相互索取各项违约金、滞纳金、速遣奖金或滞期费的时效，均按有关规定，或当事人之间约定办理。

**链接——集装箱货损事故发生的主要原因**

1. 货物本身或包装方面存在的缺陷。
2. 集装箱本身的缺陷。
3. 货物装毕封箱或开箱取货不当。
4. 箱内货物积载或系固不当。
5. 运输途中对温、湿度的变化考虑不周。
6. 集装箱种类选择不当。
7. 集装箱内货物被盗。
8. 集装箱处理不当及外来事故。
9. 集装箱装卸操作中的问题。
10. 由于偶然性事故的发生。

**案例——传真件发货引起的纠纷案**

1995 年 11 月，韩国某银行开出一金额为 28 万美元的假远期信用证，通过南阳市 A 行通知，受益人为某土产制品公司。发货前，受益人就租船问题曾多次要求买方将信用证上的目的港由昆山改为仁川，但直至最后装船期，通知行和受益人均未收到信用证修改的正本，无奈在已超过最后装船期的情况下，受益人凭申请人的已盖有银行受理章的信用证修改申请书传真件匆忙发货，并倒签提单，随后马上将全套装船单据传真申请人。12 月 25 日，受益人持同一证下两套单据交通知行办理议付，其中一套金额为 USD70 560.00，通知行即议付行认真审核单据后，发现单据不符点太多，退回受益人改单。1996 年 1 月 5 日受益人持修改后的发票、装箱单等单据重交议付行，并通报议付行买方已提货，由于目的港与信用证规定的不一致，企业向银行出具保函，这时信用证效期已过，银行的 7 个工作日合理审单时间已用足，议付行在没有时间向开证行电提不符点的情况下，分别寄单和汇票至开证行和偿付行。1 月 12 日，议付行收到偿付行偿付货款。1 月 18 日，开证行发来拒付电传，指出由于目的港与信用证不符，要求退还已付货款 USD 70 560.00，并称单据留存，听候议付行指示，另一票货款不再追偿。

接到开证行拒付电后，议付行立即与受益人取得联系，企业经理专程赴韩国解决此事，未果而返，后又委托在韩国的代理协助调查此事。这期间，开证行曾多次发电要求退款，议付行经认真审核，觉得开证行确实按照 UCP500 第 14 条 d 款的规定，在合理时间内提出拒付，而且受益人提交单据上不符点毋庸置疑，在没有得到开证申请人确凿提货证明的情况下，议付行一方面致电开证行答应在开证行退回全部单据后退款；另一方面，通过受益人在韩国的代理继续了解情况。很快韩国代理通过其他渠道从韩国海关拿到了盖有银行担保章，开证行要求退款的这一票的发票、提单和此信用证项下另一票的担保提货书及其他单据影印件共 5 份，议付行收到这些单据传真件后，立即回传开证行，并发电要求其调查此事。同时，由于开证行未将单据退全，议付行一直没有退款。5 月 23 日，开证行复电议付行称其确实出具担保提货书给申请人，但随后很快就收回。在掌握申请人确已提货的情况下，议付行抓住开证行回复电传中出具提货担保书这一关键点，立即电告开证行出具提货担保书这一事实，就丧失了提不符点的权利，应该无条件地付款，同时正告开证行声明保留索赔的权利，要求开证行给予真诚的合作，避免给两行之间的友好关系造成大的伤害。经议付行的据理力争，开证行自此以后一直保持沉默，不再提退款之事。

[案例要点]

1. 收益人盲目凭申请人的信用证修改申请书传真件并匆忙发货。

2. 货物本身存在质量问题。

3. 开证行错误地出具提货担保后又拒付。

4. 议付行接到重大不符点的单据时应先向开证行电提不符点，得到认可后再寄单以保证安全收汇。

[要点评析]

导致上述纠纷主要是由于受益人盲目凭申请人的信用证修改申请书传真件匆忙发货，再加之本身的货物质量有问题，又不愿意赔偿，跳进对方设置的圈套，才导致被动，幸亏由于开证行错误地出具提货担保书后又拒付，再加上银行的密切配合，最后才没有造成大的后果。

UCP500 第 9 条 d 款规定，未经开证行、保兑行（如已保兑）及受益人同意，不可撤销信用证不得修改也不得撤销。受益人提出改证后，开证申请人把信用证修改申请书传过来，同意受益人改证要求，与开证行无关，这是买卖双方之间的事，对开证行而言，这是无效行为，信用证仍未修改。议付行和开证行仍按信用证原条款审单，必然造成单证不符。我们应从本案例吸取教训，受益人只有在收到开证行改证后，按质发货，制单时严格遵循 UCP500 要求，做到单证、单单一致，才能确保安全收回货款，避免不必要的纠纷，切不要听信申请人的一面之词，凭其申请书或保函盲目出货，造成单证不符，给申请人授之以把柄、造成损失。

## [思考题]

1. 装箱租赁的方式有几种？
2. 集装箱租赁合同应包括哪些内容？
3. 集装箱理货的原则是什么？
4. 集装箱理货工作涉及哪些业务范围？
5. 集装箱货损事故发生的主要原因是什么？

# 第八章 集装箱进出口运输业务

## 第一节 集装箱出口运输业务流程

### 一、集装箱出口货运基本程序

1. 订舱

发货人应根据贸易合同或信用证条款的规定，在货物托运之前一定的时间内，填制订舱单向船公司或其代理人，或经营运输的其他人申请订舱。通常发货人委托货运代理人办理有关事宜。

2. 接受托运申请

船公司或其代理人，或负责运输的其他人在决定是否接受发货人的托运申请时，首先要考虑其航线、船舶、运输要求、港口条件、运输时间等方面能否满足发货人的要求。一旦接受托运申请后，应着手编制订舱清单，然后分送集装箱码头堆场、集装箱货运站，据此办理空箱及货运交接。

3. 发放空箱

通常，在整箱货运输时空箱由发货人到集装箱码头堆场领取，拼箱货运输则由集装箱货运站负责领取。在由发货人到集装箱码头堆场领取空箱时，发货人与集装箱码头堆场对空箱办理交接，并填制设备交接单。

4. 拼箱货装箱

发货人将不足一整箱的货物交由集装箱货运站，并由货运站根据订舱清单的资料，核对货主填写的场站收据，负责整理装箱。

5. 整箱货交接

由发货人自行负责装箱并加海关封志的整箱货，通过内陆运输运至集装箱码头堆场，并由码头堆场根据订舱清单，核对场站收据和装箱单接收货物。

6. 集装箱交接签证

集装箱码头堆场在验收货箱后，即在场站收据上签字，并将签署的场站收据交还给发货人并由发货人据此换取提单。

7. 换取提单

发货人凭经签署的场站收据，向负责集装箱运输的人或其代理人换取提单，然后去银行结汇。

8. 装船

集装箱码头堆场或集装箱装卸区根据接受待装的货箱情况，制订出装船计划，等船靠泊后即行装船。

## 二、集装箱出口拼箱货货运流程

集装箱出口拼箱货是指接受客户尺码或重量达不到整箱要求的小批量货物，把不同收货人、同一卸货港的货物集中起来，拼凑成一个 20 ft 或 40 ft 整箱，即形成拼箱货，这种拼箱作业，我们也称为集拼。

集拼业务通常由货运代理进行。从事集拼业务的国际货运代理企业由于其签发了自己的提单(House B/L)，故通常被货方视为承运人(集装箱运输下承运人的概念是指：凡有权签发提单，并对运输负有责任的人)。

集拼业务的操作比较复杂，先要区别货种，合理组合，待拼成一个 20 ft 或 40 ft 箱时可以向船公司或其代理人订舱。

集拼货的每票货物各编制一套托运单(场站收据)，附于一套汇总的托运单(场站收据)上，例如有五票货物拼成一个整箱，这五票货须分别按其货名、数量、包装、重量、尺码等各自编制托运单(场站收据)，另外编制一套总的托运单(场站收据)，货名可做成"集拼货物"，数量是总的件数，重量、尺码都是五票货的汇总数，目的港是统一的，关单(提单)号也是统一的编号，但五票分单的关单(提单)号则在这个统一编号之尾缀以 A、B、C、D、E 以资区分，货物出运后船公司或其代理人按总单签一份海运提单(Ocean B/L)，托运人是货代公司，收货人是货代公司的卸货港代理人，然后，货代公司根据海运提单，按五票货的托运单(场站收据)内容签发五份仓至仓提单(House B/L)，House B/L 编号按海运提单号，尾部分别缀以 A、B、C、D、E，其内容则与各该托运单(场站收据)相一致，分发给各托运单位银行结汇之用。

另一方面货代公司须将船公司或其代理人签发给他的海运提单正本连同自签的各 House B/L 副本快寄其卸货港代理人，代理人在船到时向船方提供海运提单正本，提取该集装箱到自己的货运站(CFS)拆箱，通知 House B/L 中各个收货人持正本 House B/L 前来提货。

集拼业务票数越多，处理难度越大，有时其中一票货的数量发生变更往往牵涉整箱货的出运，所以在处理中要倍加审慎。

图 8-1 为集装箱出口拼箱货货运流程图。

## 三、集装箱整箱货出口业务流程

集装箱整箱货出口业务流程图如图 8-2 所示。

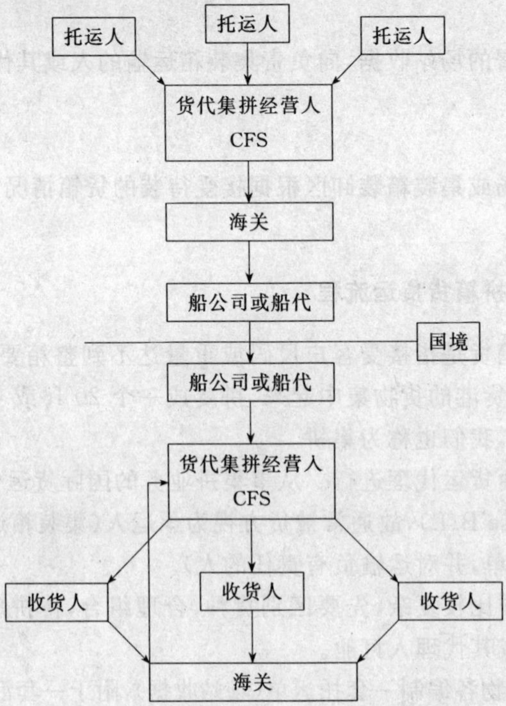


图 8-1 集装箱出口拼箱货货运流程图

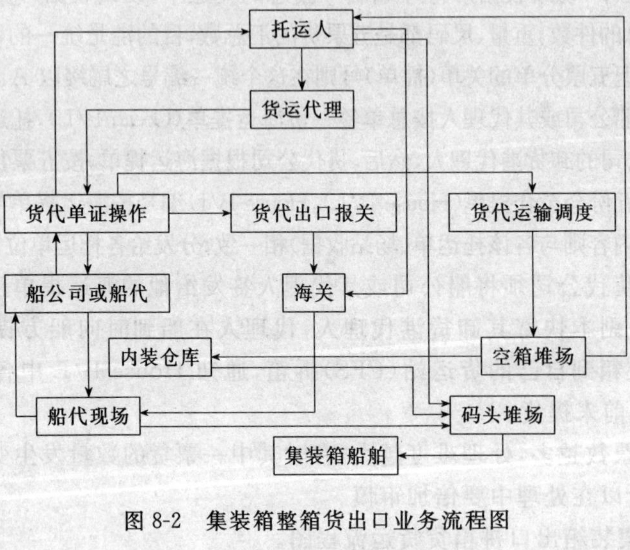


图 8-2 集装箱整箱货出口业务流程图

整箱货出口货业务流程是：

(1)托运人与货代建立货运代理关系。

(2)货代单证操作部门填写托运单证，向船公司或船代订舱。

(3)订舱后，货代将有关订舱信息通知托运人。船代准备预配清单，通知船代现场准备集装箱设备交接单 EIR。

(4)托运人自己安排集装箱装箱及运输的，则由托运人根据订舱信息向船代现场领取 EIR，到空箱堆场提取空箱。在装箱后由装箱人制作集装箱装箱单 CLP，并按照船代重箱进港要求将重箱送到码头堆场待运。

(5)货代安排到托运人指定门点装箱的，则由货代运输调度部门安排向船代现场领取 EIR，到空箱堆场提取空箱，在托运人的指定门点装箱后，由装箱人制作集装箱装箱单 CLP，并按照船代重箱进港要求将重箱送到码头堆场待运。

(6)托运人将货物送到货代指定货运站 CFS 做内装箱的，则由货代运输调度向船代现场领取 EIR，到空箱堆场提取空箱。在货代货运站 CFS 装箱后，由装箱人制作集装箱装箱单 CLP，并按照船代重箱进港要求将重箱送到码头堆场待运。

(7)托运人自己报关的，则托运人在报关成功后，及时将有关单证送交船代现场。

(8)货代代为报关的，在报关成功后，及时将有关单证送交船代现场。

(9)船代现场根据货物报关、进港的实际情况安排码头堆场配载。

(10)集装箱装船后，船代现场将 D/R 正本返回船代。

(11)货代向船代申领提单。

(12)货代向托运人交付提单。

## 四、出口退关处理

货主委托货运代理人订妥舱位并办妥通关手续或者货已集港，但在装运过程中因故中止装运叫做退关。

退关的因素多种多样，有的是由于委托单位货未备妥备齐或信用证没有如期开到；有的是由于单证误差不能及时更正或补齐，例如集装箱装箱单与场站收据对不上号或内容歧义港区无法配载；有的是货已进港，通关时单证不全或存在问题，海关不予放行；也有的是船公司超载配舱或船只漏装造成退关。

发生退关后除弄清情况、分清责任外，当务之急是迅速做好善后处理。

### 1. 退关单证处理

属于委托单位主动提出退关的，货运代理人在接到委托方通知后须尽快通知船公司或其代理人以便对方在有关单证上注销此批货物，并下达港区现场理货人员注销场站收据或装货单；另一方面货运代理人须向海关办理退关手续，将注销的报关单及相关单证(外汇核销单、出口许可证、商检证件、来料或进料登记手册等)尽早取回退还委托方。如不属于委托单位主动提出退关而由于船方、港方或海关手续不完备等各种原因造成退关的，货运代理人在办理以上单证手续前先须通知委托方说明情况并听取处理意见。

### 2. 退关货物处理

(1)通关后如货物尚未进入港区,货运代理人须分别通知发货人、集卡车队、装箱点停止发久派车及装箱;

(2)货物已经进入港区,如退关后不再出运,须向港区申请,结清货物在港区的堆存费用把货物拉出港区拆箱后送还发货人;

(3)退关后如准备该船下一航次或原船公司的其他航班随后出运,则暂留港区,待装下一航次或其他航班的船(限同一港区作业);

(4)如换装另一船公司的船只,则因各船公司一般只接受本公司的集装箱,此种情况下,须将货物拉出港区换装集装箱后再送作业港区。

退关处理极为麻烦,货运代理人在处理此项工作时需要注意的是:

(1)必须抓紧时间,跟踪处理,不可延缓;

(2)对委托方提出的退关要求应采取积极配合的态度,但不宜轻率作出承诺,因为现场装船时间很紧,情况多变,往往不易控制;

(3)内外各部门、各环节之间除电话联系外,还须作书面通知,从时间界线上划清责任。

## 五、集装箱整箱货出口漏装

整箱货出口漏装是指整箱货物重箱进港报关成功后,因船舶超载、船舶吃水、码头作业等非托运人原因造成货物未装上预先订舱配载船舶的货运事件。

在整箱漏装发生后,要求货运代理人应及时与托运人、船公司或船代取得联系,听取托运人和承运人双方对漏装事件的处理意见,积极沟通和协调双方利益。在取得托运人的书面处理意见后,迅速处理漏装货物的后续操作事宜。

1. 漏装操作

托运人同意由原船公司或船代将漏装货物安排在同一港区,由下一班船装船出运的,货运代理人负责将盖有海关放行章的场站收据副本联统一交船公司或船代,由其制作整船漏装清单,到海关办理相关货物放行手续。托运人不必重新报关,货物则留在港区待装下一班船。通常情况下,船公司或船代负担漏装货物在港区的堆存费、搬移费、海关单证费等费用。也有例外情况,则依据船公司或船代与托运人之间的协商结果办理。

2. 改配操作

托运人决定换装其他承运人的船,或由原船公司在其他港区码头的其他船出运的,则货运代理人需及时向海关办理退关手续,将注销的报关单及相关单证尽早取回后退还托运人。在向港区办理申请手续并缴纳相关费用后,安排将重箱拉出。若仍配原船公司船出运,则按照重新订舱的程序安排货运。在征得船公司同意的情况下,可以使用原集装箱,不必重新提取空箱进行货物捣箱作业;须注意,集装箱装箱单仍需重新制作。若托运人准备另行安排货运委托事宜,则货运代理人在安排拆箱后将货物交还托运人，拆箱后的空箱返还原船公司集装箱堆场。至于产生的费用结算事宜，则依据船公司或船代和托运人之间的协商结果办理。

**链接——集装箱出口货运程序**

订舱、接受托运申请、发放空箱、拼箱货装箱、整箱货交接、集装箱交接签证、换取提单、装船。

## 第二节　集装箱进口运输业务流程

### 一、集装箱进口基本货运程序

完整的海运进口业务是指从国外接货开始，安排装船，安排运输、代办保险，直至货物运到我国港口后的卸货、接运、报关、报验、转运等一系列作业过程。集装箱进口业务涉及多种运输方式的承运人、有关的港口当局、装卸部门以及海关和检验检疫等行政管理部门，所涉及货物的品种也是大小不一，品种各异，还包括危险品剧毒品甚至放射性物品，原材料商品更是动辄万吨，为了保证货运代理业务的顺利完成，必须具备较广的知识面，否则就会发生巨大的事故和严重的损失。

1. 货运代理人接受委托

货运代理人与货主双方建立的委托关系可以是长期的，也可以是就某一批货物而签订的。在建立了长期代理关系的情况下，委托人往往会把代理人写在合同的一些条款中，这样，国外发货人在履行合约有关运输部分时会直接与代理人联系，有助于提高工作效率和避免联系脱节的现象发生。

2. 卸货地订舱

如果货物以 FOB 价格条件成交，货代接受收货人委托后，就负有租船订舱的责任，并有将船名、装船期通知发货人的义务。特别是在采用特殊集装箱运输时，更应尽早预订舱位。

3. 接运工作

接运工作要做到及时、迅速。

4. 报关、报验

根据国家有关法律、法规的规定，进口货物必须办理验放手续后，收货人才能提取货物。因此，必须及时办理有关报关、报验手续。

5. 监管转运

进口货物入境后，一般在港口报关放行后再内运，但经收货人要求，经海关核准也可运往另一设关地点办理海关手续，称为转关运输货物，属于海关监管货物。

办理转关运输的进境地申报人必须持有海关颁发的《转关登记手册》，承运转关运输货物的承运单位必须是经海关核准的运输企业，持有《转关运输准载证》监管货物在到达地申报时，必须递交进境地海关转关关封，《转关登记手册》和《转关运输准载证》，申报必须及时，并由海关签发回执，交进境地海关。

6. 提取货物

货运代理人向货主交货有两种情况，一是象征性交货，即以单证交接，货物到港经海关验收，并在提货单上加盖海关放行章，将该提货单交给货主，即为交货完毕。二是实际性交货，即除完成报关放行外，货运代理人负责向港口装卸区办理提货，并负责将货物运至货主指定地点，交给货主，集装箱运输中的整箱货通常还需要负责空箱的还箱工作。以上两种交货，都应做好交货工作的记录。

在作为装货地从事集拼业务的货运代理企业在卸货地的代理人从事分拨业务的情况下，货运代理人应注意及时提取整箱货拆箱，并办理有关手续，同时向收货人发出提货通知，正确无误地根据 House B/L 签发提货单。

集装箱整箱货进口业务流程图如图 8-3 所示。

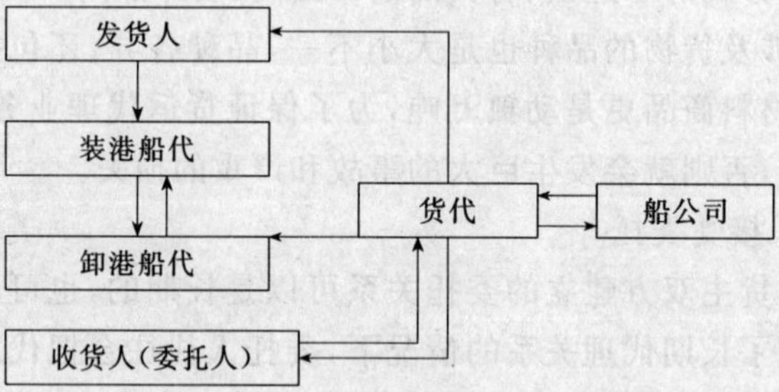


图 8-3 集装箱整箱货进口业务流程图

## 二、卸货地订舱

卸货地订舱是进口货物运输工作的第一步，委托人需提供有关托运物品的一切细节，通常要求委托人在交货期一个月前填写《进口订舱联系单》。

由于订舱联系单是货运代理人安排运输的重要依据，所列项目必须完整、正确地填写。

订舱单所需份数根据具体情况而定。

货运代理人接到订舱单后就承担了安排运输的责任。

订舱是一种契约行为，一方报价，经过双方运价及条件的商议，另一方表示接受，契约即告成立。托运人提出订舱，其订舱单经船公司或其代理人注上船名航次，退还托运人，契约也即告成立，双方就有义务承担各自的责任，船方有义务准时派船来受载，货方也有义务准时把货送去装船。

## 三、订舱的途径和方法

具体做法是制作“货单”，其内容都来自“进口货物订舱联系单”按照装货港口或地区分别制作，并分寄各有关船公司，船公司即据此配载，以后确认订妥的船只及装期或者联系解决存在的问题。

## 四、装　船

订舱工作完成之后，下一步工作当然是按照装期进行装船工作。由于买方不可能遍设自己的代表，而且在习惯上也是由发货人与船方进行交接，所以，实践中大多由发货人与船方进行货物的交接工作，因此，有必要委派监装代理人。监装代理人作为货主的代表，将依法维护货方的利益。

作为称职的货运代理人还应该关心在途中的货物，应要求船东按时报告船舶位置；对于班轮承运的货物如果需要转运的，应该关注其及时转船。总之做好订舱工作必须关注货物的运输过程，即使发生了意外事故，也可以及时得到解决，使委托人的利益得到更好的保护。

**链接——集装箱进口货运程序**

货运代理人接受委托、卸货地订舱、接运工作、报关、报验、监管转运、提取货物。

**案例——集装箱拆箱、疏运及内陆堆场交货业务**

**一、拆箱交货业务**

拆箱交货时，货物集散型的内陆港口站，在货运进口货运中的主要业务与要求一般为：

1. 做好交货准备工作

集装箱货运站在船舶抵港前，应从船公司或船代处获得有关单证，包括提单副本、货物舱单、装箱单、货物残损的报告和特殊货物表等。在船舶进港时间、卸船和堆场计划确定后，货运站应与码头堆场联系，确定提取拼箱集装箱的时间，并制定拆箱交货计划，做好拆箱交货的准备工作。

2. 发出交货通知

货运站应根据拆箱交货计划，及时向各收货人发出交货日期的通知。

3. 从堆场领取载货的集装箱

与码头堆场联系后，货运站即可从堆场（码头或内陆）领取载货集装箱，并办理设备交接单或内部交接手续。

4. 拆箱交货及还箱

从箱内取出货物，一般按装箱单记载顺序进行，取出的货物应按票堆存。拆箱后应将空箱尽快还给堆场，并办理设备交接单或内部交接手续。货运站代表承运人向收货人交付货物。收货人领货时，应出具船公司或其他运输经营人签发的、海关放行的提货单(交货记录)，货运站核对票、货无误后，即可交付货物。交货时，应与收货人在交货记录上签字，如有异常，应在交货记录上注明。

5. 收取有关费用

交付货物时，货运站应查核所交付的货物在站期间是否发生保管、再次搬运等费用，如发生，则应在收取费用后交付货物。

6. 制作交货报告与未交货报告

集装箱货运站在交货工作结束后，应根据货物交付情况制作交货报告和未交货报告，并寄送给船公司或其他运输经营人，作为他们处理损害赔偿、催提等的依据。

### 二、疏运及内陆堆场交货业务

集装箱货物由船上卸到码头堆场后，如需要继续运输(大多是联运货物)，码头堆场应根据其流向，统一组织到各内陆港站的运输。由于各内陆港站距离港口较远，集装箱货物的疏运大多通过铁路，采用专列、快班车或整车形式运输。

集装箱货物通过铁路专用线运达后，内陆港站的主要业务及要求有：

1. 接受有关单证，做好接、卸准备工作。
2. 办理货物交接，组织卸车，并把货物运至堆场堆放。
3. 在堆场交付货物。
4. 对需要继续运输的货物统一组织，做进一步疏运工作。
5. 回收空箱。

## [思考题]

1. 写出集装箱出口货运基本程序？
2. 什么叫集拼作业？
3. 写出集装箱进口货运基本程序？
4. 集装箱整箱货出口漏装是怎样造成的？
5. 集装箱出口退关如何处理？

# 第九章 集装箱货物运费的计收

## 第一节 集装箱货物运费基本结构

### 一、集装箱运费与运价的概念

集装箱运费是指承运人对运送集装箱与集装箱货物向托运人收取的运费。

集装箱货物在国际多式联运下，由于承运人对货物的风险和责任有所扩大，因此，集装箱的运价一般包括从装船港承运人码头堆场或货运站至卸船港承运人码头堆场或货运站的全过程费用，如由承运人负责安排全程运输，所收取的运价中还应包括内陆运输的费用。但从总的方面来说，集装箱运价仍是海运运价加上各种与集装箱运输有关的费用而组成，这是集装箱运价构成的基本概念。

### 二、集装箱运费的组成

#### (一)海运运费

从集装箱船舶运输公司的优越性看，如将海上运费当作运输的等价物，那么，集装箱船可收取高于普通船运输的运费。但从目前的收费情况看，除有特殊规定外，基本上仍是按所运货物的运费吨所规定的费率计收，这与普通船货物运费的计收方法基本相一致。目前，集装箱货物运费计收所依据的运价本主要有两种，一种是班轮公会运价本，另一种是船公司运价本。

#### (二)堆场服务费

堆场服务费也叫码头服务费，包括在装船港堆场接收出口的整箱货，以及堆存和搬运至装卸桥下的费用。同样，在卸船港包括从装卸桥下接收进口箱，以及将箱子搬运至堆场和堆存的费用，也一并包括在装卸港的有关单证费用。堆场服务费一般分别向发货人、收货人收取。

#### (三)拼箱服务费

拼箱服务费是指货运站为货主进行拼箱作业而向货主收取的费用，根据作业过程提供的服务的不同，其费用组成也不同。

拼箱服务费根据提供的服务项目不同而收取的费用有：

(1)将空箱从堆场运至货运站。

(2)将装好货的实箱从货运站运至堆场(装船港)。

(3)将实箱从堆场运至货运站(卸船港)。

(4)理货。

(5)签发场站收据、装箱单。

(6)在货运站货物的正常搬运。

(7)装箱、拆箱、封箱、做标记。

(8)一定期限内的堆存。

(9)必要的分票与积载。

(10)提供箱子内部货物的积载图。

(四)集散运输费

集散运输又叫支线运输，是由内河、沿海的集散港至集装箱出口港之间的集装箱运输。一般情况下，集装箱在集散港装船后，即可签发集装箱联运提单，承运人为这一集散而收取的费用称集散运输费。

(五)内陆运输费

内陆运输费有两种情况，一种由承运人负责运输，另一种由货主自己负责运输。

1. 承运人负责的运输费

由承运人负责内陆运输，其费用则根据承运人的运价本和有关提单条款的规定来确定。

运输费主要包括：

(1)区域运费。所谓区域运费系指承运人按货主的要求在所指定的地点间，进行实箱或空箱运输所收取的费用。

(2)无效拖运费。在承运人将集装箱按货主要求运至指定地点，而货主却没有发货，且要求将箱子运回。一旦发生这种情况，承运人将收取全部区域费用，以及货主宣布运输无效后可能产生的任何延迟费用。

(3)变更装箱地点。如承运人应货主的要求同意改变原集装箱交付地点，货主要对承运人由此而引起的全部费用给予补偿。

(4)装箱时间与延迟费。装箱时间的长短与延迟费的大小，主要视港口的条件、习惯、费用支付情况而定，差别甚大。如在发货人工厂、仓库装箱时，有的对免费允许时限为：

20 ft 箱——2 h；

40 ft 箱——3 h。

上述时间均从司机将箱子交货主时起算，即使是阴天下雨，或恶劣气候也不能超出规定的时限。如超出规定的时限，则对超出时间计收延迟费。

(5)清扫费。使用箱子结束后，货主有责任清扫箱子，将清洁无味的箱子归还给承运人。如此项工作由承运人负责，货主仍应负责其费用。

2. 货主负责的运输费

如果内陆运输由货主自己负责时，承运人则可根据自己的选择和事先商定的协议，在他所指定的场所将箱子或有关机械设备出借给货主，并按有关规定计收费用。

在由货主自己负责内陆运输时，其费用主要包括：

(1)集装箱装卸费。货主在承运人指定的场所，如集装箱码头堆场或货运站取箱时，或按照承运人指定归还箱子时，或将箱子装上车辆，或从车上卸下的费用均由货主负担。

(2)超期使用费。货主应在规定的用箱期届满后，将箱子归还给承运人，超出时间则为延误，延误费的标准按每箱每天计收，不足一天以一天计。

(3)内陆运输费。货主对其从得到集装箱时起至归还箱子时止整个期间所产生的费用负责。

3. 整个运输过程的费用

整个运输过程的费用包括：

(1)发货地国家内陆运输费和其有关费用；

(2)发货地国家港区(码头堆场)费用；

(3)海上运费；

(4)收货地国家港区(码头堆场)费用；

(5)收货地国家内陆运输和其有关费用。

但由于集装箱运输，特别是国际多式联运不仅存在由谁负责内陆运输的问题，且还有整箱货、拼箱货之分。因此，费用的结构和分担较复杂，如表 9-1 所示。

**表 9-1　集装箱货物运费基本结构**

| 装　港 | | | | | 运输方式 | 卸　港 | | | | | 费率组成 |
|---|---|---|---|---|---|---|---|---|---|---|---|
| 运输方式 | A | B | C | D | E | 运输方式 | B | C | D | A | |
| 承运人运输 FCL | A | B | | | E | 承运人运输 FCL | B | | | A | ABEBA |
| 承运人运输 FCL | A | B | | | E | 货主运输 FCL | B | C | | | ABEBC |
| 承运人运输 FCL | A | B | | | E | LCL | | | D | | ABED |
| 货主运输 FCL | | B | C | | E | 承运人运输 FCL | B | | | A | BCEBA |
| 货主运输 FCL | | B | C | | E | 货主运输 FCL | B | C | | | BCEBC |
| 货主运输 FCL | | B | C | | E | LCL | | | D | | BCED |
| LCL | | | | D | E | 承运人运输 FCL | B | | | A | DEBA |
| LCL | | | | D | E | 货主运输 FCL | B | C | | | BEBC |
| LCL | | | | D | E | LCL | | | D | | DED |

注：A—内陆运输费；B—堆场服务费；C—装卸费；D—拼箱服务费；E—海上运输费。

**链接——集装箱运费与运价**

集装箱货物运费是指承运人对运送集装箱与集装箱货物向托运人收取的运费。

海运运价加上各种与集装箱运输有关的费用而组成的费用为集装箱运价。

集装箱运费的组成：

(1)海运运费。

(2)堆场服务费。

(3)拼箱服务费。

(4)集散运输费。

(5)内陆运输费。

## 第二节 集装箱不同交货方式下的费用结构

### 一、费用结构

在集装箱整箱货、拼箱货流转过程中，其货物交货方式有 9 种，这样每一种交接方式下的费用结构也有所不同。

1. 拼箱货—拼箱货(LCL—LCL)

拼箱货—拼箱货的运费为：拼箱服务费＋装船港堆场服务费＋海运运费＋卸船港堆场服务费＋拼箱服务费

2. 整箱货—整箱货(FCL—FCL)

整箱货—整箱货(FCL—FCL)的费用有：

(1)门—门运费。其运费为：集散运输费＋装船港堆场服务费＋海运运费＋卸船港堆场服务费＋集散运输费。

(2)门—场运费。其运费为：集散运输费＋装船港堆场服务费＋海运运费＋卸船港堆场服务费。

(3)场—场运费。其运费为：装船港堆场服务费＋海运运费＋卸船港堆场服务费。

(4)场—门运费。其运费为：装船港堆场服务费＋海运运费＋卸船港堆场服务费＋集散运输费。

3. 拼箱货—整箱货(LCL—FCL)

拼箱货—整箱货(LCL—FCL)的运费有：

(1)站—场运费。其运费为：装船港拼箱服务费＋装船港堆场服务费＋海运运费＋卸船港堆场服务费。

(2)站—门运费。其运费为:装船港拼箱服务费+装船港堆场服务费+海运运费+卸船港堆场服务费+进口国集散运输费。

4. 整箱货—拼箱货(FCL—LCL)

整箱货—拼箱货(FCL—LCL)的运费有:

(1)门—站运费。其运费为:集散运输费+装船港堆场服务费+海运运费+卸船港堆场服务费+拼箱服务费。

(2)站—场运费。其运费为:拼箱服务费+装船港堆场服务费+海运运费+卸船港拼场服务费。

必须说明,上述只是集装箱运费组成的一般概念。目前,有些港口习惯上对整箱货在堆场至堆场交货时不另收堆场服务费,因为,在实际上这部分费用已加到海运运费里了。此外,在集装箱运价中,某些航线还出现总包干费率的计算方法,即在该费率中包括了一切附加费用,方便了运费的计算。

另外,有些航线采用包箱费率,即按箱子的类型规定每一种箱的包干运价。这种包箱费率一般分商品包箱费率和均一包箱费率两种。前者按不同商品和不同类型的箱子规定各种不同的包箱费率,后者不管箱内装什么商品(危险品除外),按不同类型箱子规定包箱费率。应说明的是包箱费率为整箱货,其运价可以是总包箱费率,也可以是包箱费率加各种附加费。包箱费率是国际航运竞争的产物,这种费率较低,是对货主在托运整箱货运输时的一种优惠,也是作为船公司揽货的一种手段。

## 二、运费计算的基本方法

1. 拼箱货

目前,各船公司对集装箱运输下的拼箱货运费计算方法,基本上依据件杂货运费计算标准,但应掌握这样几个基本要点:

(1)船公司或其他承运人对拼箱货运费的计算,则依据其所承担的责任和费用。

(2)拼箱货海运运费的计收方法类同班轮运输下的件杂货运费计算方法,只是加收集装箱有关费用,如拼箱服务费等,但不再收取件杂货的码头的收货费用。

(3)拼箱货的起码运费,按每提单计收。

(4)由于拼箱货涉及不同的收货人,因而,拼箱货不能接受货主提出的有关选港,或变更目的港的要求,所以,也没有拼箱货的选港附加费和变更目的港附加费。

2. 整箱货

(1)整箱货运输下,承运人接受货箱和交付货箱的责任期限习惯上于码头堆场至码头堆场,因此,承运人收取的运费和有关费用也仅包括堆场至堆场范围内的费用,对于两端码头堆场外的费用由货主自负。

(2)整箱货运费计算如使用的箱子为船公司所有,则规定有最高运费和最低运费计收办法,如该箱子为货主所有,则另有规定。

3. 超重货、超长货，以及超大件附加费

(1)整箱货不加收超重、超长、超大件附加费。

(2)拼箱货按运价本的规定，对超重、超长、超大件货物加收其附加费。

(3)如系整箱货接受，拼箱货交付；如拼箱货接收，整箱货交付，则按运价本的规定，对超重、超长、超大件加收50%的附加费。

4. 集装箱内的成组货物

(1)对符合运价本有关成组货物的规定和要求，并按拼箱货托运的成组货物，可以与件杂货同样处理，给予运费优惠，但如按整箱货托运的成组货物，则不能享受优惠运价。

(2)不论是拼箱货，还是整箱货托运的货物，在计算运费时均应扣除托盘本身的重量或尺码，但这种扣除不得超过成组货物(货物加托盘)重量或尺码的10%，超出部分仍按托盘上货物所规定的费率计收运费。但也有的航线习惯上对整箱货的托盘在计算运费时不扣除其重量或尺码。

5. 集装箱内的家具和行李

集装箱内装载的是家具或行李，除组装成箱子再装入集装箱者外，均按箱子内容积的100%计收费用和其他与集装箱有关的费用，该办法一般适用于搬家的物件。

6. 滞期费

集装箱运输下，如货主未在规定的免费期内前往承运人的堆场提取货箱，或去货运站提取货物，承运人对超出的时间则向货主收取滞期费，一般说，整箱货的免费堆存期系从货箱从卸下船时起算，其中不包括星期天、节假日，这一免费堆存期视不同港口的规定，习惯有2、3、5、7天不等。滞期费按天计算，一旦进入滞期时间，便按连续计算，即在滞期时间内若有星期天、节假日，该星期天、节假日也应计入滞期时间。

不同货箱的免费堆存期也有所不同，冷藏箱、散装液体箱的免费堆存期比干货箱要短，如有的规定为24 h，也有的为48 h，卸船后要求收货人尽快提取，超出规定时间，则计收滞期费。应注意的是，在规定的免费堆存期内如货主没有提取货箱，承运人有权将货或箱子另行处理，费用和责任由货主自负。

对于拼箱货则在货运站规定的免费堆存期内，收货人仍未前来提取货物，承运人对超出免费堆存期的时间按运费吨向货方收取滞期费。

7. 延期费

如货主所使用的箱子和有关设备为承运人所有，而货主又未能在免费使用期届满后将箱子，或有关设备归还给承运人，或送交承运人指定地点，承运人则按规定对超出时间向货主收取延期费。

8. 服装运费计收

对于服装系挂载集装箱内运输的，计收运费应注意：

(1)承运人仅接受整箱货堆场至堆场运输，但特殊情况例外。

(2)运费按箱子内容积85%计算,衣架及其他必要的装箱物料由货主提供。

(3)货主可在同一箱内挂载服装和其他货物,运输按箱子内容积的85%加上装载同一箱内所装的其他货物的实际尺码计收,但总的运费尺码不得超过箱子内容积的100%,在这种情况下,货主应提供经承运人同意的公正单位出具的货物衡量证书。

## 三、集装箱运费计收

### (一)最低运费计收

集装箱运输下的最低运费规定,不是普通船运输下所规定的最低运费金额,而是规定一个最低运费吨,也叫计费吨,是计收每一种货物运费时所使用的计算单位。运费吨包括重量吨和尺码吨两种,每一件货物都有它的重量和尺码,在确定按哪一种标准作为运费吨时,一般可按高者为准。例如某件货物重量4 t,尺码为6 $m^3$,在既可按重量,又可按尺码计收运费。如按尺码计算时,该件货物的运费按6尺码吨计收。

规定最低计费吨的目的在于,如货物系由货主自己装载时,箱内所装的货没有达到所规定的最低运费吨时,货主需支付亏箱运费,以确保承运人的利益。显然,最低运费吨乘上费率得的全部运费中已包括了亏箱运费。

### (二)最高运费计收

最高运费的计收只出现在集装箱整箱货运输下,其含义是,即使货主实际装箱的货物尺码吨超出箱子规定的计费吨,承运人仍按箱子所规定的计费吨收取运费,超出部分免收运费。但有些船公司则进一步规定,免收运费的货物以箱内货物低费率为准。

在计算整箱货最高运费时应注意,如整箱货是以整箱交接,或整箱接收、拆箱交货的情况下进行运输,运费则按发货人填制的装箱单内详细列明的不同货种,根据各自适用的费率分别计收运费。如在每包或每捆内装有不同等级的货物时,运费则按装在里面的货物所适用的最高运费计收。如发货人没有按照承运人的明确规定,详细申报箱内所装货物的情况,运费则按箱子的内容积计收,而且,费率按箱内货物所适用的最高费率计,假如箱内的货物有一部分没有申报衡量,那么,没有申报或衡量的部分计费标准是箱子可装内容积与已申报的货物运费吨之间的差数。

### (三)整箱货余额运费计收

当同一票货物装载三个,或三个以上的集装箱时,其最后一箱的计费标准可略低一些,如20 ft箱可减去尺码吨6 $m^3$,重量吨4.5 t。但也有的对最后一箱按实际装箱的重量吨,或尺码吨计收运费。

**链接——集装箱运费的构成与计收**

构成:内陆运输费、堆场服务费、装卸费、拼箱服务费、海上运输费。

计收:最低运费计收、最高运费计收。

**案例——集装箱港口费收改革问题研究**

集装箱港口费收是指港口码头对从事集装箱船舶运输的船公司计收的进出港口航道、靠泊装卸以及相关服务费用。现行港口费收仍存在一些问题，这些已成为阻碍港口发展的主要因素。

1. 港口费收总体水平比较低

多年来港口一直属于微利企业，只能维持简单再生产，扩大再生产主要靠贷款和合资，偿还能力差，投资回收期长。

2. 费收标准制定依据不统一

制定价格的主要方法是成本定价法和市场导向定价法。从港口角度来讲，同一装卸工艺成本是一样的。对于内支线运输的中转港，则增至3倍操作量，而且一般中转港已形成规模经营，单位成本较低，有承受能力，对始发港应区别对待。

3. 费收项目缺乏灵活性

除合资码头有自己的定价权外，费收规则中规定，堆存费和集装箱中转包干费各港可以自己制定标准，报交通部备案，其他项目均无定价权。

4. 国内外集装箱码头装卸费率水平相差悬殊

国际集装箱码头对进出口船舶的服务基本上是大同小异，如果说有区别，那就是总体管理水平上的差异。管理水平高的港口，工作效益更高，成本支出较少；管理水平差的港口，设施不少而成本相对支出较高，则效益就差。

5. 混乱的港口压价竞争

尽管我国港口费率水平偏低，但是近几年却出现了奇怪的现象，某些港口一方面抱怨港口费率过低，使企业生存困难，但另一方面为了稳定货源，占领市场而压价竞争。

对我国集装箱港口费收中存在的一些问题，提出以下改革建议。

1. 管理权限要理顺

作为国民经济重要基础产业的交通运输业，其价格改革也应遵循我国价格体制改革的总体思路，建立以市场形成价格为主的价格形成机制。

2. 港口税费要分开

我国港口已实现政企分开，我们应吸收国外港口的经验，港务费、引航费等属于港政方面，均应由港口管理部门颁布与计收。而码头装卸费、停泊费、堆存费、运输费等劳务、机械设施等性质的使用费，应由码头公司自订，报政府机关备案。

3. 与国际集装箱港口税费接轨

国与国之间，地区与地区之间，应该加强交流，互助互利，达成共性的口岸集装箱船舶港口使用税费，其结果会给外贸商品交流带来更大的便利。

4. 应有合理的比价、统一的费目

我国应提高集装箱码头装卸费在口岸总价格水平中的比重。另外,要统一各地区的费率和费目,避免收费无序。

5. 发挥港口行业协会作用,加强行业自我管理

制定行业最低收费标准和最高收费标准,或根据港口码头的投资规模,软硬件条件,划分不同等级的行业收费标准,监督检查费收工作,限制港口企业的暴利行为和低于成本的压价行为,维护行业正当利益。

6. 在以成本为主的基础上,以微观经济效益为目标并考虑分航线的定价机制,是我国集装箱港口企业值得深思的一种定价机制。

总之,随着集装箱运输的迅猛发展,在港口费收中理顺集装箱船舶港口费中的一些问题,对我国港口企业的发展具有非常重要的作用。港口企业要发展,其自身必须具有一定的盈利和扩大再生产的能力。只有适应客观环境的管理体制才能更好地服务于港口企业的发展。

## [思考题]

1. 什么叫集装箱运费?
2. 什么叫集装箱运价?
3. 集装箱运费的组成有哪些?
4. 集装箱运费按什么标准计收?
5. 拼箱货按什么标准计收?

# 第十章 集装箱运输的主要单证

## 第一节 集装箱单证概述

### 一、集装箱单证的意义

集装箱单证是集装箱进出口业务中的一个重要的组成部分。集装箱运输单证是港方、船公司等有关方面进行业务活动的凭证,也是用以进行箱货交接、运输、结汇等的证明。集装箱运输单证的时间性很强,尤其是我们在同外商进行贸易时,单证在时间上显示的作用尤为突出;从某种意义上来说,集装箱运输单证代表着国家,体现了我们国家的对外政策。例如出口许可证,它不但关系到国家对出口商品的监管,而且还牵涉到两国之间的贸易协定。

集装箱运输单证制作的要求:

1. 正确　正确是制单的前提,单证不正确就不能达到运输的目的,严格地说,就是要求精确到不能有一字之差。

2. 完整　完整即成套的单证不可漏缺其中任何一份单证。一般来讲,单证都是成套而不是单一的。我们在制作单证时,一定要严防遗漏和误期,以保证全套单证的完整无缺。

3. 及时　及时实际上就是指单证时间性很强,各种单证都要有一个适当的出单日期。例如集装箱提单日期不得迟于装运限期,否则,信用证就失效。

4. 简明　简明即单证的内容应力求简化,力戒繁琐,如果画蛇添足,反而有可能弄巧成拙,而且简化单证不仅可以减少工作量和提高工作效率,而且也有利于提高单证的质量。

5. 整洁　整洁即要求单证格式的设计和编制力求标准化和规范化,单证内容的排列要行次整齐,字迹清晰,重点项目要醒目突出,不允许在一份单证上做多处涂改。

### 二、集装箱运输单证的特点

集装箱运输单证一般可分为出口运输单证、进口运输单证、向口岸监管部门申报所用的单证 3 大类。

出口运输单证主要有:集装箱货物托运单、装箱单、设备交接单、场站收据、提单、集装箱预配清单、集装箱预配船图、集装箱实装船图、理货报告、货物舱单、运费舱单等。

进口运输单证主要有:货物舱单、运费舱单、提单、实装船图、集装箱装载清单、装箱单、到货通知、提货单、交货记录、设备交接单、理货报告等。

向海关、商品检验(商检),动、植物检疫(动、植物检),港务监督(港监)等口岸监管部门申报所用的相关单证主要有:报关单、合同副本、信用证副本、商业发票、进出口许可证、免税证明书、产地证明书、商品检验证书、药物/动植物报验单、危险品清单、危险品准单、危险品性能说明书等单证。

集装箱运输单证有以下的特点:

(1)使用集装箱联运提单与普通海运提单有根本的不同。由于集装箱运输具有联运的特点,故一般使用集装箱联运提单。普通海运提单由海上承运人即船舶所有人或船舶承租人签发,规定海上承运人的责任范围是“船边—船边”。而集装箱联运提单是由海上承运人或多式联运经营人(承运人)即包括无船承运人(NVOCC)在内均可签发,规定承运人的责任范围须延伸到“码头—码头”或者“装港的内地收货地—卸港的内地交货地”;在集装箱联运提单栏目设置上有集装箱号、封志号、箱数、收货地、交货地等栏目,背面条款中订有“不知条款”、“封志完整交货条款”以及集装箱在舱面装载等同于舱内装载的条款,上述栏目和条款都是普通海运提单所没有的;而且集装箱联运提单既可以是装船提单也可以是待装船提单,以“装船备忘录”是否填注内容为区别,只要买卖双方在信用证中规定可以接受待装提单,发货人可以持待装提单到银行结汇。

(2)使用单证的必要性。使用国际通用的主要单证,即集装箱设备交接单、场站收据、交货记录、提货单和集装箱装箱单等,这些单证的使用是实现运输正规化管理、发挥集装箱运输高效率和高效益的优越性所必不可少的。

(3)使用电脑完成集装箱单证的制作和传递,已成为发展趋势。由于集装箱船舶要求周期快,停港时间短,而单证工作量大,往往成为保证船期的制约因素。使用电脑处理单证和信息,已为国外一些先进的港口广为采用,我国目前也开始采用 EDI 进行单证的制作和传递,极大地提高了工作效率和工作质量,并取得显著成效;特别是运输部门系统电脑联网后,从根本上简化了书面单证数和单证流转程序。不可否认,电脑制单是集装箱单证的最终发展方向,而单证及其制作的规范化是电脑制单的前提条件。

## 第二节　集装箱提单

### 一、有关提单的国际公约

在海上集装箱运输过程中,签发的最主要的单证是提单,而提单所涉及的国际公约主要有三个:海牙规则、维斯比规则、汉堡规则。

(一)海牙规则

1. 海牙规则成立的历史背景

最初,提单只是表明货物已经装船的收据,既没有关于提单应记载的事项及其法律效力的规定,也没有有关承运人责任的条款。关于承运人的责任,只按照当时存在于英、美等国的普通法中的一些默示规定的原则来处理。

海牙规则规定承运人应默示保证:

(1)签订合同时应保证船舶适航;

(2)保证船舶合理速遣;

(3)保证船舶不发生不合理的绕航。

但是,到了18世纪,因货损和赔偿日益增多,承运人为了保护自己的利益,根据资产阶级民法的合同自由原则,开始在提单上加入了免责条款。其后,提单上的免责条款越来越多,到了19世纪80年代,提单上的免责条款竟多达六七十项,这不但引起货主的强烈不满,而且也动摇了提单的可信赖性,与英国1855年提单法中有关提单可作为流通凭证,在贸易中自由转让,以及有关提单持有人的权利、义务的规定也不相适应。于是出现了限制承运人在提单上任意增加免责条款,使提单规范化的要求。

1893年,美国制定并通过了《哈特法》(Harter Act,1893),《哈特法》规定:

(1)在美国国内港口间,或美国港口与外国港口之间承运货物的船东应在提单上加注条款,表明可以使他免除对装船、积载、保管、照料货物的疏忽所负责任的条款均属非法,所订条款也属无效;

(2)在提单上加注的任何减少、减轻或避免船东在谨慎处理使船舶适航方面所负责任的条款,均属无效;

(3)如果船东尽到谨慎处理使船舶适航和配备适当船员、装备和供应船舶的责任,那么,对在驾驶或管理船舶中的过失所导致的货物灭失或损坏,船东或他的代理人无须负责;

(4)因天灾、海上救助等方面的原因所引起的货物灭失或损坏,船东或他的代理人也无须负责;

(5)船东或船长或代理人有义务签发提单,并注明货物的主要标志、包数或件数或数量或重量,以及外表状况,而这个提单应作为收到提单上所载明货物的初步证据。从而确定了承运人应承担的最低限度的责任,并明确了提单的法定记载事项及其证据效力。

哈特法的成功,使新西兰、加拿大等本来法律体系上紧跟美国的英联邦国家也承认了哈特法的法理精神。对此,作为宗主国家的英国感到非常被动,尤其是第一次世界大战后,社会秩序和经济秩序非常混乱,在货运事故增多的情况下,英国政府深感有把统一提单的立法提到议事日程的必要。1921年在海牙举行的国际法协会的会议上，由有关各方组成的代表团草拟并通过了规则的主体，即1921年的海牙规则。以此为基础，在1922年10月于布鲁塞尔举行的讨论海事法律的外交会议上，与会代表作出决议，建议各国政府采纳这个规则，在稍作修改后使之国内法化。1923年10月，又在布鲁塞尔对这个规则继续作了一些修改，完成了海牙规则的制定工作。随后，1923年11月英国帝国经济会议通过决议，一方面建议各成员国政府和议会采纳这个修订后的规则使之国内法化；另一方面率先通过国内立法，使之国内法化，由此产生了1924年英国海上货物运输法(COGSA,1924)。这个法律在1924年8月获英皇批准。稍后，1924年8月25日，各国政府的代表也在布鲁塞尔通过了简称为海牙规则的《1924年统一提单若干法律规定的国际公约》。

海牙规则于1931年6月2日正式生效。欧、美许多国家都加入了这个公约。有的国家还通过国内立法使之国内法化；有的国家则根据这一公约的基本精神，另行制定相应的国内法；还有些国家虽然没有加入这一公约，但他们的一些船公司的提单条款也采用这一公约的精神。所以，这一公约是海上货物运输中有关提单的最重要的和目前仍普遍被采用的国际公约。1936年，美国政府也以这一公约作为国内立法的基础制定了1936年美国海上货物运输法，并在很大程度上使之取代了原有的哈特法。

2. 海牙规则的主要内容

海牙规则全文共有16条，其中第1条至第10条是实质性条款，主要内容包括：

(1)关于承运人的责任期间。规定承运人对运输货物承担责任的期间是“自货物装上船舶开始至卸离船舶为止”。

(2)关于承运人的责任。规定承运人必须承担的责任是，在开航以前和开航当时谨慎处理使船舶适航；妥善地配备船员、装备船舶和配备供应品；使货舱、冷藏舱、冷气舱和该船其他载货处所适于并能安全收受、载运和保管货物；以及适当而谨慎地装载、操作、运送、保管、照料和卸下所运货物。

(3)关于承运人的免责。海牙规则实行的是“不完全过失责任制”。海牙规则规定了承运人对船长、船员在驾驶或管理船舶的过失；火灾；海上或其他通航水域的灾难、危险或意外事故；天灾；战争行为；公敌行为；政府依法扣押；检疫限制；托运人的过失；罢工、关厂、停工或劳动力受到限制；在海上救助或企图救助人命或财产；货物的固有缺点等17项的免责事项。其中海牙规则规最受人指责的是航行过失免责，即承运人对船长、船员、引航员或承运人的雇佣人员在驾驶或管理船舶上的行为，疏忽或不履行契约免责。

(4)关于承运人的赔偿责任限制。规定承运人对每件或每单位货物的赔偿限额为100英镑。

(5)关于诉讼时效。规定对货物灭失或损坏赔偿的诉讼时效“自货物交付之日或应交付之日一年以内”。

(6)关于公约的适用范围。规定“适用在任何缔约国所签发的一切提单”。

(7)关于公约适用的强制性。规定运输合同中凡是解除或减轻公约规定承运人责任的任何条款、约定或协议均属无效。

虽然从海牙规则的基本条款看，可以说基本上脱胎于哈特法，但从根据海牙规则制定的美国1936年海上货物运输法的规定看，它和哈特法仍有原则的区别。首先，在哈特法下，船东对提供一艘适航船舶负有绝对的义务，如果他要享受该法第3条规定的免责权利，就必须证明他已做到谨慎处理。否则，即使货物的灭失或损坏与船舶开航时不适航并没有因果关系，船东仍须负赔偿责任。而1936年海上货物运输法并不要求船东必须提供一艘适航船舶负绝对责任，他只要做到谨慎处理使船舶适航就足够了。其次，在哈特法下，船东可以在运输合同中有效地订明赔偿责任限制金额和提出索赔请求时间的条款，只要这种限制合理即可。而1936年海上货物运输法则规定，如果这类限制条款与本法抵触则无效。

尽管海牙规则和根据海牙规则制定的1936年美国的海上货物运输法与哈特法存在着这样的原则区别，但是，英、美法院对哈特法条款所做的解释，对于美国1936年海上货物运输法和1924年海牙规则相应条款的解释仍然具有指导意义。

3. 海牙规则存在的主要问题

海牙规则生效以来，得到航运业界的普遍采用，它在使有关提单的法律得以统一，对促进国际贸易、发展国际航运等方面起到了积极的作用。但是，限于制定和通过海牙规则当时的政治、经济和技术条件，以及当时承运人和货主之间力量对比的实际情况，在几十年的实践中，特别是第三世界国家在国际政治、经济社会中越来越占有重要地位之后，人们越来越多地发现它存在着许多问题，需要进行修订。

海牙规则存在的问题归纳起来主要有：

(1)较多地维护了承运人的利益。从总体上说，海牙规则较多地维护了承运人的利益，在当时，实质上是维护航运国家的利益。在今天看来，实质上也就是维护了发达国家的利益，这和作为主要货主国的第三世界国家要求建立航运新秩序的呼声是很不适应的。

(2)在风险分担上很不均衡。海牙规则所遵循的是不完全的过失责任制。无论从承运人仅承担谨慎处理使船舶适航和管货的义务看，也无论从承运人享受航行过失免责条款的权利看，对货主来说都是不公平的。从当前航海技术已达到的水平考虑，这种风险分担的不均衡显然是不合理的，也是货主对海牙规则最不满意的问题所在。

(3)对有些条款的解释至今仍未统一。海牙规则在这方面存在的问题是很多的。比如“管理船舶”与“管理货物”的区别标准；“与货物有关的灭失或损坏”的含义；作为赔偿责任限制计算单位的“每单位”的解释等，统一的解释而常引起争议。

(4)未考虑集装箱运输形式的需要。集装箱运输方式的出现，带来了一系列的法律问题。但因制定海牙规则时，这种运输方式尚未出现，所以许多规定远远不能适应集装箱运输方式的需要也是理所当然的。

(5)赔偿责任限额过低。由于英镑的严重贬值，海牙规则在1924年规定的每件或每单位不超过100英镑的责任限额，到20世纪60年代后期只相当于原值的1/8左右；随着科学技术的进步，所运输的产品的价值也越来越高，尤其是那些高科技产品的价值更高，当这些产物损坏或灭失时，仍按几十年前制定的赔偿限额做出赔偿，显然是不合理的，严重地损害了货主的利益。

(6)诉讼时效太短。海牙规则规定的诉讼时效为一年，时间太短，给货主带来很多不便。

4. 修改海牙规则的两种观点

从上述海牙规则存在的主要问题中不难看出，海牙规则已很不适应当今国际政治、经济和国际航运发展的需要，修改海牙规则已势在必行。修订海牙规则的工作是从60年代开始的。当时，在第三世界国家的强烈要求和反复斗争下，虽然修改海牙规则的要求已为航运发达国家所接受，但是，对于应如何修改，却存在着两种不同的意见。

一种意见是以广大第三世界国家为代表，他们从货主的地位出发，认为海牙规则过多的维护了承运人的利益，危害了第三世界国家的贸易和航运的发展，修改海牙规则也应从改变旧的经济体系，建立新的世界经济秩序的原则基础上进行，因而主张彻底修改海牙规则，取消不合理、不明确的条款，使货主和承运人能够真正公平地从新分配双方在海上运输中应承担的风险，建立国际航运新秩序，以利于促进第三世界国家的贸易和航运的发展。汉堡规则就是以这种思想为主导，在第三世界国家反复斗争下，经过各国代表多次磋商，并在某些方面做出妥协后获得通过的。

另一种意见是以北欧国家和英国等航运发达国家为代表，认为，虽然有关提单法律的修订不能墨守成规，但是，如果不顾现实情况，急于求成，也不易为各方所接受。更何况，不顾现实的修订，有可能冲击已经形成的国际航运习惯和现行的各种航运制度，反而会造成新的混乱。因而，他们主张折中各方面的意见，只对海牙规则中明显不合理或不明确的条款作局部的修订和补充。维斯比规则就是以这种意见为基础获得通过的。

(二)维斯比规则

1. 维斯比规则修订的简略经过

维斯比规则是以发达航运国家的意见为依据，为了解决实践中已经发现的海牙规则所存在的问题，在海牙规则基础上，对海牙规则中明显不合理或不明确的条款进行局部的修订、补充，以议定书的形式制定的有关提单的国际公约。

对海牙规则进行具体的修订工作，是由以探讨提高发展中国家的经济地位为目的而设置的联合国贸易和发展会议下设的国际海事委员会完成的。1963年6月，这个委员会草拟了修改海牙规则的议定书草案，提交给1967年和1968年召开的海事法会议审议。经会议审议通过后，于1968年2月23日在比利时的布鲁塞尔召开的外交会议上通过，定名为《关于修订统一提单若干法律规定的国际公约的议定书》，并简称为“1968年布鲁塞尔议定书”。在这次会议期间，与会代表前往参观过去曾是15世纪有名的海法《维斯比海法》编纂地的维斯比城。所以，这个议定书也就又被称为

"维斯比规则"。由于议定书对海牙规则没有进行根本性的修改，只是对海牙规则中明显不合理或不明确的条款作了修订、补充，仍保持原有的承运人责任制度。因此，议定书又常被称为"海牙—维斯比规则"。

维斯比规则已于1977年6月生效。目前已有英、法、丹麦、挪威、新加坡、瑞典等20多个国家和地区参加了这一公约。在此之前，英国还以这一公约作为国内立法的基础，制定了1971年海上货物运输法，并已生效。

2. 维斯比规则对海牙规则修改的主要内容

维斯比规则共有17条条文，但只有前6条才是实质性的规定。

维斯比规则对海牙规则修改、补充的内容，主要包括如下几个方面：

(1)关于提单的证据效力。关于提单的证据效力，海牙规则(第3条第3款及第4款)规定承运人收到货物之后，应托运人的要求签发给托运人的提单，这种提单是作为承运人依照规定所载内容"收到该提单中所载货物的表面证据"(或称初步证据)。维斯比规则在这里作了补充，明确规定："当该提单已被转予诚实行事的第三方时，便不能接受与此相反的证据"。也就是说，维斯比规则肯定了提单对善意的第三者而言，具有最终证据的效力。

(2)关于承运人的赔偿责任限制。关于承运人的赔偿责任限制，维斯比规则将海牙规则规定承运人对货物灭失或损坏的赔偿限额，从按每件或每单位计算的单一办法，改为按每件、每单位或按毛重每公斤计算的双重办法，并规定每件或每单位10000金法郎或毛重每公斤30金法郎，以其高者为准。

为了解决集装箱运输出现后的损害赔偿问题，维斯比规则补充规定了计算集装箱货物赔偿限额的件数时，应以提单上列明的内装货物件数为准，如果未在提单上列明内装货物件数，则以每一集装箱为一件或一个单位。

另外，维斯比规则还对承运人丧失享受赔偿责任限制权利的条件做出规定：如经证明，货物的灭失或损坏是承运人蓄意造成，或者是承运人明知可能造成损害而轻率地采取的行为或不为所引起的，则承运人丧失享受赔偿责任限制的权利。

(3)关于侵权行为请求的权利

海牙规则中是没有关于侵权行为的规定的。维斯比规则规定，对承运人提起的任何有关货物灭失或损坏的诉讼，不论该诉讼是根据合同还是侵权行为，均适用本规则的有关规定。同时还规定，如果这种诉讼是对承运人的雇佣人或代理人(该雇佣人或代理人不是独立的订约人)所提起，该雇佣人或代理人便有权适用承运人按照本公约所可援引的各项抗辩和责任限制。

(4)关于规则的适用范围。关于适用范围，海牙规则规定只"适用在任何缔约国所签发的一切提单"。对此，维斯比规则将适用范围扩大到货物从一个缔约国港口起运的提单和运输合同中载明适用本规则，或使其生效的国内法的提单。

(5)关于诉讼时效。关于诉讼时效，维斯比规则仍保留了海牙规则中规定一年的诉讼时效，并作了补充规定，“在诉讼事由发生之后，得经当事方同意，将这一期限加以延长”。

（三）汉堡规则

1. 汉堡规则制定经过简况

鉴于海牙规则日益不能适应国际政治、经济形势发展的要求，也鉴于第三世界国家并不满足于维斯比规则对海牙规则所作的局部修改和补充，要求彻底修改海牙规则的呼声日益高涨，联合国贸易和发展会议的航运委员会在 1969 年 4 月的第三届会议上建立了国际航运立法工作组，并以提单及有关问题作为工作组的优先工作项目。此后，联合国贸易和发展会议秘书处编写了以“提单”为题的研究报告。分析了海牙规则及与提单有关的问题。此后，国际航运立法工作组研究了这个报告，决定：a. 应对海牙规则和维斯比规则进行修改，需要时也可以制定一项新的国际公约；b. 在审议修改上述规则时，应消除其含糊不明确之处，同时应建立船、货双方均衡地分担货运风险的货运责任制度。后来，按照国际组织的分工，联合国贸易和发展会议将继续研究海牙规则和维斯比规则，并将制定新公约的工作交给联合国国际贸易法律委员会办理。经过多年的艰苦工作，于 1976 年 5 月，这个委员会草拟了《联合国海上货物运输公约草案》。联合国于 1978 年 3 月 6 日至 31 日在汉堡召开的联合国海上货物运输外交会议对该“草案”进行审议。有 78 个国家派出了代表出席这次会议，经与会代表对“草案”逐条进行认真的审议后获得通过，正式定名为《1978 年联合国海上货物运输公约》。由于这次会议是在汉堡召开的，所以这个公约又称为“汉堡规则”。

根据汉堡规则的生效条件规定：“本公约自第二十份批准书、接受书、认可书或加入书交存之日起满一年后的次月第一日生效”。汉堡规则自 1978 年 3 月 31 日获得通过，直至埃及递交了批准书后才满足生效条件，于 1992 年 11 月 1 日起正式生效。

汉堡规则不仅扩大了承运人在海上运输中的责任，而且对国际航运有关的业务和法规，比如对共同海损理算业务、海上保险业务，以及与之有关的法规产生重要的影响并引起带有根本性的变革。

2. 汉堡规则的主要内容

汉堡规则全文共分 7 章 34 条条文。汉堡规则在制定中，除保留了维斯比规则对海牙规则修改的内容外，与海牙规则相比，作了根本性的修改，明显地扩大了承运人的责任。

汉堡规则的主要内容包括：

(1)关于承运人的责任期间。汉堡规则第 4 条第 1 款规定：“承运人对货物的责任期间包括在装货港，在运输途中以及在卸货港，货物在承运人掌管的全部期间”。即从承运人接管货物时起到交付货物时止，明显地延长了承运人的责任期间。

(2)关于承运人的责任基础汉堡规则是以“完全过失责任制”为基础来规定承运人的责任的。确定承运人的责任基础，也是汉堡规则根本修改海牙规则的核心问题。汉堡规则第 5 条第 1 款规定“除非承运人证明他本人，其雇佣人或代理人为避免该事故发生及其后果已采取了一切所能合理要求的措施，否则承运人应对因货物灭失或损坏或延迟交货所造成的损失负赔偿责任，如果引起该项灭失、损坏或延迟交付的事故，如同第 4 条所述，是在承运人掌管期间发生的”。这就是说，在汉堡规则下，货物的灭失、损坏或延迟交付所造成的损失，只要发生在承运人的责任期间，首先推定为承运人的过失而由承运人承担责任。如果承运人要免除责任，他应承担举证责任，证明他本人，其雇佣人或代理人都没有过失，而且为避免事故的发生及其后果也采取了一切所能合理的措施，否则，承运人就不能免责。完全过失责任的推行，使汉堡规则完全删除了海牙规则所规定的 17 项免责事项，特别是删去了船长、船员、引航员或承运人的雇佣人在驾驶和管理船舶中的过失的免责条款。

(3)关于迟延交付货物的责任。迟延交付货物的责任在海牙规则和维斯比规则中都没有规定，这是汉堡规则(第 5 条第 2 款)中增加的规定，“如果货物未能在明确议定的时间内，或虽无此项议定，但未能在考虑到实际情况对一个勤勉的承运人所能合理要求的时间内，在海上运输合同所规定的卸货港交货，即为迟延交付”。对此，承运人应对因迟延交付货物所造成的损失承担赔偿责任。而且在第 3 款内还进一步规定，如果货物在(第 2 款)规定的交货时间满后连续 60 天内仍未能交付，有权对货物的灭失提出索赔的人可以认为货物已经灭失。此外，汉堡规则还规定“承运人对迟延交付的赔偿责任，以相当于迟延交付货物应支付运费的 2.5 倍的数额为限，但不得超过海上货物运输合同规定的应付运费总额”。

(4)关于赔偿责任限额。关于赔偿责任限额，汉堡规则实行与维斯比规则相同的计算赔偿责任限额的双重办法。在第 6 条第 1 款中规定，“承运人对货物灭失或损坏造成损失所负的赔偿责任，以灭失或损坏的货物每件或每其他货运单位相当于 835 记账单位或毛重每公斤 2.5 记账单位的数额为限，以两者中较高的数额为准”。这里所说的记账单位是指国际货币基金组织所规定的特别提款权(SDR)。该赔偿限额较之维斯比规则的规定提高了 25%。

(5)关于提单的证据效力。汉堡规则关于提单的证据效力，在第 16 条中做出了与维斯比规则相同的规定。即承运人如签发了已装船提单，则为提单上所述货物已装船的初步证据，如果提单已转让给包括收货人在内的第三者时，则承运人提出的与提单记载内容相反的证据不予接受。这就是说，当提单转让给包括收货人在内的善意的第三者时，提单上的记载内容具有绝对证据的效力。

(6)关于保函的法律效力。海牙规则和维斯比规则都没有关于保函的规定。而汉堡规则第 17 条中对于保函的法律效力做出了明确的规定，托运人出具的保证向承运人赔偿的保函或协议，只对托运人有效，而对于收货人或受让提单的第三方均属无效。但是，如果承运人有意欺诈，则对托运人也属无效，而且承运人也不再享受责任限制的权利。

(7)关于诉讼时效。汉堡规则关于诉讼时效较之海牙规则和维斯比规则长，在第

20 条规定:"有关货物运输的任何诉讼,如果在两年内没有提出司法或仲裁程序,即失去时效"。

上述几方面只不过是汉堡规则中的最主要内容。除此以外,汉堡规则还在承运人和实际承运人的责任、托运人对承运人或实际承运人或船舶所遭受损失承担责任的一般原则、托运人的保证责任、活动物和舱面货的运输、管辖权和仲裁条款等方面也都做出了与海牙规则不同的规定。

鉴于汉堡规则已经生效和我国已经加入了汉堡规则,我国在制定中国海商法时,充分考虑了当前国际航运的实践及其发展趋向,并结合我国的具体情况,在有关提单及有关国际货物运输的法律规定中,也引入了包括汉堡规则在内的已经生效的有关国际公约中一些相关内容的规定。

## 二、集装箱提单

提单是承运人收到其承运的货物后签发给托运人的一张货物收据。提单是提货凭证。提单是承运人与托运人之间所订货物运输合同的证明。提单的种类主要有:已装船提单、收货待运提单或称待装提单、记名提单、不记名提单、指示提单、清洁提单、不清洁提单、直达提单、转船提单或联运提单、多式联运提单、预借提单、倒签提单、过期提单。

虽然目前各国制定的集装箱提单尚未有统一规定的格式,但为了便于信息的输入,这些提单正面记载事项内容的格式在国际上是统一的,但具体项目却是有所不同的。

通常集装箱提单上记载的内容有:

(1)联运经营人的姓名、地址;

(2)发货人的姓名、地址;

(3)提单的签发日期、地点;

(4)接受交付货物的地点;

(5)识别货物的标志;

(6)有关货物详细(件数、重量、尺码等);

(7)货物外表状况;

(8)联运提单的签发份数等。

提单的流转见图 10-1。

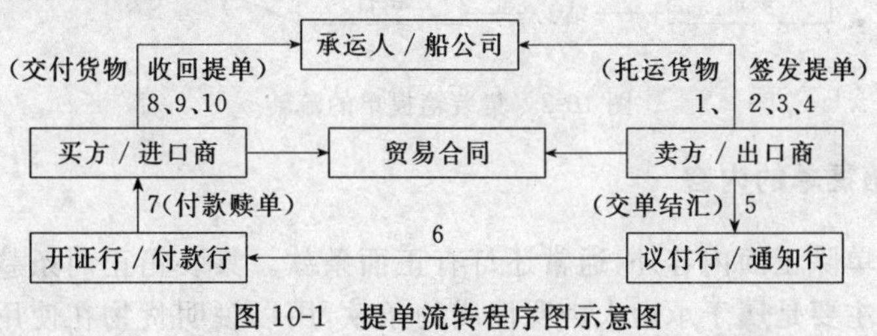


图 10-1　提单流转程序图示意图

提单的流转程序为：

(1)出口商与进口商订立贸易货物进出口合同，合同中写明采用 CIF 贸易条款，以信用证方式付款。

(2)进口商按照合同规定向当地银行提出申请，填写申请书，并提供若干押金或其他担保，要求银行(开证行)向出口方开出信用证。

(3)出口商收到通知行转来的信用证后，根据贸易合同中规定的交货时间、交货地点、货物数量向班轮公司预定舱位，并与之订立运输合同。

(4)出口商在运输合同约定的时间、地点将货物交付给承运人。承运人在接货前，船公司应安排好该批货物的报关、装船，并由船上的大副签发大副收据，托运人凭借大副收据向承运人换取“已装船提单”。

(5)出口商持已装船提单及信用证规定的其他单据(如商业发票、保险单等)到议付行议付、或转让提单，同时取得货款。

(6)议付行将汇票、货运单据等寄开证行索偿。开证行在确认所有单证满足信用证有关要求后支付货款给议付行并取得提单。

(7)开证行在办理转账或汇款给议付行的同时，通知进口商单证已到，要求进口商履行货款支付协议。进口商在支付货款后取得提单。进口商凭正本提单去船公司换取提货单。

(8)与此同时，货物已由承运人运抵目的港，承运人或其代理人向进口商发出到货通知。

(9)进口商凭所持提货单按承运人的指示在指定时间、地点提取货物。

(10)承运人将货交给进口商，同时收回正本提单，提单的整个流转过程完成。

集装箱提单是提单的一种。集装箱运输提单证主要有：多式联运提单、联运提单、H-B/L、S-B/L 等。集装箱提单的流转见图 10-2。

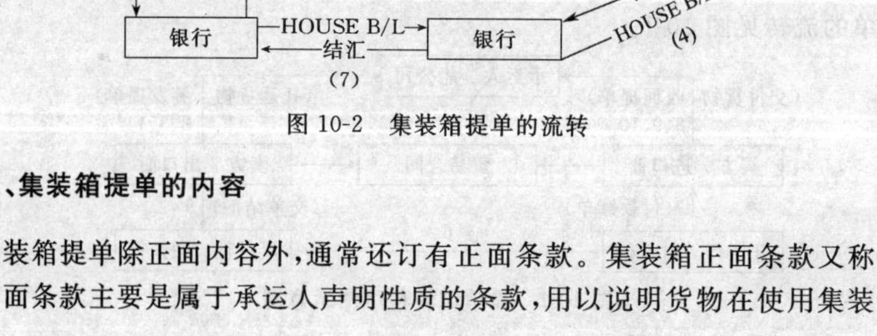


图 10-2 集装箱提单的流转

## 三、集装箱提单的内容

集装箱提单除正面内容外，通常还订有正面条款。集装箱正面条款又称表面条款。正面条款主要是属于承运人声明性质的条款，用以说明货物在使用集装箱运输

1.Shipper Insert Name, Address and Phone

许可证号:JTL0008

B/L NO

中远集装箱运输有限公司
COSCO CONTAINER LINES

TLX: 33057 COSCO CN
FAX: +86(021) 6545 8984

2.Consignee Insert Name, Address and Phone

Port-to-Port or Combined Transport
BILL OF LADING

3.Notify Party Insert Name, Address and Phone
(It is agreed that no responsibility shall attach to the Carrier or his agents for failure to notify)

RECEIVED in external apparent good order and condition except as otherwise noted. The total number of packages or units stuffed in the container, the description of the goods and the weights shown in this Bill of Lading are furnished by the Merchants, and which the carrier has no reasonable means of checking and is not a part of this Bill of Lading contract. The carrier has issued the number of Bills of Lading stated below, all of this tenor and date, one of the original Bills of Lading must be surrendered and endorsed or signed against the delivery of the shipment and whereupon any other original Bills of Lading shall be void. The Merchants agree to be bound by the terms and conditions of this Bill of Lading as if each had personally signed this Bill of Lading.
SEE clause 4 on the back of this Bill of Lading (Terms continued on the back hereof, please read carefully)
*Applicable Only When Document Used as a Combined Transport Bill of Lading

| 4.Combined Transport* Pre-carriage by | 5.Combined Transport* Place of Receipt |
|---|---|
| 6.Ocean Vessel　Voy. No. | 7.Port of Loading |
| 8.Port of Discharge | 9.Combined Transport* Place of Delivery |

Particulars Furnished by Merchants

| Marks & Nos. Container・Seal No. | No. of Containers or Packages | Description of Goods(If Dangerous Goods, See Clause 20) | Gross Weight Kgs | Measurement |
|---|---|---|---|---|
| | | | | |

Description of Contents for Shipper's Use Only(Not part of This B/L Contract)

10.Total Number of containers and/or packages(in words)
Subject to Clause 7 Limitation

| 11.Freight & Charges | Revenue Tons | Rate | Per | Prepaid | Collect |
|---|---|---|---|---|---|
| Declared Value Charge | | | | | |

| Ex. Rate: | Prepaid at | Payable at | Place and date of issue |
|---|---|---|---|
| | Total Prepaid | No. of Original B(s)/L | Signed for the Carrier, COSCO CONTAINER LINES |

LADEN ON BOARD THE VESSEL
DATE　　　　BY
(COSCON STANDARD FORM 9803)

CNS01

图 10-3　集装箱提单

下的提单的性质和作用。此外，提单背面还印有许多主要条款，主要是说明承运人、发货人和收货人等的义务、权利和责任等。

集装箱提单见图 10-3。

## 第三节 集装箱运输其他主要单证

### 一、集装箱设备交接单

集装箱设备交接单(E/R)是集装箱进出港区场站时，集装箱管箱人(一般码头作为其代理人)与用箱人(一般集卡司机作为其代理人)之间交接集装箱及其他设备的凭证，并兼有管箱人发放集装箱凭证的功能。

集装箱设备交接单既是一种交接凭证，又是一种发放凭证。由此可见，集装箱设备交接单对集装箱箱务管理起着巨大的作用。

在进出口运输业务中，凡是涉及集装箱等设备的交接作业时，必须编制相应的设备交接单。在使用中，要求必须做到"一箱一单、箱单相符、箱单同行"的原则。用箱人、运箱人要凭设备交接单进出港区场站，到设备交接单指定的提箱地点提箱，并在规定的地点还箱。与此同时，用箱人还必须在规定的日期、地点将箱子和机械设备如同交付时状态还给管箱人或其代理人，对集装箱的超期使用或租用，用箱人应支付超期使用费；对使用或租用期间发生的任何箱子及设备的灭失和损坏，用箱人应承担赔偿责任。

集装箱设备交接单(图 10-4)分进场(IN)三联和出场(OUT)三联两种：管箱单位留底联；码头、堆场联；用箱人、运箱人联。

设备交接单的填制内容基本相同，均由箱管单位填制后，交拖箱人(一般是集卡司机)。设备交接手续均在集装箱码头堆场大门口办理。

当集装箱出场时，码头检查口业务员与用箱人(一般是集卡司机)应共同审核设备交接单。

设备交接单审核内容有：

(1)用箱人名称和地址；

(2)所提集装箱的箱号、规格；

(3)出场日期；

(4)出场目的，如：当地装箱等。

当集装箱进场时，集卡司机持设备交接单，将集装箱从装箱地运至集装箱码头堆场。码头检查口业务员和集卡司机也需要仔细审核设备交接单。

审核的事项有：

(1)还箱的时间和地点；

上海育海船务代理公司

SHANGHAI YUHAI SHIPPING AGENCY

集装箱发放／设备交接单 OUT 出场

EQUIPMENT INTERCHANGE RECEIPT

DATE OF ISSUE: 94.12.10 （有效期 8 天） No.0001995

| 用箱人／运箱人 (CONTAINER USER/HAULIER) | | | 提箱地点 (PLACE OF DELIVERY) |
|---|---|---|---|
| 上 海 育 海 船 务 代 理 公 司 | | | |
| 发往地点 (DELIVERED TO) | 返回／收箱地点 (PLACE OF RETURN) | | |
| 0T | 14T | | |

| 船名／航次 (VESSEL VOYAGE NO.) | 集装箱号 (CONT AINER NO.) | 尺寸／类型 (SIZE/EYPE) | 营运人 (CNTR.OPTR.) |
|---|---|---|---|
| JI XIANG SHAN/V9435S | | 20FT/GP | SYH |

| 提单号 (B/L NO.) | 铅封号 (SEAL NO.) | 免费期限 (FREE TIME PERIOD) | 运载工具牌号 (TRUCK,WAGON,BARGE NO.) |
|---|---|---|---|
| | | 空出日至重进日 10 天 | |

| 出场目的／状态 (PPS OF) GATE-OUT/STATUS) | 进场目的／状态 (PPS OF) GATE-IN/STATUS) | 出场日期 (TIME-OUT) |
|---|---|---|
| 空箱／装箱 E/VA | 重箱／重箱装船 F/FL | 月 日 时 |

出场检查记录 (INSPECTION AT THE TIME OF INTERCHANGE)

| 普通集装箱 (GP CONTAINER) | 冷藏集装箱 (RF CONTAINER) | 特种集装箱 (SPECIAL CONTAINER) | 发电机 (GEN SET) |
|---|---|---|---|
| □正常 (SOUND)<br>□异常 (DEFECTIVE) | □正常 (SOUND)<br>□异常 (DEFECTIVE) | □正常 (SOUND)<br>□异常 (DEFECTIVE) | □正常 (SOUND)<br>□异常 (DEFECTIVE) |

(1) 代理公司留底

损坏记录及代号 (DAMAGE&CODE)

| BR | D | M | DR | DL |
|---|---|---|---|---|
| 破 损 (BROKEN) | 凹 损 (DENT) | 丢 失 (MISSING) | 污 箱 (DIRTY) | 危 标 (DGLABEL) |

左侧 (LEFT SIDE) 右侧 (RIGHT SIDE) 前部 (FRONT) 集装箱内部 (CONTAINER INSIDE)

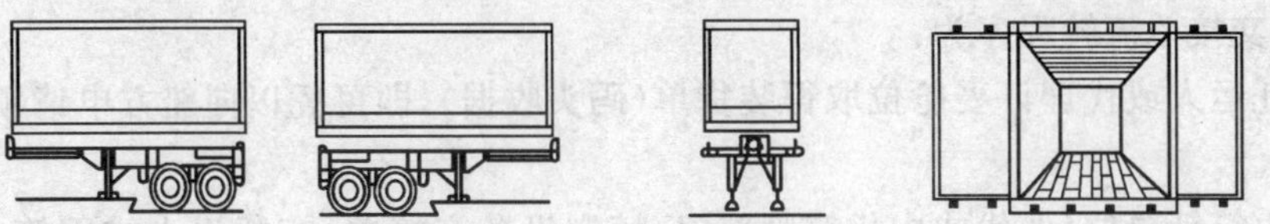

顶 部 (TOP) 底 部 (FLOOR BASE) 箱 门 (REAR)

如有异状，请注明程度及尺寸 (REMARK)

除列明者外，集装箱及集装箱设备交接时完好无损，铅封完整无误。

THE CONTAINER/ASSOCIATED EQUIPMENT INTERCHANGED IN SOUND CONDITION AND SEAL INTACT UNLESS OTHER WISE STATED.

用箱人／运箱人签署 (CONTAINER USER/HAULIER'S SIGNATURE) 码头／堆场值班员签署

图 10-4 集装箱设备交接单

(2)还箱人的名称和地址；

(3)出口船舶的船名和航次；

(4)进场目的，如准备装船，等。

审核完毕后，双方在设备交接单上签字，第 1、2 联由堆场留存(第 1 联由港方转交给船方)，第 3 联由提箱人留存。

集装箱交接时，双方对集装箱都要进行目测检查。目测检查的要求应符合根据《中华人民共和国海上国际集装箱运输管理规定实施细则》规定。

集装箱目测检查主要包括以下几个方面：

(1)外部检查。检查集装箱外表有无损伤、变形、破口等异样。

(2)内部检查。对箱内侧六面进行察看，是否有漏水、漏光、水迹、油迹、残留物、锈蚀。

(3)集装箱的箱门检查。检查箱门有无变形，能否 270°开启。

设备交接单一经签发不得擅自更改。如需更改，必须到船舶代理人处办理更正手续(船公司的集装箱一般委托船舶代理进行箱管)，并于集装箱设备交接单更正处盖上船代箱管更正章。

集装箱设备交接单的流转见图 10-5。

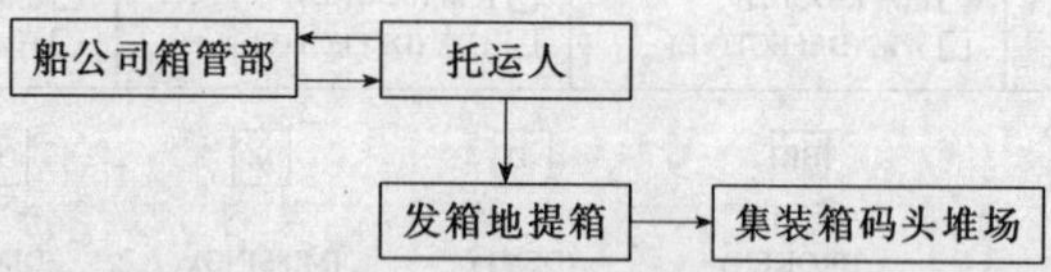


图 10-5 设备交接单流转程序示意图

设备交接单流转程序为：

(1)托运人或代理订妥舱位取得装货单(码头收据)，即可凭以向船方申请领取设备交接单。

(2)由箱管单位(外代或中货箱管部门)填制设备交接单，交托运人或用箱人、运箱人。

(3)由托运人或用箱人、运箱人到 CY 提箱送收箱地(或到发箱地提箱送码头堆场)，经办人员核单并查验箱体后，双方签字，留下箱管单位联和码头、堆场联，将用箱人、运箱人联退还用箱人或运箱人。

(4)码头堆场经办人员将箱管单位联退给船公司或其代理的箱管部门。

## 二、场站收据

场站收据(D/R)是承运人签发的证明托运人所托运货物已经收到并对货物开始负有责任的单证。

场站收据又称码头收据或港站收据，是集装箱码头的重要运输单据之一。

它是承运人委托集装箱码头或内陆货站在收到出口重箱或出口拼箱货后签发的收据。

场站收据是我国国际集装箱运输系统使用的国际通用单证。

在出口业务中，场站收据由托运人（通常是货运代理人）填制后，将各联分送相关的部门。码头在收到场站收据并签字后，在法律责任上，表明码头对所收到的货物开始负有责任。码头与承运人、托运人之间如发生责任纠纷，场站收据则是解决纠纷的原始凭证之一。

场站收据的作用是：

（1）船公司或船舶代理人确认订舱并在场站收据上加盖有报关资格的单证章后场站收据交给托运人或其代理人，意味着运输合同开始执行；

（2）是出口货物报关的凭证之一；

（3）是承运人已收到托运货物并开始对货物负责的证明；

（4）是换取航运提单或联运提单的凭证；

（5）是船公司、港口组织装卸、理货、配载的资料；

（6）是运费结算的依据；

（7）如信用证中有规定，可作为向银行结汇的单证。

目前在格式上，无论是国内还是国外，使用“场站收据”的内容基本一样，只是份数有多有少，有的使用 7 联、9 联、12 联等，但较多使用的是 10 联，即所称的十联单。

现将这 10 联单分别说明如下：

（1）货主留底（白色）；

（2）集装箱货物托运单（船代留底，白色）；

（3）运费通知(1)（白色）；

（4）运费通知(2)（白色）；

（5）装货单——场站收据副本（白色）；

（6）大副联——场站收据副本（粉红色）；

（7）正本场站收据（淡黄色）；

（8）货代留底（白色）；

（9）配舱回单(1)（白色）；

（10）配舱回单(2)（白色）。

货主留底联数如需增加，由货主自己确定，但其页数必须放在第 10 联之后。

场站收据见图 10-6、图 10-7、图 10-8。

场站收据的编制要求是：

（1）托运人必须用打字机填制，要求正确、清晰地填制场站收据中的各栏目。如有打错，要求打印方编制更改通知书，及时送达有关方。

（2）场站收据的收货方式和交货方式应根据运输条款如实填写。一票场站收据

▽

| Shipper(发货人) | D/R NO.(编号) | 上远货运 |
|---|---|---|
| Consignee(收货人) | 集装箱货物托运单 | |
| Notify Party(通知人) | 船代留底 | 第二联 |
| Pre-carriage by(前程运输) Place of Receipt(收货地点) | | |
| Ocean Vessel(船名) Voy.No.(航次) Port of Loading(装货港) | | |
| Port of Discharge(卸货港) Place of Delivery(交货地点) | Final Destination for the Merchant's Reference(目的地) | |

Particulars Furnished by Merchants (托运人提供详细情况)

| Container No.(集装箱号) | Seal No.(封志号) Marks & Nos.(标记与号码) | No. of containers or p'kgs (箱数或件数) | Kind of Packages: Description of Goods (包装种类与货名) | Gross Weight 毛重(公斤) | Measurement 尺吗(立方米) |
|---|---|---|---|---|---|
| | | | | | |
| TOTAL NUMBER OF CONTAINERS OR PACKAGES(IN WORDS) 集装箱数或件数合计(大写) | | | | | |

| FREIGHT&CHARGES (运费与附加费) | Revenue Tons(运费吨) | Rate(运费率) | Per(每) | Prepaid (运费预付) | Collect(到付) |
|---|---|---|---|---|---|
| | | | | | |

| Ex.Rate:(兑换率) | Prepaid at(预付地点) | Payable at(到付地点) | Place of Issue(签发地点) |
|---|---|---|---|
| | Total Prepaid(预付总额) | No. of Original B(S)/L(正本提单份数) | |

| Service Type on Receiving □—CY, □—CFS, □—DOOR | Service Type on Delivery □—CY, □—CFS, □—DOOR | Reefer-Temperature Required (冷藏温度) | F | C |
|---|---|---|---|---|

| TYPE OF GOODS (种类) | □ Ordinary,(普通) | □ Reefer,(冷藏) | □ Dangerous,(危险品) | □ Auto.(裸装车辆) | 危险品 | Class Property. IMDF Code Page: UN No. |
|---|---|---|---|---|---|---|
| | □ Liquid,(液体) | □ Live Animal,(活动物) | □ Bulk,(散货) | □ | | |

| 可否转船: | 可否分批: |
|---|---|
| 装　期: | 效　期: |
| 金额: | |
| 制单日期: | |

图 10-6　场站收据第 2 联

▽

| Shipper(发货人) | D/R NO.(编号) 上远货运 |
|---|---|
| Consignee(收货人) | 场 站 收 据<br>DOCK RECEIPT　第七联 |
| Notify Party(通知人) | Received by the Carrier the Total number of containers or other packages or units stated below to be transported subject to the terms and conditions of the Carrier's regular form of Bill of Lading (for Combined Transport or) Port to Port Shipment) which shall be deemed to be incorporated herein.<br>Date(日期): |
| Pre-carriage by(前程过输)　Place of Receipt(收货地点) | |
| Ocean Vessel(船名)Voy.No.(航次)　Port of Loading(装货港) | 场站章 |
| Port of Discharge(卸货港)　Place of Delivery(交货地点) | Final Destination for the Merchant's Reference(目的地) |

Particulars Furnished by Merchants (托运人提供详情况)

| Container No. (集装箱号) | Seal No.(封志号) Marks & Nos. (标记与号码) | No. of containers or p'kgs (箱数或件数) | Kind of Packages: Description of Goods (包装种类与货名) | Gross Weight 毛重(公斤) | Measurement 尺吗(立方米) |
|---|---|---|---|---|---|
| | | | | | |
| TOTAL NUMBER OF CONTAINERS OR PACKAGES(IN WORDS) 集装箱数或件数合计(大写) | | | | | |

| Container No.(箱号) | Seal NO.(封志号) | Pkgs(件数) | Container No.(箱号) | Seal No.(封志号) | Pkgs.(件数) |
|---|---|---|---|---|---|
| | | | | | |

| | Received(实收) | By Terminal Clerk.(场站员签字) |
|---|---|---|

| FREIGHT & CHARGES | Prepaid at(预付地点) | Payable at(到付地点) | Place of Issue(签发地点) |
|---|---|---|---|
| | Total Prepaid(预付总额) | No of Orginal B(S)/L(正本提单份数) | BOOKING(订舱确认) APPROVED BY |

| Service Type on Receiving<br>□—CY, □—CFS, □—DOOR | Service Type on Delivery<br>□—CY, □—CFS, □—DOOR | Reefer-Temperature Required (冷藏温度) | F | C |
|---|---|---|---|---|

| TYPE OF GOODS (种类) | □ Ordinary, (普通) | □ Reefer, (冷藏) | □ Dangerous, (危险品) | □ Auto. (裸装车辆) | 危险品 | Class<br>Property.<br>IMDF Code Pag<br>UN No. |
|---|---|---|---|---|---|---|
| | □ Liquid, (液体) | □ Live Animal, (活动物) | □ Bulk, (散货) | | | |

图 10-7　场站收据第 7 联

▽

| | |
|---|---|
| Shipper(发货人) | D/R NO.(编号) 上远货运 |
| Consignee(收货人) | |
| Notify Party(通知人) | |
| Pre-carriage by(前程运输) Place of Receipt(收货地点) | 货代留底 第八联 |
| Ocean Vessel(船名)Voy.No.(航次) Port of Loading(装货港) | |

| Port of Discharge(卸货港) | Place of Delivery(交货地点) | Final Destination for the Merchant's Reference(目的地) |
|---|---|---|

Particulars Furnished by Merchants（托运人提供详情况）

| Container No.（集装箱号） | Seal No.(封志号) Marks & Nos.(标记与号码) | No. of containers or p'kgs（箱数或件数） | Kind of Packages: Description of Goods（包装种类与货名） | Gross Weight 毛重（公斤） | Measurement 尺吗（立方米） |
|---|---|---|---|---|---|
| | | | | | |
| TOTAL NUMBER OF CONTAINERS OR PACKAGES(IN WORDS) 集装箱数或件数合计（大写） | | | | | |

| FREIGHT&CHARGES（运费与附加费） | Revenue Tons（运费吨） | Rate（运费率） | Per(每) | Prepaid（运费预付） | Collect（到付） |
|---|---|---|---|---|---|
| | | | | | |

| Ex.Rate:（兑换率） | Prepaid at(预付地点) | Payable at(到付地点) | Place of Issue(签发地点) |
|---|---|---|---|
| | Total Prepaid（预付总额） | No. of Original B(S)/L（正本提单份数） | |

| Service Type on Receiving □—CY, □—CFS, □—DOOR | Service Type on Delivery □—CY, □—CFS, □—DOOR | Reefer-Temperature Required（冷藏温度） | F | C |
|---|---|---|---|---|

| TYPE OF GOODS（种类） | □ Ordinary,（普通） | □ Reefer,（冷藏） | □ Dangerous,（危险品） | □ Auto.（裸装车辆） | 危险品 | Class Property. IMDF Code Page: UN No. |
|---|---|---|---|---|---|---|
| | □ Liquid,（液体） | □ Live Animal,（活动物） | □ Bulk,（散货） | □ ______ | | |

| | |
|---|---|
| 可否转船： | 可否分批： |
| 装　期： | 效　期： |
| 金额： | |
| 制单日期： | |

图 10-8 场站收据第 8 联

上不得同时出现两种收货方式或两种交货方式。

(3)冷藏货出运,正确填报冷藏温度。

(4)危险品出运应正确填报类别、性能、危规页数(1MDG_GODE PAGE)和联合国编号(UN NO.)。如国际危规规定主标以外还有副标,在性能项目栏用"(主标)/(副标)"方式填报。

(5)第 2,3,4 联和第 8,9,10 联右下角空白栏供托运人备注用。

场站收据联的填写,要求用英文打字机或针式电子打印机编制。英文字母必须大写(委托人信息可以是中文机器编制)。场站收据联单的填制规范以第七联(场站收据)和第八联(货代留底)为例,具体填制规范如下:

(1)发货人(Shipper):托运人、或货主、或信用证上的卖方、或无船承运人等。

(2)收货人(Consignee):货主、或信用证上的买方、或无船承运人、或某某指示人等。

(3)通知人(Notify Party):详列通知方的名称、地址、电话、传真等;当没有通知人时,以"SAME AS CONSINGEE"显示。

(4)场站收据号(D/R NO.):或称为关单号,为船代接受订舱时提供的号码,或作为提单号码。

(5)委托方(Forwarder):货运代理人的业务编号、托运人的名称、托运人的编号等。

(6)前程运输(Pre-carriage by):联程运输时,相对收货地之前一段的货物运输承运方式或承运人填列在此栏中。一般海运托运单中,此栏不填。

(7)收货地(Place of Receipt):货物实际收货地点(一般为港口所在城市)。

(8)船名/航次(Ocean Vessel/Voy. No):船代在接受订舱时,按照配船要求确定。

(9)装货港(Port of Loading):货物实际装运海港名称。

(10)卸货港(Port of Discharge):将货物卸下的港口(一般是船舶班轮航线上的港口,但未必是货物的交货地)。

(11)交货地(Place of Delivery):承运人将货物实际交付的地点(可以是船舶班轮航线上的港口,也可以是通过其他船舶转运过去的交货港口,或通过铁路、公路运输方式转运过去的内陆交货地点)。

(12)目的地(Final Destination for Merchant's Refernce):客户或应贸易文件要求,需要在提单上显示的货物交付的最终目的地。因为承运人是以交货地作为联运的交货点,所以承运人一般在出具的提单上并不显示此项内容。经承运人的同意,承运人或其签单代理人可以在提单的"包装种类与货名"栏中的包装、货名下空白处显示该项内容。

(13)集装箱号(Container No.):此栏对应正本提单的相应栏,提单上显示的集装箱号显示在此栏的靠下空白部分。在场站收据联单中，若有集装箱号的显示需要，则填制在下列第21栏中。

(14)标记与号码(Seal No. /Marks & Nos.)：贸易合同上、发票上、装箱单上标明的、信用证等文件规定的货物标记与号码。

(15)箱数或件数(No. of containers or Packages)：贸易合同上、发票上、装箱单上标明的、信用证等文件规定的货物件数。

(16)包装种类与货名(Kind of Packages：Description of Goods)：贸易合同上、发票上、装箱单上标明的、信用证等文件规定的货物的包装种类、商品名称、商品规格等。

(17)毛重(Gross Weight)：每一类货物的包装毛重，单位是KGS(公斤)，两类以上，要有合计数。

(18)尺码(Measurement)：每一类货物的包装尺码(体积)，单位是CBM(立方米)，两类以上要有合计数。

(19)交接方式、箱量、箱型、运费条款：货物的交接方式(如FCL)、箱量(如1X2ft)、箱型(如GP)、运费条款(如FREIGHT PREPAID)等。

(20)集装箱数或件数大写：若是多票托单自拼整箱，则相应托单上根据货物的件数、包装用英文大写字母予以表示托单上的件数(如3票托单拼1X20ftGP，其中1票的货物包装是10CTNS，则大写为SAY TEN CARTONS ONLY)；若是1票托单中多个集装箱，则用英文大写字母予以表示集装箱数量或包装件数(如：100CTNS，装2X20ft普箱，FCL CY/CY交接，可以表示为SAY TWO CONTAINERS ONLY；或SAY ONE HUNDRED CARTONS ONLY)。

(21)集装箱号(Container No.)/运费与附加费(Freight & Charges)：此位置在第七联中，是“集装箱号”栏，由理货公司人员在此栏中填写集装箱号码和封志号等；此位置在第八联中，是“运费与附加费”栏，一般在此栏填写与集装箱海运有关的海运运费和海运附加费的结算金额，或由货代填写、或由船代确认后填列货主与船公司约定的运价协议号(船公司以运价协议号的形式，确定与货主的运费结算标准。如S/C SHA0450)。

其他各联单的“集装箱数或件数大写”栏目下的各栏目不尽相同，由相关人员按实际需要填写，不再复述。

场站收据联单的流转过程是：

(1)货主填制集装箱货物托运单一式十联，委托货运代理人代办托运手续。

(2)货运代理人审核托运单后接受委托，将货主留底联退还货主。

(3)货运代理人持其他九联托运单到船公司的指定代理人(船代)处代办托运手续。

(4)船代审核托运单，确认订舱数据无误后，接收订舱；并在托运单上编制提单号、船名、航次等运输信息。在场站收据副本(S/O)上盖章确认订舱。船公司或其代理人留下船代留底联、运费通知(1)联、运费通知(2)联三联,将其余各联退还给货运代理人。

(5)代理人留存货代留底联,据以编制货物业务记录表。

(6)货运代理人根据船代退回的配舱回单(1)联编制提单和其他货运单证。

(7)货运代理人持盖有船代订舱章的场站收据副本联(S/O)、第五联(附页)、第六联大副收据副本和第七联场站收据联,随同出口货物报关单和其他出口报关用的单证一起到海关办理货物出口报关手续。

(8)海关审核有关报关单证,同意出口的,则在第五联场站收据副本(S/O)上加盖放行章,然后将经过海关加盖放行章的装货单和其他各三联退还给货运代理人。

(9)货运代理人将海关退还的四联单证及配舱回单(2)联同集装箱、或待装箱货物转交集装箱堆场或集装箱货运站。

(10)集装箱堆场或集装箱货运站验收集装箱或货物后,若无异常状况,则在正本场站收据(D/R)及配舱回单(2)上签章,并退还给货主或货运代理人;如实际收到的集装箱货货物与场站收据和配舱回单(2)的记载不符,则须在正本场站收据和配舱回单(2)上作出批注,退还货主或货运代理人,而货主或货运代理人则须根据配舱回单(2)的批注,修改已编制的提单。

(11)集装箱堆场或集装箱货运站收下S/O,集装箱装船后将大副收据交船方大副;第五联(附页)交港务局计算港建港杂费。

(12)货主或货运代理人持正本D/R和事先编制的提单至船公司或其代理人处,办理签发正本提单手续。船公司或船公司代理人收回D/R,签发提单。

由于集装箱业务的快速发展,海关报关程序的改变,电子数据交换在船公司、船代、货代间的广泛应用,货代为货主代为制作集装箱托运单现象的普遍存在等因素,造成相关原先针对十联单设计的单证流转程序也发生了很大的变化。例如实际操作中已将场站收据联单,由原先的一式十联单,简化为一式四联。即第五联装货单,第五联(附页)缴纳出口货物港务申请书,第六联场站收据副本大副联和第七联场站收据联;货物进港,也不再遵循必须先将集装箱送交船公司的集装箱堆场的惯例,而是直接送交集装箱码头;海关予以盖章放行的场站收据副本等四联单据,由货运代理人直接送交船公司在码头的现场经办人员,码头配载会据此安排集装箱装船;船公司或其代理人依据从码头现场理货公司返还的正本场站收据编制并签发提单;货运代理人或货主直接到船公司或其代理人处申领提单;集装箱货物的运费通过船公司或其代理人向货主或货运代理人收取。

场站收据流转见图10-9。

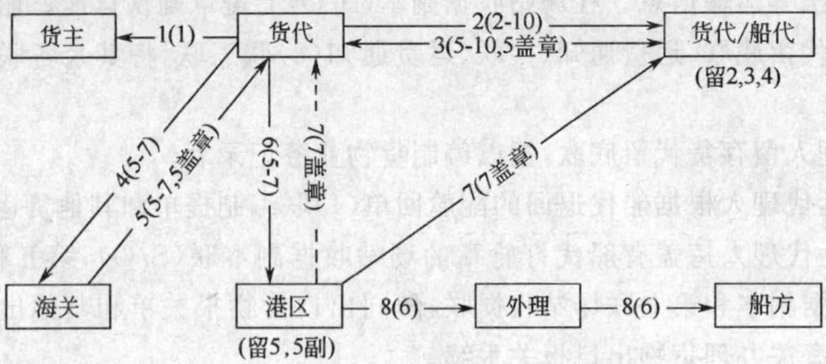


图 10-9 场站收据流转程序示意图

### 三、提货单和交货记录

提货单(D/O)是收货人凭正本提单向承运人或其代理人换取的可向港区场站提取货物的凭证，也是承运人或其代理人对港区场站放箱交货的通知。

在装卸港区，提货单又俗称为码头小提单。但是，提货单的性质与提单的性质是完全不同的，它只是船舶代理人指令港区场站向收货人或货运代理人交付货物的凭证，不具备流通或其他作用，因此提货单上应记有"禁止流通"的字样。目前上海市口岸使用的提货单有两种，一种适用于件杂货和散装货运输，另一种适用于集装箱运输。

交货记录(D/R )是承运人把货物交付给收货人共同签署的证明货物已经交付、承运人对货物责任已告终止的单证。

交货记录是集装箱运输产生以后使用的单证，是进口业务中的一份重要的单证。对于承运人来说，交货记录一经签发即表明同意交货，尽管事实上还没有交货；对于收货人来说，只要取得交货记录即表明已具备提货条件，尽管事实上还没有提货。事实上，承运人和收货人在交货记录上的签署，表明双方所承担的责任已经相互转移。

提货单和交货记录是一套 5 联单证中的第 2 联和第 5 联：

(1)到货通知书(由船舶代理人填制) 白色

(2)提货单(由船舶代理人填制) 白色

(3)费用账单(港区填制) 蓝色

(4)费用账单(港区填制) 红色

(5)交货记录(港区填制，提货人签名) 白色

提货单和交货记录的流转见图 10-10。

提货单和交货记录流转程序为：

(1)船舶代理人依据装货港航寄或传真得到的提单副本提前制作，在规定的时间内向收货人或通知人发出"到货通知书"。

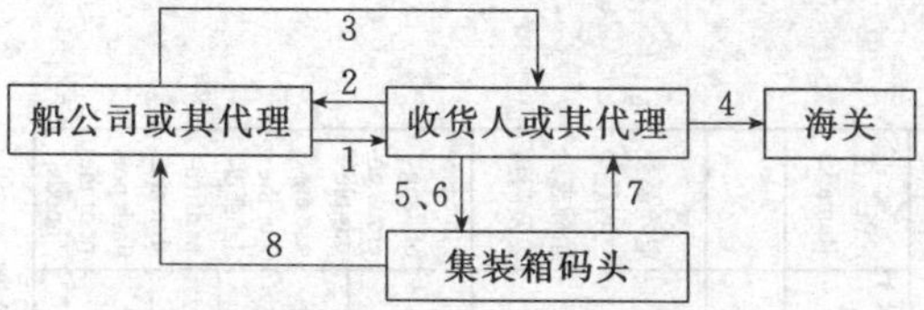


图 10-10　提货单和交货记录流转程序示意图

(2)收货人或其代理人在收到“到货通知书”后，凭海运集装箱正本提单和“到货通知书”向船舶代理换取“提货单”及 2 联“费用账单”(集装箱码头用以收取费用)和“交货记录”共 4 联。

(3)船舶代理人核对正本集装箱海运提单后(背书)，在“提货单”上加盖船代放箱章，并将 4 联单证退还给货运代理人。

(4)收货人或其代理人持上述 4 联单证，在海关规定的期限内备妥报关资料，向海关申报。海关核对后，在“提货单”的规定栏目内加盖海关放行章。收货人或其代理人还要办理其他有关手续的，亦应办妥手续，取得有关单位盖章放行。

(5)收货人或其代理人凭已盖章放行的“提货单”及“费用账单”和“交货记录”联向场站或港区的“集装箱收理台”办理申请提货作业计划。港区或场站业务人员审核提货单船代盖章的有效性和海关加盖的放行章后，将 2、3、4 联留下，作为放货和结算费用的依据，并在第 5 联“交货记录”联上盖章，以示确认手续完备，港区受理作业申请，安排提货作业计划，并同意放货。

(6)收货人或其代理人凭港区或场站已盖章的“交货记录”联到港区 CFS 或堆场提取集装箱货物。提箱货完毕后，提货人应在规定的栏目内签名，以示确认提取的货物无误。“交货记录”上所列货物数量全部提完后，场站或港区应收回“交货记录”联。

(7)场站或港区凭收回的“交货记录”联核算有关费用。填制“费用账单”一式二联，结算费用。将第 3 联(蓝色)“费用账单”联留存场站，第 4 联(红色)“费用账单”联作为向收货人收取费用的凭证。

(8)港区或场站将第 2 联“提货单”联及第 3 联“费用账单”联留存归档备查。将第 5 联“交货记录”送交船公司或其代理存档。

## 四、集装箱装箱单

集装箱装箱单是详细记载集装箱内所装提单项下货物的名称、数量及其顺序和位置、交付方式，以箱为单位的货运文件。每个载货集装箱都要制作这样的单据，它是根据已装进集装箱内的货物制作的。不论是由发货人自己装箱，还是由货运站装箱，负责装箱人都要制作装箱单。集装箱装箱单是详细记载每一个集装箱内所装货物详细情况的唯一单据。所以，在以集装箱为单位进行运输时，它是一张极其重要的单据(图 10-11)。

中国远洋运输公司
CHINA OCEAN SHIPPING COMPANY

装　箱　单
CONTAINER LOAD PLAN

| 集装箱号 Container No. | 集装箱规格 Type of Container:　20　40 |
|---|---|
| 铅封号 Seal No. | 冷藏温度 Reefer temp Required　F　C |

| | 船名 Ocea Vessel | 航次 Voy No. | 收货地点 Place of Receipt □-场 CY □-站 CFS □-门 Door | 装货港 Port of Loading | 卸货港 Port of Discharging | 交货地点 Place of Delivery □场 CY □站 CFS □门 Door |
|---|---|---|---|---|---|---|

| | 提单号码 B/L No. | 1. 发货人 Shipper | 2. 收货人 Consignee | 3. 通知人 Notify | 标志和号码 Marks & Numbers | 件数及包装种类 No. & Kind of Pkgs | 货名 Description of Goods | 重量（公斤）Weight Kg. | 尺码（立方米）Measurement Cu.M. | 备注 Remarks |
|---|---|---|---|---|---|---|---|---|---|---|
| | | | | | 底 Front | | | | | |
| | | | | | 门 Door | | 总件数 Total Number of Packages 重量及尺码总计 Total Weight & Measurement | | | 危险品要注明危险品标志分类及闪点 |

重新铅封号 New Seal No.

开封原因 Reason for breaking seal

装箱日期 Date of vanning: ------------------
装箱地点 at: ------------------
（地点及国名 Place & Country）

皮重 Tare Weight

总毛量 Gross Weight

In case of dangerous goods, please enter the label classification and flash point of the goods.

| 出口 Export | 驾驶员签收 Received by Drayman | 堆场签收 Received by CY |
|---|---|---|
| 进口 Import | 驾驶员签收 Received by Drayman | 货运站签收 Received by CFS |

装箱人 Packed by: 发货人 货运站 (Shipper/CFS)

------------------
（签署）Signed

发货人或货运站留存
1.SHIPPER/CFS
(1) 一式十份　此栏每份不同

AUSTRALIAN DEPARTMENT OF HEALTEH. QUARANTINE DECLARATION

Cargo ______ 1.Wooden crates,cases;
▭not used(未用过) ▭treated(已处理) ▭not treated(未处理)
2.Timber pallets,dunage;
▭not used(未用过) ▭treated(已处理) ▭not treated(未处理)
3.Straw packing and/or rice hulls and/or similar packing material;
▭not used(未用过) ▭usde(用过)

Container ______ Timber components;
▭not used(未用过) ▭treated(已处理) ▭not treated(未处理)
▭not exposed(未外露)

COSCO ATANDARD FORM 02-SHA

Certificates and/or declaration for treatment will be forwarded by the shipper to consignee with invoice or shipping documents.
We hereby certify that the container has been throughly cleaned prior to vanning and that all evidence of previous contents has been removed.
Packed by:

______ 签署 Singed　　______ 签署 Singed

图 10-11　集装箱装箱单

集装箱装箱单的作用：

(1)作为发货人、集装箱货运站与集装箱码头堆场之间的货物交接单；

(2)作为向船方、收货人或货运站通知集装箱内所装货物的明细表；

(3)作为港方进出口业务员编制船舶积载图的主要依据；

(4)作为配载员计算船舶稳性高度及吃水差的基本数据；

(5)作为货物进出口的报关与通关查验；

(6)作为在卸货地办理集装箱保税运输的单据之一；

(7)当发生货损时，是处理索赔事故的原始单据之一。

集装箱装箱单一式五联，由装箱人于装箱时编制，所装货物必须按箱子前部(Front)到箱门(Door)的先后顺序填写。五联中一联由装箱人留存，四联随箱送装运港区，供港区编制集装箱装船舱位配置计划和船公司或其代理缮制提单等参考。

整箱货由货主自行装箱并编制，提供给承运人或其代理人；拼箱货由货运站业务人员安排装箱并编制，提供给承运人或其代理人。

集装箱装箱单的制作要遵循“一箱一单、单单相符”的原则。所谓“单单相符”就是指装箱单和码头收据或报关单上所记载的内容要一致，否则极易引发不良后果。例如：装货港错打与场站收据不符，港区有可能不予配装，造成退关；也有可能配舱错位，以致到达卸货港后无法从错置的船箱位上把集装箱卸下；又如装箱单重量或尺码与报关单或发票不符，船公司按装箱单重量或尺码编制提单、舱单，出口单位结汇时由于单、单不一致，则不能结汇。

集装箱装箱单的流转过程是：

(1)发货人或装箱人将货物装箱后，依据装箱顺序(由里至外)填制装箱货物的船名/航次、箱号、封号、箱型、箱类、提单号、件数与包装、毛重、尺码、货名和唛头(标志)和其他货运资料。对于特种货物还应加注特定要求，如对冷藏货物要求注明对箱内温度的要求等。

(2)将集装箱和五联装箱单一起送集装箱堆场或码头。码头或堆场的业务人员在五联单上签收后，留下第一、二、三联，将第四、五联退还给送交集装箱货物的发货人或装箱人留存。

(3)码头或堆场留下的三联中，码头联用以编制装船计划；船代联交船代编制积载计划；承运人联作为处理货损事故的依据。

集装箱装箱单的流转见图10-12。

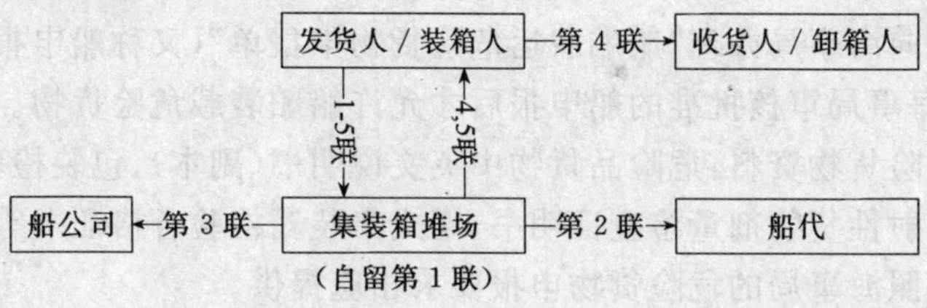


图10-12　集装箱装箱单流转程序示意图

**链接——装箱单的用途**

装箱单又称包装单，货运必备单证，它详细列明货主所托货物的相关数据资料。该单证在用于进口报关时，可以弥补商业发票内容的不足，以及货物抵达目的地后查验货物的依据。该单证应由出口商填制，一般不显示货物价格。内容必须与信用证、商业发票、提单相一致。

## 五、集装箱危险品运输单证

海运危险货物中主要涉及的单证有：货物运输条件鉴定书、包装危险货物安全适运申报单、危险货物技术说明书、包装检验证明书、包装适用证明书、放射性货物剂量检查证明书、集装箱装运危险货物装箱证明书（见图 10-13）等。

由于货物的化学性质的多样性，承运人屡屡因托运人瞒报品名而造成危险货物作为普通货物装运，而至产生运输中的危险隐患和安全事故。现在大多数承运人在接到陌生货名的货物运输委托时，会要求委托人出具《货物运输条件鉴定书》（Certification for Safe Transport of Chemical Goods）。这份鉴定书是由承运人认可的第三方化学研究机构出具的证明文件。其鉴定结果为承运人决定是否接运此货物提供了参考依据。

危险品在办理订舱托运手续时，须注意的事项和提供的货物信息如下：

(1)接受危险品货物订舱时，必须向船公司或船代事先确认；若货物装船后需涉及到的有关过境港，中转港和目的港的，则还须通过船代向当地代理人进行书面确认，且遵照确认中的要求予以执行。上述任何一方的拒绝，有关代理机构都不会接受订舱及安排装船。以免货物无法过境、中转或交货而引起货运纠纷。

(2)危险货物必须按照各类不同危险特性分别编制托运单，以便船公司或船代根据不同特性的危险货物按照《国际危规》的隔离要求安排集装箱的积载和运输。

(3)托运危险货物，托运单上除一般委托信息（如：发货人、装港、卸港、唛头、品名、件数、包装等）外，应提供详尽的信息：货物名称用正规的化学学名或技术名称，并用中英文品全名表示；必须注明 DANGEROUS CARGO 字样，以引起船公司或船代的重视；提供危险货物的危险品级别；注明危险货物的《国际危规》页码；标明危险货物的联合国危险品编号；易燃液体必须注明闪点；其他积载的特殊要求等。

(4)随托运单附上“危险货物技术说明书”、“包装危险货物安全适运申报单”（又称货申报）一式三联、“集装箱装运危险货物装箱证明书”等申报单证。船代在配载后，凭“货申报”向海事局办理“船舶载运危险货物申报单”（又称船申报），港务监督部门必须在收到海事局审核批准的船申报后才允许船舶装载危险货物。

(5)其他危险货物资料：危险品货物中英文说明书（副本）、包装检验证明书、包装适用证明书、放射性货物剂量检查证明书、罐式集装箱检验合格证书等危险货物运输申报用资料，按照海事局的危险货物申报要求相应提供。

(6)对美国出口或需通过美国转运的危险货物，托运时应提供英文“危险货物安

# 集装箱装运危险货物
# 集装箱证明书
## CONTAINER PACKING CERTIFICATE

| 船 名：Ship Name | | 航 次 Voyage | | 目的港：Destination | | |
|---|---|---|---|---|---|---|
| 集装箱编号：Container Serial No. | | | | | | |
| 箱内所装危险货物：Dangerous Goods Packed Therein | | | | | | |
| 品名 Proper Shipping Name | 联合国编号 UN NO. | 危险货物类别 IMDG Code Class | 包 装 Packing | 件 数 Package Quantity | 箱 数 Total of Cantainer | 总 重 Total Weight |
| | | | | | | |

兹证明： 装箱现场检查员已根据《国际海上危险货物运输规则》的要求，对上述集装箱和箱内所装危险货物，以及货物箱内的积载情况进行了检验。并声明如下：

1. 集装箱清洁、干燥、外观上适合装货；
2. 集装箱内未装有不相容货物；
3. 所有的包件都已经过外观破损检查，装入箱内的包件均系完好；
4. 包件装箱正确、衬垫、加固合理；
5. 集装箱及包件外表均已正确地进行了标记和标志；
6. 对集装箱内所装的每票危险货物，已经收到其根据《国际海上危险货物运输规则》总论第9.4段所要求的危险货物申报单。

以上正确无诈。

This is to certify that the above mentioned container, dangerous goods packed therein and their stowage condition have been inspected by the-undersigned packing inspector according to the provisions of 《International Maritime Dangerous Goods Code》 and to declare that:

1. The container was clean, dry and apparently fit to receive goods;
2. No incompatible substances have been packed into the container;
3. All packages have been externally inspected for damage, and only sound packages packed;
4. All packages have been properly packed in the container, dunnaged and secured;
5. The container and packages are properly marked and labelled;
6. The dangerous goods declaration required in subsection 9.4 of the General introduction to the IMDG Code has been received for each dangerous goods consignment packed in the container; and That all stated above are corredt.

装箱现场检查员签字：Signature of packing inspector　　检查地点：Place of inspection

装箱现场检查员证书编号：No. Of certificate of packing inspector　　装箱单位（签章）Packing unit (stamp)

装箱日期：Date of packing　　签发日期：Dare of issue

此证明书应由装箱现场检查员填写一式两份，正本应于集装箱装船三天前向港务监督提交，副本应在办理集装箱移交时交付给承运人。

Two copies of the certificate should be filled by the packing inspector, The original one should be submitted to Harbour Superintendency Administration three days prior to shipment and the copy should be given to the carrier on container delivery.

图 10-13 集装箱装运危险货物装箱证明书

全资料卡”(又称 MSDS)一式两份，由船代转交承运人供美国港口备案。

(7)托运人的危险货物外包装必须贴由《国际危规》规定的危险品标志、标记。集装箱内门上应粘贴箱内危险货物装箱清单，箱外四周应贴上与箱内货物内容一致的危险品标志与标牌。

**链接——集装箱运输主要单证**

场站收据、提货单、交货记录、集装箱设备交接单、集装箱货物托运单、集装箱危险货物装箱单等。

**案例——海运提单的分类**

海运提单,根据各种特定的需要可分为以下几类:

1. 根据货物是否装船,可分为"已装船提单"和"备运提单"。"已装船提单"是指船舶公司已将货物装在指定的船舶上后签发的提单;"备运提单"是指船舶公司已收到指定货物,等待装运货物期间签发的提单。

2. 根据提单有无批注分"清洁提单"和"不清洁提单"。"清洁提单"是在提单上未批注有关货物受损或包装不良的提单;"不清洁提单"是指在提单上注明货物表面状况受损或包装不良等的提单。

3. 根据提单是否可以流通分为"记名提单"和"指示提单"。"记名提单"是在提单的抬头上注明指定的收货人,这种提单是不能转让的,只能由提单上注明的收货人提货;"指示提单"又称空白提单,在提单的抬头栏注明"凭指定"、"凭××人指定"。这种提单可以运用背书转让第三人,是可以流通的货运提单。

4. 根据运输方式分"直运提单"、"转运提单"和"联运提单"。"直运提单"是指中途不经换船直接运达指定港口的提单;"转运提单"是在货运过程中至少经过两艘轮船运输的货运提单。即装运港船舶不抵达指定交货港,在中途卸货交另一艘船舶继续运输的提单;"联运提单"是经两种或两种以上的运输方式运送货物,由第一程承运人签发的,包括全程并能在目的港提货的运单。联运提单的签发人只对第一程运输负责。

5. 根据提单内容的繁、简分为"全式提单"和"略式提单"。"全式提单"又称繁式提单,是在提单的背面详细注明承运人和托运人之间各自的权利、义务的提单;"略式提单"只注明承运的货物的基本情况和托运人的名称、地址、收货人等基本情况的提单。

6."联运提单"限于两种以上的运输的运输方式的货运提单,他的使用与第四点提及的"按运输方式中的联运提单"相似。

## [思考题]

1. 什么叫集装箱设备交接单?
2. 什么叫场站收据?
3. 场站收据的流转过程是怎样的?
4. 集装箱装箱单的流转过程是怎样的?
5. 集装箱运输有哪些主要单证?

# 第十一章　危险货物集装箱运输

## 第一节　危险货物集装箱运输概论

随着科学技术的进步，社会的发展，尤其是化学工业的发展，出现了越来越多的新的化学物质。据统计，地球上存在的物质有1200万种，其中，仅用于工农业生产的物质就达60万多种。在现已存在和应用的物质中，具有明显或潜在危险的物质就有3万多种，其中，无异是以化学工业品居多。据有关资料统计，每年由于危险品运输而造成的世界船舶失事率有上升的趋势，这些海损事故中，造成火灾和爆炸的事故的约占总量的26.7%。同样，装卸作业中也涉及到不同的危险货物。

危险货物之所以具有特殊的地位，而区别其他一般货物，主要在于其本身具有爆炸、易燃、腐蚀、毒害、放射性等特性，同时它还有一定的潜在危险。因此，在运输和装卸作业过程中需要加以特别保护，而当它一旦受到某些因素的影响，若处理不当，就有可能发生危险，造成人员伤亡和财产损毁。

危险货物在海上货物运输量中约占整个海上货物运输量的一半。由此可见，危险货物从最初的生产者运输到最终的使用者手中的整个流通过程中，船舶和港口担负着重要的任务。危险货物采用集装箱运输有利于提高运输的安全性，因此，危险货物集装箱运输目前正被各国广泛采用，其运量也在不断地增长。

船舶从事危险货物的运输在19世纪基本上是命令禁止的，如英国1875年颁布的《商船法》中规定，商船不准运输危险货物，这在当时的历史条件下是合理的。但是，自第二次世界大战以来，由于危险货物的品种和数量的急剧增加，船舶运输危险货物的数量也随着大幅度地增长。为了适应运输的需要，也为了防止事故的发生，各国对海上运输危险货物均制订了相应的规章制度，从而加强了对这类货物的管理。

对危险货物运输的管理，主要是采用立法或采取建议措施的方法加以管理，但各个国家和地区的规章和做法均不一致，这也造成了管理上的困难。

1929年，国际海上人命安全会议认识到对海上运输危险货物要进行国际管理的必要性，并建议有关这方面的规则应具有国际效力。

1948年，国际海上人命安全会议通过了危险货物分类和有关船舶运输危险货物的一般规定，并建议应作进一步的研究，以便能起草一个国际规则。

1956 年，联合国危险货物运输专家委员会向联合国大会递交了一份议案——《危险货物运输》，即橙皮书，其最终目的是要达到让危险货物在海运和其他运输方式中的管理在世界范围内取得一致。

在此基础上，1960 年，国际海上人命安全会议在《国际海上人命安全公约》的第七章中对危险货物运输作了各项有关规定，并提交国际海事组织(IMO)研究，以便制订一个共同的国际海上危险货物运输规则，并要求 1960 年《国际海上人命安全公约》的各缔约国政府予以通过。

1965 年，第一部《国际海上危险货物运输规则(国际海运危规)》颁布。该规则自始至终都考虑到许多海运国家的惯例和手续，以便使规则尽可能地得到广泛的接受，该规则由 IMO 推荐给各国政府。

《国际海运危规》经过多数海运国家的使用以及相关组织的修订，已趋完善，并在 1982 年《国际海运危规》再版，这时，新《危规》已作了大量的补充和修改。

IMO(第 51 号建议案)建议各国政府采纳《国际危规》作为制订本国规章的基础。到目前为止，已有五十多个国家全面接受了该规则，有些国家部分接受，有些国家正在考虑接受。

我国是一个海运大国，船舶运输危险货物的量目前已有大幅度的增长，为了有效地防止危险货物对人员造成伤亡和财产的损毁，以保证安全运输的同时又要防止对运输危险货物造成不必要的人为障碍，以方便货主托运，因此近年来，我国对危险货物的运输管理工作日益加以重视，并将其置于特殊重要的地位。

我国政府在 1954 年制订的《船舶装运危险品暂行规则》的基础上，经 1959 年、1960 年两度修改后，颁布了《水上危险品货物运输规则》经国务院批准后于 1962 年 3 月 16 日起实施。后又经修改后，改名为《危险货物运输规则》(国内危规)，并于 1972 年 1 月 1 日起执行，这是国内最初同意使用的《危规》。

1973 年，我国加入《国际海上人命安全公约》，并参与了该国际组织的活动。为了适应国际惯例和国际贸易运输的需要，使危险货物在分类、标志、包装、单证、运输条件等方面与国际上取得一致，我国政府决定 1982 年 10 月 1 日起在国际航线上(包括港口装卸)开始执行《国际海运危规》，并结合我国实际情况，对《国际危规》作了一些补充规定。

从我国对危险货物水路运输管理角度来看，在内贸运输中按照《国内危规》，在外贸运输按照《国际危规》，给执行过程造成了许多人为矛盾。为了使《国内危规》向《国际危规》靠拢，我国于 1996 年 7 月 1 日正式启用新的《水路危险货物运输规则》(《水路危规》)。

新的《水路危规》是根据我国水路运输危险货物的特点和有关要求，参照《国际危规》中有关危险货物的分类、标志、包装等有关规定，同时也参考了其他航运国家对危险货物运输的要求和有关规定而进行编写的，规则将对危险货物运输中的各个环节和所采用的不同运输方式（如集装箱、滚装船等）都作了比较明确的规定。

在执行新的《水路危规》时，还有配套使用《船舶装运危险货物应急措施》，《危险货物医疗急救指南》。

## 第二节 危险货物的分类

凡具有燃烧、爆炸、腐蚀、毒害以及放射射线等性质，在运输、装卸和保管过程中，如果处理不当可能会引起人身伤亡或财产损毁的物质或物品，统称为危险货物。

《国际危规》将危险货物分为九大类：即爆炸品、气体、易燃液体、易燃固体、易自燃物质、遇水放出易燃气体的物质、氧化物质（剂）、有机过氧化物、有毒的（毒性的）物质和感染性物质、放射性物质、腐蚀品、杂类危险物质。

1. 第1类——爆炸品

爆炸品包括爆炸性物质、爆炸性物品以及为产生爆炸或烟火效果而制造的物质和物品。

所谓爆炸性物质是指通过其本身的化学反应产生气体，其温度、压力和速度能对周围环境造成破坏的某一固态或液态物质或一些物质混合物。

爆炸品按其危险性，又细分为六小项：

(1)1.1项：具有整体爆炸危险（即实际上同时影响全部货物的爆炸）的物质和物品；

(2)1.2项：具有喷射危险，但无整体爆炸危险的物质和物品；

(3)1.3项：具有燃烧危险和较小爆炸危险，或者兼有此两种危险，但无整体爆炸危险的物质和物品；

(4)1.4项：无重大危险的物质和物品；

(5)1.5项：具有整体操作危险但极不敏感的物质。

(6)1.6项：无整体爆炸危险性且极不敏感的物质。

爆炸品按其配装情况，又细分为十二小类。爆炸品如在一起能安全地积载或运输而不会明显增加事故率或在一定量的情况下不会明显增大事故后果，可以认为是“相容的”或“可配装的”。根据这一标准，本类质物又可分成十二个配装类，用英文字母A—L（不包括I）和S表示。

爆炸品的危险特性主要有：爆炸性、燃烧性、毒性、窒息性等。爆炸品的配装应按其配装表进行。

2. 第2类——气体

本类包括永久性气体（指在环境温度下不能液化的气体）、液化气体（指在环境温度下经加压能成为液体的气体）、可溶气体（包括经加压后溶解在溶剂中的气体）及深度冷却的永久性气体(指在低温下加低压液化的气体)。

气体按其危险性可分为:

(1)2.1 项:易燃气体。这类气体自容器中逸出与空气混合,当其浓度达到爆炸极限时,如被点燃,能引起爆炸及火灾。

(2)2.2 项:非易燃气体。这类气体中有的本身不能燃烧,但能助燃,一旦和易燃物品接触,极易引起火灾。有的非易燃气体有窒息性,若处理不当,会引起人畜窒息。

(3)2.3 项:有毒气体。这些气体毒性很强,若吸入人体内,能引起中毒。有些有毒气体还有易燃、腐蚀、氧化等特性。

气体的危险特性主要有:易燃性、爆炸性、窒息性、麻醉性、毒性、污染性等。

3. 第 3 类——易燃液体

此类易燃液体包括在闭杯试验 61℃(相当于开杯试验 65.6℃)以下时放出易燃蒸气的液体或液体混合物,或含有处于溶液中呈悬浮状态固体的液体(如油漆、清漆等)。

易燃液体按其闪点的大小分为三小项:

(1)3.1 项:闭杯闪点低于-18 ℃的低闪点类液体;

(2)3.2 项:闭杯闪点为-18 ℃至 23 ℃(不包括 23 ℃)的中闪点类液体;

(3)3.3 项:闭杯闪点为 23 ℃至 61 ℃(包括 61 ℃)的高闪点类液体。

易燃液体的危险特性主要有:挥发性、易燃性、爆炸性、麻醉性、毒害性、易积聚静电性、污染性。

4. 第 4 类——易燃固体、易自燃物质和遇水放出易燃气体的物质

本类是指除了划为爆炸品以外的,在运输情况下易于燃烧或者可能引起火灾的物质。

第 4 类危险货物可分为以下三小项:

(1)4.1 项:易燃固体;

(2)4.2 项:易自燃物质;

(3)4.3 项:遇湿危险物质。

易燃固体的危险特性:易燃固体燃点低,对热、摩擦、撞击及强氧化剂作用较为敏感,易于被外部火源所点燃,燃烧迅速。

易自燃物质的危险特性:本类物质无论是固体还是液体都具有自然地发热及着火的共同特性。这类物质自燃点低,受外界热源的影响或本身发生生物化学变化,热量积聚而使其温度升高引起燃烧。

即遇水放出易燃气体的物质,具有遇水放出易燃气体的固体或液体,在某些情况下,这些气体易于自然地着火。

遇湿危险物质的特性:本类物质遇水发生剧烈的反应,放出易燃气体共产生一定热量。当热量使该气体的温度达到自燃点时或遇到明火时会立即燃烧甚至爆炸。

5. 第5类——氧化物质(氧化剂)及有机过氧化物

本类物质包括氧化物质(氧化剂)及有机过氧化物。

(1)5.1项:氧化物质。氧化物质是一种化学性质比较活泼的,在无机化合物中含有高价态原子结构的物质,其本身未必燃烧,但通常因放出氧气能引起或促使其他物质燃烧。大多数氧化剂和液体酸类会发生剧烈反应,散发有毒气体。有些氧化剂具有毒性或腐蚀性,或被确定为海洋污染物。

(2)5.2项:有机过氧化物。有机过氧化物是指其物质分子结构极不稳定,易于自行分解的物质。

有机过氧化物的危险特性:具有强氧化性,对摩擦、碰撞或热都极为敏感,易于分解,并放出易燃气体。受外界作用或反应时释放大量热量,迅速燃烧;燃烧又产生更高的热量,形成爆炸性反应或分解。有机过氧化物还具有腐蚀性和一定的毒性或能分解放出有毒气体,对人员有毒害作用。

6. 第6类——有毒(毒性)的物质和感染性物质

本类包括有毒(毒性)的物质和感染性物质。

(1)6.1项:有毒(毒性)的物质。它是指被吞咽、吸入或与皮肤接触易于造成死亡,重伤害或损害人体健康的物质。

毒害品的危险特性:几乎所有的有毒的物质遇火时或受热分解时会散发出毒性气体。有些有毒的物质还具有易燃性。很多本类物质被认为是海洋污染物。

(2)6.2项:感染性物质。它是指含有微生物或它们的毒素,会引起或有可能引起人或动物疾病的物质。

感染性物质的危险特性:对人体或动物都有危害性的影响。

7. 第7类——放射性物质

本类包括自发地放射出大量放射线,其放射性比活度大于70 kBp/kg的物质。

在《国际危规》中,放射性物质放出射线量的大小用放射性活度、放射性比活度、辐射水平(单位为msv/h(毫希沃特/小时))、运输指数(TI)来衡量。

为了确保运输安全,必须对运输指数进行有效的控制。在常规运输条件下,运输工具外部表面任何一点的辐射水平不得超过2 msv/h,并且其2 m处不得超0.1 msv/h。装在单一运输工具上的包件、集合包装、罐柜和货物集装箱的总数应以该运输工具上的运输指数总和应不超过《国际危规》"货物集装箱和运输工具的运输指数限值"表中所规定的数值。

8. 第8类——腐蚀性物质

本类包括在其原态时都或多或少地具有能够严重伤害生物组织,如从其包装中漏出也可损坏其他货物或运输工具的固体或液体。

腐蚀性物质是化学性质比较活泼,能与很多金属、有机物及动植物等发生化学反应,并使其遭到破坏。

腐蚀性物质的危险特性：具有很强的腐蚀性及刺激性，对人体有特别严重的伤害；对货物、金属、玻璃、陶器、容器、运输工具及其设备造成不同程度的腐蚀。腐蚀性物质中很多具有不同程度的毒性，有些能产生或挥发有毒气体而引起中毒。

9. 第 9 类——杂类危险物质和物品

杂类危险物质和物品具有多种的危险特性，每一杂类危险物质和物品的特性都载于有关该物质或物品的各个明细表中。

**链接——危险货物的分类**

凡具有燃烧、爆炸、腐蚀、毒害以及放射射线等性质，在运输、装卸和保管过程中，如果处理不当可能会引起人身伤亡或财产损毁的物质或物品，统称为危险货物。

《国际危规》将危险货物分为九大类：即爆炸品、气体、易燃液体、易燃固体、易自燃物质、遇水放出易燃气体的物质、氧化物质(剂)、有机过氧化物、有毒的(毒性的)物质和感染性物质、放射性物质、腐蚀品、杂类危险物质。

## 第三节 危险货物品名编号

我国危险货物品名编号由五位阿拉伯数字组成，表明危险货物所属的类别、项号和顺序号。类别、项号和顺序号根据 GB 6944—86《危险货物分类和品名编号》以及 GB 12268—90《危险货物品名表》中的类别项号、品名标号确定。

《联合国危险货物运输规章范本》中危险品品名表的品名编号是 4 位数，而中国标准(《水路危规》)规定的危险品品名编号为 5 位数。第一位是危险货物类别号，第二位是项别号，后三位是危险货物品名顺序号。若顺序号≤500，则其为一级危险品；顺序号＞500，则其为二级危险品。这种编号具有方便、直观的特点，从品名编号本身可直接知道该危险品的危险类别和危险程度。例如，危险品碳化钙(电石)，其品名编号为 43025，由此可以看出，它属于第 4 类、第 3 项、一级遇湿易燃固体危险品。

## 第四节 危险货物运输包装及包装标志

### 一、包装的作用和一般要求

危险品货物运输包装是保护产品质量不受损坏和数量完整，防止在正常运输过程中发生燃烧、爆炸、腐蚀、毒害、放射性核辐射等事故的重要条件之一，也是安全运输的基础。

危险货物运输包装的作用在于：

(1)防止因接触雨雪、阳光、潮湿空气和杂质使产品变质，或发生剧烈的化学反应而造成事故。

(2)减少货物载运输过程中所受的碰撞、震动、摩擦和挤压,使其在包装的保护下处于完整和相对稳定状态,从而保证安全运输。

(3)防止因货物撒漏、挥发以及性质相互抵触的货物直接接触,而发生事故或污染运输设备及其他货物。

(4)便于运输过程中的装卸、搬运和保管,做到及时运输。

危险货物运输保护应根据危险货物的性质和水路运输的特点,应满足以下要求:

(1)包装应与所装危险货物的性质相适应。

(2)包装应具有一定的强度,能经受水路运输条件下的一般风险。

(3)包装的封口应符合所装危险货物的性质。

(4)内、外包装之间应有适当的衬垫。

(5)包装重量,规格和形式应便于装卸,运输和贮存。

危险品包装的基本安全要求是:

(1)包装的材质、种类、封口应根据所盛装的货物性质确定。如氢氟酸有强烈的腐蚀性,能侵蚀玻璃,所以不能用玻璃容器盛装;氨气或乙胺溶解于水中,就会成为氢氧化氨和乙胺水溶液,这时因其状态发生了变化,所以就可以用铁桶盛装;剧毒和易燃的气体有中毒和着火的危险,而且因气瓶内压力很高,因此封口必须特别严密;而碳化钙(电石)等类危险品的包装,因危险货物遇水或潮湿空气会产生(乙炔)气体,所以盛装碳化钙的铁桶除充氮者外,一般不能密封,应留有排除(乙炔)气体的小孔。

(2)包装及其容器要有一定的强度。强度包括包装材料的强度和包装的强度。包装材料的强度根据其应力的大小来确定;包装的强度除了和材料本身的强度有关外,还与包装的结构、加工工艺、加工质量有关。包装强度的检验内容通常包括:跌落试验、堆码试验、液压试验、气密性试验 4 种。

(3)包装应有适当的衬垫材料。包装要根据危险货物的特性和需要,采用适当的材料和正确的方法对货物进行衬垫,以防止在运输过程中内、外包装之间,包装和包装之间以及包装和车辆之间、装卸机械之间发生冲撞、摩擦、震动,从而避免包装破损。同时,有些货物的衬垫还能防止液体货物挥发和渗漏。

(4)包装应能经受一定范围内温度、湿度变化的影响。不同地域的环境温度、湿度各不相同、差别很大,从而要求货物的包装应适合温度、湿度的变化。包装的防潮措施应从两方面考虑。首先,应采用防潮衬垫,如塑料袋、耐油纸、干燥剂等;其次,包装本身也应具有一定的防潮性能,如:纸箱需要刷油,使其具有一定的防水性。

(5)包装的容积、质量和形式应便于装卸和运输。考虑到包装强度对包装容积的影响,根据《危险货物运输包装通用技术条件》的规定,对危险品包装的最大容积与最大质量的限制作出规定:钢桶(1 A)最大包装质量为 400 kg,容量不超过 450 L;钢罐(3 A)最大包装质量为 120 kg,容量不超过 60 L;木质琵琶桶最大包装质量为 400 kg,容量不超过250 L;木板箱、胶合板箱最大包装质量为400 kg;再生木板箱最大包装质量为100 kg;纺织品袋、塑料薄膜袋、纸袋最大包装质量为50 kg,容量不超过30 L。

经过试验合格的包装,都应在包装的明显部位标注清晰持久的包装试验合格标志,联合国统一规定了包装试验合格标志(注:格式略)。

## 二、包装类型

1. 包装类型

危险品的包装不仅能保证产品数量完整、质量不发生变化,而且也是防止在储存和运输途中发生灾害性事故的重要措施之一,是保证安全储运的基础。危险货物包装按其适用范围,可分为通用包装和专用包装两类。通用包装适用于第3类、第4类、第5.1类、第6.1类中的大部分货物和第1、8类中的部分货物。其余货物由于各自特殊危险性质,只能采用专用包装。

《国际危规》将危险货物的通用包装分为3个等级,除第2类、第7类危险货物所用的包装另有规定外,其他的各类危险货物包装,根据其危险程度不同,可分为三个等级。

危险货物通用包装的三个等级是:

(1)Ⅰ类包装物——适用于内装危险性较大的货物;

(2)Ⅱ类包装物——适用于内装危险性中等的货物;

(3)Ⅲ类包装物——适用于内装危险性较小的货物。

2. 包装类型代码

包装类型代码由3部分(或2部分)组成:第一部分用1个阿拉伯数字表示包装的类型(1—圆桶;2—琵琶桶;3—罐;4—箱;5—袋;6—复合包装);第二部分用1个或2个大写拉丁字母表示包装材料(对复合包装用2个大写字母,依次表示内容器和外包装的材料,对组合包装仅用1个字母表示其外包装的材料。A—钢;B—铝;C—天然木;D—胶合板;F—再生木;G—纤维板;H—塑料;L—纺织品;M—纸(多层);P—玻璃、瓷器或石器);第三部分用1个阿拉伯数字表示一定包装类型的特殊结构、性能。例如:1A1表示非移动桶顶的钢质圆桶。

3. 危险货物的专用包装:

第1类危险货物(爆炸品),因对防火、防震、防磁等有特殊要求,其中部分爆炸品,需选用物质明细表中规定的或主管部门批准的包装材料、规格和类型的专用包装。第1类爆炸品中其余的物质和物品的包装均应满足上述通用包装Ⅱ类包装要求。

第2类危险货物(气体)均需采用耐压容器的专用包装,根据15 ℃时容器所承受的压力不同,可进一步分为低压容器(小于等于2 MPa),中压容器(大于2 MPa小于等于7 MPa),高压容器(大于7 MPa)。

第7类危险货物(放射性物质)的包装设计及试验必须符合国际原子能机构

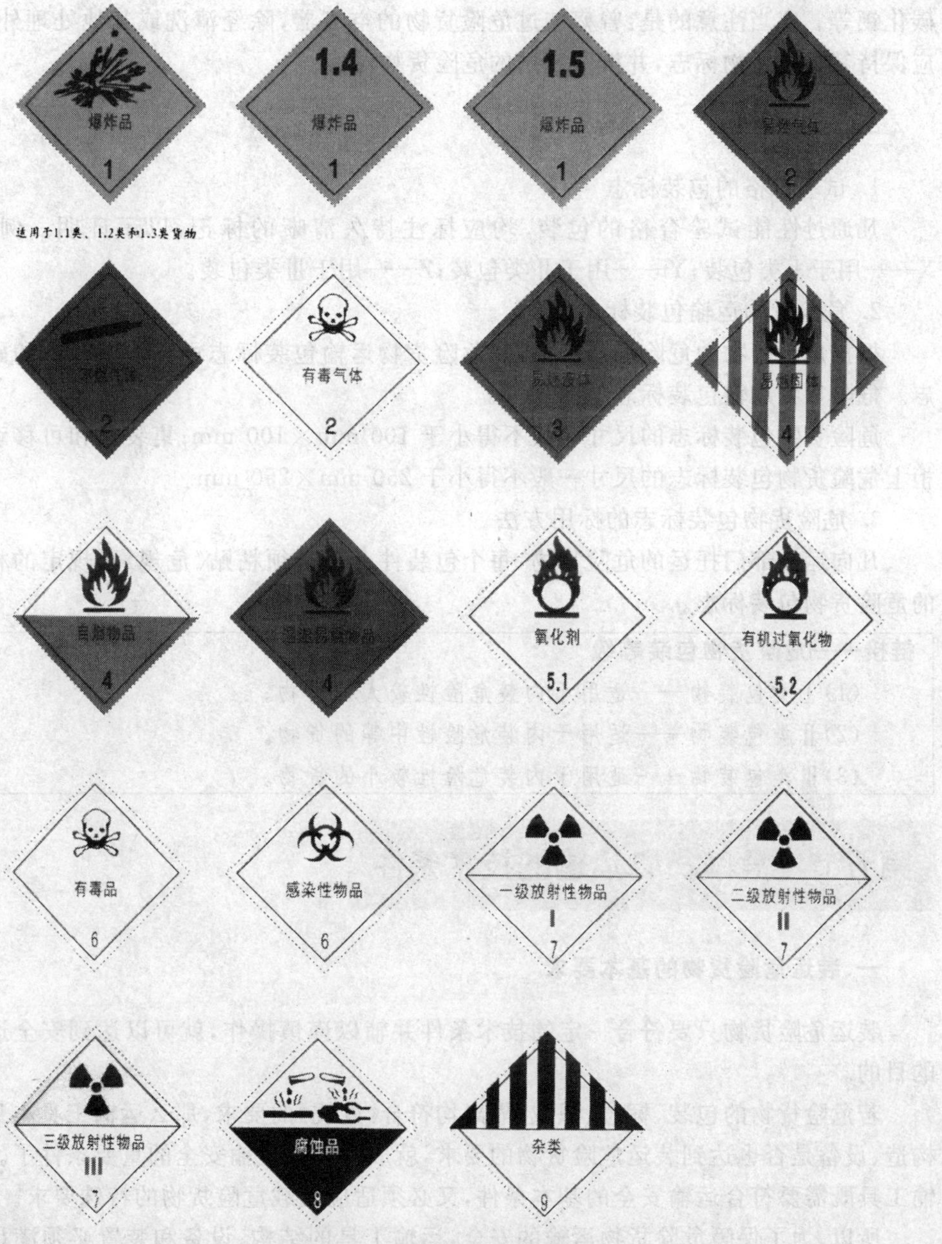


图 11-1 危险货物运输包装标志

(IAEA)有关文件的专门规定，按货物的运输指数(TI)分为 3 个等级：Ⅰ类(TI≈0)；Ⅱ类(0＜TI＜1)；Ⅲ类(TI≥1)、其中Ⅰ类包装的图案标志为白色，Ⅱ类、Ⅲ类包装的图案标志均呈黄色并须注明 TI 数值，包装等级号越大，危险程度越高。

第 3、4、5、8 等类中的某些特殊危险货物也必须采用专用包装，如双氧水、黄磷、碳化钙等。应当注意的是：曾盛装过危险货物的空容器，除经清洗或其他处理外，均应保持其危险货物标志，并按所装过的危险货物对待。

### 三、包装标记

1. 试验合格的包装标志

凡通过性能试验合格的包装，均应标注持久清晰的标记，以示证明。例如：X——用于Ⅰ类包装；Y——用于Ⅱ类包装；Z——用于Ⅲ类包装。

2. 危险货物运输包装标志

根据危险货物的危险性质和类别，危险货物运输包装标志可分为主标志和副标志。危险货物运输包装标志见图 11-1。

危险货物包装标志的尺寸一般不得小于 100 mm×100 mm；集装箱和可移动罐柜上危险货物包装标志的尺寸一般不得小于 250 mm×250 mm。

3. 危险货物包装标志的标用方法

凡向运输部门托运的危险货物，每个包装件上都必须粘贴《危规》所规定的相应的危险货物包装标志。

**链接——危险货物包装等级**

(1)Ⅰ类包装物——适用于内装危险性较大的货物。

(2)Ⅱ类包装物——适用于内装危险性中等的货物。

(3)Ⅲ类包装物——适用于内装危险性较小的货物。

## 第五节 危险货物运输的技术条件

### 一、装运危险货物的基本要求

装运危险货物只要符合一定的技术条件并辅以谨慎操作，就可以达到安全运输的目的。

若危险货物的包装、标志、积载、隔离均符合《危规》的要求，那么运输工具本身的构造、设备是否也达到装运危险货物的要求，就成为确保运输安全的重要条件了。运输工具既需要符合运输安全的基本条件，又必须适应装载危险货物的特殊要求。

所以，为了保障危险货物运输的安全，运输工具的结构、设备和装置必须满足一定的技术要求。例如，船舶要满足建造规范，稳性规范和抗沉规范等。按照这些规范建造的船舶，能够满足装运货物的基本要求。

### 二、危险货物的承运及其装运与积载要求

1. 装运危险品的运输工具条件

装运危险货物的，应采用钢质运输工具，应有可靠的电器连接或装置避雷针，同时应具备相应的设备条件。装运爆炸品、易燃气体、易燃液体、易燃固体及遇湿危险物质的运输工具都有相应的要求。

如运输设备有明显缺陷，应积极采取措施进行修复或改装。装运危险货物时，必须事先对运输设备、装置及设备进行临时检验。在检查认可合格，并取得"合格装运危险品证书"后，方可接受承运。

2. 危险货物的承运条件

要认真核对货主托运的危险货物的正确运输名称、理化特性、所属类别、包装数量、积载要求、消防急救措施及对运输管理的要求等。对性质不清的货物，必须搞清其性质。对《国际危规》品名表中为另列明的危险货物(即对运输中不常见的或国际贸易中的新产品，其性质属该类别定义范围内，并在各类中授予了联合国编号，但在该规则中未列出具体名称的物质或物品)，应要求托运单位提交"危险货物技术证明书"。在装运前，须认真检查包装和标志，对具有多种危险性质的货物，应坚持标贴副标志。凡不符合规定或者质量不符合要求的，应一律不接受托运。

危险货物的承运条件是：

(1)具有合格的包装。

(2)具有正确的标记、标志及标牌。

(3)具有正常完备的托运单证。

3. 危险货物的装运与积载要求及注意事项

危险货物承运的要求是：

(1)要认真核对货主托运的危险货物的正确运输名称、理化特性、所属类别、包装数量、积载要求、消防急救措施及对运输管理的要求等。

(2)如运输设备有明显缺陷，应积极采取措施进行修复或改装。

(3)装运危险货物时，必须事先对运输设备、装置及设备进行临时检验。在检查认可合格，并取得"合格装运危险品证书"后，方可接受承运。

危险货物合理积载的要求是：

(1)危险货物应正确选择货位。第1类爆炸品的积载方式与其他各类危险货物有所不同，要求较高。第1类爆炸品可按配装表积载。第1类爆炸品配装表见表11-1。

(2)2-9类危险货物应按隔离表进行隔离积载。各类危险货物相互之间的隔离，按照危险货物隔离表的要求，分为四个级：隔离1—隔离4，即"远离"；"隔离"；"用一整个舱室或货舱隔离"和"用介于中间的整个舱室或货舱作纵向隔离"。危险货物隔离表见表11-2。

危险货物与食品的隔离要求应做到：腐蚀性物质及有害物质(海洋污染物)与食品应"远离"；有毒物质及放射性物品与食品及其原料应"隔离"；所有感染性物质的积载应与食品"用一整个舱室或货舱隔离"。

表 11-1　第 1 类爆炸品配装表

| 配装类 | A | B | C | D | E | F | G | H | J | K | L | S |
|---|---|---|---|---|---|---|---|---|---|---|---|---|
| A | × | | | | | | | | | | | |
| B | | × | | | | | | | | | | × |
| C | | | × | × | × | | ×[1] | | | | | × |
| D | | | × | × | × | | ×[1] | | | | | × |
| E | | | × | × | × | | ×[1] | | | | | × |
| F | | | | | | × | | | | | | × |
| G | | | ×[1] | ×[1] | ×[1] | | × | | | | | × |
| H | | | | | | | | × | | | | × |
| J | | | | | | | | | × | | | × |
| K | | | | | | | | | | × | | × |
| L | | | | | | | | | | | ×[2] | |
| S | | × | × | × | × | × | × | × | × | × | | × |

“×”表示可以在同一舱室、可移动弹药箱、货物集装箱或车辆中积载的相应配装类的货物。

注：1. 配装类 G 的物品（除烟火及需要特殊积载的物品外）只要同一舱室、可移动弹药箱、货物集装箱或车辆内没有爆炸性物质，可以与配装类 C、D 和 E 的物品一起积载。

2. 托运的配装类 L 的货物只能与同一类型的配装类 L 的货物一起积载

表 11-2　危险货物隔离表

| 类　别 | | 1.1<br>1.2<br>1.5 | 1.3 | 1.4 | 2.1 | 2.2 | 2.3 | 3 | 4.1 | 4.2 | 4.3 | 5.1 | 5.2 | 6.1 | 6.2 | 7 | 8 | 9 |
|---|---|---|---|---|---|---|---|---|---|---|---|---|---|---|---|---|---|---|
| 爆炸品 | 1.1,1.2,1.5 | ● | ● | ● | 4 | 2 | 2 | 4 | 4 | 4 | 4 | 4 | 4 | 2 | 4 | 2 | 4 | × |
| 爆炸品 | 1.3 | ● | ● | ● | 4 | 2 | 2 | 4 | 3 | 3 | 4 | 4 | 4 | 2 | 4 | 2 | 2 | × |
| 爆炸品 | 1.4 | ● | ● | ● | 2 | 1 | 1 | 2 | 2 | 2 | 2 | 2 | 2 | × | 4 | 2 | 2 | × |
| 易燃气体 | 2.1 | 4 | 4 | 2 | × | × | × | 2 | 1 | 2 | × | 2 | 2 | × | 4 | 2 | 1 | × |
| 无毒不燃气体 | 2.2 | 2 | 2 | 1 | × | × | × | 1 | × | 1 | × | × | 1 | × | 2 | 1 | × | × |
| 有毒气体 | 2.3 | 2 | 2 | 1 | × | × | × | 2 | × | 2 | × | × | 2 | × | 2 | 1 | × | × |
| 易燃液体 | 3 | 4 | 4 | 2 | 2 | 1 | 2 | × | × | 2 | 1 | 2 | 2 | × | 3 | 2 | × | × |
| 易燃固体 | 4.1 | 4 | 3 | 2 | 1 | × | × | × | × | 1 | × | 1 | 2 | × | 3 | 2 | 1 | × |
| 易自燃物质 | 4.2 | 4 | 3 | 2 | 2 | 1 | 2 | 2 | 1 | × | 1 | 2 | 2 | 1 | 3 | 2 | 1 | × |
| 遇湿时有危险的物质 | 4.3 | 4 | 4 | 2 | × | × | × | 1 | × | 1 | × | 2 | 2 | × | 2 | 2 | 1 | × |
| 氧化剂 | 5.1 | 4 | 4 | 2 | 2 | × | × | 2 | 1 | 2 | 2 | × | 2 | 1 | 3 | 1 | 2 | × |
| 有机过氧化物 | 5.2 | 4 | 4 | 2 | 2 | 1 | 2 | 2 | 2 | 2 | 2 | 2 | × | 1 | 3 | 2 | 2 | × |
| 毒害品 | 6.1 | 2 | 2 | × | × | × | × | × | × | 1 | × | 1 | 1 | × | 1 | × | × | × |
| 有感染性的物质 | 6.2 | 4 | 4 | 4 | 4 | 2 | 2 | 3 | 3 | 3 | 2 | 3 | 3 | 1 | × | 3 | 3 | × |
| 放射性物质 | 7 | 2 | 2 | 2 | 2 | 1 | 1 | 2 | 2 | 2 | 2 | 1 | 2 | × | 3 | × | 2 | × |
| 腐蚀品 | 8 | 4 | 2 | 2 | 1 | × | × | × | 1 | 1 | 1 | 2 | 2 | × | 3 | 2 | × | × |
| 杂类危险物质和物品 | 9 | × | × | × | × | × | × | × | × | × | × | × | × | × | × | × | × | × |

4. 具有正常完备的托运单证

托运人提交的危险货物申报单内必须填写危险货物的正确运输名称、数量、货物的类别及细分类（对第 1 类物质和物品还应说明配装类及积载要求）、联合国编号（托运“限量内危险货物”无此要求）以及《国际危规》页码。并需出具危险货物包装审核单位签署的“包装适用证书”及危险货物包装检验机构签署合格的“包装检验证明书”。在危险货物申报单中应附有说明该交付托运的危险货物业已妥善包装和妥善地加上了标记、标志和标牌以及合适的装运状态的证明书或声明书。

> **链接——危险货物的隔离条件**
>
> 隔离 1——“远离”；
>
> 隔离 2——“隔离”；
>
> 隔离 3——“用一整个舱室或货舱隔离”；
>
> 隔离 4——“用介于中间的整个舱室或货舱作纵向隔离”。

## 三、危险货物装卸货物前的准备工作与注意事项

危险货物装卸货物前的准备工作：

(1)明确危险货物的性质，积载位置及应采取的安全措施，并申请监装，取得适装证书。

(2)应将审签的货物积载图交当地法定机关进行审定。

(3)保证舱室清洁、干燥和水密。

(4)在装卸货现场，备妥相应的消防设备，并使其处于随时可用状态。

(5)夜间作业应备好足够的照明设备；装卸易燃、易爆危险货物必须使用防爆式或封闭式安全照明设备，严禁使用其他不安全灯具。

(6)起卸放射性物品或能放出易燃、易爆、有毒气体的危险货物前，应进行充分的通风。应有防止摩擦产生火花的措施，须经有关部门检测后才能开始卸货作业。

危险货物装卸的注意事项：

(1)危险货物的装卸工作尽可能安排在专用作业场地，严格按货物积载图装货及执行装卸货注意事项，加强监装监卸，注意装卸货安全。

(2)装卸作业时，要悬挂显示规定的灯号或标志。

(3)装卸危险货物时，应有专人值班，并进行监装监卸工作，坚守岗位，落实各项安全措施。

(4)装货时监装人员应逐件检查货物包装及标志，有破、漏、渗的包件应拒装。

(5)严格按积载图装货及执行危险货物装卸货的注意事项。

(6)装卸危险货物时应使用适当的机具。在装卸易燃、易爆、剧毒、腐蚀及放射性危险货物时，装卸机具应按额定负荷降低 25%使用；在装卸易燃或爆炸品时禁止使用易产生火花的工具。

(7)装卸危险货物时应采取正确的作业方法，小心谨慎地操作，平稳吊落货物，轻拿轻放。严禁撞击、摩擦、拖拉、滑跌、抛掷、坠落、翻滚、挖井等野蛮作业。保持包装完好，严禁超高堆装，堆码整齐牢固。桶盖、瓶口应朝上，禁止倒置、倒放。

(8)根据性质不同的危险货物，选用相应的铺垫隔衬材料进行衬垫、遮盖、绑扎和加固。

(9)起卸包装破漏的危险品时，现场严禁明火，有关人员应站在上风处。对包装破损严重的要进行必要的修理和清洁工作，以避免危险品的大量渗漏，但必须十分注意安全，并根据“应急措施表”及“医疗急救指南”采取相应的措施。

(10)在装卸爆炸品或烈性易燃品时，不得进行能产生火花的检修工作和拷铲油漆作业。

(11)装卸危险货物过程中，遇有闪电、雷击、雨雪天或附近发生火警时，应立即停止装卸货作业。

(12)停装停卸时，应关闭照明及电源。

(13)装完货后应进行全面检查，应及时取得监装。

## 第六节　危险货物集装箱的积载与隔离

### 一、装运危险货物集装箱的积载要求

装载各种物质、材料和物品的集装箱，在不同的运载工具上积载，应按照不同类别中的《国际危规》各个明细表要求，依据下列积载类规定选择积载方式。

1. 积载类 A

货船，或载客限额不超过 25 人或按船舶总长度每 3 m 不超过 1 人的客船(以数额较大者为准)，采用舱面或舱内积载。

载客超过限制数额的其他客船，采用舱面或舱内积载。

2. 积载类 B

货船，或载客限额不超过 25 人或按船舶总长度每 3 m 不超过 1 人的客船(以数额较大者为准)，采用舱面或舱内积载。

载客超过限制数额的其他客船，只限舱面积载。

3. 积载类 C

货船，或载客限额不超过 25 人或按船舶总长度每 3 m 不超过 1 人的客船(以数额较大者为准)，只限舱面积载。

载客超过限制数额的其他客船，只限舱面积载。

4. 积载类 D

货船，或载客限额不超过 25 人或按船舶总长度每 3 m 不超过 1 人的客船(以数

额较大者为准)，只限舱面积载。

载客超过限制数额的其他客船，禁止装运。

5. 积载类 E

货船，或载客限额个超过 25 人或按船舶总长度每 3 m 不超过 1 人的客船(以数额较大者为准)，采用舱面或舱内积载。

载客超过限制数额的其他客船，禁运。

## 二、积载的一般要求

危险货物集装箱的积载应满足以下要求：

(1)由于涉及危险货物的事故可能迅速影响全船，因此认为那些需要在短时间内撤离大量人员的“船舶”不得载运某些具有特殊危险的物质、材料和物品。

(2)如果危险货物在货舱内发生溢漏，应采取预防措施，防止因一时疏忽而将这些溢漏物通过机器处所污水管路和泵系进行排放。

(3)根据《国际危规》附录 I《包装建议》，危险货物包装堆积试验的最低高度是 3 m。在考虑到积载、支撑程度和加固等情况下，允许船长自行选择较高的积载。

(4)除非经过主管机关的授权，否则装有危险货物的桶必须直立积载。

(5)为了便于对危险货物严密防护，除第 1 类中一些基本危险是产生烟雾和毒气的物品建议“舱面”积载外，建议其他危险货物尽可能在“舱内”积载。

(6)遇水易于损坏的包装应在“舱内”积载。如在“舱面”积载，应严加防护，任何时候都不能使其受天气和海水的侵袭。

(7)下列情况下只能在“舱面”积载：

①要求经常查看的物质；

②有接受查看特殊要求的物质；

③有形成爆炸性混合气体的、产生剧毒蒸气的或对船舶有无形腐蚀作用的物质。

(8)危险货物在“舱面”积载时，要保持消防栓、测量管及其他类似设备和通道不受影响，并与之远离。

(9)任何时候危险货物的积载都应做到：

①保证游步通道和通向所有船舶安全作业必需设备的通道不受影响；

②对具体特殊危险的货物，应遵守《国际危规》各类绪论和明细表中关于积载的特殊要求。

(10)虽然《国际危规》明细表中有规定，要求“只限舱面”积载的未经清洗的空包装容器，可以在“舱面”或“舱内有机械通风的处所”积载，带有毒性气体标志的未经清洗的空钢瓶仍应“只限舱面”积载。

(11)凡需要防止压力增大、分解或聚合的物质的积载，应将包件“遮蔽，使其不受辐射热”，包括免受强烈的阳光照射。

(12)明细表建议积载时“遮蔽,使其不受辐射热”的物质,在“舱内”积载时,应“远离”热源,包括火花、火焰、蒸气管道、加热盘管等。

(13)如果某些危险货物要求隔热保护,其装载部位的舱壁应达到标准舱壁或等效标准的隔热要求。对爆炸品,除须要求标准舱壁外,还要与这种舱壁保持“远离”积载。

## 三、与生活居住处所有关的积载

危险货物积载时应注意避开生活居住处所。“避开生活居住处所”积载的意思是:在决定积载时,应考虑到泄漏的蒸气会通过舱壁的通道或其他开口或通过通风管道进入居住处所、机器处所或其他工作处所的可能性。

确定有这样积载要求的物质、材料、物品的标准如下:

(1)易挥发的有毒物质;

(2)易挥发的腐蚀性物质;

(3)遇潮湿空气产生有毒或腐蚀性蒸气的物质;

(4)释放强烈麻醉性蒸气的物质;

(5)第 2 类易燃气体。

所有感染性物质的积载应“用一整个舱室或货舱”与生活居住处所隔离。

## 四、隔离要求

1. 一般要求

由于每一类别中的物质或物品的特性差别很大,因此,当与其他要求不一致时,随时查阅《国际危规》明细表中对隔离的具体要求比查阅一般要求更重要。隔离还要考虑到对危险性标志的隔离。

使用隔离表时应注意以下事项:

(1)此“隔离表”中表示的是不同类别危险货物间一般的隔离要求,除了这些一般的隔离要求外,某些特殊物质、材料或物品可能有必要与会产生危险的其他货物隔离。在明细表中有表示的即是对隔离的具体要求,当与一般要求不一致时应优先达到这些要求。

(2)对于由同一种物质构成,只是因含水量不同而被划分为不同类别的危险货物之间不需要隔离。如属第 4.2 类和第 8 类的硫化钠。

(3)当危险货物在一起积载时,不论危险货物是否装在运输组件之中,它们之间的相互隔离必须按照所涉及的危险货物中最为严格的要求进行隔离。

(4)当《国际危规》表明危险货物具有单一副危险性质时,如果副危险性比主要危险性要求更严,则应选择适合副危险性的隔离。

(5)与具有爆炸副危险标志相应的隔离要求是指第 1 类的第 1.3 小类。

**表 11-3 集装箱船上的集装箱隔离表[①]**

<table>
<tr><td rowspan="3">隔离要求</td><td colspan="3">垂直</td><td colspan="7">水平</td></tr>
<tr><td rowspan="2">封闭式与封闭式</td><td rowspan="2">封闭式与开敞式</td><td rowspan="2">开敞式与开敞式</td><td rowspan="2"></td><td colspan="2">封闭式与封闭式</td><td colspan="2">封闭式与开敞式</td><td colspan="2">开敞式与开敞式</td></tr>
<tr><td>舱面</td><td>舱内</td><td>舱面</td><td>舱内</td><td>舱面</td><td>舱内</td></tr>
<tr><td rowspan="2">1<br>“远离”</td><td rowspan="2">允许一个装在另一个上面</td><td rowspan="2">允许开敞式的装在封闭式的上面，否则按开敞式与开敞式的要求办</td><td rowspan="6">除非以一层甲板隔离，否则不许在同一垂直线上</td><td>艏艉向</td><td>无限制</td><td>无限制</td><td>无限制</td><td>无限制</td><td>一个箱位</td><td>一个箱位或隔一个舱壁</td></tr>
<tr><td>横向</td><td>无限制</td><td>无限制</td><td>无限制</td><td>无限制</td><td>一个箱位</td><td>一个箱位</td></tr>
<tr><td rowspan="2">2<br>“隔离”</td><td rowspan="4">除非以一层甲板隔离，否则不许在同一垂直线上</td><td rowspan="4">按开敞式与开敞式的要求办</td><td>艏艉向</td><td>一个箱位</td><td>一个箱位或隔一个舱壁</td><td>一个箱位</td><td>一个箱位或隔一个舱壁</td><td>一个箱位</td><td>隔一个舱壁</td></tr>
<tr><td>横向</td><td>一个箱位</td><td>一个箱位</td><td>一个箱位</td><td>两个箱位</td><td>两个箱位</td><td>隔一个舱壁</td></tr>
<tr><td rowspan="2">3<br>“用一整个舱室或货舱隔离”</td><td>艏艉向</td><td>一个箱位</td><td>隔一个舱壁</td><td>一个箱位</td><td>隔一个舱壁</td><td>两个箱位</td><td>隔两个舱壁</td></tr>
<tr><td>横向</td><td>两个箱位</td><td>隔一个舱壁</td><td>两个箱位</td><td>隔一个舱壁</td><td>三个箱位</td><td>隔两个舱壁</td></tr>
<tr><td rowspan="2">4<br>“用一介于中间的整个舱室或货舱作纵向隔离”</td><td rowspan="2" colspan="3">禁止</td><td>艏艉向</td><td>最小水平距离 24 m</td><td>隔一个舱壁并且最小水平距离不小于 24 m[②]</td><td>最小水平距离 24 m</td><td>隔两个舱壁</td><td>最小水平距离 24 m</td><td>隔两个舱壁</td></tr>
<tr><td>横向</td><td>禁止</td><td>禁止</td><td>禁止</td><td>禁止</td><td>禁止</td><td>禁止</td></tr>
</table>

注：①所有舱壁和甲板均应是防火防液的。

②集装箱距离中间舱壁不少于 6 m。

(6)除第1类外,其他具有两种以上危险性质的物质或物品,其隔离要求在《国际危规》明细表中已注明。

(7)就隔离而言,在《国际危规》明细表中使用了例如“与某类远离”的术语,“某类”应被认为是:“某类”中的所有物质及要求贴有“某类”副标志的所有物质。

(8)同类别相容物质可以不考虑其副危险性的隔离要求而在一起积载。

(9)就隔离不相容的危险货物而言,“舱室”和“货舱”两词系指由钢质舱壁或船壳板和钢质甲板围蔽起来的装货处所。该处所的接缝处应为防火防液的。

(10)在围蔽的中间甲板货物处所积载,不应视为在“舱面”积载。

2. 集装箱积载的隔离要求

装运危险货物集装箱在“隔离1”条件下的积载要求涉及封闭式集装箱的垂直积载、封闭式集装箱的水平积载、开敞式集装箱的水平积载。

装运危险货物集装箱在“隔离2”条件下的积载要求涉及封闭式集装箱的水平积载、开敞式集装箱的水平积载。

开敞式集装箱在船舶积载时不应装在同一个舱室内,并要求隔离舱壁应为钢质;舱面积载是应按封闭式集装箱的要求进行处理。

装运危险货物集装箱在“隔离3”条件下的积载要求有:

(1)垂直方向原则上不得积载。

(2)封闭式集装箱不应装在同一舱室内,且两个舱室之间的舱壁应为钢质。

(3)开敞式集装箱应隔开一个整舱,中间需隔离两个钢质舱壁或甲板。

(4)可舱面积载。

装运危险货物集装箱在“隔离4”条件下的积载要求有:

(1)垂直方向不能积载。

(2)封闭式集装箱在船舶积载时应隔开两个钢质舱壁,如只隔开一个钢质舱壁时,其间隔至少24 m,且距舱壁最近处的距离不少于6 m。

(3)开敞式集装箱至少隔两个钢质舱壁。

危险货物集装箱在全集装箱船和滚装船上的积载要求分别按照表11-3和表11-4进行。

**表11-4 滚装船上的集装箱隔离表**

| 隔离要求 | | 水平 | | | | | |
|---|---|---|---|---|---|---|---|
| | | 封闭式与封闭式 | | 封闭式与开敞式 | | 开敞式与开敞式 | |
| | | 舱面 | 舱内 | 舱面 | 舱内 | 舱面 | 舱内 |
| 1<br>“远离” | 艏艉向 | 无限制 | 无限制 | 无限制 | 无限制 | 距离不小于3 m | 距离不小于3 m |
| | 横向 | 无限制 | 无限制 | 无限制 | 无限制 | 距离不小于3 m | 距离不小于3 m |

续上表

| 隔离要求 | | 水平 | | | | | |
|---|---|---|---|---|---|---|---|
| | | 封闭式与封闭式 | | 封闭式与开敞式 | | 开敞式与开敞式 | |
| | | 舱面 | 舱内 | 舱面 | 舱内 | 舱面 | 舱内 |
| 2<br>“隔离” | 艏艉向 | 距离不小于6 m | 距离不小于6 m或隔一个舱壁 | 距离不小于6 m | 距离不小于6 m或隔一个舱壁 | 距离不小于6 m | 距离不小于12 m或隔一个舱壁 |
| | 横向 | 距离不小于3 m | 距离不小于3 m或隔一个舱壁 | 距离不小于3 m | 距离不小于6 m或隔一个舱壁 | 距离不小于6 m | 距离不小于12 m或隔一个舱壁 |
| 3<br>“用一整个舱室或货舱隔离” | 艏艉向 | 距离不小于12 m | 距离不小于24 m并隔一层甲板 | 距离不小于24 m | 距离不小于24 m并隔一层甲板 | 距离不小于36 m | 隔两层甲板或两个舱壁 |
| | 横向 | 距离不小于12 m | 距离不小于24 m并隔一层甲板 | 距离不小于24 m | 距离不小于24 m并隔一层甲板 | 距离不小于36 m | 禁止 |
| 4<br>“用一介于中间的整个舱室或货舱作纵向隔离” | 艏艉向 | 距离不小于36 m | 隔两个舱壁或距离不小于36 m并隔两层甲板 | 距离不小于36 m | 包括隔两个舱壁，距离不小于48 m | 距离不小于48 m | 禁止 |
| | 横向 | 禁止 | 禁止 | 禁止 | 禁止 | 禁止 | 禁止 |

注：所有舱壁和甲板均应是防火防液的。

## 第七节　集装箱内危险货物的积载

### 一、危险货物在集装箱内积载的一般要求

危险货物在集装箱内积载的一般要求是：

(1)适箱货物。适箱货物是指适合装箱的危险货物。一般是指包装完好，符合运输条件的危险货物。

(2)配装要求。是指相容货物允许在同一箱内装配。危险货物的箱内配装应按配装表的要求进行配装。

(3)隔离要求。是指按隔离要求将危险货物用不容易与其发生反应的货物(危险货物、普通货物)进行有效隔离。

(4)安放与固定。如果箱内货物之间或货物与箱壁之间有空隙，在运输和航行途中会造成货物的移动或碰撞，这样不但会引起箱内货物的损坏，箱体的损坏，还会造成一定的危险性。为避免事故的发生，必须对箱内的危险货物进行固定。

### 二、箱内危险货物的配装

1. 爆炸品的箱内配装

箱内爆炸品的配装要求有：

(1)爆炸品之间的配装。《国际危规》将第1类货物分成12个配装类，我国《水路危规》将第1类货物分成12个配装类。爆炸品之间的配装，应严格按爆炸品配装类的规定进行配装。

(2)爆炸品与压缩气体和液化气体的配装。即第1类与第2类的配装。爆炸品发生爆炸或燃烧后，极易引起气体钢瓶的爆炸，故一般都不得与第2类配装。并且。易燃气体与爆炸品应按“隔离4”的要求进行隔离，不易燃气体与爆炸品应按“隔离1”的要求进行隔离(但可同舱)。

(3)爆炸品与第3类，第4类的配装。爆炸品与第3类，第4类均不能配装，第3类与第1类应按“隔离4”的要求进行隔离。

(4)爆炸品与第5类的配装。第5类除具有较强的氧化性外，很多还具有易燃易爆的特性。故不能与第1类配装。

(5)爆炸品与第6类的配装。第6类具有较强的毒性和感染性，一旦发生事故，会使糟害扩大，施救困难，故不能与第1类配装。

(6)爆炸品与第8类配装。很多腐蚀品易与爆炸品发生化学反应，很多还具有易燃性，故不能与爆炸品配装。

2. 第2类危险货物的配装

第2类危险货物箱内配装的要求是：

(1)第2类危险货物与第3类危险货物箱内配装。2.1项与第3类第4类不得配装；2.2类与自燃物品可同舱积载，但需按“隔离1”隔离。

(2)第2类危险货物与第5类危险货物箱内配装。2.1项与5.1项不得配装；第2类与5.2项不得配装。

(3)第3类危险货物的箱内配装。第3类与第4类不得配装；第3类与第5类，隔离表配装。

(4)4.3项危险货物的箱内配装。不得与酸性腐蚀品配装。

(5)第5类的配装。5.1项与5.2项不得配装；第5类与第8类不得配装。

(6)第7类的配装。不得与除第6类以外的其他各类同舱积载。

## 第八节　危险货物集装箱的装卸与保管

### 一、装卸危险货物集装箱前的准备工作

装卸危险货物集装箱前的准备工作有：

(1)明确危险货物的性质，积载位置及应采取的安全措施，并申请监装，取得适装证书。

(2)应将审签的货物积载图交当地法定机关进行审定。

(3)保证舱室清洁、干燥和水密。

(4)在装卸货现场,备妥相应的消防设备,并使其处于随时可用状态。

(5)夜间作业应备好足够的照明设备;装卸易燃、易爆危险货物必须使用防爆式或封闭式安全照明设备,严禁使用其他不安全灯具。

(6)起卸放射性物品或能放出易燃、易爆、有毒气体的危险货物前,应进行充分的通风。应有防止摩擦产生火花的措施,须经有关部门检测后才能开始卸货作业。

## 二、装卸危险货物集装箱的注意事项

危险货物的装卸工作尽可能安排在专用作业场地,严格按货物积载图装货及执行装卸货注意事项多加强监装监卸,注意装卸货安全。

装卸危险货物集装箱的注意事项有:

(1)装卸作业时,要悬挂显示规定的灯号或标志。

(2)装卸危险货物时,应有专人值班,并进行监装监卸工作,坚守岗位,落实各项安全措施。

(3)装货时监装人员应逐件检查货物包装及标志,有破、漏、渗的包件应拒装。

(4)严格按积载图装卸及执行危险货物装卸货的注意事项。

(5)装卸危险货物时应使用适当的机具。在装卸易燃、易爆、剧毒、腐蚀及放射性危险货物时,装卸机具应按额定负荷降低25%使用;在装卸易燃或爆炸品时禁止使用易产生火花的工具。

(6)装卸危险货物时应采取正确的作业方法,小心谨慎地操作,平稳吊落货物,轻拿轻放。严禁撞击、摩擦、拖拉、滑跌、抛掷、坠落、翻滚、挖井等野蛮作业。保持包装完好,严禁超高堆装,堆码整齐牢固。桶盖、瓶口应朝上,禁止倒置、到放。

(7)根据性质不同的危险货物,选用相应的铺垫隔衬材料进行衬垫、遮盖、绑扎和加固。

(8)起卸包装破漏的危险品时,现场严禁明火,有关人员应站在上风处,对包装破损严重的要进行必要的修理和清洁工作,以避免危险品的大量渗漏,但必须十分注意安全,并根据“应急措施表”及“医疗急救指南”采取相应的措施。

(9)在装卸爆炸品或烈性易燃品时,不得进行能产生火花的检修工作和拷铲油漆作业。

(10)装卸危险货物过程中,遇有闪电、雷击、雨雪天或附近发生火警时,应立即停止装卸货作业。

(11)停装停卸时,应关闭照明及电源。

(12)装完货后应进行全面检查,应及时取得监装。

### 三、危险货物集装箱的保管

危险货物集装箱的保管应符合有关堆放、储存、转运的法令法规以及企业的规章制度。详见第六章第五节。

**案例——危险货物集装箱运输条件的研究**

根据国外和国际组织使用集装箱运输的动向，根据国内危险货物采用集装化运输的发展和需要，我国有关研究部门对危险货物集装箱中可能出现的各种问题进行了详尽的研究，主要研究内容归纳六点：

1. 相关地区集装箱内外环境温度的研究。通过在吐鲁番地区、武汉地区、广州地区的实测，数据的整理分析，提出了我国铁路十吨集装箱的箱内最高温度为85 ℃，根据不同地域、不同季节、不同性质的货物确定适当的箱内最高的温度的建议。

2. 危险货物集装箱类型的研究。通过国际国内集装箱运输的分析和对比，提出了我国铁路危险货物集装箱箱型设置为危险货物通用集装箱、危险货物专用集装箱和危险货物特种集装箱三种类型。

3. 危险货物进箱条件的研究。根据温度因素、货物包装要求和货物的性质提出了危险货物进箱的条件，并按货物的品名提出了危险货物进箱的条件。

4. 危险货物集装箱运输包装条件的研究。根据集装箱运输的特点，对不同材质和形状的各类包装箱进行了实验研究。

5. 危险货物集装箱运输组织的研究。针对集装箱运输特点，对集装箱运营组织及运输过程中相关问题进行了研究。

6. 集装箱管理信息的研究。为了保证集装箱运输的安全，提出使用计算机进行全面管理，建立了相关数据库，本系统作为危险货物运输管理信息系统的一个子系统。

### [思考题]

1. 如何定义危险货物？
2. 危险货物如何分类？
3. 危险货物的包装有什么作用？
4. 危险货物的隔离条件有几种？
5. 集装箱危险货物如何积载？

# 第十二章　公路集装箱运输

## 第一节　公路集装箱运输概述

### 一、公路运输的概念

公路运输的涵义有广义和狭义之分。

从广义来说,公路运输即是指货物和旅客借助运输工具(人力车、畜力车、拖拉机、汽车等)沿着公路(一般土路、有路面铺装的公路、高速公路)的某个方向作有目的的移动过程。

从狭义来说,现代公路运输即是指汽车运输。

公路运输是现代运输主要方式之一,同时,也是构成陆上运输的两个基本运输方式之一。公路运输既是一个独立的运输体系,又是连接铁路车站、港口和机场,集散物资的重要手段,是连接铁路运输、水路运输和航空运输起端和末端不可缺少的运输方式。公路运输一般是以汽车作为运载工具,所以它实际是公路汽车运输。

在国际贸易中,国际公路货物运输是指国际货物借助一定的运载工具,沿着公路作跨及两个或两个以上国家或地区的移动过程。公路联运贸易进出口是指借助运载工具,沿口岸公路两国之间的移动,以实现货物的贸易交接,并根据国家的法律、法规完成货物的报关、报检、报验、纳税等一切相关手续。它是国际公路联运的重要组成部分,是为保障国际公路联运顺利畅通的重要服务环节,是一个国家公路运输结束到另一个国家公路运输的开始,它是国际公路联运运输的重要枢纽。

### 二、公路运输的特点

公路运输与工农业等物质生产部门相比较,其特点主要表现在;它不改变劳动对象的属性或形态,只是改变其位置。它为社会提供的效用不是实物形态的产品,而是一种劳务,它的投资一般比较多(包括公路设施),形成综合运输能力需要一个过程,周期比较长,对一个国家经济和社会发展影响较大。在运输过程中,运输消耗大量人力、物力和财力等。

汽车运输与铁路、水路、空运、管道运输方式相比较，有如下几个方面的特点：

1. 适应性强。汽车运输具有车辆形式多样、技术性能各异、受地理和气候条件限制较小、运行范围较广等特点。因此，与其他运输方式相比汽车运输有较强的适应性，这种适应性恰好可以弥补其他运输方式的不足。

2. 具有灵活性。汽车运输单位运量小，既易于集中，也易于分散，调度灵活，突击性强，能提供及时有效的服务。

3. 直达性能好，可以实行门到门服务。水运、铁路、民航运输只能直达港站，两头都需要汽车为其集散，装卸环节多。只有汽车运输能够做到取货接客上门，送货送客到家，实现门到门的直达运输，中间不需要倒载换装，极为方便。

4. 运输速度较快，便于周转流通。短途运输是汽车运输特有的优势，短途货运批量小，时间紧，要求急，对装卸机具和场地要求不高，最宜采用汽车运输，其他运输方式难以替代。

5. 投资少，见效快。汽车结构比较简单，驾驶技术比较容易掌握，设备和资金转移的自由度大，具有投资少、见效快、利润高、投资回收期短等特点；地区、单位、个人均可兴办，便于吸收社会闲散资金集中使用。

6. 可以广泛参与联合运输。汽车运输是沟通铁路、水运、航空和管道运输的有效方式，可以为其他运输方式分流，缓解其他运输方式运力不足造成的紧张局面，特别是在开展现代化国际集装箱多式联运中具有独特的优势。

汽车运输具有诸多的优越性，但是也有它的局限性：

1. 运价较高，在一定程度上竞争力弱于铁路和水运；

2. 载重量较小，不适应大宗货物运输的要求；

3. 平均运程较短，持续性较差。

国际贸易中，国际汽车运输除具有上述一般汽车运输的特点外，又具有自身的特点，主要表现在以下几个方面：

1. 政治性强。国际汽车运输质量的优劣，不仅关系着客户的切身利益，而且直接影响到国家的声誉以及国与国之间、民族与民族之间的关系。因而对车辆装备、人员素质、运输质量等各运输环节都提出了严格要求。

2. 政策性强。国际汽车运输必须严格执行双方就运输路线、班次、时间、货物类别、起讫点、运输单证等事项签订的协议，严格遵守国家（地区）的出入境管理规定及对方国家的法律。因此政策性比较强。

3. 纵横关系复杂。国际汽车运输的中间环节多。在运输全过程中，根据不同货物的贸易特点，可能涉及到代理商、港口、船公司、工厂、仓库等业主，以及海关、商检、卫检、动植检、边检、保险公司等部门和国家有关主管部门。因此，组织工作难度大，纵横关系比较复杂。

4. 时间性强，风险较大。国际市场上商品竞争十分激烈，贸易机会稍纵即逝；商品运输路线长、环节多、不可见因素出现率高，一旦误期，将造成很大损失，发生交通事故也较国内难以处理。因此，要求国际汽车运输人员必须加强时间观念，提高预见性，并应具有较丰富的实务经验。

## 三、公路集装箱运输

通过公路，以集装箱为单位办理托运且由集装箱拖挂车载运的，称为公路集装箱运输(图 12-1)。

图 12-1　公路集装箱运输

公路集装箱运输采用集装箱作为集装单元进行运输，即是把一定量的商品或物资，按照一定的标准重量或体积，整齐地码放在诸如集装箱、托盘等一类的成组工具上，构成一个便于运用机械手段作业的储运单位。集装箱运输的生命力在于多式联运。

如果在发货人的工厂或仓库，将各种规格不同、形状不同、包装各异的适箱货物，装入具有一定规格的标准化集装箱内，通过一种或多种运输方式，直接运往收货人工厂或仓库，这种货运组织方式称为集装箱“门到门”运输。它具有较高的经济效益，是一种高级的货运方式。

公路集装箱运输是集装箱多式联运典型工艺流程中的第一个和最后一个环节，根据运输条件的不同，集装箱“门到门”运输可有不同的形式，比较典型的有：公路集装箱运输、公路—铁路集装箱运输、公路—水路集装箱运输。

从实现集装箱“门到门”运输意义上看，公路集装箱运输更是处于举足轻重的地位，它是实现集装箱“门到门”多式联运中必不可少的环节，是铁路、水路集装箱运输唯一的现代化集散方式。

公路集装箱中转站是集装箱内陆疏运系统的主要构成部分，要充分发挥公路集装箱运输在集装箱多式联运中的作用，就必须加强公路集装箱中转站的建设和运输组织工作。

## 第二节 公路集装箱运输货源组织

### 一、公路集装箱运输的特点

公路集装箱运输由于其货物的包装形态发生了质的变化，因此其货物的装卸、运输过程(即流程)也将发生变化。就其货物运输的流转程序来说，出口集装箱货物必须是先将分散的小批量货物预先汇集在内陆地区有限的几个仓库或货运站内，然后组成大批量货物以集装箱形式运到码头堆场，或者由工厂、仓库再将货物整箱拖运到码头堆场。进口集装箱货物如果是整箱运输的，将直接送往工厂或仓库掏箱，如果是拼箱运输的，将箱子送到堆场或货运站拆箱后再分送。这种货物的运送方式同传统的运输运送方式有着很大的不同。首先它的运送路线来得简单、方便，一般都在固定的几个仓库或货运站、堆场，这对集装箱运输规模化、标准化创造了有利的条件，其次它的作业方式将更容易实现机械化和程序化，为开展集装箱码头堆场、货运站直至仓库之间的拖挂车运输打下了良好的基础，这对提高集装箱公路运输效率有重要意义。

公路集装箱运输就其货物的装卸流程来说，集装箱货物分整箱货和拼箱货两种，整箱货是由发货人自行装箱，拼箱货是由集装箱货运站负责装箱。这同传统的件杂货装卸也有了很大的区别。首先，从装卸业务上来看，明确规定了整箱货由货主自行装箱，拼箱货由货运站负责，这就从根本上解决了以往由公路运输单位装卸而造成质量差的老大难问题。其次，从管理上来看，由货主或货运站装箱、拆箱也更便于实现专业化、熟练化。集装箱货物装卸流程的变化也使各环节中的责任划分更加明确。

### 二、公路集装箱运输的货源组织

1. 货源组织的客观性与主观性

集装箱货源的客观性是指集装箱货源受国家政策的影响很大，牵涉到国家对外贸易的发展和集装箱化的比例，同时还受到货主、货运代理以及船公司等各种变化的影响，因此从公路集装箱运输货源来说，其平衡性和稳定性只是相对的、暂时的。由于货源的不平衡性，对运输的需求也是经常处于不稳定的状态，因此集装箱公路运输在时间上和方向上都存在着一定的不均衡性。表现在货物的流量上，月度、季度或各旬间有很大差异，上行和下行也存在很大差异。所以说，集装箱公路运输的客观因素在一定程度上左右了公路集装箱运输的发展。

2. 集装箱货源组织形式

集装箱货源组织最基本的形式是计划调拨运输，就是由公路运输代理公司或配载中心统一受理由口岸进出口的集装箱货源，由代理公司或配载中心根据各集卡公司（车队）的车型、运力，以及基本的货源对口情况，统一调拨运输计划。计划运输是保证集装箱公路运输正常发展的前提。也是保证企业效益的主要支柱。同时，计划运输对公路集装箱运输的运力调整和结构调整起着指导作用。

合同运输是集装箱公路运输的第二种货源组织形式。在计划调拨运输以外或有特殊要求的情况下可采用合同运输形式。由船公司、货运代理或货主直接与集卡公司（车队）签订合同，确定某一段时间运箱量多少。这尽管是计划外的，但是长期的合同运输事实上也列入了计划运输之列。这对稳定货源、保证计划的完成同样具有积极的意义。

第三种货源组织形式是临时托运。临时托运可视为小批量的、无特殊要求的运输。这一般不影响计划运输和合同运输的完成。这主要是一些短期的、临时的客户托运的集装箱，但这也是集卡公司（车队）组货的一个不可缺少的货源组织形式。

3. 公路集装箱运输货源组织的手段

公路集装箱运输货源组织的手段有：

（1）委托公路运输代理公司或配载中心组货。这应该被看作是主要的货源渠道，这是因为集装箱公路运输代理公司或配载中心一旦成立并发挥职能，其货源组织的能量是不可低估的，这不仅在于作为专门的公路集装箱运输货运代理与集装箱运输有关单位有密切的联系，业务上熟悉，商务上也便于处理，更重要的是，对客户要方便得多。这在事实上将提高其知名度，反过来其业务量亦将随之增大。

（2）建立营业受理点。委托集装箱公路运输代理公司或配载中心受理集装箱托运业务，并不排斥各集卡公司（车队）在主要货主、码头、货运站设立营业受理点。

货主、码头、货运站设立营业受理点的好处是：

（1）能及时解决一些客户的急需或特殊需要。

（2）是作为集卡公司（车队）在现场营业，办理托运，能更快地了解、掌握集装箱运输市场的信息动态，从而为其运输经营提供依据。

（3）允许适度的竞争对搞活集装箱运输市场是必要的，但是各集卡公司（车队）设立营业点必须行为规范，严格执行运价规定，并负责所产生的一切后果。

（4）参加集装箱联办会议和访问货主。参加集装箱联办会议，及时了解港区、货代、货主的货源情况。也是一个组货的好渠道，要与他们保持密切的联系，随时掌握他们手中的货源，并争取运输。要经常走访主要货主单位与他们建立正常的业务联系，这是直接了解客户产销情况和对集装箱运输的需求变化十分有效的方式。要主动帮助客户解决运输疑难问题，与其确立稳定的业务关系。

# 第三节 公路集装箱运输的职能及业务范围

## 一、公路集装箱运输的职能及业务范围

由于公路集装箱运输在其多式联运中所具有的特点和作用，因此，有必要予以确定集装箱公路运输的货运形式及其业务范围。

1. 公路集装箱运输的货运形式

公路集装箱运输的货运形式主要有以下几个方面：

(1)整箱的港到门直达运输。

(2)整箱的港到站或堆场运输。

(3)整箱的门到港直达运输。

(4)整箱的门到场或站运输。

(5)空箱的场到门或站到门运输。

(6)空箱的站到场或场到站运输。

(7)空箱的站到站或场到场运输。

2. 公路集装箱运输的业务范围

公路集装箱运输的进口业务范围：

(1)编制进口箱运量计划。根据港务局提供的船期动态表以及船公司或货代提供的进口船、载箱数，结合本公司运力编制运量计划。

(2)接受汽车托运。货主或其代理向集卡公司提出进口集装箱陆上运输申请，集卡公司在了解箱内货物和卸货地点情况以后，符合条件的接受托运。

(3)申请整箱放行计划。集卡公司在接受托运之后，应向联合运输营业所申请整箱放行计划，拆箱货应由陆上运输管理处批准。

(4)安排运输作业计划。集卡公司应根据“先重点后一般”原则，合理安排运输计划。如遇超重箱或超标准箱应向有关部门申请超限证，跨省运输则应开具路单等。

(5)向码头申请机械和理货、卫检等。无论整箱还是拆箱应及时向港区提出作业申请，由港区根据需要配备机械和人力。集卡公司还应代收货人提出理货、卫检或一些特殊需要的申请。

(6)从堆场提取重箱。集卡公司在取得放行单和设备交接单后应到指定地点提取整箱，并办理出场集装箱设备交接。

(7)交箱。集装箱送至收货人处拆箱时，须有理货公司派员理货。货主接受货物后，在交接单上签收、集卡运输责任才告结束。

(8)送还空箱。集装箱空箱应按指定时间、地点送回，在交接空箱时，应凭进场集装箱设备交接单办理集装箱交接。

公路集装箱运输的出口业务范围：

(1)掌握货源。集卡公司应广泛开展货源组织工作，掌握船公司和货运代理近期内待装运的箱源，预先做好运力安排。

(2)接受托运。集卡公司在了解掌握待装货物和装箱地点情况后，符合条件的予以承运并订立运输契约。

(3)安排作业计划。接受托运后，应及时编制作业计划。超重、限、跨省运输应向有关部门办理申请。

(4)向码头申请机械。所承运的货物，根据船期计划应在前一天向码头申请机械。

(5)领取空箱。集卡公司凭货代签发的出场《集装箱设备交接单》和托运单到指定地点提取空箱。

(6)装箱和送交重箱。空箱在托运人处装箱，经过理货公司理货，由装箱人提供装箱单，集卡公司将重箱连同装箱单、设备交接单到指定港区交付，并办理集装箱设备交接。

**链接——公路集装箱运输的货运形式**

(1)整箱的港到门直达运输。
(2)整箱的港到站或堆场运输。
(3)整箱的门到港直达运输。
(4)整箱的门到场或站运输。
(5)空箱的场到门或站到门运输。
(6)空箱的站到场或场到站运输。
(7)空箱的站到站或场到场运输。

## 二、公路集装箱运输货运程序

1. 公路集疏港口集装箱的货运程序

公路集疏港口集装箱的货运程序，基本有三种形式：

(1)港口—货主。

(2)港口—公路中转站—货主。

(3)港口—公路中转站。

2. 港口进出口国际集装箱公路集疏运货运程序

港口进出口国际集装箱公路集疏运货运程序是：

(1)业务受理。

(2)运输计划。

(3)办理提取空箱手续。

(4)运送空箱。

(5)接运拼箱货。

(6)装箱送港。

(7)办理集装箱交接。

3. 进口集装箱出港送达货运程序

进口集装箱出港送达货运程序是：

(1)业务受理。

(2)编制运输计划。

(3)提取重箱。

(4)运送重箱。

(5)退送空箱。

(6)办理集装箱货物交接。

(7)分送拼箱货。

## 三、国际公路货物运输公约和协定

为了统一国际公路运输所使用的单证和承运人责任，联合国所属欧洲经济委员会负责草拟了《国际公路货物运输合同公约》，简称CMR，该公约主要内容是公约适用范围、承运人责任、合同的签订与履行、索赔与诉讼，以及连续承运人合同履行等。

1. 适用范围

国际公路货物运输公约适用范围：

(1)用于公路以车辆运输货物而收取报酬的运输合同，接受货物和指定交货地点依据合同的规定在两个不同的国家，其中至少有一国是缔约国。

(2)如车辆装载运输的货物在运输过程中经由海上、铁路、内陆水路或航空，但货物没有从车辆上卸下，公约仍对整个运输过程适用。但应证明以其他运输方式运输时发生的有关货物的灭失或损害并非系由于公路承运人的行为所致，而仅是由于其他运输方式或由于此种运输方式运输时才会发生的原因所致。若发货人与其他运输方式的承运人订立了仅是关于货物运输合同的，则公路承运人之责任不得依本公约予以确定，则应使用其他运输条件的承运人的责任规定予以确定。如没有这些规定的条件，公路承运人的责任仍依据本公约的规定予以确定。

(3)若公路承运人本人也为其他运输方式下的货物运送人，其责任也应依照上述的规定予以确定，但在作为公路承运人和其他运输方式的承运人时，他则具有双重身份。

(4)公路承运人应对其受雇人、代理人或其他人为执行运输而利用其服务的任何其他人的行为或不行为一样承担责任。

2. 运单

在国际公路货运业务中，习惯认为运单的签发是运输合同的成立，因此，国际公路货运公约规定："运单是运输合同，是承运人收到货物的初步证据和交货的凭证。"

运单应记载的主要内容有：

(1)运单的签发日期和地点。

(2)发货人的名称和地址。

(3)收货人的名称和地址。

(4)承运人的名称和地址。

(5)货物接管的地点、日期和指定的交货地点。

(6)常用的货物名称、包装方式，如属危险货物，还应注明通常认可的性能。

(7)货物件数、特性、标志、号码。

(8)货物毛重，或以其他方法表示的数量。

(9)与运输有关的费用(运输费用、附加费、关税以及从签订合同至终止之间发生的其他费用)。

运单的其他内容是：

(1)是否允许转运的说明。

(2)发货人负责支付的费用。

(3)货物价值。

(4)发货人关于货物保险和承运人指示。

(5)交付承运人的单据清单。

(6)有关履行运输的期限等。

除这些之外，缔约国还可在运单上列入他们认为有利的事项。

运单一般认为有以下性质：

(1)运单是运输合同。

(2)运单是货物的收据、交货的凭证。

(3)运单是解决责任纠纷的依据。

(4)运单不是物权凭证，不能转让买卖。

国际公路货运公约第四条规定："运输合同应以签发运单来确认，无运单、运单不正规或运单丢失不影响运输合同的成立或有效性，仍受本公约的规定约束。"运单签发有发货人、承运人签字的正本二份，这些签字可以是印刷的，或为运单签发国的法律允许。也可由发货人和承运人以盖章替代。第一份交付发货人，第二份应跟随货物同行，第三份由承运人留存。

当货物准备装载不同车内，或在同一车内准备装载不同种类的货物，或多票货物时，发货人或承运人有权要求对使用的每辆车，每种货或每票货物分别签发运单。

当对货物检查而无合理的、准确的方法时，应将此种无合理、准确的检查原因记入运单内。同时，对货物的包装和外表状况也应做出保留理由，除非对保留发货人已在运单上明确同意受约束，否则保留对发货人不应有约束力。对检查产生的费用，承运人有权提出索赔。

3. 发货人责任

在国际公路货物运输全过程中，发货人的责任可归结为：

(1)没有准确提供自己的名称、地址。

(2)没有在规定的地点、时间内将货物交承运人。

(3)收货人的名称、地址有误、且由发货人提供。

(4)对托运的货物没有说明其准确名称而造成的损失。

(5)对托运的危险货物没有在运单中注明危险特性、危规编号，以及一旦发生意外时应采取的措施。

(6)对运输要求没有作说明。

(7)没有提供办理海关和其他手续所必要的通知。

(8)货物包装不牢、标志不清。

(9)货物内在缺陷引起的货损。

(10)由于发货人的过失造成对第三方的损害。

特别应说明的是为了交付货物应办理的海关或其他手续，发货人应在运单后附必须的单证，或将其交承运人支配和提供给承运人所需的全部情况。对承运人来说，没有责任调查单证情况的准确与否，除非是由于承运人的行为或过失。对于单证情况的缺陷所引起的损失，发货人应向承运人负责。

由于灭失或不当使用所产生的后果系承运人作为一个代理应负的责任过失所致时，承运人则应承担赔偿责任，但此种赔偿以不超过货物灭失所支付的全部赔偿为限。

4. 承运人责任和豁免

国际公路货运公约第十六条对承运人规定的责任期限为："承运人应对自货物接管之时起至货物交付时止所发生的全部或部分灭失、损害，以及由于运输延误而造成的损失承担责任。"此外，在运输过程中承运人因使用车辆不良状况，或由于承运人使用他人车辆，或其代理人的过失，也应同样承担责任。

对于货物原因而造成延误运输的界定，习惯认为当货物未能在双方规定的时间内交货，或虽无此种规定，但考虑到实际情况后，在通常情况下货物所需要的运输时间超出一个承运人的合理时间，则应视为延误运输。在分票运输的情况下，如双方规定应交货的时间届满30天后，或无规定交货时间应从承运人接管货物60天后仍未将货交收货人，则应认为货物业已灭失。

如货物的灭失或损害系由下述一种或一种以上情况下产生的，承运人应予免责：

(1)货物灭失。损害系由于使用无篷敞车引起，此种使用已在运单中明确规定和有所规定。

(2)货物的灭失、损害是由于无包装或包装不良所致。

(3)由于发货人、收货人或其代理人所从事的货物搬运、积载、卸载。

(4)由于包装上标志不清,号码不完整、不当、错误所致。

(5)承运活的动物。

(6)由于锈损、腐烂、干燥、渗漏、发霉、发潮系由于货物自然特性所致等。

尽管国际公路货运公约对承运人可享受的免责范围做了规定,但某些内容的免责,承运人则负有举证之责。如货物由装有特殊设备的车辆运输,以便保护货物不受热、冷、保温等要求,除非承运人证明他对此种货运设备,及其维修、使用已采取了合理措施,否则承运人对货损不能解除责任。

5. 交货责任

当货物运抵指定交货地点,收货人有权凭货物收据要求承运人将第二份运单和货物交给他,如货物业已灭失或没有在规定时间或合理时间内交货,收货人对承运人有权以其名义免除运输合同的任何权利。但收货人在行使这一权利时,则应付清运单中规定的所应支付的费用,一旦此项费用没有支付产生争议,除非收货人已提供担保,否则,承运人对货物享有留置权。

此外,在货物运抵收货地点后因具体情况妨碍货物正常交付时,承运人要求发货人给予指示,在收货人拒绝接货时,发货人有权处置货物并需出示第一份运单。必须说明,收货人拒绝提货并不等于收货人无权提货,在承运人没有从发货人那里得到任何指示前,收货人仍享有货物的提货权。

收货人对货物的处理权利系从运单签发之时起,因而在当收货人指示承运人将货物交另一人时,原收货人则视为发货人,而另一人为收货人。

6. 危险货运输

当发货人将危险货交由承运人运输时,则应将有关危险货物的种类、性质通知承运人,必要时还应说明应采取的预防措施,并将此种情况记入运单内。运输危险货所发生的有关货物的灭失或损害、发货人或收货人解除责任的唯一途径是举证说明承运人在接受危险货运输时业已了解该货物运输过程中有可能造成危险的事实。如在接受危险货运输时,承运人并不知道有关该类货物的性质,承运人有权随时随地将其卸载、销毁,或使之无害,并不承担任何责任。

7. 承运人赔偿责任限制

如果货物的灭失或损害发生在承运人责任期限内,且因承运人或其代理人过失所致,承运人对此项灭失或损害承担赔偿责任,其原则是:

(1)凡根据本公约所规定的内容进行货物运输时,承运人对全部或部分货物的灭失赔偿,并依照接运地点、时间的货物价值计算。

(2)有关货物的价值应根据货物交易价格,如无此项价格时则应根据当时市场价。如既无交易价格、又无当时市场价,则应依照同类、同品名货物的通常货价决定。

(3)货物毛重每千克的赔偿不超过 8.33 SDR。

(4)当货物发生全部灭失时,有关运输费用、关税,以及因货物运输发生的其他费用应全部偿还。如系部分货物灭失，则应按比例赔偿。

(5)在延误损失赔偿情况下，承运人承担的最高赔偿不超过全部运输费用的总和。

(6)只有在申报货物价值，并支付了附加运费的情况下，才能得到较高的赔偿。

如货物的灭失或损害系由于承运人或其代理人、受雇人的故意不当行为所致，则承运人无权享受责任限制。

8. 连续承运人的责任

在国际公路货物运输过程中，如系由几个承运人共同完成货物全程运输，则每一承运人对全程运输负责，每一承运人即成为运单条款或运输合同的当事人一方。连续承运人，即从前一承运人那里接受货物的承运人应给前一承运人签署收据，并在运单上写上名字、地址。必要时他也有权在运单中对所接受的货物做出保留，对于运单的性质和作用同样适用于承运人之间的关系。

有关运输过程中发生的货物灭失、损害或延误运输，受损人可向：

(1)第一承运人提起诉讼。

(2)最后一个承运人提起诉讼。

(3)造成货物灭失、损害的实际承运人提起诉讼。

但上述赔偿并不影响根据国际公路货运公约承运人有权从参加运输的其他承运人那里追偿已付的余额及利息和由于索赔而发生的所有费用，并且：

(1)造成货物灭失或损害的承运人应单独承担责任，不管此项赔偿受损人是否已向其他承运人提出。

(2)当货物的灭失或损害系由两个或两个以上的承运人共同过失行为所致时，每一承运人则应按比例进行分摊此项根据他收取的运费。

(3)如货物的灭失或损害无法确定属某一承运人责任时，则按上述(2)处理。

9. 索赔与诉讼

根据国际公路货运公约所提起的任何法律，原告可在双方协议中约定的缔约国的任何法院提起。

下列地点为所属国家法院的诉讼地：

(1)被告通常住所或主要营业所法院。

(2)合同订立地法院。

(3)承运人接管或交付货物地点法院。

习惯理解，上述法院做出的裁决是终局性的，但并不妨碍因特殊原因对同一案件提起新的诉讼，但此项新的诉讼只有在第一次诉讼的法院所做出的裁决是无法在新提起诉讼的国家得以执行的。如果当一个缔约国的法院所做出的裁决能在该国执行而当事人又在其他任何一个缔约国办理有关手续后，并不妨碍该裁决也可在该缔约国执行。

诉讼时效为：

(1)根据公路货运公约因货物运输正常提出的诉讼,其时效为一年。

(2)如货物的灭失或损害系由于承运人故意不当行为,或根据受理案件的法院的法律认定是与故意不当行为相等的其他过失,时效则为2年。

诉讼时效的计算方法是:

(1)如货物系部分灭失、损害,或延误运输,自交货之日或应交货之日起算。

(2)如货物系全部灭失、损害,则以双方约定的交货日后满30天起算。如无约定的具体交货日期,则自承运人接受货物之日60天起算。

(3)在所有其他情况下造成的货物灭失或损害,则在运输合同订立后90天起算。

上述时效期限开始之日则不应计算在有效期限内。

**链接——公路集装箱运输运单**

运单的性质:"运单是运输合同,是承运人收到货物的初步证据和交货的凭证。"

运单应记载的主要内容有:

(1)运单的签发日期和地点。

(2)发货人的名称和地址。

(3)收货人的名称和地址。

(4)承运人的名称和地址。

(5)货物接管的地点、日期和指定的交货地点。

(6)常用的货物名称、包装方式,如属危险货物,还应注明通常认可的性能。

(7)货物件数、特性、标志、号码。

(8)货物毛重,或以其他方法表示的数量。

(9)与运输有关的费用(运输费用、附加费、关税以及从签订合同至终止之间发生的其他费用)。

**案例——平安保险推出水路、铁路、公路货运险**

随着国民经济水平的不断提高和运输技术的不断进步,以及国际、国内贸易方式的变化,货物运输保险的需求也在不断地扩大。国内水路、陆路货物运输保险是指在中国大陆(不含港、澳、台地区)以水路(包括沿江、海和内河运输)、陆路(包括铁路、公路)运输方式运输的货物为保险标的,主要承保货物在运输过程中因自然灾害、意外事故以及其他外来原因所致货物的损失。

1. 险种分析

险种的承保对象与范围是:

(1)承保对象及标的物。以水路、铁路、公路和联合运输方式运载的货物。

(2)保险责任范围。该保险分为基本险和综合险两种险别,不同的险别规定了不同的责任范围。

2. 基本险承保的危险事故

因下列情况所致损失负赔偿责任：

(1)因十三种自然灾害导致损失，如：火灾、爆炸、雷电、海啸、地震、洪水等(详见条款)。

(2)因运输工具发生意外事故导致损失：搁浅、触礁、倾覆等(详见条款)。

(3)装货、卸货或转载时因遭受不可抗力或意外事故导致损失。

(4)为减少损失采取合理措施造成保险标的损失。

3. 额外费用的补偿

额外费用的补偿是指：

(1)为减少损失而支出的合理的施救、抢救、保护费用。

(2)共同海损的分摊费用。

4. 综合险

除上述基本险责任外，还包括：

(1)因受震动、碰撞、挤压导致货物散失的损失。

(2)液体货物因受震动、碰撞、挤压导致容器损坏而渗漏或由此导致货的腐烂的损失。

(3)遭受盗窃、整体提货不着、雨淋等所致损失。

5. 影响费率因素

影响费率的因素有：

(1)运输工具种类。

(2)运输行程。

(3)货物包装情况。

(4)运输方式及运输季节等。

## [思考题]

1. 公路集装箱运输的特点是什么？
2. 公路集装箱运输货源的组织形式有几种？
3. 公路集装箱运输的货运形式有几种？
4. 公路集装箱运输运单的性质是什么？
5. 公路集装箱运输运单应填写哪些内容？

# 第十三章 铁路集装箱运输

## 第一节 铁路集装箱运输概述

### 一、铁路运输的产生和发展

1825 年英国建造了世界上第一条铁路，并投入公共运输，运送旅客和货物。此后世界各主要工业国家也相继修建铁路，在 19 世纪末至 20 世纪 20 年代的期间出现世界铁路大发展的局面，铁路运输成为当时最重要的交通运输方式，占有优势地位，形成了所谓的铁路时代。

当前世界铁路的分布很不均衡，主要集中在欧洲和北美。工业发达的国家，铁路网大多已经形成，除了前苏联还在继续扩大铁路网外，其他国家多着重于调整铁路网（包括修建一些客货分流的高速客运专用铁路线）。多数发展中国家还未形成铁路网，需要继续兴建铁路，让铁路运输发挥巨大的作用。

我国的第一条铁路是 1876 年修建的淞沪铁路（吴淞至上海），全长 16 km。我国铁路迄今虽有一百余年的历史，但是在旧中国的腐朽统治下，铁路成为外国对我国进行资本输出的手段和侵略的工具。解放前全国通车里程仅约一万一千余公里，只占全国铁路里程的二分之一左右。解放以后，我国的铁路事业得到了长足发展，全国铁路布局也有所改善，运输效率有很大的提高。但是我国铁路目前仍处于国民经济发展中薄弱环节的地位，不能适应国民经济日益发展的需要，因此还需要继续大力发展和完善我国的铁路网，充分发挥铁路的国民经济大动脉作用。

目前，我国铁路基础设备设施已具有较大规模。到 2005 年底，全国铁路营业里程已达到 75 438 km，位居世界第三、亚洲第一。其中，复线铁路 25 566 km，电气化铁路 20 151 km。在总营业里程中，国家铁路 62 200 km，合资和地方铁路分别为 8 462 km 和 4 775 km。全国铁路机车拥有量 17 473 台，货车保有量（除企业自备车）54.9 万辆，客车保有量 4.2 万辆。青藏铁路已于 2005 年 10 月 15 日全线铺通，已于 2006 年 7 月开始试运营，这标志着我国西藏自治区结束了不通铁路的历史。

根据国务院批准的《中长期铁路网规划》，我国将规划建设省会城市及大中城市间的快速客运通道。这一规划的具体内容是，建设客运专线 1.2 万 km 以上，规划"四纵四横"铁路快速客运通道以及三个城际快速客运系统，客车速度目标值达到 200 km/h 以上。"四纵"分别是北京-上海客运专线、北京-武汉-广州-深圳客运专线、北京-沈阳-哈尔滨(大连)客运专线、杭州-宁波-福州-深圳客运专线。"四横"分别是徐州-郑州-兰州客运专线、杭州-南昌-长沙客运专线、青岛-石家庄-太原客运专线、南京-武汉-重庆-成都客运专线。三个城际快速客运系统分别是环渤海地区、长江三角洲地区和珠江三角洲地区城际客运系统。

此外，我国还将规划建设新线 1.6 万 km，以扩大西部路网规模为主，形成西部铁路网骨架，完善中东部路网结构，提高对地区经济发展的适应能力。一是新建中吉乌铁路，改建中越通道，新建中老通道和中缅通道，形成西北、西南进出境国际铁路通道；二是新建太原-中卫等线，形成西北至华北新通道；三是新建兰州（或西宁）-重庆（或成都）线，形成西北至西南新通道；四是新建库尔勒-格尔木、龙岗-敦煌-格尔木线，形成新疆至青海、西藏的便捷通道；五是在西部新建部分区内铁路，完善西部铁路网；六是完善东中部铁路网。

我国《中长期铁路规划网》的发展目标是，到 2020 年，全国铁路营业里程达到 10 万 km，主要繁忙干线实现客货分线，复线率和电化率均达到 50%，运输能力满足国民经济和社会发展需要，主要技术装备达到或接近国际先进水平。

## 二、铁路运输的特点

铁路是一种适宜于担负远距离的大宗客、货运输的重要运输方式。在我国这样一个幅员辽阔，人口众多，资源丰富的大国，铁路运输不论在目前甚至在可以预见的未来，都是统一运输网中的骨干和中坚。

铁路运输的主要优点：

(1)巨大的运送能力；

(2)廉价的大宗运输；

(3)较少受气象，季节等自然条件的影响，能保证运行的经常性和持续性；

(4)计划性强，比较安全，准时；

(5)运输总成本中固定费用所占的比重大(一般占 60%)，收益随运输业务量的增加而增长。

铁路运输的主要缺点：

(1)始建投资大，建设时间长；

(2)始发与终到作业时间长，不利运距较短的运输业务；

(3)受轨道限制，灵活较差，必须有其他运输方式为其集散客货；

(4)大量资金、物资用于建筑工程，如路基、站场等，一旦停止营运，不易转让或回收，损失较大。

### 三、铁路运输的技术特征

铁路是以铺设的钢轨引导列车向前运行的。铁路车辆在钢轨上运行，其走行阻力较低，因而铁路运输一般速度较高。铁路按若干单个车辆组成列车的方式组织运输，列车的动力部分(机车)和载运部分(装载旅客或货物的车辆)并不像轮船、汽车或飞机那样合为一体，而是分开的。这样就整个列车的载重而言，可以不像其他某些运输工具(例如汽车)那样受到承受载重力方面的限制，因而其动力可以充分用于牵引列车体水平方向的移动(就单个铁路车辆的载重而言，它和汽车同样受到承受载重力方面的限制。由于列车是由若干车辆组成的，故就整个列车的载重而言，在这方面所受的限制较小，因而铁路运输的载重量较大。但是由于铁路固定设施工程费、建筑材料和器材设备等(特别是金属)需要量很大，因此其基本建设投资甚大。然而，就其运输成本而言却是较低的，仅次于水运。此外，铁路运输受气候和自然条件的影响较小，在运输的经常性方面占有优势。另一方面，铁路按列车组织运行，因此，在运输过程中就需要有列车的编组、解体和中转改编等作业环节。这样，铁路一般来说就不适宜于短途的货物运输。世界各国基于铁路运输的技术经济特征，根据本国的具体情况各自评价铁路在其交通运输业中的作用，从而制订相应的运输政策，因此各国的铁路在其本国的综合运输网中所处的地位是各不相同的。我国幅员辽阔，铁路被认为是国民经济的大动脉，担负着主要的旅客和货物运输。但是由于铁路运输能力与运力的矛盾突出，不能适应国民经济迅速发展的需要，因此特别需要加强各种运输方式之间的协作，尤其是要充分利用长江水系和沿海的水上运输和合理安排短途货物的铁路和公路运输分工，从而缓和运输能力与运量之间的矛盾。

铁路运输的技术经济特征，可以用一定的技术经济指标来反映，例如运营技术指标、实物指标和价值指标等。

运营技术指标主要有：运输的经常性(不间断性、均衡性和节奏性的程度)；通过能力和输送能力；货物送达和旅客运送的速度和时间；运输货物的完好程度和旅客的舒适程度；运输的安全性和可靠性程度，以及机动性。

实物指标包括：劳动生产率和劳动力需要量；燃料和电力(能量)、金属和其他材料的单位需要量。

按照运营技术指标和实物指标来说，各种运输方式的所有差别，通常都要在经济价值指标上反映出来。列入经济价值指标的有：运营支出和运输成本；基建投资需要量以及运输生产基金需要量；在途货物所需要的国民经济流动资金，与运送时货物的丢失、腐烂和损坏有关的损失和非生产性支出。

1. 货物送达速度

货物送达速度指标是评价各种交通运输方式经济效果的主要指标之一。

铁路运输的技术速度较高，但铁路在货物运送过程中，需要进行列车会让或越行及其他解编等技术作业，因而旅行速度低于技术速度。

货物送达速度，还取决于始发和到达作业时间和货物在库场的停留时间。目前，铁路的始发和到达作业时间在运输时间中所占的比重较大，大宗货物作业停留时间约占 40%，技术站中转停留时间占 25%，在途行驶时间只占 35%。

运输的经常性，对货物送达速度也有一定的影响，铁路运输高度的经常性，是保证货物送达速度较高的重要条件之一。

2. 运输成本

运输成本是运输业的一个综合性指标，它反映运输过程中物化劳动和部分活劳动的消耗。

运输生产过程中，采用先进的技术设备、合理的组织管理工作、技术作业过程都可以获得较高的劳动生产率和设备利用率，节约燃材料，从而可以达到较低的运输成本，节约运输费用。成本结构就是各项费用要素或成本项目在成本中所占的比重。

3. 基本建设投资

各种运输方式的物质技术基础的构成各有其特点，从而形成初期投资和后期投资的差异。

一般来说，固定设施（线路和港、站建筑）比重大而活动设备（运输工具）比重小的运输方式，所需的初期投资大、后期投资小；反之亦然。铁路运输业，由于固定设施的工程费和建材、劳力消耗大。因此它的线路投资高。

4. 劳动生产率

劳动生产率因其运输工具的载重量和运输能力不同，有着显著的差异。水运干线的船舶或船队载重量大，它具有较高的劳动生产率。汽车运输因汽车载重量小，占用劳动力较多，因此劳动生产率低。而铁路运输的劳动生产率较水运为低，而显著地高于公路。

5. 其他指标

运输能力、运输经常性与灵活性，各种运输方式有很大差别。水运和铁路都是具有通过能力大，能够担负大量运输任务的运输方式；铁路运输的经常性最强，汽车运输次之，水运较差；而灵活性以汽车为最好，铁路次之。

## 四、铁路主要技术标准

铁路主要技术标准包括铁路等级、正线数目、限制坡度、最小平曲线半径、牵引种类、机车类型、机车交路、车站分布、到发线有效长和闭塞类等。这些标准是确定铁路运输能力大小的决定因素，不仅对设计线的工程造价和运营质量有重大影响，而且是确定设计线一系列工程标准和设备类型的依据，所以称为铁路主要技术标准。

铁路等级是铁路的基本标准。其他各项标准的确定，都与铁路等级有关。我国

《铁路线路设计规范》(GBJ90—85)中规定，铁路的等级应根据它们在铁路网中的作用、性质和承担的远期年客货运量确定。我国铁路共划分为三个等级，如表13-1所示。

**表13-1　铁路等级和主要技术标准**

| 等级 | 路网中作用 | 远期年客货运量(GN) | 最高行车速度(km/h) | 限制坡度(‰) | | 最小平曲线半径(m) | |
|---|---|---|---|---|---|---|---|
| | | | | 一般地段 | 困难地段 | 一般地段 | 困难地段 |
| Ⅰ | 骨干 | ≥150 | 120 | 6 | 12 | 1 000 | 400(350) |
| Ⅱ | 骨干 | <150 | 100 | 12 | 15 | 800 | |
| | 联络、辅助 | ≥75 | | | | | |
| Ⅲ | 地区性 | <75 | 80 | 15 | 20 | 600 | |

## 五、铁路集装箱运输

为了适应零担货物运输的形式，我国铁路于1975年开始定型生产了1 t集装箱。1977年开始设计和制造5 t集装箱。5 t集装箱除装运零担货物外，还承担部分整车成件包装货物的运输。1 t和5 t通用集装箱是全钢质结构，这种集装箱的优点是适合多种成件包装货物的运输，强度大，装卸货物方便，缺点是抗腐蚀性能差，容易生锈，日常维修保养费用较大。

日前，铁路通用集装箱以装运贵重、易碎和怕湿货物为主。在上述货源少的情况下。也可使用集装箱装运其他的适宜货物，以便最大限度地减少空箱排送，提高集装箱的运用效率。但是，易于污染和损坏箱体的货物、鲜活货物和危险货物是不准使用通用集装箱装运的。

铁路通用集装箱必须在集装箱办理站办理站间运输。开办集装箱运输的车站，必须具备运量、场地、装卸机械、人员等方面的条件。铁道部根据上述条件分别批准一些车站为1 t集装箱和5 t集装箱的办理站，有些站则兼办两种吨位集装箱的运输业务。

铁路集装箱运输(图13-1)正向国际化方向发展。例如，采用国际标准集装箱、开展双层集装箱列车等。

## 六、当前世界铁路运营发展动向

铁路的运输线路是专用的。列车占用运输线路的时间愈短或列车的载重量愈大，铁路的运输能力也愈大。因此，列车的速度和载重对提高铁路运输能力具有特殊重要的意义。当前，世界各国为了提高铁路运输能力，在技术上不外乎采取诸如改善原有铁路线路的平、纵断面条件，采用大功率机车，改进车辆行走性能和采用先进的信号设备等措施，以提高列车的速度和载重。

当前，世界上主要的工业发达国家不但铁路网已经建成，而且综合运输网也在发展，铁路的运输负担并不重，设备闲置，运量不足且有竞争。因此其重点在于调整铁

图 13-1 铁路集装箱运输

路网，撤除不赢利的铁路线业务，加强干线，提高速度，以增强铁路在运输市场上的竞争地位。我国铁路网虽已初步形成，但还需要继续有一个较大规模的发展，以适应国民经济不断增长的需要。因此，在列车的载重和速度方面都要有所提高，特别是开行重载列车(不是超重列车)，对提高我国铁路的通过能力是有很大意义的。

自有铁路以来，人们就致力于列车速度的不断提高，在发展高速铁路技术的同时，各个国家都在大幅度地提高列车速度，早在 1987 年，就有 15 个国家的特直快列车的旅行速度达到和超过了 120 km/h。在欧洲大陆，非高速线上特、直快列车的运营速度达到 160 km/h 已很平常。

我国已实现在 2005 年 10 月 1 日前铁路第六次大面积提速。第六次大面积提速将首次在既有提速干线同时开行时速 200 km 动车组和时速 120 km、载重 5 000 t 货运重载列车。

铁道部要求，全国铁路要在客车时速 200 km、货车时速 120 km、双层集装箱运输试验取得成功的基础上，搞好提速基础工程和机车车辆的准备工作；尽快制定时速 200 km 条件下的技术标准、规章制度、作业标准，抓紧做好运营相关准备。

据了解，经过不断提速改造，目前我国全路时速 120 km 以上的线路延展里程达到 22 090 km，时速 160 km 以上的线路延展里程达到 14 025 km，时速 200 km 以上的线路延展里程达到 5 371 km，为进一步提高干线运输能力拓展了空间。

我国决定在 2005 年动工兴建京沪高速铁路，并于 2010 年投入运营。京沪高速铁路设计时速为 350 km、造价 1 300 亿元，仅次于三峡工程的投资规模。京沪高铁是我国《中长期铁路网规划》中投资规模最大、技术含量最高的一项工程，也将是我国

第一条具有世界先进水平的高速铁路。京沪高铁还将具备与时速 200 km 既有铁路兼容的优势，时速不低于 200 km 的列车也可以运行，这意味着从北京去往华东的旅客，从上海去往哈尔滨、沈阳、包头、兰州、西安、成都、乌鲁木齐的旅客，都将受益于京沪高速铁路而大大缩短行程。据悉，京沪高速铁路正线全长约 1 318 km，与既有京沪铁路的走向大体并行，全线为新建双线，共设置北京、天津、济南、蚌埠、南京、无锡、苏州、上海等 21 个客运车站。图 13-2 为我国自主制造的高速铁路列车。

图 13-2　中国自主制造的高速铁路列车

尤其令人心动的是，京沪高速铁路投入运营后，直达高速列车运营时间只需 5 小时，这比现在京沪特快列车运营时间缩短了 9 小时左右，年输送旅客单方向可达 8 000 多万人次。

另一方面，由于京沪高速铁路连接环渤海、长三角两大经济圈，穿越河北、山东、安徽、江苏四省，连通 11 个人口百万以上的大城市，是我国经济发展最活跃和最具潜力的地区。京沪高速铁路正式运营后，京沪高速铁路会有直达车、大站快车、慢车、区间车等多种运营方式，满足不同旅客的需求。

## 第二节　铁路集装箱货源组织与条件

### 一、铁路集装箱货源组织形式

1. 整列的集装箱货源

同一品名的整列集装箱货源较少，但在与海运联运时，即与集装箱码头相连的枢纽站接运时，由于集装箱船载箱量大，铁路则需要编排整列的、到达同一终点站的集装箱直达列车。

2. 整车的集装箱货源

整车的集装箱货源较普遍，目前，有些国家铁路集装箱专用车长度一般为60 ft，最长的达 90 ft，一节整车可装载 3～4 个 20 ft 的集装箱。有些国家的铁路为了争取集装箱货源，规定集装箱运价按整车收取，集装箱总长不得超过 80 ft，装多装少均按车计费。因此，如何配装一节整车的集装箱数量对每箱运费的分摊很有关系。

3. 整箱的集装箱货源

对货运量较少的货主来说，在其货源能装满一个整箱，但不够一节整车时，有些国家铁路为方便这些货主托运集装箱，则采取按箱计费的办法。

4. 拼箱的集装箱货源

拼箱的集装箱货源是由运输部门根据不同货主托运的货物，加以整理后装载的集装箱货物，也就是一箱几个货主的货物。

目前，我国铁路集装箱运输开展的主要是普通零担货物集装箱化，即把普通零担货物中适合集装箱运输的货物组织使用集装箱。

普通零担货物集装箱运输的条件主要是：

(1)必须在铁路集装箱办理站办理运输。集装箱运输是通过集装箱来运送货物的，所有开办集装箱运输的车站必须备有场地、装卸机械、专业管理人员等条件。

(2)必须是适合集装箱运输的货物。铁路集装箱以装运贵重货、易碎、日用品等货物为主，这是因为这些货物价值较高，运输过程中又不易发生被盗、丢失、损坏等货运事故。在货源少的情况下，也可装运其他适箱货源。

(3)必须符合一批办理的手续。所谓按一批办理的条件是指：“一是每批货物必须是同一吨位的集装箱，二是每批货物至少在一箱以上。”

(4)由发、收货人装箱、拆箱。通常，铁路集装箱运输的货物，从装箱、加封、启封、拆箱，应由发货人、收货人负责。铁路凭封印，即铅封与发货人办理收箱、运输，和以发货人的封印向收货人办理交付。

(5)必须出发货人确定重量。由于大多数铁路车站不具备衡量集装箱货物重量的条件，所以，集装箱运输的货物只能实现由发货人申报、确定的办法，发货人对自己申报和确定的货物重量负有责任，承担由于货物超重而造成的一切损害。

## 二、铁路集装箱办理站

我国开展铁路集装箱运输主要依靠设在各地的集装箱办理站开展集装箱运输业务。集装箱办理站是组织铁路集装箱运输货源的基层单位。集装箱办理站按其业务性质与办理范围的不同可分为基地站和办理站。集装箱运量较大，并且属于定期直达列车始端或终端站，称为基地站；集装箱运量较小，仅办理集装箱运输业务的车站称为集装箱办理站。

建立集装箱办理站必须具有以下条件：

(1)有一定数量且稳定的集装箱货源。

(2)有装卸、搬运集装箱的机械配备。

(3)有一定面积且硬化面堆场。

(4)有办理业务的专职人员。

(5)具有与其他运输方式相衔接的条件。

上述条件中，集装箱货源是基础，也是开展铁路集装箱运输的先决条件。因此，铁路方面要认真调查和掌握货源，货源来源不清、数量不准，即使开办了集装箱运输业务也因运量少或运量不均衡给运力带来亏损。装卸、搬运机械，以及硬化面场地是开办集装箱办理站的物质条件，没有硬化面的场地，集装箱直接放在地面上，装卸机械也不能很好作业，而专职人员又是提高工作效率和保证质量的根本。

集装箱办理站的业务主要是：

(1)受理集装箱货物的托运申请。

(2)办理装卸箱业务。

(3)编制用车计划。

(4)向到站发出到达预报通知。

(5)编制有关单证。

(6)核收有关费用。

(7)装箱、拆箱以及加封等。

(8)提供适合装货、运输的集装箱。

(9)安排集装箱装卸、搬运等机械。

(10)联系其他运输方式。

(11)联系铁路之间的联运等。

## 第三节　铁路集装箱的中转

铁路集装箱的中转是通过铁路集装箱中转站来完成的。铁路集装箱中转站的主要任务是把来自不同车站的集装箱货物，通过有计划的组织重新按到站装车，将集装箱货物以最快速度运至到站。

目前，在进行集装箱中转时，有时发现集装箱箱体损坏或封印丢失、失效等情况。一旦发现，中转站要立即会同有关部门清点货物，编制详细记录说明情况，补封后继续运送。如箱体损坏危及货物运输质量时，对箱内货物进行换箱。

铁路集装箱的中转站的中转作业主要包括编制中转配装计划、中转作业等。

1. 编制中转配装计划

铁路集装箱的中转站编制中转配装计划的内容主要包括：

(1)详细核对中转计划表。详细核对中转计划表主要内容有:方向、主要到站和存箱数,已开始作业和待运的站存箱数。特别值得一提的是站存箱数必须以货票与集装箱逐批、逐箱进行复查,然后再与中转计划表的数字进行核实。

(2)确定中转车的去向,审核到达货票,并根据到达待送车的货票,统计中转集装箱去向,确定重车卸后的新去向。

(3)做集配计划。集配计划是按去向、主要到站站别统计得出的,集配计划内容包括:停留在堆场的集装箱,各到达车装载的集装箱,各货车之间相互过车的箱数(卸下的箱要确定堆存箱位)。

(4)根据集配计划,结合送车顺序,确定货车送入后的中转车作业顺序。

(5)传达中转作业计划。货运员和装卸工组对计划进行复查核对,做好作业前的准备。在复查中不但要对数字进行复查,还要检查箱体、铅封状态、标签、箱号是否与箱票记载一致。

2. 中转作业

铁路集装箱中转作业包括:

(1)集装箱中转作业顺序一般是在货车送妥后,根据中转作业计划,首先卸下落地箱,再将过车箱装载应过的车上,最后整理仍在车上的其他货箱。在进行车内整理作业时,要检查留于车内的集装箱的可见箱体和铅封的状态,以便划分责任。

(2)进行装载。

(3)中转作业完毕后对货车进行加封。

3. 中转作业后的整理工作

铁路集装箱中转的整理工作,是指中转作业结束后对中转工作质量的检查,同时也是下一次作业的开始。主要包括货运票据的整理,报表填记,复查中转作业完成的质量等。

铁路集装箱中转整理工作的作业程序是:

(1)整理复查货位。

(2)整理复查货运票据。

(3)填写集装箱中转登记簿和有关报表。

(4)移交货运票记、报表。

(5)整理集装箱中转计划表。

(6)准备下一次中转计划。

## 第四节 铁路集装箱运输货运程序

铁路集装箱的货运程序是指集装箱货物从接受、装车运送至卸车、交付整个过程的工作环节。

1. 集装箱承运日期表的确定

集装箱承运日期表是集装箱计划组织运输的重要手段，其作用在于使发货人明确装往某一方向或到站的装箱日期，有计划地安排货物装箱，以及准备短途搬运工具等。通过承运日期表，使路内外紧密配合，共同搞好集装箱货物的计划运输。

集装箱货物承运日期表的编制原则有：

(1)应根据先集装箱后普零、先方案后一般的原则，对货源进行分析，结合箱流规律确定装箱计划。

(2)根据货源和集装箱的装载量，以组织整装直达为原则。

(3)一般来说，旬内间隔以 5 天为宜，最大间隔期间不超过 7 天。

(4)有利于保证集装箱运输方案的组织兑现和车站取送车作业。

(5)在货流、箱流发生变化时，要及时进行调整。

2. 集装箱货物的接受

目前，大多数铁路车站的集装箱运输业务都采用由货运公司集中受理的形式，这种受理形式大致又分集装箱单独受理和集装箱、零担统一受理，它是在接受发货人的托运后，由货运公司审批运单。

铁路集装箱运输运单审批的方法是：

(1)随时受理。按装箱计划或承运日期表规定的日期，在货物运单上批注进箱(货)日期，然后将运单退还给发货人；

(2)随时受理。集中审批，由受理货运员根据货物运单，按去向、到站分别登记，待凑够一车集中一次审批，并由发货人取回运单。

集装箱运输业务的受理方式有：

(1)驻在受理。所谓驻在受理是指车站在货源比较稳定的工厂、工矿区设受理室，专门受理托运的集装箱货物。在货物运单受理后，批准进箱(货)日期，或由驻在货运员把受理的运单交货运室统一平衡，集中审批。

(2)电话受理。所谓电话受理是指车站货运室根据发货人电话登记托运的货物，统一集配，审批后用电话通知发货人进箱(货)日期，在进箱(货)同时，向货运室递交运单，审核后加盖进货日期戳记。

3. 货物运单的审核

受理货运员接到运单后，按有关规定逐项详细审核下列内容：

(1)托运的货物能否装载集装箱运输。

(2)所到站能否受理该吨位、种类、规格的集装箱。

(3)应注明的事项是否准确、完整。

(4)有关货物重量、件数、尺码等是否按规定填写。

4. 空箱发放

车站在发放空箱时，应认真检查箱子外表状况是否会影响货物的安全运输，而产生不应有的责任。

在发放空箱时应做到：

(1)发送货运员在接到运单后，应核实批准进箱日期，审核运单填写是否准确，并根据货物数量核对需要发放的空箱数，有不符时即应和受理货运员核实。

(2)对实行门到门运输的货物，应开具《集装箱门到门运输作业单》交发货人，填写集装箱门到门运输登记簿。

(3)会同发货人共同检查空箱箱体状态；发货人在《集装箱门到门运输作业单》上签字后，领取空箱。应注意的是，如发运员认为所领取的空箱不能保障货物安全运输时，发运员应予以更换，如无空箱更换时，发货人有权拒绝使用，如使用后发生货损行为，应由车站负责，除非空箱存在的缺陷是以一般手段无法从外表检查发现的。

(4)发送货运员有义务向发货人介绍箱子的内部尺寸、容积和货物积载法，这样不仅能充分利用箱容、载重量，而且能使货物牢固安全。

(5)货物装箱后，由发货人关闭箱门，并在规定的位置悬挂标签和加封。

(6)加封后，应将封志环节插入封盘落销。

5. 集装箱货物的接受和承运

发送货运员在接受集装箱货物时，必须对由发货人装载的集装箱货物逐箱进行检查，符合运输要求的才能接受承运。接受集装箱货物后，车站在货物运单上加盖站名。日期戳记，表明自此时货物已承运。所谓承运是指发货人将托运的集装箱货物移交铁路的开始，一直至到达站将货物交给收货人时止。

在接受所托运的集装箱货物时，发送货运员应做到：

(1)对由发货人装载的集装箱货物，应逐批、按箱检查箱门是否已关好，锁舌是否落槽，合格后在运单上批注货位号码。对门到门运输的集装箱货物还要核对是否卸入指定货位，然后在《集装箱门到门运输作业单》上签字，返还给发货人一份。

(2)以运单为依据，检查标签是否与运单记载一致，集装箱号码是否与运单记载相符，铅封号码是否正确。

(3)检查铅封的加封是否符合技术要求。

(4)检查箱体是否受损，如有损坏，应编制集装箱破损记录，如损坏系由于发货人过失所致，则要求发货人在破损记录上签章，以划分责任。检查时，如发生铅印失效、丢失、无法辨认站名、未按加封技术要求进行铅封，上述情况均由发货人负责恢复至正常状态。

(5)检查确认无误，车站便在货运单上签字，交发货人交款发票。

(6)对进行门到门运输的集装箱，还应补填集装箱门到门运输登记簿有关事项。

6. 装车

装车货运员在接到配装计划后到站确定装车顺序，装车的要求是：

(1)装车前，对车体、车门、车窗进行检查，是否过了检查期，有无运行限制，是否清洁等。

(2)装车时,装车货运员要做好监装,检查待装的箱子和货运票据是否相符、齐全、准确,并对箱体、铅封状态进行检查。

(3)装车后,要检查集装箱的装载情况,是否满足安全运送的要求,如使用棚车装载时还要加封。装车完毕后,要填写货车装载清单、货运票据,除一般内容的填写外,还应在装载清单上注明箱号,在货运票据上填写箱数总和,即包括货重和箱体自重。

7. 卸车

集装箱货物到达卸站后,即行卸车。卸车时应做到:

(1)做好卸车前的准备工作,首先要核对货运票据、装载清单等与货票是否相一致,然后确定卸车地点,并确定卸箱货位。

(2)卸车前,还应做好货运检查,检查箱子外表状况和铅封是否完整。

(3)开始卸车对棚车进行启封,做好监卸和卸货报告。如在卸车过程中发生破损应作出记录,以便划分责任。

(4)做好复查登记,要以货票对照标签(箱号、封号、在运单上注明箱子停放的货位号码),根据货票填写集装箱到达登记簿和卸货卡片。

8. 集装箱货物的支付

交货时,交箱货运员在接到转来的卸货卡片和有关单据后,认真做好与车号、封号、标签的核对工作,核对无误后通知装卸工组交货,并当面点交收货人。收货人在收到货物后应在有关单据上签章,并将签章的单据交付货运员,交货货运员在运单上加盖"交付讫"的戳记。对门到门运输的集装箱货物,应填写门到门运输作业单,并由收货人签收。对由收货人返回的空箱,应检查箱体状况,在门到门运输作业单上签章。

在操作集装箱货运程序的过程中,均应按照铁道部与交通部先后颁发了有关《铁路大型集装箱运输货物暂行规定》、《铁路集装箱联运协议》、《国际标准箱的运输条件和规定》等法规和规定执行。

## 第五节　铁路集装箱货物的交接责任

铁路集装箱运输虽然没有零担货物运输那样复杂,但就集装箱货物运输交接工作而言,却与零担货物运输同样重要。集装箱运输的交接环节是划分责任的界限,下面介绍铁路与发货人、收货人之间,以及铁路内部集装箱货运员之间的交接工作。

1. 铁路与发货人、收货人之间的交接

铁路与发货人、收货人之间(其中包括他们的代理人)的交接,主要是指集装箱的接收,交付两个作业环节,它直接关系到铁路与发货人、收货人之间的责任划分。

铁路集装箱的交接均应在铁路货场内进行,主要检查箱体状态,还要检查铅封。铁路集装箱启运时应由发货人将集装箱堆放在指定的货位上,关好箱门,并与发货人按批逐箱与货签核对,经检查接收完毕后,在运货单上加盖承运日期戳记即表明已接受承运，或承运已开始。铁路在交付集装箱时，则应根据收货人提交的货物运单或集装箱门到门运输作业单，与集装箱到达登记簿进行核对，然后到货场会同收货人按批逐箱进行检查对照，经确认无误后，将集装箱向收货人进行一次点交，并注销交货卡片，交付完毕，责任即告终止。

对进行门到门运输的空箱交接，经双方检查，确认箱体完好后，在集装箱门到门运输作业单上签字盖章办理交接手续。铁路与发货人、收货人在办理集装箱交接时遇有下列情况，应根据实际情况进行处理和划分责任：

2. 铁路货运员之间的交接

铁路货运员之间的交接系指：

(1)按同一工种因班次交替而进行的交接。

(2)是不同工种之间的工作交接。

对于上述两种交接，交接双方均应到现场实现对口交接。交者与接受者应采取以票对箱，或以箱对票的方法，按批逐箱进行检查，交接后双方在交接簿上签章，以分清责任、在交接过程中，如发现集装箱与货物运单记载的发站、到站、箱数、货名、发货人和收货人不符，以及铅封失效、丢失、箱体损坏危及货物安全等情况时，则应按《铁路货运事故处理规则》的有关规定进行处理。

3. 集装箱破损的责任划分及其记录的编制

集装箱的破损情况主要有箱子损坏和箱子破损。前者是指某一单位或个人的责任造成集装箱的临时修理、定期修理，而后者通常指箱子的全损或报废。

上述两种损害按其责任可分：

(1)发货人、收货人的过失责任。

(2)承运人的过失责任。

(3)第三者的过失责任。

(4)不可抗力、意外原因、自然灾害。

(5)铁路装卸工人的过失。

(6)铁路货运员的过失。

凡属于上述责任造成的损坏箱、破损箱，以及货主自己的集装箱在铁路运输过程中发生的破损，都由货运员按箱编制集装箱破损记录。这个记录是划分集装箱破损责任的重要依据，因此，记录中所记载的内容必须准确、明确、肯定、完整。

## 第六节　国际铁路集装箱货物联运

### 一、国际铁路集装箱货物联运的特点

国际铁路集装箱货物联运是指凡在跨及两个及两个以上国家铁路的货物运输

中，由参加国铁路共同使用一份运送票据，在由一国铁路向另一国铁路移交货物和车辆时，不需要收、发货人参加，并以连带责任办理货物的全程铁路运输，称为国际铁路集装箱货物联运，简称国际联运。

国际铁路联运的特点是：

(1)涉及面广。凡是办理国际联运，每运送一批货物都要涉及两个或两个以上国家，有时还要通过与《国际货协》有关的国家，向与《国际货协》无关的西北欧国家办理转发送，才能完成全程的运送工作，最后运到目的地。

(2)运输条件高。由于国际联运参加国多，涉及多个国家的铁路、车站和国境站，有时还有收转人参加，这就要求每批货物的运输条件如包装、转载、票据的编制、添附文件及车辆使用都要符合有关国际联运的规章、规定，否则将造成货损、货差、延迟交货等运输事故。

(3)运输时间短、成本低。国际铁路联运的始发站和最终目的站大多是内陆车站，或发、收货的铁路专用线。货物从发货人的专用线或就近的车站出发，直接到达收货人的专用线或就近的车站。对内陆收发货人来讲铁路运输时间比海运少，运输成本也比海运低。

## 二、国际铁路货物联运办理的种别

国际铁路货物联运办理种别分为整车、零担和大吨位集装箱。

整车铁路货物联运是指按一份运单托运的按其体积或种类需要单独车辆运送的货物。

零担铁路货物联运是指按一份运单托运的一批货物，重量不超过 5 000 kg，按其体积或种类不需要单独车辆运送的货物。但如有关铁路间另有商定条件，也可不适用国际货协整车和零担货物的规定。

大吨位集装箱铁路货物联运最指按一份运单托运的，用大吨集装箱运送的货物或空的大吨位集装箱。

## 三、国际铁路联运范围

国际铁路联运范围主要涉及：

(1)同参加国际货协和未参加国际货协但采用国际货协规定的铁路间的货物运送，铁路从发站以一份运送票据负责运送至最终到站交付给收货人。

(2)同未参加国际货协铁路间的货物运送，发货人在发送路用国际货协运送票据办理至参加国际货协的最后一个过境路的出口国境站，由该站站长或收货人、发货人委托的收转人转运至最终到站。

(3)通过过境铁路港口站的货物运送。从参加国际货协铁路的国家，通过参加国际货协的过境铁路港口，向其他国家(不论这些国家的铁路是否参加国际货协)或者相反方向运送货物时，用国际货协运送票据只能办理至过境铁路港口站或者从这个站起开始办理，由港口站的收转人办理转发送。

## 四、国际铁路货物联运计划的编制

国际铁路货物联运计划一般是指月度要车计划，它是对外贸易运输计划的组成部分，体现对外贸易国际铁路货物联运的具体任务，也是日常铁路联运工作的重要依据。

国际铁路货物联运月度要车计划采用"双轨（铁路、外贸）上报、双轨下达"的方法。

国际铁路货物联运计划的编制程序如下：

(1)各省、市、自治区发货单位应按当地铁路部门的规定，填制"国际铁路联运"月度要车计划表，向铁路局（车站）提出下月的要车计划，并在规定的时间内，分别报送当地经贸厅（局）和各主管总公司；

(2)各铁路局汇总发货单位的要车计划后，上报铁道部；各省、市、自治区经贸厅（局）和各进出口总公司在审核汇总所属单位的计划后，报送经贸部；

(3)经贸部汇总审核计划后，与铁道部平衡核定；

(4)月度要车计划经两部平衡核定，并经有关国家的铁道部门确认后，由经贸部将核准的结果通知各地经贸厅（局）和各进出口总公司，各地经贸厅（局）和各进出口总公司再分别转告所属发货单位；各铁路局（车站）将铁道部批准的月度要车计划分别通知发货单位。

凡发送整车货物，均需具备铁路部门批准的月度要车计划和旬度要车计划；零担货物，则不必向铁路部门编报月度要车计划，但发货人必须事先向发站办理托运手续。

## 五、国际铁路货物联运运单

国际铁路集装箱货物联运所涉及的运输单证主要有运单和运单的随附单据。

1. 国际货协运单

国际货协运单简称货协运单，是国际铁路货物联运运单中的一种。货协运单是由发送国铁路代表所有参加运送货物的各国铁路同发货人之间订立的运送契约。因此参加联运的各国铁路和发、收货人在货物运送中便具有了相应的权利和义务，它对铁路和发、收货人都具有法律效力。

2. 运单的随附单据

经国际铁路联运出口的货物通过国境站时，需要履行海关手续、商品检验、卫生检疫等法定手续，为此发货人必须将所需的文件附在运单上。这些文件主要有出口货物报关单、出口货物明细单，并根据货物性质的需要还可能有出口许可证、品质证明书、商品检验证书、植物检验证书或兽医证明书等。其他有关单据，则视合同的规定和货物不同要求而定。

在运单上所附的一切文件，应由发货人记入运单第 23 栏“发货人添附的文件”栏内，并牢固地附在运单上，随货物同行。

铁路没有义务检查发货人在运单一栏所添附的文件是否正确和是否齐全。

3. 运单的作用及组成

国际铁路货物联运运单是参加国际铁路货物联运的铁路与发货人、收货人之间缔结的运输合同。它体现了参加联运的各国铁路和发货人、收货人之间在货物运送上的权利、义务、责任和豁免，对铁路和发货人、收货人都具有法律效力。

国际铁路货物联运运单由下列各张组成：

1——运单正本；

2——运行报单；

3——运单副本；

4——货物交付单；

5——货物到达通知单。

此外，还有为发送路和过境路准备的必要份数的补充运行报单。

4. 联运运单的填写

运单正面未划粗线的各栏由发货人填写，现将发货人填写的各栏说明如下：

第 1 栏：发货人及其通信地址。

填写发货人的名称及其通信地址。发货人只能是一个自然人或法人。

由中国、朝鲜、越南发货时，准许填写这些国家规定的发货人及其通信地址的代号。

第 2 栏：合同号码。

填写出口单位和进口单位签订的供货合同号码。

第 3 栏：发站。

填写运价规程中所载发站全称。

第 4 栏：发货人的特别声明。

发货人可在该栏中填写自己的声明，例如关于对运单的修改及易腐货物的运送条件等。

第 5 栏：收货人及其通信地址。

注明收货人的名称及其通信地址，收货人只能是一个自然人或法人。从国际货协参加路向未参加国际货协的铁路发货而由站长办理转发送时，则在该栏填写“站长”。

第 6 栏：对铁路无约束效力的记载。

发货人可以对该批货物做出记载，该项记载仅作为对收货人的通知，铁路不承担任何义务和责任。

第 7 栏：通过的国境站。

注明货物应通过的发送路和过境路的出口国境站。如有可能从一个出口国境站通过邻国的几个进口国境站办理货物运送，则还应注明运送所要通过的进口国境站。根据发货人注明的通过国境站确定经路。

第 8 栏：到达路和到站。

在斜线之前，应注明到达路的简称，在斜线之后，应用印刷体字母（中文用正楷粗体字）注明运价规程上到站的全称。运往朝鲜的货物，还应注明到站的数字代号。运往非货协国的货物而由站长办理转发时，记载国际货协参加路最后过境路的出口国境站，并在该站站名后记载："由铁路继续办理转发送至____铁路____站"。

9-11 栏的一般说明。

填写 9-11 栏事项时，可不受各栏间竖线的严格限制。但是，有关货物事项的填写顺序，应严格符合各栏的排列次序。

第 9 栏：记号、标记、号码。

填写每件货物上的记号、标记和号码。货物如装在集装箱内，则还要填写集装箱号码。

第 10 栏：包装种类。

填写包装的具体种类，如纸箱、木桶等，不能笼统地填"箱"、"桶"，如用集装箱运输，则记载集装箱。

第 11 栏：货物名称。

货物名称应按国际货协规定填写，或按发送路或发送路和到达路现行的国内运价规程品名表的规定填写，但需注明货物的状态和特征；两国间的货物运送，可按两国商定的直通运价规程品名表中的名称填写。

在"货物名称"字样下面专设的栏内填写通用货物品名表规定的六位数字代码。

填写全部事项时，如篇幅不足，则应添附补充清单。

第 12 栏：件数。

注明一批货物的件数。

用敞车类货车运送不盖篷布或盖有篷布而未加封的货物，其总件数超过 100 件时，或运送仅按重量不按件数计的小型无包装制品时，注明"堆装"，不注件数。

第 13 栏：发货人确定的重量（公斤）。

注明货物的总重量。

第 14 栏：共计件数（大写）。

用大写填写第 12 栏中所记载的件数。

第 15 栏：共计重量（大写）。

用大写填写第 13 栏中所载的总重量。

第 16 栏：发货人签字。

发货人应签字证明列入运单中的所有事项正确无误。发货人的签字也可用印刷的方法或加盖戳记处理。

第 17 栏:互换托盘。

该栏内的记载事项,仅与互换托盘有关。

注明托盘互换办法,并分别注明平式托盘和箱式托盘的数量。

第 18 栏:种类、类型。

在发送集装箱货物时,应注明集装箱的种类和类型。

使用运送用具时,应注明该用具的种类。

第 19 栏:所属者及号码。

运送集装箱时,应注明集装箱所属记号和号码。

使用属于铁路的运送用具时,应注明运送用具所属记号和号码。使用不属于铁路的运送用具时,应注明大写字母“P”。

第 20 栏:发货人负担下列过境铁路的费用。

如发货人负担过境铁路运送费用,填写所负担过境铁路名称的简称。如发货人不负担任何一个过境铁路的运送费用,填写“无”字。

第 21 栏:办理种别。

办理种别分为:整车、零担,大吨位集装箱,并将不需要者划消。

第 22 栏:由何方装车。

发货人应在运单该栏内注明由谁装车,将不需要者划消。

第 23 栏:发货人添附的文件。

注明发货人在运单上添附的所有文件的名称和份数。

第 24 栏:货物的声明价格。

用大写注明以瑞士法郎表示的货物价格。

27-30 栏的一般说明。

用于记载使用车辆的事项,只有在运送整车货物时填写。至于各栏是由发货人填写还是由铁路车站填写,则视由何方装车而定。

第 45 栏:铅封个数和记号。

填写车辆或集装箱上施加的封印个数和所有记号。至于铅封的个数和记号,视由何方施封而由发货人或铁路车站填写。

第 48 栏:确定重量方法。

注明确定重量的方法,例如:“用轨道衡”、“按标准重量”、“按货件上标记重量”等。由发货人确定货物重量时,发货人应在该栏注明确定重量的方法。

## 六、国际铁路货物联运运费的计算和核收

国际铁路货物联运运送费用的计算和核收,必须遵循《国际货协》、《统一货价》和中华人民共和国铁道部《铁路货物运价规则》(简称《国内价规》)的规定。

联运货物运送费用包括货物运费、押运人乘车费、杂费和其他费用。

## 七、国际铁路货物联运的托运和承运

具有批准的出口运输计划是进行货物托运与承运的前提。托运与承运的过程实际就是铁路与发货人之间签订运输合同的过程。

货物的托运是发货人组织货物运输的一个重要环节。发货人在托运货物时，应向车站提出货物运单，以此作为货物托运的书面申请。车站接到运单后，应进行认真审核。

整车货物办理托运，车站应检查是否有批准的月度、旬度货物运输计划和要车计划，检查运单上的各项内容是否正确。如确认可以承运，应予签证。运单上的签证，表示货物应进入车站的日期或装车日期，表示铁路已受理托运。发货人应按签证指定的日期将货物搬入车站或指定的货位，铁路根据运单上的记载查对实货，认为符合国际货协和有关规章制度的规定，车站方可接受货物，并开始负保管责任。整车货物一般在装车完毕后，发站应在运单上加盖承运日期戳，即为承运。

发运零担货物与整车货物不同，发货人在托运时，不需要编制月度、旬度要车计划，凭运单直接向车站申请托运。车站受理托运后，发货人应按签证指定的日期将货物搬进货场，送到指定的货位上，经查验、过磅后，即交由铁路保管。当车站将发货人托运的货物，连同货物运单一同接受完毕，在货物运单上加盖承运日期戳时，即表示货物业已承运。铁路对承运后的零担货物负保管、装车和发运的责任。

托运、承运完毕，铁路运单作为运输合同即开始生效。铁路按《国际货协》的规定对货物负保管、装车并运送到指定目的地的一切责任。

## 八、国际铁路货物联运的交接

联运货物在装车发运后，紧接着就要考虑在国境站的交接问题。

1. 国境站有关机构

在相邻国家铁路的终点，从一国铁路向另一国铁路办理移交或接收货物和车辆的车站称为国境站。我国国境站除设有一般车站应设的机构外，还设有国际联运交接所、海关、国家出入境检验检疫所、边防检查站及中国对外贸易运输（集团）总公司所属的分支机构等单位。

2. 国际联运出口货物交接的一般程序

国境站除办理一般车站的事务外，还办理国际铁路联运货物、车辆和列车与邻国铁路的交接，货物的换装或更换轮对，运送票据、文件的翻译及货物运送费用的计算与复核等项工作。

国境站交接的一般程序是：

(1)国境站货运调度根据国内前方站列车到达预报，通知交接所和海关做好接车准备；

(2)货物列车进站后，铁路会同海关接车，并将列车随带的运送票据送交接所处理，货物及列车接受海关的监管和检查；

(3)交接所实行联合办公，由铁路、海关、外运等单位参加，并按照业务分工开展流水作业，协同工作。铁路主要负责整理、翻译运送票据，编制货物和车辆交接单，以此作为向邻国铁路办理货物和车辆交接的原始凭证。外运公司主要负责审核货运单证，纠正出口货物单证差错，处理错发错运事故。海关则根据申报，经查验单、证、货相符，符合国家法令及政策规定，即准予解除监督，验关放行。最后由双方铁路具体办理货物和车辆的交接手续，并签署交接证件。

以上仅是一般货物的交接过程。对于特殊货物的交接，如鲜活商品、易腐、超重、超限、危险品等货物，则按合同和有关协议规定，由贸易双方商定具体的交接方法和手续。属贸易双方自行交接的货物，国境站外运公司则以货运代理人的身份参加双方交接。如果在换装交接过程中需要鉴定货物品质和数量，应由国内发货单位或委托国境站商检所进行检质、检量，必要时邀请双方检验代表复验。外运分公司则按商检部门提供的检验结果，对外签署交接证件。属于需要随车押运的货物，国境站外运分公司应负责两国国境站间的押运工作，并按双方实际交接结果对外签署交接证件，作为货物交接凭证和货款结算的依据。

3. 有关联运货物交接中的几个问题

联运货物在交接中应关注几个问题：

(1)联运货物单证资料的审核。审核货物单证是国境站的一项重要工作，它对正确核放货物，纠正单证差错和错发错运事故，保证出口货物顺利交接具有重要意义。

在审核单证时，要以运单内容为依据，审查货物报关单、装箱单、商检证书等记载的内容和项目是否正确、齐全。如正确无误，则可核放货物，做到差错事故不出国。

货物单证经复核无误后，应将出口货物报关单、运单及其他随附单证送海关，作为向海关申报和海关审核放行的依据。

(2)办理报关、报验等法定手续。铁路联运货物报关，由发货人委托铁路在国境站办理。发货人在货物发运前，应填制出口货物报关单，作为向海关申报的主要依据。

铁路发站在承运货物后，即在货物报关单上加盖站戳，并与运单一起随货同行，以便国境车站向海关办理申报。

需办理检验检疫的货物，要向当地出入境检验检疫部门办理检验检疫手续，取得证书。

上述各种证书在发站托运货物时需连同运单、报关单一起随车同行，在国境站由海关执行监管，查证放行。

(3)联运货物的交接方式。货物交接可分为凭铅封交接和按实物交接两种情况。

凭铅封交接的货物，根据铅封的站名、号码或发货人简称进行交接。交接时应检查封印是否有效或丢失，印文内容、字迹是否清晰可辨，同交接单记载是否相符，车辆左、右侧铅封是否一致等，然后由双方铁路凭完整铅封办理货物交接手续。

按实物交接可分为只按货物重量、只按货物件数和按货物现状交接三种方式。

按货物重量交接的，如中朝两国铁路间使用敞车、平车和砂石车散装煤、石膏、焦炭、矿石、熟矾土等货物；按货物件数交接的，如中越两国铁路间用敞车类货车装载每批不超过100件的整车货物；按货物现状交接的，一般是难以查点件数的货物。

在办理货物交接时交付方必须编制"货物交接单"，没有编制交接单的货物，在国境站不得办理交接。

(4)联运事故的处理。联运货物在国境站换装交接时，如发现货物短少、残损、污染、湿损、被盗等事故，国境站外运分公司应会同铁路查明原因，分清责任，分别加以处理。

4. 国际联运出口货物的交付

国际联运出口货物抵达到站后，铁路应通知运单中所记载的收货人领取货物。在收货人付清运单中所记载的一切应付运送费用后，铁路必须将货物连同运单交付给收货人。收货人必须支付运送费用并领取货物。收货人只有在货物因毁损或腐坏而使质量发生变化，以致部分货物或全部货物不能按原用途使用时，才可以拒绝领取货物。收货人领取货物时，应在运行报单上填记货物领取日期，并加盖收货戳记。

**案例1——国际铁路联运运到期限的确定**

铁路承运货物后，应在最短期限内将货物运送至最终到站。货物从发站至到站所允许的最大限度的运送时间，即为货物运到期限。

货物运到期限由发送期间、运送期间以及特殊作业时间三部分组成。发送期间。不论慢运、快运，随旅客列车挂运的整车或大吨位集装箱、由货物列车挂运的整车或大吨位集装箱以及零担一律为一天(昼夜)，由发送路和到达站平分。

运送期间。按每一参加运送的铁路分别计算：

慢运：整车或大吨位集装箱每200运价公里为一天(昼夜)；零担每150运价公里为一天(昼夜)。

快运：整车或大吨位集装箱每320运价公里为一天(昼夜)；零担每200运价公里为一天(昼夜)。

挂旅客列车运送的整车或大吨位集装箱：每420运价公里为一天(昼夜)。

特殊作业时间。在国境站每次换装或更换轮对，或用轮渡运送车辆，不论慢运、快运、整车或大吨位集装箱、零担以及随旅客列车挂运的整车或大吨位集装箱，一律延长二天(昼夜)。

运送超限货物时，运到期限按算出的整天数延长百分之百。

以上货物运到期限，应从承运货物的次日零时起开始计算，不足一天按一天计算。如承运的货物在发送前需预先保管，运到期限则从货物指定装车的次日零时起开始计算。

在计算运到期限时，下列时间不计算在内：

①为履行海关规定和其他规章所需要的滞留时间；

②非因铁路过失而造成的暂时中断运输的时间；

③因变更运送契约而发生的滞留时间；

④因检查而发生的滞留时间(即检查货物同运单记载是否相符，或检查按特定条件运送的货物是否采取了预防措施，而在检查中确实发现不符时)；

⑤因牲畜饮水、溜放或兽医检查而造成的站内滞留时间；

⑥由于发货人的过失而造成多出重量的卸车、货物或其容器、包装的修整以及倒装或整理货物的装载所需的滞留时间；

⑦由于发货人或收货的过失而发生的其他滞留时间。

**案例 2——我国内地对香港地区铁路运输**

对香港地区铁路运输，不同于国际联运，也不同于一般的国内运输，而是一种特定的运输方式。它的全过程由两部分组成，即国内段铁路运输和港段铁路运输。货车到达深圳后，要过轨至香港，继续运送到九龙车站，我国铁路与香港铁路不办理直通联运，即“租车方式，两票运输”。

(一)运输特点

1. 商品结构的特殊性

在铁路运量中，鲜活商品运量占深圳过轨总运量的 50%。鲜活货物运输有特殊要求，如运送速度要求快，质量要求高，使用特种车辆，途中作业多。

2. 贸易方式的特殊性

对港澳地区的贸易方式不同于对其他国家的贸易。有相当数量的商品，特别是鲜活商品，是由我驻港机构根据香港市场的变化情况，随时进行调整。反映在运输上必然是计划多变，力争做到数量不多不少，时间不早不晚，优质、适量、均衡、及时供应香港市场。这就比一般国际铁路联运和外贸出口的运输要求高。

3. 运输方式的特殊性

对香港地区的铁路运输是一种特殊的租车方式的两票运输，按照国内运输办理，但又不同于国内运输。它的全过程是由国内段铁路运输和港段铁路运输两段组成，由中国对外贸易运输公司各地分支机构和香港中国旅行社联合组织。

4. 费用项目繁杂

由于对香港出口货物铁路原车过轨是“三段计费”，所以费用项目繁杂。共包括四部分：

(1)发站至广州北站的运费，铁路建设基金，电气化附加费及其他杂费。

(2)广州北站至深圳北站 147 km 的运费及加成 50%铁路建设基金等。

(3)深圳口岸的中转费(深圳北站到罗湖口岸)、调车费、装卸费及杂费、口岸代理劳务费等。

(4)香港段的运费及杂费，包括终点费、装卸费、延期费等和香港段代理劳务费。

(二)运输过程

1. 按铁路局规定，按时提出月度要车计划和旬度装车计划。

2. 发货地外运公司或外贸进出口公司填制铁路运单向车站办理至深圳北站的托运手续。按车站指定的进货日期，将货物送到车站指定的货位，并办妥出口报关手续。

3. 发货单位以出口物资工作单委托深圳外运分公司办理接货租车过轨等手续，装车后立即拍发起运电报。

4. 深圳外运分公司接到各发货地工作单和启动电报后，及时通知中旅社做好接车准备工作。

5. 发货地发车后，当地外运分公司与铁路局进行票据交换，并编制货车过轨计划，办理租车手续。

6. 货车到达后，深圳外运分公司与铁路局进行票据交换，并编制货车过轨计划，办理租车手续。

7. 中旅社向香港海关报关，并向广九铁路公司办理托运起票手续。

8. 货到香港后，由中旅社负责卸货并送交货主。如属去澳门货物，则发至广州，由广州外运公司办理中转手续，其他手续与对香港运输货物的手续相同。

(三)所使用的主要运输单证

1. 供港货物委托书

它是发货人委托深圳外运分公司和中旅社办理货物转运报关接货等的书面文件，也是被委托人的工作依据和核收运杂费的凭证。

2. 出口货物报关单

出口货物报关单是发货人向海关申报的依据。

3. 起运电报

深圳口岸和驻港机构接到起运电报后可以及时做好接运准备，必要时，还可以起运电报作为补制单证的依据，这是供港运输的必备文件。

发货人必须在货物装车后24小时内向深圳外运分公司拍发起运电报，如在广州附近装车，应以电话通知深圳外运。

4. 承运货物收据

由于国内铁路部门与香港特区九龙铁路当局没有货运直接同车运输协议，各地铁路发往香港的货物，不能一票直达至香港，银行不同意用国内铁路运单作为对外结汇的凭证。有鉴于此，为解决各外贸专业公司结汇的需要，各地外运分公司以运输承运人的身份向各外贸专业公司提供经深圳口岸中转至香港的“承运货物收据”，作为向银行结汇的重要凭证和香港收货人提货的凭证。

5. 根据出口货物性质，有时还要提供商检证书文物出口证明书许可证等证件。

## [思考题]

1. 铁路运输的特点是什么？
2. 铁路集装箱货源组织形式有几种？
3. 集装箱货物承运日期表的编制原则是什么？
4. 国际铁路集装箱货物联运的特点是什么？
5. 国际联运货物交接的一般程序是怎样的？

# 第十四章 航空集装箱运输

## 第一节 航空集装箱运输概述

1903 年 12 月美国莱特兄弟完成的首次飞行，实现了人类梦寐以求的翱翔蓝天的愿望。航空运输开始于第一次世界大战的后期，当时主要是进行航空邮件的传递。

航空运输的发展取决于许多因素。概括地说，可以分为外部因素和内部因素两种。外部因素主要指国民经济的发展，飞机燃油价的涨落；国际商业和贸易的发展，世界和地区的政治稳定，旅游业的发展等。内部因素主要指成本、运价、航线网和班次的安排、载运比、经营效率、机群选择、地面设施、国际间的协调和合作、减少盲目竞争等。

半个多世纪以来，航空运输之所以能迅速发展，是和其本身所具有的特点分不开的。与其他运输方式比较，它有以下特点：速度快、运输路程短、基本建设周期短、投资少、灵活性大、舒适。

至于安全，人们往往有一个错觉，以为空中飞行总不如在地面安全。其实不然。由于航空技术的发展，航空的安全性大大地提高了。各国和国际上对航空机的适航性要求很严格，对不符合适航要求的航空机不发给适航证，而没有适航证的航空机是不允许飞行的。

航空运输的主要缺点是机舱容积和载量都比较小，成本高，运价也比地面运输为高，而且在一定程度上还要受到气候条件的限制，从而影响运输的准确性与正常性。此外，它速度快的优点在短途运输中难以充分发挥。尽管从经济上看，空运成本高于其他运输方式的成本，但是全面衡量，不单纯从成本和运价考虑，航空运输在争得时间方向所取得的经济效益，应该说是更值得重视的。

时间的节约是最大的节约。对旅客来说，是节省了非生产时间。对货物运输来说，则是缩短了流通过程，加速了资金周转。

在民用航空运输发展过程中，国际航空货物运输虽然起步较晚，但发展极为迅速，这是与它所具备的许多特点分不的。

航空运输的特点是：

(1)运送速度快。现代喷气运输机时速一般都在 1 450 km/h 左右,协和式飞机时速可达 2 173 km/h。航空线路不受地面条件限制,一般可在两点间直线飞行,航程比地面短得多,而且运程越远,快速的特点就越显著。在"时间就是效益"的现代社会,节省时间就可以获得极大的企业效益和社会效益。

(2)安全准确。航空运输管理制度比较完善,航空法规的建制几乎随航空技术的发展同步进行。所以,货物运输的破损率低,被盗窃机会少,可保证运输质量,如使用空运集装箱,则更为安全。飞机航行有一定班期,世界各航空公司都十分重视正点率,把它视为影响企业发展的重要因素之一,可以保证货物按时到达。

(3)手续简便。航空运输为了体现其快捷便利的特点,为托运人提供了简便的托运手续,也可以由货运代理人上门取货,并为其办理一切运输手续。并可以通过货运代理人送货上门,实现"门到门"的运输服务,极大地方便托运人和收货人。

(4)节省包装、保险、利息和储存等费用。由于航空运输速度快,商品在途时间短,周期快,存货可相对减少,资金可迅速收回,从而大大节省贷款利息费用。加之航空货物运输中货损、货差较少,货物包装可以相对简化,从而可降低包装费用和保险费用。

(5)运价较高、载量有限、易受天气影响。与其他运输方式(特别是海运)相比,航空运输的不利之处也是明显的。由于技术要求高、运输成本大等原因,运价相对较高,例如从中国到美国西海岸,空运运价至少是海运运价的 10 倍以上;由于飞机本身载重、容积的限制,其货运量相对海运来说要少得多,如目前最常见的大型货机 B747-200F 型可载货 90 t,相比海运船舶几万吨、十几万吨的载重量要小得多;航空运输遇到大雨、大风、雾等恶劣天气,航班就不能得到有效保证,可能导致货物的延误及损失。

但是由于这种运输方式的优点突出,可弥补运费高的缺陷,加之保管制度完善,货损货差少,适于价值较高、运量小的货物运输。

**链接——国际航空运输协会**

国际航空运输协会(International Air Transport Association,IATA),简称"国际航协",是各国航空运输企业之间的联合组织,会员必须是国际民用航空组织的成员国颁发的定期航班运输许可证的航空公司。

国际航协的前身是六家航空公司参加的国际航空交通协会(International Air Traffic Association),负责处理航空公司之间的业务以及航空公司与其他方面的关系问题,现有近 300 多家航空公司组成,占据了现有国际班机运输 95%的市场份额。1944 年,当各国政府筹建国际民航组织之时,航空公司也开始建立他们新的组织——国际航空运输协会,同年 4 月在哈瓦那审议了该协会的章程,58 家航空公司签署了文件,1945 年 12 月 18 日,加拿大议会通过特别法令,通过给予法人地位。

国际航协的目标是调解有关商业飞行上的一些法律问题,简化和加速国际航线的客货运输,促进国际航空运输的安全和世界范围内航空运输事业的发展。

国际航协的具体任务是:

(1)设定实施分级联运,使一张票据可通行全世界。

(2)协议议定客货运段,防止彼此间的恶性竞争。

(3)协议制定各文书的标准格式,以节省人力和物力。

(4)协议规定运送人承运时在法律上应负的责任和义务。

(5)协议建立各种业务一定的作业程序。

(6)协议会员间相互利用装备,并提供新的技术知识。

(7)设置督察人员,以确保决议的切实执行。

(8)允许树立竞争,以保护会员公司的利益。

## 第二节 航空器与航空设备

### 一、航空器的种类

用于货物运输的航空器主要是指大型运输机。

1. 窄体飞机和宽体飞机

大型民用运输机按机身的宽窄可分为窄体飞机和宽体飞机。

窄体旅客运输机的机身宽约三米,旅客座位之间有一个走廊,这类飞机往往只在其下货舱装运散货(见图 14-1)。

宽体旅客运输机的机身较宽,客舱内有两条走廊,三排座椅,机身宽一般在 4.72 m 以上,这类飞机可以装运集装货物和散货(见图 14-2)。

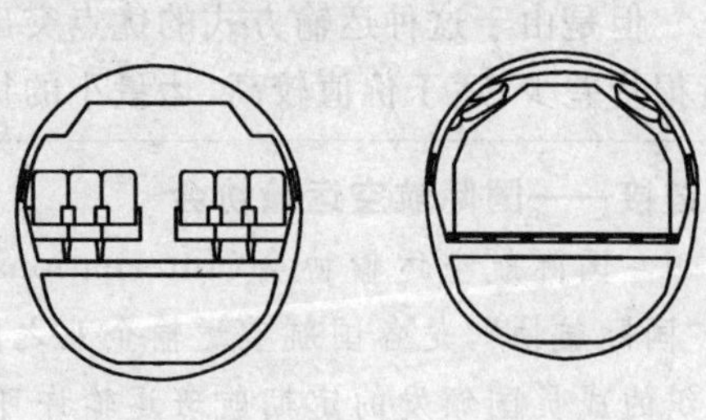

B737-300　　B737-200F

图 14-1　窄体旅客运输机的机身

2. 飞机的用途

按飞机的使用用途分类,民用运输机可分为:

(1)全货机。飞机的主舱及下舱全部载货。

(2)全客机。飞机的主舱用于载运旅客,只在飞机的下舱载货。

(3)客货混用机。在飞机的主舱前部设有旅客座椅,飞机的后部可装载货物,飞机的下舱内也可装载货物。

3. 民用航空运输飞机的舱位结构

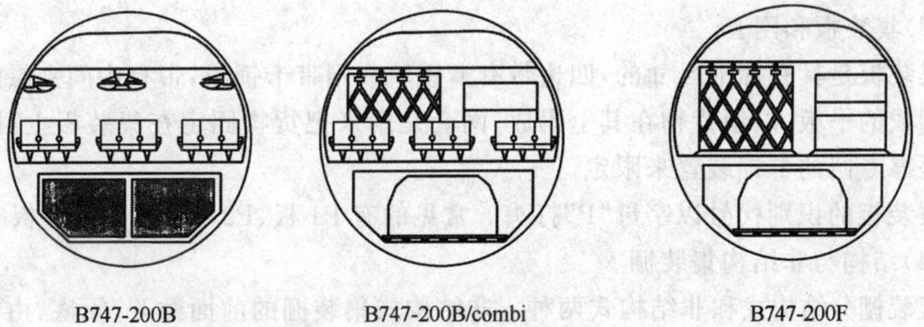


图 14-2　宽体旅客运输机的机身

一般地，民用航空运输飞机主要分为两种舱位：主舱和下舱。但像波音 747 这样的大型民用航空运输飞机分为三种舱位：上舱、主舱、下舱(见图 14-3 所示)。

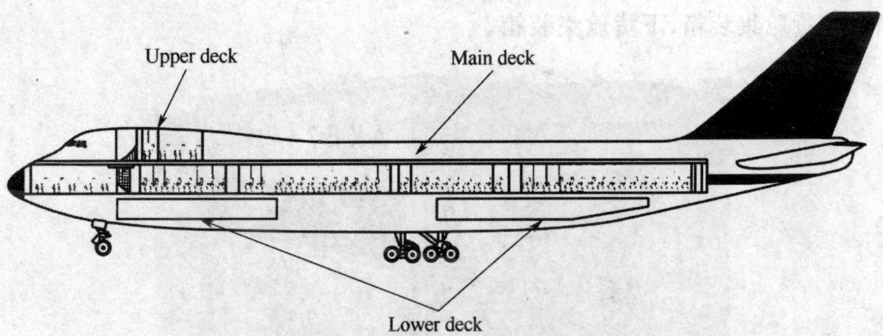


图 14-3　波音 747 舱位结构

## 二、航空运输设备

航空集装器的产生是在宽体飞机出现以后。为提高大批量货物的处理能力，人们认识到把小件货物集装成集装板、集装箱后作为大件货物运输是非常必要的。这些集装器可看作飞机结构中可移动的部件，使装卸更加简便。

装运集装器的飞机，其舱内应有固定集装器的设备用于把集装器固定于飞机上。

根据不同的分类标准，可以将集装器的种类划分为以下几种：

(1)注册的飞机集装器

注册的飞机集装器是国家政府有关部门授权集装器生产厂家生产的，适宜于飞机安全载运的，在其使用过程中不会对飞机的内部结构造成损害的集装器。

(2)非注册的飞机集装器

非注册的集装器是指未经有关部门授权生产的，未取得适航证书的集装器，非注册的集装器不能看作为飞机的一部分。因为它与飞机不匹配，一般不允许装入飞机的主货舱，但这种集装器的确适于地面的操作环境，它仅适合于某些特定机型的特定货舱，如 DPE 类的集装器仅适宜于如波音 767。

(3)集装板和网套

集装板是具有标准尺寸的，四边带有卡锁轨或网带卡锁眼，带有中间夹层的硬铝合金制成的平板，以便货物在其上码放；网套是用来把货物固定在集装板上，网套的固定是靠专门的卡锁装置来限定。

集装板的识别代号以字母"P"打头。常见的有 P1 板、P2 板、P6 板、P7 板等。

(4)结构与非结构集装棚

集装棚分结构式和非结构式两种。非结构式集装棚的前面敞开、无底，由玻璃纤维、金属、及其他适合的材料制成坚硬的外壳，这个外壳与飞机的集装板和网套一起使用。

结构式集装棚的外壳与集装板固定成一体，不需要网套固定货物。

(5)航空集装箱

航空集装箱(图 14-4)类似于结构集装棚。航空集装箱的类型主要有空陆联运集装箱、主货舱集装箱、下货舱集装箱。

图 14-4 航空集装箱

空陆联运集装箱长有 20ft 和 40ft 两种，高和宽均为 8ft。这种集装箱只能装于全货机或客机的主货舱，主要用于陆空、海空联运。

主货舱集装箱只能装于全货机或客机的主货舱，这种集装箱的高度是 163 cm 以上。

下货舱集装箱只能装于宽体飞机的下货舱。

此外，还有一些特殊用途的集装箱，例如：保温箱、汽车运输设备等。

## 第三节 航空运输管理与组织

为了适应不同贸易合同下的货物运输需要，也为了合理地利用飞机的运输能力并获得良好的营运经济效益，目前航空运输的营运方式可分为定期航班运输(班机运输)和不定期运输(租机运输)、包机运输、航空快递和集中托运等形式。

1. 定期航班运输

定期航班运输，又称班机运输或班期运输，是指航空公司将飞机按事先制订的航班时刻表，在特定航线的各既定起落站之间，经常性地为非特定的众多旅客和货主提供规则的、反复的运输服务，并按运价本或协议运价的规定计收运费的一种营运方式。

在运输繁忙时期，根据临时需要，在班期运输航班班次之外沿班期运输的航线增加航班飞行。这一类飞行，我们称为加班飞行，也称为“红眼航班”。定期飞行航班和同类性质的加班飞行航班统称为定期航班飞行。定期航班是民航运输的主要运输形式，是航空公司赖以生存的主要生产方式。因此，在衡量航空公司的生产水平时，总是以定期航班的运输周转量为主要生产指标。

用于班机运输的飞机主要是客货混载飞机，在搭载旅客的同时又运送小批量货物；但一些规模较大的航空公司除了运输旅客外，在一些货源比较充足的航线上也有使用全货机开辟定期货运航班。

随着运输业务的发展，航线、航班不断增加，班机运输必须按照一定的方法给各个航班编以不同的号码以便于区别，有利于业务上的处理。

班期时刻表是组织正常班机运输的依据。编制班期时刻表是一项复杂细致的工作，必须周密考虑主客观各方面的情况，对运输中相互关联的多种因素进行反复平衡。班期时刻表在一定意义上是经营管理水平和技术水平的反映。

我国制定的班期时刻表，一般在每年 4 月和 11 月更换。每次更换，最迟要在实行前 14 天对外公布。严格执行班期时刻表，是保证运输正常的首要条件，应当采取一切必要的措施，维持班机的正常飞行。如果因为气象等原因取消班期飞行，应当安排补班。遇班机延迟，有关经停站应当尽可能缩短飞机停留时间，争取完成当日飞行计划。除经过批准外，不许任意变更班机规定的经停站。

在国际班期运输中，班机运输采用固定航线和停靠港，定期开航，定点到达的运输管理模式。国际间货物流通采用班机运输方式可以使收发货人确切掌握货物起运和到达时间，保证货物安全、准时地成交。特别是对运送国际市场上的急需商品、行李、鲜活物、贵重物、电子器件等，效果十分明显。

由于班机运输大多使用客货混用机，而大多以客为主，舱位有限，尤其在旅游旺季，航空公司往往首先满足旅客的要求，有限的舱位更显得不足，不能满足大批量货物及时出运，只能是分期分批运输，使得班机在货物运输方面存在着很大的局限性。

2. 不定期航班运输

不定期运输，主要是不定期的包机运输，是相对于班机运输而言的另一种飞机营运方式，由于这种营运方式须在市场上寻求机会，没有固定的航线和挂靠港，也没有事先制订的航班时刻表和费率，当事人须在市场上通过洽谈运输条件，订立飞机租用合同来安排运输。

我国民航法第 98 条规定：公共航空运输企业从事不定期运输，应当经国务院民用航空主管部门批准，并不得影响航班运输的正常经营。

不定期航班运输的类型主要有包机运输等。

3. 包机运输

凡包用民航飞机，在民航固定航线上或者非固定航线上飞行，不论用以载运旅客、货物或客货兼载，均称为包机运输。包机运输是由租机人租用整架飞机或若干租机人联合包租一架飞机进行货运的物流方式。包机如往返使用，则价格较班机低，如单程使用则价格较班机为高。包机适合专运高价值货物。

包机运输的种类有：

(1)整架包机。整架包机即包租整架飞机，是指航空公司或包机代理公司，按照与租机人事先约定的条件与费率，将整架飞机出租给包机人，从一个或几个航空站装运货物到指定目的地的运输方式。这种方式适合运输大批量货载，运费比较低。但整架包机的租机人要在货物装运前一个月与航空公司联系，以便航空公司安排飞机运载和向起落机场及有关政府部门申请，办理入境、过境及有关手续。

(2)部分包机。部分包机有两种方式，一种是由几家航空货运代理公司或发货人联合包租整架飞机，另一种是由包机公司把整架飞机的舱位分租给几家航空货运代理公司。部分包机适合于不足整机但货量也较大(一般为一吨以上)的货物运送。

(3)包舱/板/箱运输。包舱、包集装箱(板)是定期航空货物运输的一种销售方式，它指托运人根据所运输的货物在一定时间内需要单独占用飞机部分或全部货舱、集装箱、集装板，而承运人需要采取专门措施予以保证。

包舱包板运输是航空包机运输中经常采用的方式，这无论对于航空公司还是代理人都是一个双赢的策略。

根据具体的双方协议和业务操作，又可分为固定包舱和非固定包舱两种：

① 固定包舱：托运人在承运人的航线上通过包板(舱)的方式运输时，托运人无论是否向承运人交付货物，都必须支付协议上规定的运费；

② 非固定包舱：托运人在承运人的航线上通过包板(舱)的方式运输时，托运人在航班起飞前72小时如果没有确定舱位，承运人则可以自由销售舱位，但承运人对代理人的包板(舱)的总量有一个控制。

4. 航空快递

航空快递是指具有独立法人资格的企业将进出境货物或物品从发件人所在地通过自身或代理的网络运达收件人一种快速运输方式，采用上述运输方式的进出境货物、物品叫快件。

航空快递业因其所运送的货物主要以文件和小包裹为主而区别于普通航空货运业务。

5. 集中托运

由于航空运价随着货物计费重量的增加而逐级递减，货物重量越重，航空货运代理人或集运商就可以从航空公司获取更加优惠的运价。因此，集中发运大批量货物的运营模式成为众多代理人追求的目标，因为这样就能从航空公司获取比其他竞争对手较低的运价。航空货运市场目前还是一个价格敏感度较强的市场，较低的价格意味着拥有较强的竞争优势，市场销售将会非常得力，会吸引更多的托运人发货，这样一来运送货物的总量会进一步增大，就能与航空公司谈到更加优惠的运价。这样良性循环，有利于航空货运代理人本身的生存和发展。

## 第四节 航空货运程序

### 一、航空货运出口程序

国际航空货物出口运输代理业务流程主要包含以下二十个环节：市场销售→委托运输→审核单证→预配舱→预订舱→接单→制单→接货→标签→配舱→订舱→出口报关→出仓单→提板箱→装板箱→签单→交接发运→航班跟踪→信息服务→费用结算，如图 14-5。

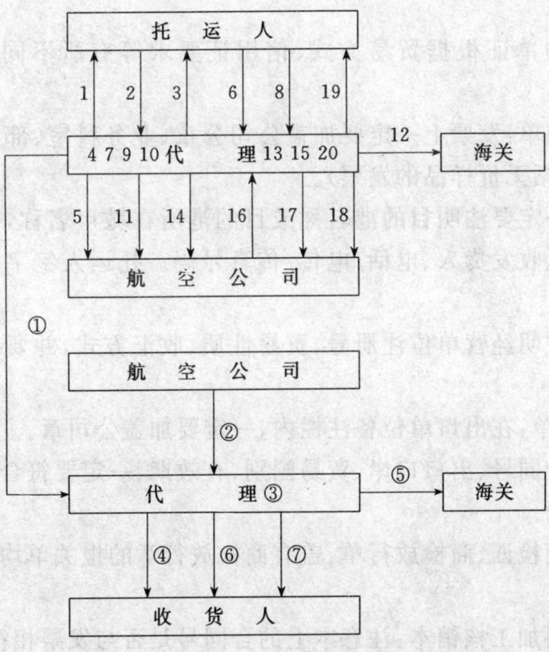


图 14-5 国际航空货物出口运输业务流程

1. 市场销售

通过一定的市场营销渠道和方法，航空货运代理公司与出口单位（发货人）就出口货物运输代理相关事宜达成意向后，可以向发货人提供所代理的有关航空公司的

“托运书”，用以“委托运输”环节。

2. 委托运输

发货人发货时，首先需填写托运书，并加盖公章，作为货主委托代理承办航空货运出口货物的依据。航空货运代理公司根据委托书要求办理出口手续，并据此结算费用。

因此，“国际货物托运书”是份重要的法律文件。

在接受托运人委托后，单证操作前，货运代理公司的指定人员对托运书进行审核或称之为合同评审。审核的主要内容：价格、航班日期。目前，各航空公司均采取自由销售方式，每家航空公司、每条航线、每个航班甚至每个目的港均有优惠运价，这种运价会因货源、淡旺季经常调整，而且各航空公司之间的优惠价也不尽相同。所以有时候更换航班，运价也随之更换。

货运单上显示的运价虽然与托运书上的运价有联系，但互相之间有很大区别。货运单上显示的是 TACT 上公布的适用运价和费率，托运书上显示的是航空公司优惠价加上杂费和服务费或使用协议价格。托运书的价格审核就是判断其价格是否能被接受，预订航班是否可行。审核人员必须在托运书上签名和日期以示确认。

3. 审核单证

所需要审核的单证根据贸易方式、信用证要求等有所不同，主要包括以下单证：

(1)发票、装箱单：发票上一定要加盖公司公章(业务科室、部门章无效)，标名价格术语和货价(包括无价样品的发票)。

(2)托运书：一定要注明目的港名称或目的港所在城市名称，明确运费预付或运费到付、货物毛重、收发货人、电话/电传/传真号码。托运人签字处一定要有托运人签名。

(3)报关单：注明经营单位注册号、贸易性质、收汇方式，并要求在申报单位处加盖公章。

(4)外汇核销单：在出口单位备注栏内，一定要加盖公司章。

(5)许可证：合同号、出口口岸、贸易国别、有效期、一定要符合要求与其他单据相符。

(6)商检证：商检证、商检放行单、盖有商检放行章的报关单均可。商检证上应有海关放行联字样。

(7)进料/来料加工核销本：注意本上的合同号是否与发票相符。

(8)索赔/返修协议：要求提供正本，要求合同双方盖章，外方没章时，可以签字。

(9)到付保函：凡到付运费的货物，发货人都应提供。

(10)关封。

4. 预配舱

代理人汇总所接受的委托和客户的预报，并输入电脑，计算出各航线的件数、重量、体积，按照客户的要求和货物重报情况，根据各航空公司不同机型对不同板箱的重量和高度要求，制定预配舱方案，并对每票货配上运单号。

5. 预订舱

代理人根据所指定的预配舱方案，按航班、日期打印出总运单号、件数、重量、体积，向航空公司预订舱。这一环节称之为预订舱，是因为此时货物可能还没有入仓库，预报和实际的件数、重量、体积等都会有差别，这些留待配舱时再作调整。

6. 接受单证

接受托运人或其代理人送交的已经审核确认的托运书及报关单证和收货凭证。将电脑中的收货记录与收货凭证核对。制作操作交接单，填上所收到的各种报关单证份数，给每份交接单配一份总运单或分运单。将制作好的交接单、配好的总运单或分运单、报关单证移交制单。如此时货未到或未全到，可以按照托运书上的数据填入交接单并注明，货物到齐后再进行修改。

7. 填制货运单

填制航空货运单，是指依据发货人提供的国际货物托运书，逐项填制航空货运单的相应栏目。填制航空货运单是空运出口业务中最重要的环节，货运单填写的准确与否直接关系到货物能否及时、准确地运达目的地。航空货运单是发货人收结汇的主要有效凭证。因此运单的填写必须详细、准确、严格符合单货一致、单单一致的要求。

填制货运单，包括主运单和分运单两种。所托运货物，如果是直接发给国外收货人的单票托运货物，填开航空公司运单即可。如果货物属于以国外代理人为收货人的集中托运货物，必须先为每票货物填开航空货运代理公司的分运单；然后再填开航空公司的主运单，以便国外代理对总运单下的各票货物进行分拨。

最后制作《空运出口业务日报表》供制作标签用。

8. 接受货物

接受货物，是指航空货运代理公司把即将发运的货物从发货人手中接过来并运送到自己的仓库。

接受货物一般与接单同时进行。对于通过空运或铁路从内地运往出境地的出口货物，货运代理按照发货人提供的运单号、航班号及接货地点接货日期，代其提取货物。如货物已在始发地办理了出口海关手续，发货人应同时提供始发地海关的关封。

9. 标记和标签

标记和标签的要求是：

(1)标记要求。在货物外包装上由托运人书写的有关事项和记号(见图 2-2)，其内容主要是托运人、收货人的姓名、地址、联系电话、传真；合同号等；操作(运输)注意事项(例如,不要曝晒 Don't Expose to Excessive Sunlight、防潮 Keep Dry、小心轻放 Handle With Care 等);单件超过 150 kg 的货物。

(2)标签要求。标签有识别标签、特种货物标签、操作标签、航空公司标签、分标签等不同种类。凡出具分运单的货物都要制作分标签,填制分运单号码和货物到达城市或机场的三字代码。一件货物贴一张航空公司标签,有分运单的货物,每件再贴一张分标签。

10. 配舱

配舱时,需运出的货物都已入库。这时需要核对货物的实际件数、重量、体积与托运书上预报数量的差别。对预订舱位、板箱的有效领用、合理搭配,按照各航班机型、板箱型号、高度、数量进行配载。同时,对于货物晚到、未到情况以及未能顺利通关放行的货物做出调整处理,为制作出仓单做准备。实际上,这一过程一直延续到单、货交接给航空公司后才完毕。

11. 订舱

订舱,就是将所接收空运货物向航空公司申请并预订舱位。

货物订舱需根据发货人的要求和货物标识的特点而定。一般来说,大宗货物、紧急物资、鲜活易腐物品、危险品、贵重物品等,必须预订舱位。非紧急的零散货物,可以不预订舱位。

订舱的具体做法和基本步骤是:接到发货人的发货预报后,向航空公司吨控部门领取并填写订舱单(Cargo Booking Advance,CBA),同时提供货物的名称、体积(必要时提供单件尺寸)、重量、件数、目的地、要求出运的时间、其他运输要求(温度、装卸要求、货物到达目的地时限等)等相应的信息。订舱后,航空公司签发舱位确认书,同时给予装货集装器领取凭证,以表示舱位订妥。

预订的舱位有时会由于货物原因、单证原因、海关原因使得最终舱位不够或者空舱,此类情况需要综合考虑和有预见性等经验,尽量减少此类事情发生,并且在事情发生后作及时必要的调整和补救措施。

12. 出口报关

出口报关,是指发货人或其代理人在货物发运前,向出境地海关办理货物出口手续的过程。

出口报关的基本程序是:首先将发货人提供的出口货物报关单的各项内容输入电脑,即电脑预录入;在通过电脑填制的报关单上加盖报关单位的报关专用章;然后将报关单与有关的发票、装箱单和货运单综合在一起,并根据需要随附有关的证明文件;以上报关单证齐全后,由持有报关证的报关员正式向海关申报;海关审核无误后,海关官员即在用于发运的运单正本上加盖放行章,同时在出口收汇核销单和出口报关单上加盖放行章,在发货人用于产品退税的单证上加盖验讫章,粘上防伪标志;完成出口报关手续。

出运修理件、更换件时，需留取海关报关单，以备以后进口报关用。

出口货物根据动卫检部门的规定和货物种类，还会填制相应的动、卫签单。非动植物及其制品类，要求填制《卫检申报单》，加盖卫检放行章。动植物类货物除《卫检申报单》外，还需《动植检报验单》并加盖放行章。

化工类产品须到指定地点检验证明是否适合空运。而不同的出口货物亦有各种规定和限制。

13. 出仓单

配舱方案制定后就可着手编制出仓单，主要内容有出仓单的日期、承运航班的日期、装载板箱形式及数量、货物进仓顺序编号、总运单号、件数、重量、体积、目的地三字代码和备注等。

出仓单交给出口仓库，用于出库计划，出库时点数并向装板箱交接。出仓单交给装板箱环节用于向出口仓库提货的依据。出仓单交给货物的交接环节用于从装板箱环节收货凭证和制作《国际货物交接清单》的依据，该清单用于向航空公司交接货物。出仓单还可用于外拼箱。出仓单交给报关环节，当报关有问题时，可有针对性反馈，以采取相应措施。

14. 提板箱

订妥舱位后，航空公司吨控部门将根据货量出具发放“航空集装箱、板”凭证，货运代理公司凭此向航空公司箱板管理部门领取与订舱货量相应的集装板、集装箱并办理相应的手续。

提板、箱时，应领取相应的塑料薄膜和网。对所使用的板、箱要登记、销号。

15. 装板箱

除特殊情况外，航空货运均是以“集装箱”、“集装板”形式装运。

通常，航空货运代理公司将体积为 2 $m^3$ 以下货物作为小货交与航空公司拼装，大于 2 $m^3$ 的大宗货或集中托运拼装货，一般均由货运代理自己装板装箱。

大宗货物、集中托运货物可以在货运代理公司自己的仓库、场地、货棚装板、装箱，亦可在航空公司指定的场地装板、装箱。

16. 签单

货运单在盖好海关放行章后还需到航空公司签单。主要是审核运价使用是否正确以及货物的性质是否适合空运，例如危险品等是否已办了相应的证明和手续。航空公司的地面代理规定，只有签单确认后才允许将单、货交给航空公司。

17. 交接发运

交接是向航空公司交单交货，由航空公司安排航空运输。

交单就是将随机单据和应有承运人留存的单据交给航空公司。随机单据包括第二联航空运单正本、发票、装箱单、产地证明、品质鉴定书等等。

交货即把与单据相符的货物交给航空公司。交货之前必须粘贴或拴挂货物标签，清点和核对货物，填制货物交接清单。大宗货、集中托运货，以整板、整箱称重交接。零散小货按票称重、计件交接。航空公司审单验货后，在交接签单上验收，将货物存入出口仓库，单据交吨控部门，以备配舱。

18. 航班跟踪

单、货交接给航空公司后，航空公司会因种种原因，例如航班取消、延误、溢载、故障、改机型、错运、倒垛或装板不符规定等，而是使得货物未能按预定时间运出。所以货主或其代理从单、货交给航空公司后就需对航班、货物进行跟踪。对于需要联程中转的货物，在货物出运后，要求航空公司提供二、三程航班中转信息。有些货物事先已预订了二、三程，也还需要确认中转情况。有时需直接发传真或电话与航空公司的海外办事处联系货物中转情况。

19. 信息服务

物流和信息流是密不可分的，二者是同步进行的。在出口货运操作的整个过程中，航空货运代理公司应将订舱信息、审单及报关信息、仓库收货信息、交运称重信息、一程及二程航班信息、集中托运信息以及单证信息等及时地传递给货主，做好沟通和协调工作。

20. 费用结算

在出口货运操作中，货运代理公司要同发货人、承运人和国外代理人等三方面进行费用结算。货代与发货人结算费用主要是与付运费、地面运输费和各种服务费、手续费；与承运人结算费用主要是航空运费、代理费及代理佣金；与国外代理人结算主要涉及到付运费和利润分成。

到付运费实际上是发货方的航空货运代理为收货人垫付的，因此收货方的航空货运代理公司在将货物移交收货人时，应收回到付运费并将有关款项退还发货方的货运代理。同时发货方的货运代理应将代理佣金的一部分分给其收货地的货运代理。

由于航空货运代理公司之间存在长期的互为代理协议，因此与国外代理的费用结算一般不采取一票一结的办法，而采取应收应付相互抵消、在一定期限内以清单冲账的办法。

## 二、航空货运进口程序

航空货运进口业务是指对于货物从入境到提取或转运整个流程的各个环节所需办理的手续及准备相关单证的全过程。

1. 代理预报

在出口国发货之前，由始发地代理公司将运单、航班、件数、重量、品名、实际收货人及其地址、联系电话等内容通过传真或 E-mail 发给目的地代理公司，这一过程被称为预报。

进口国代理收到预报后，应及时做好接货前的所有准备工作，同时特别注意以下问题：

(1)中转航班。中转点航班的延误会使实际到达时间和预报时间出现差异。

(2)分批货物。从国外一次性运来的货物在国内中转时，由于国内载量的限制，往往采用分批的方式运输。

2. 交接单证和货物

航空货物入境时，与货物相关的单据(运单、发票、装箱单等)也随机到达，运输工具及货物处于海关监管之下。

货物卸下后，将货物存入航空公司或机场的监管仓库，进行进口货物舱单录入，将舱单上总运单号、收货人、始发站、目的站、件数、重量、货物品名、航班号等信息通过电脑传输给海关留存，供报关用。

同时根据运单上的收货人及地址寄发取单、提货通知。若运单上收货人或通知人为某航空货运代理公司，则把运输单据及与之相关的货物交给该航空货运代理公司。

航空公司的地面代理向货运代理公司交接的主要有国际货物交接清单；总运单、随机文件；货物。双方交接时要做到单、单核对，即交接清单与总运单核对；单、货核对，即交接清单与货物核对。

另外还需注意分批货物，做好空运进口分批货物登记表。

航空货运代理公司在与航空公司办理交接手续时，应根据运单及交接清单核对实际货物，若存在有单无货或有货无单的情况，均应在交接清单上注明，以便航空公司组织查询并通知入境地海关。

发现货物短缺，破损或其他异常情况，应向民航索要商务事故记录，作为实际收货人交涉索赔事宜的依据。

3. 理货与仓储

货运代理公司自航空公司接货后，即短途驳运进自己的监管仓库，组织理货及仓储。

4. 理单与到货通知

理单作业包括：

(1)集中托运，总运单项下拆单。

(2)分类理单和编号。分类理单的同时，须将各票总运单、分运单编上各航空货运代理公司自己设定的编号，以便内部操作及客户查询。

(3)编配各类单证。理单人员应将总运单、分运单与随机单证、国外代理先期寄达的单证(发票装箱单、合同副本、装卸、运送指示等)、国内货主或经营到货单位预先交达的各类单证进行逐单审核、编配。经审核、编配，凡单证齐全、符合报关条件的即转入制单、报关程序。否则，应与货主联系，催齐单证，使之符合报关条件。

到货通知操作时要求：

(1)发出到货通知的及时性要求。从航空运输的时效出发，同时也为了减少货主仓储费、避免海关滞报金，货物到达目的港后，应尽早、尽快、尽妥地通知货主到货情况，提请货主配齐有关单证，尽快报关。

(2)到货通知的内容准确。

5. 制单、报关

制单指按海关要求，依据运单、发票、装箱单及证明货物合法进口的有关批准文件，制作“进口货物报关单”。

进口报关是进口运输中关键的环节。报关程序大致可分为初审、审单、征税、验放四个主要环节。

6. 收费、发货

货运代理公司仓库在发放货物前，一般先将费用收妥。收费内容有：

(1)到付运费及垫付佣金；

(2)单证、报关费；

(3)仓储费(含冷藏、冷冻、危险品、贵重品特殊仓储费)；

(4)装卸、铲车费；

(5)航空公司到港仓储费；

(6)海关预录入、动植检，卫检报验等代收代付费用；

(7)关税及垫付佣金。

除了每次结清提货的货主外，经常性的货主可与货运代理公司签订财务付费协议，实施先提货，后付款，按月结账的付费方法。

办完报关、报验等进口手续后，货主须凭盖有海关放行章、动植物报验章、卫生检疫报验章(进口药品须有药品检验合格章)的进口提货单到所属监管仓库付费提货。

仓库发货时，须检验提货单据上各类报关，报验章是否齐全，并登记提货人的单位、姓名、身份证号以确保发货安全。

保管员发货时，须再次检查货物外包装情况，遇有破损、短缺，应向货主做出交代。

发货时，应协助货主装车，尤其遇有货物超大超重，件数较多的情况，应指导货主(或提货人)合理安全装车，以提高运输效率，保障运输安全。

7. 送货与转运

出于多种因素(或考虑便利，或考虑节省费用，或考虑运力所限)，许多货主或国外发货人要求将进口到达货由货运代理报关、垫税，提货后运输到直接收货人手中。货运代理公司在代理客户制单、报关、垫税、提货、运输的一揽子服务中，由于工作熟练，衔接紧密，服务到位，因而受到货主的欢迎。

# 第五节　航空货运单证

## 一、托 运 书

托运书是托运人用于委托承运人或其代理人填开航空货运单的一种表单，表单上列有填制货运单所需各项内容，并应印有授权于承运人或其代理人代其在货运单上签字的文字说明。

托运书的内容和货运单基本相似，它的编制要求却不如货运单严格。因此，了解托运书编制的相关内容有助于我们掌握货运单的编制。图 14-6 为托运书样张。

航空托运书的内容主要有：

(1)托运人(Shipper's Name and Address)。填列托运人的全称、街名、城市名称、国家名称及便于联系的电话、电传或传真号码。

(2)收货人(Consignee's Name and Address)。填列收货人的全称、街名、城市名称、国家名称(特别是在不同国家内有相同城市名称时，更应注意填上国名)以及电话号、电传号或传真号，本栏内不得填写“to order”或“to order of the shipper”等字样，因为航空货运单不能转让。

(3)始发站机场(Airport of Departure)。填始发站机场的全称。

(4)目的地机场(Airport of Destination)。填目的地机场(机场名称不明确时，可填城市名称)，如果某一城市名称用于一个以上国家时，应加上国名。例如：LONDON UK；LONDON KY US；LONDON CA。

(5)要求的路线/申请订舱(Requested Routing/Requested Booking)。本栏用于航空公司安排运输路线时使用，但如果托运人有特别要求时，也可填入本栏。

(6)供运输用的声明价值(Declared Value for Carriage)。填列供运输用的声明价值金额，该价值即为承运人赔偿责任的限额。承运人按有关规定向托运人收取声明价值费。但如果所交运的货物毛重每公斤不超过 20 美元(或等值货币)，无需填写声明价值金额，可在本栏内填人“NVD”(No Value Declared，未声明价值)，如本栏空着未填写时，承运人或其代理人可视为货物未声明价值。

(7)供海关用的声明价值(Declared Value for Customs)。国际货物通常要受到目的站海关的检查，海关根据此栏所填数额征税。

(8)保险金额(Insurance Amount Requested)。中国民航各空运企业暂未开展国际航空运输代保险业务，本栏可空着不填。

(9)处理事项(Handling Information)。填列附加的处理要求。例如：另请通知(Also Notify)，除填收货人之外，如托运人还希望在货物到达的同时通知他人，应另填写通知人的全名和地址；外包装上的标记；操作要求，如易碎、向上等等。

**SHIPPER'S LETTER OF INSTRUCTION**

| SHIPPER NAME AND ADDRESS | SHIPPERS ACCOUNT NUMBER | FOR CARRIAGE USE ONLY |
|---|---|---|
| CHINA INDUSTRY CORP., BEIJING.<br>P. R. CHINA<br>TEL:86(10)64596666 FAX: 86 (10)64598888 | | FLIGHT/DAY FLIGHT/DAY<br>CA921/30 JUL |
| CONSIGNEE NAME AND ADDRESS | CONSIGNEE ACCOUNT NUMBER | BOOKED |
| OSAKA SPORT IMPORTERS, OSAKA, JAPAN<br>TEL: 78789999 | | CHARGES<br>CHARGES PREPAID |
| ISSUING CARRIERS AGENT NAME AND CITY<br>KUNDA AIR FREIGHT CO., LTD | | ALSO NOTIFY |
| AIRPORT OF DEPARTURE<br>CAPITAL INTERNATIONAL AIRRPORT | | |
| AIRPORT OF DESTINATION<br>NARITA | | |

| SHIPPER DECLARED VALUE | | AMOUNT OF INSURANCE | DOCUMENT TO ACCOMPANY AIR WAYBILL |
|---|---|---|---|
| FOR CARRIAGE | FOR CUSTOMS | | |
| NVD | NCV | XXX | 1 COMMERCIAL INVOICE |

HANDLING INFORMATION (INCL. METHOD OF PACKING IDENTIFYING AND NUMBERS)

KEEP UPSIDE

| NO. OF PACKAGES | ACTUAL GROSS WEIGHT (KG.) | RATE CLASS | CHARGEABLE WEIGHT | RATE/CHARGE | NATURE AND QUANTITY OF GOODS (INCL. DIMENSIONS OR VOLUME) |
|---|---|---|---|---|---|
| 4 | 89.8 | | | | TOYS<br>DIMS: EACH 70×47×35CM×4 |

THE SHIPPER CERTIFIES THAT THE PARTICULARS ON THE FACE HEREOF ARE CORRECT AND AGREES TO THE CONDITIONS OF CARRIAGE OF THE CARRIER

SIGNATURE OF SHIPPER DATE AGENT DATE

图 14-6 航空托运书

(10)货运单所附文件(Documentation to Accompany Air Waybill)。填列随附在货运单上运往目的地的文件,应填上所附文件的名称。例如:托运人所托运的动物证明书(Shipper's Certification for Live Animals)。

(11)件数和包装方式(Number and Kind of Packages)。填列该批货物的总件数,并注明其包装方法。例如:包裹(Package)、纸板盒(Carton)、盒(Case)、板条箱(Crate)、袋(Bag)、卷(Roll)等。如货物没有包装时,就注明为散装(Loose)。

(12)实际毛重(Actual Gross Weight)。本栏内的重量应由承运人或其代理人在称重后填入。如托运人已填上重量,承运人或其代理人必须进行复核。

(13)运价类别(Rate Class)。所适用的运价、协议价、杂费、服务费。

(14)计费重量(Chargeable Weight)。本栏内的计费重量应由承运人或其代理人在量过货物的尺寸(以厘米为单位)后,由承运人或其代理人算出计费重量后填入,如托运人已经填上,承运人或其代理人必须进行复核。

(15)费率(Rate/Charge)。本栏可空着不填。

(16)货物的品名及数量(包括尺寸或体积)(Nature and Quantity of Goods (Incl. Dimensions or Volume))。填列货物的品名和数量(包括尺寸或体积)。危险品应填写适用的准确名称及标贴的级别。

(17)托运人签字(Signature of Shipper)。托运人必须在本栏内签字。

(18)日期(Date)。填托运人或其代理人交货的日期。

## 二、航空货运单

《华沙公约》、其他国际条约和我国《民航法》均没有设定航空货运单的定义。《华沙公约》第11条第1款规定:“在没有相反的证据时,航空货运单是订立契约、接受货物和承运条件的证明。”我国《民航法》第118条规定:“航空货运单是航空货物运输合同订立和运输条件以及承运人接受货物的初步证据”。

一般来说,航空货运单是由托运人或者以托运人的名义填制的,托运人和承运人之间在承运人的航线上运输货物所订立的运输合同的证明。航空货运单由承运人制定,托运人在托运货物时要按照承运人的要求进行填制,经承运人确认后,航空货物运输合同即告成立。

航空货运单既可用于单一种类的货物运输,也可用于不同种类货物的集合运输。既可用于单程货物运输,也可用于联程货物运输。

### 1. 航空货运单的结构

目前国际上使用的航空货运单少的有9联,多的有14联。我国国际航空货运单一般由一式12联组成,包括3联正本,6联副本和6联额外副本。

正本单证具有同等的法律效力,副本单证仅是为了运输使用方便。航空货运单的3份正本,第一份注明“交承运人”,由托运人签字、盖章;第二份注明“交货人”,由托运人和承运人签字、盖章;第三份由承运人在接受货物后签字、盖章,交给托运人,作为托运货物及货物预付运费时运费的收据,同时也是托运人与承运人之间签订的具有法律效力的运输文件。

航空货运单各联的分发如下表14-1。

**表14-1 航空货运单各联的结构**

| 序 号 | 名称及分发对象 | | 颜 色 |
|---|---|---|---|
| A | Original 3 | (正本3,给托运人) | 浅蓝色 |
| B | Copy 9 | (副本9,给代理人) | 白色 |
| C | Original 1 | (正本1,交出票航空公司) | 浅绿色 |
| D | Original 2 | (正本2,给收货人) | 粉红色 |
| E | Copy 4 | (副本4,提取货物收据) | 浅黄色 |
| F | Copy 5 | (副本5,给目的地机场) | 白色 |
| G | Copy 6 | (副本6,给第三承运人) | 白色 |
| H | Copy 7 | (副本7,给第二承运人) | 白色 |
| I | Copy 8 | (副本8,给第一承运人) | 白色 |
| J | Extra copy | (额外副本,供承运人使用) | 白色 |
| K | Extra copy | (额外副本,供承运人使用) | 白色 |
| L | Extra copy | (额外副本,供承运人使用) | 白色 |

2. 航空货运单的种类

航空货运单的种类主要有:

(1)航空公司货运单和中性货运单。航空公司货运单是指印有出票航空公司(Issuing Carrier)标志(航徽、代码等)的航空货运单。中性货运单(Neutral Air Waybill)是指无承运人任何标志、供代理人使用的航空货运单。

(2)主运单和分运单。这是根据航空货运单的签发人不同来划分的航空运单。

代理人在进行集中托运货物时,首先从各个托运人处收取货物,在收取货物时,需要给托运人一个凭证,这个凭证就是分运单(House Air Waybill)(见图14-7),它表明托运人把货物交给了代理人,代理人收到了托运人的货物,所以分运单就是代理人与发货人交接货物的凭证,代理人可自己颁布分运单,不受到航空公司的限制,但通常的格式还按照航空公司主运单来制作。在分运单中,托运人栏和收货人栏都是真正的托运人和收货人。

代理人在收取货物之后,进行集中托运,需要把来自不同托运人的货物集中到一起,交给航空公司,代理人和航空公司之间就需要一个凭证,这个凭证就是主运单(Master Air Waybill)(见图14-8)。航空主运单对于代理人和航空公司都非常重要,因为它承载了货物的最主要信息,货物运输的过程就是信息流的过程,信息流保证了

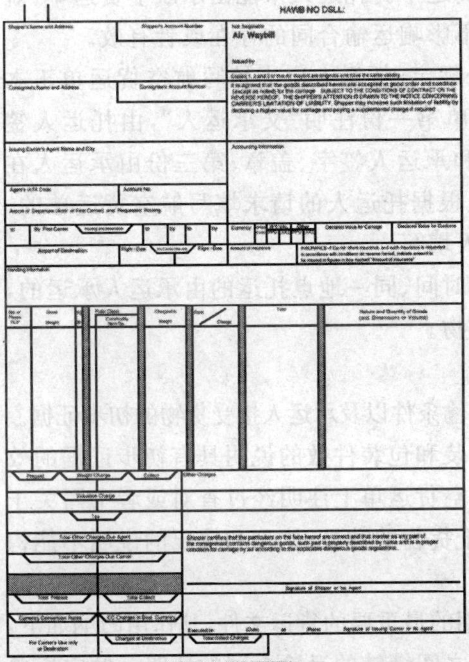

图 14-7　航空分运单（House Air Waybill）

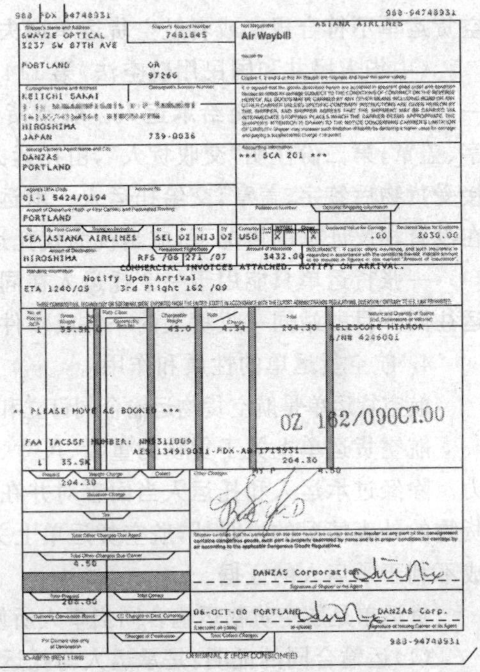

图 14-8　航空主运单（Master Air Waybill）

货物运送的安全性和准确性，主运单表明代理人是航空公司的销售代理人，表示取得授权的代理人在市场上可以销售航空公司的舱位。通常航空公司根据代理人的实际情况和结算周期，分时间间隔发放给代理人一定数量的货运单，通常代理人销售完一定数量的运单后，与航空公司进行结算。因此，主运单是代理人与承运人交接货物的凭证，同时又是承运人运输货物的正式文件。在主运单中，托运人栏和收货人栏都是代理人。在我国，只有航空公司才能颁布主运单，任何代理人不得自己印制、颁布主运单。

3．航空货运单的填开、签发和限制

根据《华沙公约》、《海牙议定书》和承运人运输条件的条款规定，承运人的承运条件为托运人准备航空货运单。

托运人有责任填制航空货运单。法律明确指出，托运人应自行填制航空货运单，也可以要求承运人或承运人授权的代理人代为填制。托运人对货运单所填各项内容的正确性、完备性负责。由于货运单所填内容不准确、不完全，致使承运人或其他人遭受损失，托运人负有责任。托运人在航空货运单上的签字，证明其接受航空货运单正本背面的运输条件和契约。

《中华人民共和国民用航空法》第 113 条规定：承运人有权要求托运人填写航空

货运单，托运人有权要求承运人接受该航空货运单。托运人未能出示航空货运单，航空货运单不符合规定或者航空货运单遗失，不影响运输合同的存在或者有效。

《中华人民共和国民用航空法》第114条规定：托运人应当填写航空货运单正本一式三份，连同货物交给承运人。航空货运单第一份注明“交承运人”，由托运人签字、盖章；第二份注明“交收货人”，由托运人和承运人签字、盖章；第三份由承运人在接受货物后签字、盖章，交给托运人。承运人根据托运人的请求填写航空货运单的，在没有相反证据的情况下，应当视为代托运人填写。

一张货运单只能用于一个托运人在同一时间、同一地点托运的由承运人承运的，运往同一目的站同一收货人的一件或多件货物。

4. 航空货运单的性质和作用

航空货运单是航空货物运输合同订立和运输条件以及承运人接受货物的初步证据。

航空货运单上关于货物的重量、尺寸、包装和包装件数的说明具有初步证据的效力。除经过承运人和托运人当面查对并在航空货运单上注明经过查对或者书写关于货物的外表情况的说明外，航空货运单上关于货物的数量、体积和情况的说明不能构成不利于承运人的证据。

货运单是航空货物运输合同当事人所使用的最重要的货运文件，其作用归纳如下：

(1)运输合同的证明：是承运人与托运人之间缔结的运输合同的证明。航空运单一经签发，便成为签署承托双方运输合同的书面证据，货运单上的记载事项及背面条款构成了双方航空货物运输合同的重要组成部分。

(2)货物收据：是承运人收运货物的证明文件。当发货人将其货物发运后，承运人或其代理将一份航空运单正本交给发货人，作为已接受其货物的证明，也就是一份货物收据。

(3)运费账单：是运费结算凭证及运费收据。航空运单上分别记载着属于收货人应负担的费用和属于代理的费用，因此可以作为运费账单和发票，承运人可将一份运单正本作为记账凭证。

(4)报关单据：是国际进出口货物办理清关的证明文件。当航空货物运达目的地后，应向当地海关报关，在报关所需各种单证中，航空运单通常是海关放行查验时的基本单据。

(5)保险证书：若承运人承办保险或者发货人要求承运人代办保险，则航空运单即可作为保险证书。载有保险条款的航空运单又称为红色航空运单。

(6)承运人内部业务的依据：是承运人在货物运输组织的全过程中运输货物的依据。航空运单是承运人在办理该运单项下货物的发货、转运、交付的依据，承运人根据运单上所记载的有关内容办理有关事项。

5. 航空货运单的有效期

航空货运单自填制完毕、托运人或其代理人和承运人或者其代理双方签字后开始生效;货物运到目的地,收货人提取货物并在货运单交付联(或提货通知单)上签收认可后,货运单作为运输凭证,其有效期即告终止。但作为运输合同的法律依据,航空货运单的有效期应至自民用航空器到达目的地点、应当到达目的地点或者运输终止之日起两年内有效。

## 第六节 飞机的载重与平衡

任何一种现代交通运输工具,由于受到本身结构强度、动力装置功率以及运行条件等因素的限制,都有额定的最大装载重量,飞机也不例外。不仅如此,飞机是以相当大的速度造成与空气间的相对运动而产生空气动力以支托它在空中飞行的。基于这个特殊性,为了确保飞行安全和起飞、着陆安全,就特别需要对装载重量从严控制,决不允许超载。

### 一、飞机的载重

飞机制造厂对于它所生产的每种机型,都分别规定了最大载重量限额。但这个数据只是在一定的条件下才能适用,它受到客观环境多种因素的影响。同一架飞机同一天在不同的机场起飞,所允许的最大装载重量未必相同,有的甚至相差悬殊。因此,多年来一直是在飞机的每次飞行前,严格根据当时当地的具体条件来计算这次飞行的最大可用业务载重量,简称最大可用业载,以作为此此飞行所允许的旅客、行李、货物、邮件全部重量的最大限额。

飞机的最大起飞重量只能在符合使用这个重量的条件下使用。它受到多种环境因素的影响,主要有:场温、场压和机场标高、风向、风速、起飞场地长度、场地坡度、道面结构、道面干湿、机场周围净空条件、航路上障碍物情况等。飞机的最大着陆重量是根据飞机的起落装置与机体结构所能承受的冲击载荷而确定的飞机在着陆时全部重量的最大限额。

最大无燃油重量是指除燃油以外所允许的最大的飞机重量。从结构强度上考虑,规定了最大无燃油重量的限额。无燃油重量是由飞机的基本重量和业务载重量所组成。飞机的基本重量通常是固定不变的。确定了最大无燃油重量也就对业务载重量起到了限制作用,使它最大也不得超过最大无燃油重量与基本重量的差额。

飞机的基本重量是指除燃油和业务载重以外,已完全做好执行飞行任务准备的飞机重量,一股由以下几项重量组成:空机重量、附加设备重量、空勤组及其随带用具、物品的重量、乘务组、服务设备及供应品重量、其他按规定应计算在基本重量之内的重量。

飞机携带的燃油重量包括航段运行耗油量和备用油量,但不包括地面开车和滑行的量,所以也称为起飞油量。

任何机型都有最大业务载重量的限额。这是飞机制造厂主要根据飞机的结构强度而作出的规定。在任何情况下,飞机的实际业务载重量都不得超过这个限额。

## 二、飞机的平衡

作为运输工具,飞机的载重不但要受到严格的限制,而且载重在飞机上的分布必须符合平衡的要求。任何机型的技术说明书中,都包含有关于载重平衡的内容,详细地规定了该型飞机的技术装载要求,提供有关的资料数据。大型飞机一般都需要计算出装载后重心的准确位置。飞机制造厂专为这项需要设计有平衡图表供航空公司使用,民航运输人员根据飞机上的实际载重分布情况填制平衡表,算出重心位置,经驾驶员检查认可后,飞机才能起飞。

所谓飞机的安定性有它特定的含义,它是指在飞行中当飞机受到微小扰动而偏离原来平衡状态,并在扰动消失以后,不经驾驶员操纵,飞机能自动恢复原来平衡状态的特性。所谓飞机的操纵性,则是指飞机因驾驶员操纵杆舵而改变其平衡状态的特性。图 14-9 为某型飞机的平衡表。

中国民航波音 707-3J6B型飞机载重平衡表

CAAC BOEING 707-8J6B WEIGHT & BALANCE MANIFEST

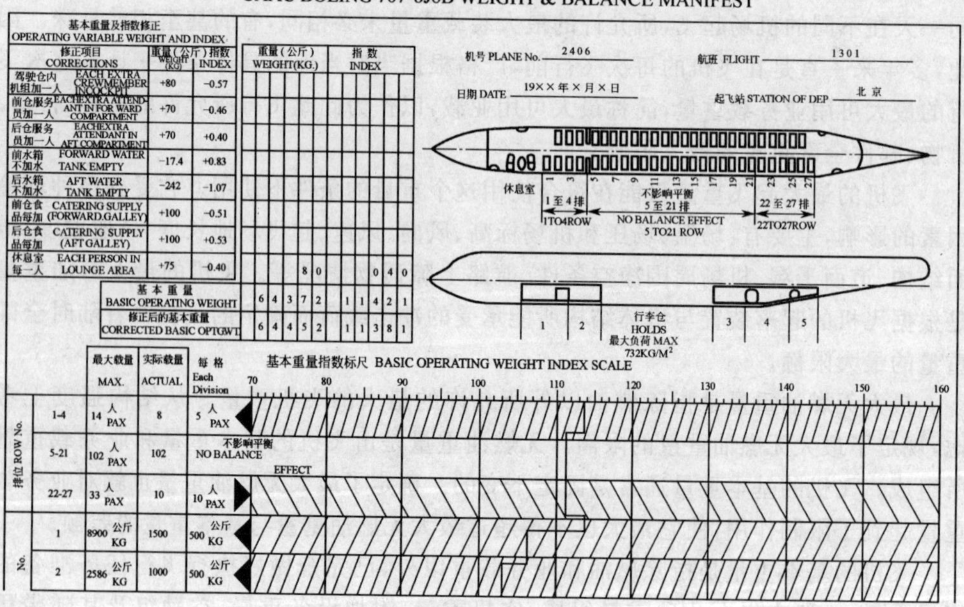


图 14-9　飞机载重平衡表(部分)

## 三、集装器的限制

对货运飞机而言,采用集装器应符合一定的要求。

1. 最大承重限制

集装器允许装载的货物重量受到集装器最大承重的限制。超过这以限制的货物不但会损坏集装器的结构，还有可能对机身造成损坏。

| | | | |
|---|---|---|---|
| P1 板 | 224 cm×318 cm | 88 in×125 in | 6 804 kg |
| P2 板 | 224 cm×274 cm | 88 in×108 in | 4 536 kg |
| P6 板 | 244 cm×318 cm | 96 in×125 in | 6 804 kg |
| P7 板 | 244 cm×606 cm | 96 in×238.5 in | 11 340 kg |

2. 体积/尺寸限制

集装箱内部所装货物受到体积限制是不言而喻的。重点考虑集装板体积限制。集装板上所装货物的形状要与飞机的货舱内部形状相适应，且应能从货舱门装入。集装板可装货物的高度，随飞机机型的主货舱或下舱的位置布局而定。如，P1 板可装高度164 cm/244 cm/299 cm、P6 板可装高度 164 cm/244 cm/299 cm、P7 板可装高度 244 cm。

3. 货物品名的限制

某些特殊货物装载集装器是受到限制的，如危险品、活动物、贵重货物、尸体等。

此外，还有集装器底板承重等限制。

4. 集装货物的基本原则

(1)检查所有待装货物。根据货物的卸机站、重量、体积、包装材料以及货物运输要求设计货物组装方案。

(2)装载方法。一般情况下，大货、重货装在集装板上；体积较小、重量较轻的货物装在集装箱内。组装时，体积或重量较大的货物放在下面，并尽量向集装器中央集中码放；小件和轻货放在中间；危险物品或形状特异可能危害飞机安全的货物，应将其固定，可用填充物将集装器塞满或使用绳、带捆绑，以防损坏设备、飞机，造成事故。合理码放货物，做到大不压小、重不压轻、木箱或铁箱不压纸箱。同一卸机站的货物应装在同一集装器上。一票货物应尽可能集中装在一个集装器上，避免分散装在多个集装器上。

(3)堆码要求。在集装箱内的货物应码放紧凑，间隙越小越好。特别重的货物放在下层，底部为金属的货物和底部面积较小重量较大的货物必须使用垫板，以防金属货物损坏集装板，同时可以分散货物对集装器底板的压力，保证集装器能够平稳顺利地装入飞机。

装在集装板上的货物要码放整齐，上下层货物之间要相互交错，骑缝码放，避免货物与货物坍塌、滑落。装在集装板上的小件货物，要装在其他货物的中间或适当地予以固定，防止其从网套及网眼中滑落。一块集装板上装载两件或两件以上的大货时，货物之间应尽量紧邻码放，尽量减少货物之间的空隙。

一般情况下不组装低探板货物。确因货物多，需充分利用舱位，且货物包装适合装低探板时，允许装低探板。但是，装低探板货物要按照标准码放，码放货物要合理牢固，网套要挂紧，必要时要用尼龙带捆绑，保证集装货物在运输过程中不发生散落或倾斜。

(4)固定要求。如果集装箱内没有装满货物，即所装货物的体积不超过集装箱容积的三分之二，或单件货物重量超过 150 kg 时，就要对货物进行捆绑固定。最好用标准的绳具将货物固定在集装箱的卡锁轨里。

**案例——航空货运指南与 TACT**

航空货运指南(Air Cargo Guide,OAG)每月出版一期，主要公布航班时刻表。

OAG 手册是将各航空公司的信息合编在一起的月刊，可用于查找货物运输航班时刻。该手册每月出版一期。欧洲、亚洲使用的 OAG 手册与美洲的 OAG 手册使用方法略有不同。

1975 年前，一些航空公司各自出版其运价手册，其中的内容大致相同，但格式却相差甚远。为了减少支出，并使运价手册更加具有实用性，国际航协决定共同出版一本通用的运价手册——TACT(The Air Cargo Tariff)。

TACT 主要分为三个部分：TACT Rules、TACT Rates——North America、TACT Rates——Worldwide。

TACT Rules 每年出版两期，四月、十二月出版。

TACT Rates 每两月出版一期，二月、四月……十二月出版。

TACT Rules 规则手册，内容非常全面，包括了 IATA 在国际运输中所有规则，主要有：General Information, Acceptance for Carriage, Transportation Charges, Payment Rates and Charges and Currency Conversion, The Air Waybill, Information by Countries, Carrier's Special Regulations 等。

TACT Rates——North America 北美运价手册，包含了从北美出发或到北美的运价。内容主要有：Special Rates, Descriptions, Notes, Rates, Construction Rates, Domestic/Transborder Rates 等。

TACT Rates——Worldwide 世界(除北美)运价手册，包含了除北美的全世界的运价，内容主要有：Special Rates, Descriptions, Notes, Rates, Construction Rates 等。

## [思考题]

1. 航空运输的特点是什么？
2. 航空运输的类型有哪些？
3. 什么叫航空托运书？
4. 什么叫航空分运单？
5. 什么叫航空主运单？

# 第十五章　国际多式联运

## 第一节　国际多式联运发展过程与优点

随着国际贸易的发展，尤其是国际贸易运输中广泛采用集装箱运输方式，国际多式联运正成为一种国际贸易运输的高效率的运输方式。

### 一、国际多式联运的定义

国际多式联运是运输组织技术的发展和革新，也是集装箱运输的高级组织形式。与分段联运相比，国际多式联运不仅仅是不同运输工具进行的联合运输，更重要的是在全程运输中只有一份运输合同，由多式联运经营人作为合同承运人统一组织全程运输，负责将货物从接货地运往交货地。因此它是一种体现整体性的高效率的联运组织形式。

《联合国国际货物多式联运公约》对国际多式联运作出如下定义："国际多式联运是指按照多式联运合同，以至少两种不同的运输方式，由多式联运经营人将货物从一国境内接管货物的地点运至另一国境内指定交付货物的地点。"

**链接——国际多式联运定义**

国际多式联运是指按照多式联运合同，以至少两种不同的运输方式，由多式联运经营人将货物从一国境内接管货物的地点运至另一国境内指定交付货物的地点。

### 二、国际多式联运的发展过程

多式联运的发展过程可以追溯到 20 世纪初。当时，远东的货主将货物装上班轮，运往美国西海岸港口，再装上铁路直达列车，直接到达美国中部或东部交货。这种联运的方式利用了海运班轮运输和铁路直达运输的优点，与过巴拿马运河单一海运方式相比，缩短了运输距离，也节省了运输时间和运输成本。然而这种海陆联运还不是真正的多式联运，而只是一种分段联运，在全程联运中没有一个经营人对全程运输负责，而是海运与陆运的分段协作，各自签发自己的运输单据，并对自己的运输区段负责。

20 世纪 50 年代中叶，集装箱运输发展，为现代多式联运的发展打下良好的基础。20 世纪 60 年代末，美国率先开展了国际多式联运，取得了显著的经济效果，受到货主的欢迎。随后，发达国家在集装箱运输技术臻于完善的情况下，针对货主市场的需要，纷纷开展了以集装箱运输为基础的国际多式联运。

随着集装箱运输的快速发展，我国在 1997 年颁布了第一部多式联运的法规《国际集装箱多式联运管理规则》，为我国的国际多式联运提供了良好的发展基础。

### 三、国际多式联运的基本特征

1. 必须订立多式联运合同

在国际多式联运中，多式联运经营人必须与托运人订立多式联运合同。所谓多式联运合同，是指多式联运经营人凭其收取全程运费，使用两种或两种以上不同运输工具，负责组织完成货物全程运输的合同。在分段联运中，托运人必须与不同运输区段承运人分别订立不同合同，而在多式联运中，无论实际运输有几个区段，也无论有几种不同运输方式，均只须订立一份合同——多式联运合同。托运人只与多式联运经营人有业务和法律上的关系，至于各区段实际承运人，托运人不与他们发生任何业务和法律上的关系。

2. 必须由多式联运经营人对全程运输负责

按照多式联运合同，多式联运经营人必须从接货地至交货地的全程运输负责，货物在全程运输中的任何实际运输区段的灭失损害以及延误交付，均由多式联运经营人以本人身份直接负责赔偿，尽管多式联运经营人可向事故实际区段承运人追偿，但这并不能改变多式联运经营人作为多式联运合同当事人的身份。

3. 必须是两种或两种以上不同运输方式组成的连贯运输

多式联运是至少两种不同运输方式的连贯运输，如海—铁、海—公、海—空联运等。因此判断一个联运是否为多式联运，不同运输方式的组成是一个重要因素。例如，目前许多船公司开展的海—海联运，由契约承运人签发全程联运提单，对全段运输负责，通过一程船、二程船的接力形式，将货物从起运港运至最终目的地，但这种联运只是使用一种运输方式的海—海联运，不是多式联运的范畴。

4. 必须是国际间的货物运输

多式联运所承运的货物必须是从一国境内接管货物的地点运至另一国境内指定交付货物的地点，是一种国际间货物运输，这有别于同一国境内采用不同运输方式组成的联合运输。例如，国际海运与国内陆路运输属于多式联运。

5. 必须签发多式联运单证

多式联运经营人作为多式联运的总负责人，在接管货物后必须签发多式联运单证，从发货地直至收货地，一单到底，发货人凭多式联运单证向银行结汇，收货人凭多式联运单证向多式联运经营人或其代理人提领货物。因此，多式联运单证一经签发，表明多式联运经营人已收到托运人的货物，并对货物的全程运输开始负有责任。多式联运单证的签发，同时也证明了多式联运合同，即托运人和多式联运经营人是在多式联运合同下进行货物的交接和多式联运单证签发的。

此外，多式联运单证一经签发，多式联运经营人应保证将货物运至另一国指定交付地，并将货物交付指明的收货人或多式联运单证的持有人。

6. 必须是单一的运费率

海运、铁路、公路以及航空各种单一运输方式的成本不同，因而其运费率也不同，在多式联运中，尽管组成多式联运的各运输区段运费率不同，但托运人与多式联运经营人订立的多式联运全程中的运费率是单一的，即以一种运费率结算从接货地至交货地的全程运输费用，从而大大简化和方便了货物运费计算。

**链接——国际多式联运的基本特征**

(1)必须订立多式联运合同。

(2)必须由多式联运经营人对全程运输负责。

(3)必须是两种或两种以上不同运输方式组成的连贯运输。

(4)必须是国际间的货物运输。

(5)必须签发多式联运单证。

(6)必须是单一的运费率。

## 四、多式联运的类型

根据《联合国国际货物多运式联运公约》的定义，从运输方式的组成看，多式联运必须是国际间两种或两种以上不同运输方式组成的连贯运输。按这种方法分类，理论上多式联运有海—铁、海—空、海—公、铁—公、铁—空、公—空、海—铁—海、公—海—空等共 11 种类型，但当今国际多式联运的主要类型有海—铁多式联运、海—空多式联运以及海—陆—海(内河)多式联运三种类型。

1. 海—铁多式联运

海—铁多式联运包括海—铁—海多式联运，是当今多式联运的主要类型，特别是利用大陆桥开展海—铁或海—铁—海多式联运。

2. 海—空多式联运

海—空多式联运结合海运运量大、成本低和空运速度快、时间要求紧的特点，能对不同运量和不同运输时间要求的货物进行有机结合。

随着世界范围内物流业的兴起，一些大型国际配送中心根据资料预测用户的货物需求量，通过运输成本低廉的海运事先取得货物，然后根据用户的订单采取空运，可在 24 h 内完成交货。

3. 海—陆—海(内河)多式联运

这种多式联运方式利用了陆路运输将其两端的水路运输连接,除利用横贯大陆的铁路连接其两端的海运外,也可以利用陆路运输与内河运输连接,既可充分发挥海运量大、成本低的优点,又可发挥内河运输价廉、灵活的优点,能方便地把货物运至内河水系的广大地区。

我国也利用长江、珠江和太湖流域水系开展了不同形式的这类多式联运,取得了明显的经济效益。

**链接——多式联运类型**

目前多式联运类型主要有海—铁、海—空以及海—陆—海(内河)三种多式联运。

我国出口贸易中的多式联运类型:OCP 运输;MLB 运输;IPI 运输。

## 五、大陆桥运输与 OCP 运输

### (一)大陆桥运输

凡是越过大洋的运输只要有一段陆上行程,就称为陆桥运输。所谓大陆桥运输,系指采用集装箱专用列车,利用横贯大陆的铁路当成联结两端海运的桥梁,采用这样的运输方式,使集装箱船和专用列车结合起来,达到迅速和降低运输成本的目的地的运输方式。例如:英国到日本的集装箱货物,经大西洋,过巴拿马运河,渡太平洋抵达日本,全程为 24 000 km,运输时间约为 21 天。也可经美、加东海岸港口,换装铁路横跨美洲大陆至美、加西海岸,再换集装箱船,过太平洋直抵日本港口。由于集装箱船速度快,加之专用列车直达运输,运输时间大为缩短。但大陆桥运输的实际效果并不理想,这是因为东西方向的货运量不平衡,一旦遇上港口拥挤或罢工,运输时间有可能得不到保证。

最典型的大陆桥运输多式联运路线有北美大陆桥、西伯利亚大陆桥、新欧亚大陆桥。除此之外还有“小陆桥”和“微陆桥”等。

我国对美出口贸易中采用的 OCP 运输、MLB 运输、IPI 运输均属于陆桥运输。

1. 北美大陆桥

北美大陆桥以横贯美国大陆的铁路作为陆上行程,以“海—陆—海”运输途径实行陆桥运输,故称为北美大陆桥。北美大陆桥是世界上第一条大陆桥。

2. 西伯利亚大陆桥

西伯利亚大陆桥比北美大陆桥更为优越。北美大陆桥与通过巴拿马运河传统的海运东行线相比较,可节约运输时间 5 天,而西伯利亚大陆桥与通过苏伊士运河用传统的海运西行线相比较,运输距离可缩短 1/3,运费便宜 20%。与绕道好望角相比较,运输距离可缩短 1/2,运费可便宜 25%。所以西伯利亚大陆桥正式启用以后,削弱了北美大陆桥的竞争能力，大部分货主都利用西伯利亚大陆桥。

3. 陇海兰新欧亚大陆桥

新欧亚大陆桥东起我国连云港，西至荷兰鹿特丹，是贯通欧亚之间的一条新的大陆桥。由于俄国的纳霍德卡或东方港(海参崴)每年都有2个月的封冻期，西伯利亚大陆桥不能全年开通，因此，必须另找上陆点，这便是新欧亚大陆桥产生的原因。新欧亚大陆桥开通后，可比现在绕道印度洋海运航线，运输时间上可节省一半，运输费用可节省20%，比西伯利亚大陆桥近2 000 km。

新欧亚大陆桥是横贯我国东西的大动脉，对我国将形成全方位的对外开放经济区，促进西北、西南、中原、华东、华北等地的双向开放，对欧亚两洲的经济交流与发展，必将起十分重要的作用。

新欧亚大陆桥能否进一步发展主要取决于两个因素。首先是货源条件，其次是哈萨克斯坦和俄罗斯是否采取合作的态度。

尽管新欧亚大陆桥与西伯利亚大陆桥相比较具有许多优点，但也存在着如下不利条件，例如中国铁路与前苏联铁路的轨距不同，因此通过新欧亚大陆桥时，在国境站上要进行换轨作业等。

(二)内陆公共点运输

1. OCP运输的概念

OCP即“内陆公共点”，也有称之“陆上公共点”，其含义是可享有优惠费率通过陆上运输可抵达的区域。从美国的北达科他州、南达科他州、内布拉斯加州、科罗拉多州、新墨西哥州起以东的地区均属OCP地区，所有经美国西海岸转运往这些地区(或反向)的货物称OCP地区货物，并享有OCP运输的优惠费率。所谓OCP费率是太平洋航运公会为争取运往美国内陆地区的货物，途经美国西海岸转运而制订的一个较直达美国东海岸为低的费率。加拿大毗邻美国，贸易和运输与美国有密切关系，所以，也有一个OCP地区，自西向东的陆上运输实行与美国同样的优惠方法。

从远东地区向美国OCP地区运送的货物，可供选择的海运方式有两种，一种是以美国东海岸港口为卸货港，船舶过巴拿马运河由加勒比海通向美国大西洋港口。另一种是以美国西海岸港口为卸货港，然后通过陆上运输至OCP地区。后一种运输方式虽然通过海陆两种运输方式，但在正常情况下，运输时间较前一种为短。

由于OCP运输的便捷，使原来的海陆直达至美国东海岸各港的货物被吸引到美国西海岸港口，因此经营该航线的船公司越来越多。现在，OCP一词不仅是一个地理上的区域名称，而且意味着货物的陆上运输，成为当今国际贸易和国际运输的一个专用名词了。

2. OCP的具体做法

(1)在成交订约方面。按OCP运输条件成交的货物，是指发货人将货运至收货人指定的西海岸港口后，发货人便完成了联运提单中的责任。货物在抵达西海岸港口后，由收货人委托中转商(负责内陆运输的人)持正本提单向船公司提货，通过内陆运输运至收货人指定的地点。因此，OCP 运输条件对发货人来说，实际上是买断西海岸港口，而不承担其他任何责任和风险。

(2)运输单证方面。在货物的运输标志内，把卸货港和 OCP 的最后目的地同时列明，如西雅图转纽约可定明 SEATTLE OCP NEW YORK。在提单卸货港一栏内应注明 OCP 字样。

(3)贸易合同和信用证方面。OCP 运输条件，在贸易合同和信用证目的港一栏内应加注 OCP 字样。如洛杉矶“LOS ANGELES OCP”。对于转运往 OCP 地区的货物，在签发提单时，应符合贸易合同及信用证的要求，以便结汇，最好在备注栏内注明哪一个城市，如 OCP CHICAGO，或把 OCP CHICAGO 加在货物标志唛头上，以便区别。

(4)保税运输申请手续方面。在美国，由集装箱海运至港口的货物，收货人在收到货物舱单后 10 天，必须申请进口，或要求保税运输(IMMEDIATE TRANS PORT)，将货物运至最终目的地，如不按时申请货物就会转到保税仓库，从而产生转仓作业费、保税仓库费、转运费等不必要的费用。为了避免这些不必要的费用，可将船公司签发的内陆公共提单、OCP 提单的副本提前送交铁路公司，请铁路公司代办运送 OCP 地区的“保税运输申请手续”。铁路公司在太平洋各港接受了运往内陆公共点地区的货物后，向海关提出申请，获得保税运输许可后，即可将货物运往内地，收货人凭 OCP 提单正本在当地申请报关，经海关验收后，凭正本提单向铁路公司提货，在到付运费情况下，支付清到付运费。

3．使用 OCP 运输时应注意的问题

(1)在使用华夏船公司美国航线专用提单格内只有“卸货港”和“最终目的港”两栏，所以，OCP 货物在国内装船港签发华夏提单时，目的港一栏内统一注明，如：LOS ANGELES OCP。

(2)为防止在西海岸销售和使用的货物假借 OCP 名义，享受优惠条件，所以应明确规定：凡运往 OCP 地区的货物应在进口船卸货完毕后一定时间内(一般为 30 ～ 45 天)，提供有关证明，如陆上运输单证、转运单、海关转口申报单等。在这些单证上应注明：进口船名、航次、提单号、启运港、货名、件数、重量、尺码、转运目的地、承运人名称、实际转运期等。如货主和其代理人不在规定期限内提供上述证明，船公司则要按本地运费率调整运费。

(三)我国出口贸易中的多式联运

我国出口贸易中，从我国运往美国内地的集装箱货物很大一部分采用多式联运方式，其多式联运的方式主要有：

(1) OCP 运输。OCP 的英文全名是“Overland Common Point”，意为内陆公共点，美国中部和西部约占三分之二的本土均为 OCP 地区。所谓 OCP 运输，是指远东通过海运至美西港口，再转运铁路将货物运至 OCP 地区目的地交货的一种海—铁分段联运方式。与过巴拿马运河、绕加勒比海至美东港口再通过陆运运至美国东部或中部地区交货相比，OCP 运输可缩短运输距离、节省运输时间和运输成本，是一种较为合理的运输方式。

由于 OCP 运输不是真正的多式联运，因此托运人必须分别与海运和铁路承运人订立运输合同，通过接力方式将货物运至目的地。对我国出口企业而言，以 CFR 或 CIF 贸易术语成交的合同，其责任和费用终止于美西港口，同时在买卖合同、信用证以及运输单证中均应注明“OCP”字样，以便顺利结汇。

(2) MLB 运输。MLB 的英文全名是“Miniland Bridge”，意为小陆桥运输。所谓 MLB 运输，是指远东海运至美西港口再转运铁路将货物运至美东或加勒比海沿海地区交货的一种海—铁多式联运方式。

MLB 运输的前身为大陆桥运输，所不同的是，大陆桥运输是把美国横贯东西的铁路作为“桥梁”，组成海—铁—海多式联运，而小陆桥运输仅为海—铁多式联运。按照国际多式联运的要求，其适用的贸易术语应为 FCA、CPT 或 CIP，目前我国出口企业仍沿用 FOB、CFR、CIP 贸易术语，但要注意使用这三个海运贸易术语时，应按照 FCA、CPT、CIP 买卖双方的责任、费用及其风险责任划分的要求。同时，在贸易合同、信用证以及多式联运单据中注明“MLB”字样。

(3)IPI 运输。IPI 运输的英文全名是“Interior Point Intermodal”，意为内陆公共点多式联运。所谓 IPI 运输，是指远东海运至美西港口，再转运铁路将货物运至 OCP 地区指定目的地交货的一种海—铁多式联运。IPI 运输与 MLB 运输都是海—铁多式联运，两者的主要区别是交货地有所不同；IPI 运输和 OPC 运输的运输线路和交货地相同，两者的主要区别是 IPI 运输是海—铁多式联运，而 OCP 运输是海—铁分段联运。对我国出口企业来说采用 IPI 运输时也应尽量选用 FCA、CPT 或 CIP 贸易术语，并在贸易合同、信用证和多式联运单据上注明“IPI”字样。

**链接——大陆桥运输与 OCP 运输**

大陆桥运输系指采用集装箱专用列车，利用横贯大陆的铁路当成联结两端海运的桥梁，采用这样的运输方式，使集装箱船和专用列车结合起来，迅速到达目的地和降低运输成本的运输方式。

OCP 运输是指远东通过海运至美西港口，再转运铁路将货物运至 OCP 地区目的地交货的，可享有优惠陆上运输费率的一种海—铁分段联运方式。

## 六、国际多式联运的发展趋势

国际多式联运作为一种现代运输先进的组织方式，在世界范围内发展十分迅速，世界国际多式联运的发展呈现出多方面的发展趋势。

1. 多式联运经营人向多元化方向发展

作为多式联运经营人，其前身大多是大型国际货代或大型船公司，为了扩大服务范围，提高服务质量，已开始从单一的货代或海运业务向多元化方向发展。

2. 国际多式联运的业务范围不断扩大

为了开展国际多式联运的需要，多式联运经营人不断把业务向海外扩张，在世界各地物资集散地，建立分支机构或代理网点，扩充并完善其服务网络，为货主提供更大的服务空间。在当今全球经济一体化的形式下，尤其是跨国公司在世界范围内资源优化配置的需求下，国际多式联运已从发达国家向发展中国家渗透，其业务范围呈现不断扩大的趋势。

3. 国际多式联运向现代物流领域拓展

运输是现代物流结构体系中不可缺少的一个重要环节，以集装箱运输为基础的国际多式联运，在现代物流中已越来越呈现其独特的优势。

## 七、国际多式联运的优点

国际多式联运的优点主要表现为以下几个方面。

1. 统一化、简单化

所谓统一化、简单化、主要表现为在国际多式联运方式下，货物运程不管有多远，不论由几种运输方式共同完成对货物的运输，且不论运输途中对货物经过多少转换，所有一切运输事项均由多式联运经营人负责办理。而货主只需要办理一次托运、订立一份运输合同、一次支付费用、一次保险。一旦在运输过程中发生货物灭失或损害时，由多式联运经营人对全程运输负责，而每一运输区段的承运人对自已运输区段的货物损害承担责任。这种做法丝毫不会影响多式联运经营人对每一运输区段实际承运人的任何赔偿权利。

2. 减少中间环节、缩短货运时间，降低货损货差事故、提高货运质量

多式联运系通过集装箱为运输单元进行直达运输。货物在发货人工厂或仓库装箱后，可直接运送至收货人的工厂或仓库。运输途中换装时无须换箱、装箱，从而减少了中间环节。尽管货物经多次换装，但由于使用专业机构装卸，且又不涉及箱内的货物，因而，货损货差事故，货物被窃大为减少，从而在一定程度上提高了货运质量。此外。由于各个运输环节的各种运输工具之间配合密切、衔接紧凑、货物所到之处中转迅速及时、大大减少货物停留时间，因此，从根本上保证了货物安全、迅速、准确、及时地运抵目的地。

3. 降低运输成本，节省运杂费用

由于多式联运可实行门到门运输，因此，对货主来说，在将货交由第一承运人后即可取得货运单证，并据以结汇。结汇时间提前，不仅有利于加速货物资金的周转，而且减少了利息的支出。又由于货物装载集装箱运输，从某种意义上说可节省货物

的包装费用和保险费用。此外，多式联运可采用一张货运单证，统一费率，因而就简化了制单和结算手续，节省了人力、物力。

4. 提高运输组织水平，实现合理化运输

多式联运可提高运输组织水平，实现合理化运输，改善不同运输方式间的衔接工作。在国际多式联运开展之前，各种运输方式的经营人各自为政、自成体系。因而，其经营的业务范围受到限制，货运量相应也是有限的。但一旦由不同的运输业者共同参与多式联运，经营的业务范围可大大扩展，并且可以最大限度地发挥其现有设备的作用，选择最佳运输路线，组织合理运输。

**链接——国际多式联运的优点**

统一化、简单化；减少中间环节、缩短货物运输时间，降低货损货差事故、提高货运质量；降低运输成本，节省运杂费用；提高运输组织水平，实现合理化运输。

## 第二节 国际多式联运基本条件与国际多式联运经营人

多式联运是将不同的运输方式组合成综合性的一体化运输，通过一次托运、一次计费、一张单证、一次保险，由各运输区段的承运人共同完成货物的全程运输，即将全程运输作为一个完整的单一运输过程来安排。尽管已通过的多式联运公约至今没有生效，但多式联运应具备的基本条件是不变的。

### 一、国际多式联运应具备的条件

根据多式联运公约的规定和现行的多式联运业务特点看，多式联运应具备的条件必须是：

(1)货物在全程运输过程中无论使用多少种运输方式，作为负责全程运输的多式联运经营人必须与发货人订立多式联运合同。因为该运输合同是多式联运经营人与发货人之间权利、义务、责任、豁免的合同关系和运输性质的确定，也是区别多式联运与一般货物运输方式的主要依据。

(2)多式联运经营人必须对全程运输负责。因为多式联运经营人不仅仅是订立多式联运合同的当事人，也是多式联运单证的签发人。自然，在多式联运经营人履行多式联运合同所规定的运输责任的同时，可将全部或部分运输委托他人(分运承运人)完成，并订立分运合同，但分运合同的承运人与发货人之间不存在任何合同关系。

(3)多式联运经营人接管的货物必须是国际间的货物运输，这不仅有别于国内货物运输，主要还涉及国际运输法规的适用问题。

(4)多式联运不仅仅是使用两种不同的运输方式，且必须是该不同运输方式下的连续运输。

(5)货物全程运输出多式联运经营人签发一张多式联运单证，且应满足不同运输方式的需要，并计收全程运费。

从上述多式联运应具备的基本条件看，凡是根据多式联运合同所进行的多式联运必须具备上述条件。多式联运经营人作为订立多式联运合同的一方，以至少两种运输方式组织运输并履行合同责任。但事实上，多式联运下的多式联运合同并非是独一无二的。因为，除了多式联运经营人承担或不承担部分运输外，更多的运输由他人来完成并与多式联运经营人订立分运合同。

事实上，任何现行国际货运公约缔约国的法律都强制规定，凡签订该公约范围内的运输合同应遵守公约所规定的义务。即该运输合同既要满足单一货运公约下的货物联运条件，又要符合多式联运公约范围内的要求，除非这两个公约所规定的责任、义务相同，否则公约之间的抵触难以避免。因为，作为订立多式联运合同的多式联运经营人，同时又作为某一运输区段的实际承运人时、首先应确定的是所订立的运输合同是否属于现行货运公约所适用的范围。

## 二、国际多式联运经营人应具备条件

1．国际多式联运经营人的含义

国际货运公约或货物运输合同一般都规定，承运人应是与发货人订有运输合同的人，或完成货物运输的人。然而，现行的国际货运公约对承运人的概念理解不一，在认识上没有统一。如海牙规则中的承运人是指参加运输的人，还是与发货人订立合同的人，或两者兼而有之。同样，因对华沙公约中所规定的承运人认识不一，由此制定了瓜达拉哈拉公约。多式联运作为不同运输方式间的组合，系由众多关系人组成，其法律关系十分复杂，其中主要关系有多式联运经营人与发货人之间的关系，以及与其受雇人、代理人之间的代理关系、承揽关系、侵权行为关系等。多式联运首先应调整上述关系人的法律关系，确定多式联运经营人的法律地位，从而平衡相互间的权利、义务和赔偿责任。

已通过的多式联运公约和现行的多式联运业务对多式联运经营人概念理解为："多式联运经营人是指本人或通过其代表与发货人订立多式联运合同的任何人，他是事主，而不是发货人的代理人或代表或参加多式联运的承运人的代理人或代表，并且负有履行合同的责任。

可见，当多式联运经营人从发货人那里接管货物时起，即表明责任业已开始，货物在运输过程中的任何区段发生灭失或损害，多式联运经营人均以本人的身份直接承担赔偿责任，即使该货物的灭失或损害并非由多式联运经营人本人的过失所致。

2．多式联运经营人的基本条件

作为多式联运经营人的基本条件是：

(1)多式联运经营人本人或其代表就多式联运的货物必须与发货人本人或其代

表订立多式联运合同，而且合同至少使用两种运输方式完成货物全程运输，合同中的货物系国际间的货物。

(2)从发货人或其代表那里接管货物时起即签发多式联运单证，并对接管的货物开始负有责任。

(3)承担多式联运合同规定的与运输和其他服务有关的责任，并保证将货物交给多式联运单证的持有人或单证中指定的收货人。

(4)对运输全过程中所发生的货物灭失或损害，多式联运经营人首先对货物受损人负责，并应具有足够的赔偿能力。当然，这种规定或做法并不会影响多式联运经营人向造成实际货损的承运人行使的追偿权利。

(5)多式联运经营人应具备与多式联运所需要的、相适应的技术能力，对自己签发的多式联运单证确保其流通性，并作为有价证券在经济上有令人信服的担保程度。

**链接——多式联运经营人的基本条件**

(1)多式联运经营人本人或其代表就多式联运的货物必须与发货人本人或其代表订立多式联运合同。合同至少使用两种运输方式完成货物全程运输，该货物系国际间的货物。

(2)多式联运经营人应签发多式联运单证，并对接管的货物开始负有责任。

(3)多式联运经营人应承担多式联运合同规定的与运输和其他服务有关的责任。

(4)多式联运经营人对运输全过程中所发生的货物灭失或损害应首先对货物受损人负责，并应具有足够的赔偿能力。

(5)多式联运经营人应具备与多式联运所需要的、相适应的技术能力，对自己签发的多式联运单证确保其流通性，并作为有价证券在经济上有令人信服的担保程度。

## 第三节 国际多式联运单证

《联合国国际货物多式联运公约》对多式联运单证的定义：“是指证明多式联运合同以及证明多式联运经营人接管货物并负责按照合同条款交付货物的单据”。

### 一、多式联运单证定义的解释

该定义在于说明：

(1)多式联运单证不是运输合同，而是运输合同的证明。

(2)多式联运单证是多式联运经营人收到货物的收据和凭其交货的凭证。

所以，在国际多式联运中，真正的运输合同系由多式联运经营人与发货人订立的多式联运合同。

## 二、多式联运合同及其必备条件

《联合国国际货物多式联运公约》对多式联运合同的定义："是指多式联运经营人凭以收取运费、负责完成或组织完成国际多式联运的合同"。

该合同的成立必须具备下列条件：

(1)必须至少使用两种以上的运输方式；

(2)必须是对货物的运输；

(3)接受货物托运，因有合同而对货物负有进行运输和保管的责任；

(4)该合同必须是一种承揽、有偿、非要式合同。

## 三、多式联运单证的主要内容

多式联运单证是多式联运经营人、承运人、发货人、收货人、港方和其他有关方面进行业务活动的凭证，主要是起货物交接时的证明作用，证明其外表状况、数量、品质等情况。单据的内容必须正确、清楚、完整，以保证货物正常安全地运输。

多式联运单证的主要内容有：

(1)货物的外表状况。

(2)多式联运经营人的名称和主要营业所。

(3)发货人、收货人名称。

(4)多式联运经营人接管货物的地点和日期。

(5)交付货物地点。

(6)经双方明确协议，交付货物的时间、期限。

(7)表示多式联运单证为可转让或不可转让的声明。

(8)多式联运单证签发地点、时间。

(9)多式联运经营人或经其授权的人的签字。

(10)有关运费支付的说明。

(11)有关运输方式和运输路线的说明。

(12)有关声明。

多式联运单证一般都应注明上述各项内容，如缺少其中一项或两项是否可以呢？只要所缺少的内容不影响货物运输和各当事人之间的利益单据仍然有效。

同时，除按规定的内容填制外，还可根据双方的实际需要和要求，在不违背单证签发国的法律时，可加注其他项目。如：有关特种货物的装置说明；对所收到的货物批注说明；不同运输方式下承运人之间的临时洽商批注等。

多式联运单证所记载的内容，通常由托运人填写，或由多式联运经营人或其代表根据托运人所提供的有关托运文件制成。但在多式联运经营人接管货物时，发货人应视为他已向多式联运经营人保证，他在多式联运单证中所提供的货物品类、标志、件数、重量、数量概为准确无误，如系危险货物，还应说明其危险特性。

如货物的损害系由于发货人提供的内容不准确或不当所造成，发货人应对多式联运经营人负责，即使发货人已将多式联运单证转让于他人也不例外。而且，多式联运经营人取得这种赔偿的权利，也并不限制他按照多式联运合同对发货人以外的其他任何人应负的赔偿责任。当然，如货物的灭失、损害系由于多式联运经营人意图诈骗，在单证上列入有关货物的不实资料或漏列有关内容，该多式联运经营人则无权享受本公约规定的赔偿责任限制，而应按实际损害赔偿。

## 四、多式联运单证的签发

多式联运经营人在收到发货人托运的货物后，经与收货单位(货运站、码头堆场)签发的货物收据(场站收据或大副收据)，与多式联运单证核对无误后，即签发多式联运单证多式联运单证由多式联运经营人或经他授权的人签字。多式联运经营人在多式联运单证上的签字形式在不违背多式联运单证签发所在国的法律规定的情况下，可以是：手签的、手签笔迹的复印、打透花字的、盖章、符号、或用任何其他机械或电子仪器打印的。

1. 多式联运单证的签发形式

多式联运经营人凭货物收据签发多式联运单证时，可根据货物托运人的要求签发可转让与不可转让多式联运单证中的任何一种。

在业务实践中，多式联运单证正本和副本的份数规定不一，主要视发货人的要求而定。正本单证签发一份以上的目的在于保护收货人的合法权益。副本在法律上是没有效力的，主要是为了业务上的需要。

2. 多式联运单证签发的时间、地点

在集装箱货物运输中，多式联运经营人收到货物的时间、地点有时不在装船港，而在内陆的货运站，装船港码头堆场，从收到货物到实际装船，有一段待装期。而且，货物托运人即使在货物尚未实际装上船之前，也可凭场站收据要求多式联运经营人签发提单，在这种情况下签发的提单叫待运提单，而待运提单在结汇上是有困难的。

## 五、多式联运提单及签发

(一)多式联运提单

多式联运经营人签发的提单称为多式联运提单。多式联运提单的定义与作用与汉堡规则是一致的。

多式联运经营人凭收到货物的收据在签发多式联运提单时，可根据发货人的要求签发可转让与不可转让多式联运提单中的任何一种。

在实践业务中，对多式联运提单正本和副本的份数规定不一，主要视发货人要求而定。

如货物的托运人要求多式联运经营人签发不可转让的多式联运提单时，多式联运经营人或经他授权的人在提单的收货人一栏内，注明具体的收货人姓名、货物在运抵目的地后，多式联运经营人向该提单中记明的人交货后，便已履行其交货责任。

如该提单中记明的收货人以书面的形式通知多式联运经营人，要求将提单中记载的货物交给他书面通知中指定的其他收货人时，而且，在事实上多式联运经营人也这样照做了，也业已认为多式联运经营人履行了其交货的责任。

集装箱货物在国际多式联运下，多式联运经营人收到货物的时间、地点有时不在装船港，而在集装箱码头堆场，或货运站，甚至发货人的工厂仓库。这样，从接收货物到货物实际装船有一待装期。而且根据多式联运的特点，货物的托运人一经交出货物，即使该货物未实际装上船，也可凭场站收据（相当于传统班轮运输下的大副收据）要求多式联运经营人签发提单。由于货未装上船舶，因而在这种情况下签发的提单为待装船提单（待运提单），而待装船提单在结汇上是有困难的。

（二）多式联运提单的签发

多式联运提单的制作，习惯上由多式联运经营人或其代理人签发多式联运提单交发货人，由发货人通过银行转让给收货人。因此，多式联运提单上的收货人或发货人，确系实际的收、发货人。而多式联运提单上的通知方，则是目的港的或最终交货地点收货人指定的代理人。在国际多式联运下，对货主来说，关键是能找一个可靠的多式联运经营人，由其对全程运输负责。该多式联运经营人与各承运人（实际承运人）之间均订有协议（分包合同），并就有关提单的制作、货物交接、双方责任的划分、费用的支付、赔偿等均在协议中作明确规定。目前，我国习惯做法是：

（1）签发海运联运提单，将货物从中国港口起运至目的港以外的某一交货地点，这种做法是在货物运至目的港后由船公司代理人（或货主指定的二程代理人）安排内陆运输，将货运抵目的地交货。

（2）签发货运代理人提单（FORWARD—B/L），以及一程海运提单，由货运代理人安排把货物运至目的地交货。

（3）签发 FORWARD—B/L，以及一程海运提单（从起运港至目的港），由货运代理人安排接运货物至收货人指定地点交货。

（4）经过我国运往其他国家的过境货，我方只负责中国境内的运输。

（三）多式联运单证的证据效力与保留

多式联运单证一经签发，除非多式联运经营人在单证上作了保留，否则多式联运单证是：

（1）多式联运经营人收到货物的初步证据。

（2）多式联运经营人对货物开始负有责任。

（3）可转让的多式联运单证对善意的第三方是最终证据，多式联运经营人提出的相反证据无效。

如果多式联运经营人或其代表在接收货物时，对于货物的品种、数量、包装、重量等内容有合理的怀疑，而又无合适方法进行核对或检查时，多式联运经营人或其代表可在多式联运单证作出保留，注明不符的地方、怀疑的根据等。反之，如果多式联运经营人或其代表在接收货物时未在多式联运单证上作出任何批注，则应视为他所接收的货物外表状况良好，并应在同样状态下将货物交付收货人。

**链接——多式联运单证与多式联运合同的定义**

多式联运单证是指证明多式联运合同以及证明多式联运经营人接管货物并负责按照合同条款交付货物的单证。

多式联运合同系指多式联运经营人凭其收取运费，负责完成或组织完成货物运输的国际多式联运合同。

## 第四节　多式联运的一般业务流程

多式联运是一种现代化的综合运输，涉及面广，环节众多，环境繁杂，因此其业务流程也十分繁杂，下面简要介绍多式联运的一般业务流程。

### 一、多式联运合同的订立

多式联运必须订立合同，合同是规范托承双方权利、义务以及解决争议的基本法律文件。多式联运合同主要内容有：托运人，收货人，多式联运经营人，货物的名称、包装、件数、重量、尺寸等情况，接货的地点和时间，交货的地点和约定的时间，不同运输方式的组成和运输线路，货物交接方式以及托承双方的责任和义务，解决争议的途径和方法等。

### 二、多式联运计划的编制

多式联运计划总的要求是：

1. 合理性

要求运输线路短、各区段运输工具安全可靠、运输时间能保证、不同运输方式之间良好衔接，从而保证货物从一国境内接货地安全及时地运到另一国境内的交货地。

2. 经济性

在保证货运质量的前提下，尽可能节省总成本费用，以提高经济效益。

3. 不可变性

在计划中应充分考虑各种因素，留有必要的余地，除不可抗力外，计划一般不能随意改变。

在完成多式联运计划编制后，多式联运经营人还应及时将计划发给沿线各环节的代理人，使之提前做好接货、运输、转关或交货等准备工作。

### 三、接货装运

按照多式联运合同，在约定的时间、地点，由多式联运经营人或其代理人从发货人手中接管货物，并按合同要求装上第一程运输工具发运。按托承双方议定的交接方式，凡在DOOR或CY交接的，由发货人负责装箱计数施封和办理出口清关手续，在箱体外表状况良好、封志完整状态下，将货物整箱交多式联运经营人或其代理人；凡在CFS交接的，由发货人负责办理出口清关手续，将货物散件交多式联运经营人或其代理人，由后者负责拼箱计数施封后装运发送。

### 四、多式联运单证的签发

多式联运经营人接管货物在运费预付情况下收取全程运费后，即签发多式联运单据，表明多式联运对全程联运负有责任的开始。对多式联运合同当事人来说，多式联运单据是多式联运经营人收到货物的证据，是合同的证明，也是货物的物权凭证，多式联运经营人按多式联运单据指明的收货人或被指示的收货人交付货物，收货人凭多式联运单据提领货物。在货物装运发送后，多式联运经营人还应将多式联运单据副本以及一程运输的有关运输单证及时寄往第一程的目的地（港）的代理人，以便做好接货、转关和转运的准备。

### 五、运输保险

由于多式联运运距长、环节多、风险大，为避免可能发生的货运事故，多式联运经营人还可以向保险公司投保。尽管多式联运经营人有责任限额保护条款，但对多式联运经营人的疏忽、过失、侵权将丧失责任限额保护的权利，承担很大的赔偿金额的风险，为避免较大的损失，多式联运经营人通常向保险公司投保货物责任险和集装箱险，以防范巨额赔偿风险。

### 六、转关手续

多式联运若在全程运输中经由第三国，应由多式联运经营人或其代理人负责办理过境转关手续，对"国际集装箱海关公约"缔约国之间，转关手续已相当简化，通常只提交相应的转关文件，如过境货物申报单、多式联运单据、过境国运输区段单证等，并提交必要的担保和费用，过境国海关可不开箱检查，只作记录而予以放行。

### 七、全程运输的协调管理

1. 不同运输方式之间的转运

国际多式联运是以至少两种不同运输方式组成的连贯运输，不同运输方式之间的转运衔接，是保证运输连贯性、及时性的关键。由于运输工具不同、装卸设备设施不同、转运点的选择不同以及各国的规定和标准不同，因此多式联运经营人或其代理人事前应有充分的了解，以便根据各种不同具体情况和要求实现快速顺利的转运。

2. 各运输区段的单证传递

多式联运经营人作为全程运输的总负责人，通常要与各运输区段实际承运人订立分运输合同，在运输区段发送地以托运人的身份托运货物，在运输区段的目的地又以收货人的身份提领货物。为了保证各运输区段货物运输的顺利进行，多式联运经营人或其代理人在托运货物后要将有关运输单证及时寄给区段目的地代理人。同时，如该实际运输区段不是最后一程运输，多式联运经营人的代理人在做好接货准备的同时，还要做好下一程运输的托运准备。

3. 货物的跟踪

为了保证货物在多式联运全程运输中的安全，多式联运经营人要及时跟踪货物的运输状况，例如通过电报、电传、EDI、因特网在各结点的代理人之间传递货物信息，必要时还可通过 GPS 进行实时控制。

### 八、交付货物

按多式联运合同规定，货物到达指定交货地后，由多式联运经营人或其代理人将货物交多式联运单据指明的收货人或按指示交指定的收货人，即告完成全程运输任务。交货地代理人应在货物到达前向收货人发出到货通知，以便收货人及时做好提货准备。对于 FCL 交货的，例如 CY 条款，货物卸船、收货人办妥进口清关手续后，委托集装箱码头整箱交货；如 DOOR 交货的，则由公路运输至收货人的工厂或仓库交货，交接双方以箱体外表状况良好、封志完整为条件。

对于 LCL 交货的，交货地为合同指定的集装箱货运站，由集装箱货运站代表多式联运经营人拆箱、分票、堆存于仓库，收货人办妥进口清关手续后，以散件方式提运。

**链接——多式联运的一般业务流程**

多式联运合同的订立、多式联运计划的编制、接货装运、多式联运单证的签发、运输保险、转关手续、全程运输的协调管理、交付货物。

## 第五节 国际多式联运运费

由于国际多式联运的运输模式与传统海运不同，因而其运费构成也有所不同。本节主要讨论国际多式联运运费结构与计费办法。

### 一、多式联运运费的基本结构

多式联运已突破传统海运“港—港”的范围，而向两岸延伸，因此多式联运运费的基本结构，除包括海运段外，还包括一端内陆或两端内陆的运费。

多式联运运费的基本结构由内陆运输费(主要是公路运费、铁路运费或内河运费，包括拖运费、储仓费、转运费、服务费等)、码头装卸包干费、海运费等组成。

1. 公路运费

公路运费＝基本运费＋附加运费

其中，基本运费是指公路运输中的拖运费，按箱型、箱尺寸和运距计算；附加运费是指在公路运输中发生的其他费用，如车辆延滞费、上下车费、人工延滞费、辅助装卸费以及其他附加费等。

公路运费的计算方式主要有计程运费、计时包车运费、包箱运费和短程运费。

2. 铁路运费

铁路运费＝基本运费＋附加运费

其中，基本运费是指铁路运输中的拖运费，按箱型、箱尺寸和运距计算；附加运费是指办理铁路运输而发生的有关附加费用，如送取费、暂存费、换装费、代理费以及新路费、集装箱建设基金等。

3. 海运运费

海运运费＝基本运费＋附加运费

基本运费是指任何一种货物运输收取的最基本的运费，是海运运费的主要组成部分，包括船舶的折旧或租金、燃油费、修理费、港口使用费、管理费和职工工资等；附加运费是指在海运过程中因货物的特殊处理费用，如转船费、起重费、选港费、更改目的港费等，此外还包括受国际经济和国际贸易影响所产生的成本费用，如油价上涨、被迫绕航、汇率变动、港口拥挤等。

在集装箱海运中，为简化运费计算，班轮公司通常采用包箱费率的计算方法，并公布不同航线的运价。

4. 码头装卸包干费

在集装箱运输方式下，大多采用集装箱装卸包干形式，按箱计收装卸包干费。

我国交通部对外贸港口集装箱装卸包干费的规定见表 15-1。

**表 15-1 交通部集装箱费收规定 元(人民币)**

| 箱 型 | 20 ft | 40 ft |
|---|---|---|
| 一般货物集装箱 | 422.50 | 638.30 |
| 空箱 | 294.10 | 444.10 |
| 一级危险品集装箱 | 467.90 | 702.00 |
| 冷藏重箱 | 497.90 | 702.00 |
| 冷藏空箱 | 324.10 | 486.10 |

### 二、多式联运运费

多式联运运费＝基本运费＋附加运费

其中，基本运费是指两种或两种以上不同运输方式的运费，在包括海运的多式联运中，由于海运费通常已包含码头装卸包干费，故不另外收取。附加运费是指多式联运全程运输中基本运费外的其他费用，如中转费、过境费、仓储费以及有关的单证、服务费等。应该指出的是，按《联合国国际货物多式联运公约》，多式联运的应采用单一运费率，实际计费可以分段累加计收，也可根据分段累加的总费用换算出单一运费率。

## 第六节　多式联运货损事故处理

货损货差事故是货物运输中经常发生的，这就产生了受损方向责任方要求损害赔偿，责任方根据受损方提出的赔偿要求进行处理的索赔和理赔工作。

货物的索赔和理赔是一项十分重要的工作，应根据国家的对外政策、贸易合同、运输合同，并参阅有关国际惯例，正确处理货损货差事故。

### 一、提出索赔的原则

货物的索赔和理赔是一项政策性较强、涉及面较广、情况复杂，并具有一定法律原则的涉外工作。因此，在实际工作中，应坚持实事求是，有根有据，合情合理，区别对待，讲究实效。

实事求是，就是应根据所发生事故的实际情况，分析造成事故的原因，确定损失程度和金额。也就是说该索赔的，必须坚持原则行使索赔权利。

有根有据，是处理货物索赔的基础，在向承运人或其他有关当事人提出索赔时，应掌握造成货损事故的有力证据，并依据合同有关条款、国际惯例提出索赔。

合情合理，就是从所发生的事故中合理确定责任方应承担的责任和赔偿金额，必要时也可作出一些让步，其目的主要能使货损事故合理地、尽早地得以处理。

区别对待，就是应根据我国的对外政策，对方的态度和有关业务往来，根据不同对象，有理、有利、有节，采取不同方式区别处理。

讲究实效，是指在货损事故索赔中注重实际效果，充分注意保护自身的经济利益、政治利益，以及对外影响和业务发展。

国际贸易、运输中货物索赔的提出一般有这样几种情况：货物数量或件数的缺少或货物残损、灭失；货物的质变或货物实际状况与合同规定的要求不符；承运人在货物运输途中没有适当地保管和照料货物；货物的灭失、损害属保险人承保的责任范围内等。因此，根据货物发生灭失或损害的不同原因，受损方提出索赔的对象也是不同的。

(一)向发货人索赔

如果货物是由于下列原因造成灭失或损坏：

(1)原装货物数量不足。

(2)货物的品质与合同规定不符。

(3)包装不牢致使货物受损。

(4)未在合同规定的装运期内交货等。

收货人凭有关部门、机构出具的鉴定证书向发货人(卖方)提出索赔。

(二)向承运人索赔

如果货物是由于下列原因造成灭失或损坏：

(1)在卸货港交付的货物数量少于提单中所记载的货物数量。

(2)收货人持有正本清洁提单提取货物时，货物发生残损、缺少，且系承运人的过失。

(3)货物的灭失或损害是由于承运人免责范围以外的责任所致等。

上述情况则由收货人或其他有权提出索赔的人凭有关部门、机构出具的鉴定证书向承运人提出索赔。

(三)向保险公司索赔

如果货物的灭失或损害属下列范围：

(1)承保责任范围内，保险应予赔偿的损失。

(2)承保责任范围内，由于自然灾害或意外原因等事故使货物遭受损害。

(3)在保险人责任期限内。

上述情况则由受损方凭有关证书、文件向保险公司提出索赔。

(四)合理的索赔原则

不论是哪一种原因发生的索赔案，也不管是向谁提出索赔，一项合理的索赔必须具备下列原则：

(1)提赔人要有正当提赔权

提出货物索赔的人原则上是货物所有人，或提单上记载的收货人或合法的提单持有人。此外，还可能是货运代理人或其他有关当事人。

(2)责任方必须负有实际赔偿责任

事实上，索赔方提出的索赔并非都能得到赔偿，如属于承运人免责范围之内的，或属保险人承保责任外的货损，在很大程度上是不能得到赔偿的。

确定或证明责任方负有实际赔偿责任的文件通常有：

①卸货记录。

②检验报告。

③交货记录。

④残损报告。

⑤合同责任条款等。

(3)索赔时应具备的单证

①索赔申请书。索赔申请书系表明受损方向责任方提出赔偿要求,主要内容包括:索赔人的名称和地址;船名、抵港日期、装船港及接货地点名称;货物有关情况;短缺或残损损失情况;索赔日期、索赔金额、索赔理由。

②提单。提单是划分责任方与受损方责任的主要依据,在提出索赔时,索赔人应出具提单正本或其影印本。

③货物残损检验证书。该证书是受损方针对所发生的货损原因不明或不易区别时,向检验机构申请对货物进行检验后出具的单证。

④货物残损单。该单是对货物运输、装卸过程中货物残损所作的实际记录,受损方依据经责任方签署的货物残损单提出索赔。

⑤索赔清单。索赔清单主要列明货损事故所涉及的金额,通常按货物的到岸价计算。

另外,提出索赔时应出具的单证还有商业发票、短损单、修理单等。

(4)赔偿的金额必须是合理的

合理的赔偿金额是以货损实际程度为基础。

但是,在实际中责任方则往往受赔偿责任限额的保护,如:承运人的赔偿可享受提单中的赔偿责任限额,保险人的赔偿以保险金额为基础。

(5)在规定的期限内提出索赔

一项有效的索赔必须在规定的期限内提出,这就是通常所说的"索赔时效"。否则,货物的损害即使确由责任方的过失所致,索赔人提出的索赔在时效过后很难得到赔偿。

## 二、多式联运货损事故处理

多式联运货损事故处理涉及海运货损事故处理、水运货损事故处理、铁路货损事故处理、公路货损事故处理等。

多式联运货损事故处理应根据货物运输过程中环节作业的特点、有关合同条款、法律、公约等规定,对所发生的货损事故进行处理。

对货物数量不足,外表状况或货物的品质与提单上记载的情况不符,应根据提单条款的规定,将货物短缺或损坏的事实,以书面的形式通知承运人或代理人,以此表明提出索赔的要求。如果货物的短缺或残损不明显,也必须是在提取货物后的规定时间内,向承运人或其代理人提出索赔通知。

在货损事故索赔或理赔中,提单、收货单、过驳清单、卸货报告、货物溢短单、货物残损单、装箱单、积载图等货运单证均可作为货损事故处理和明确责任方的依据,应该妥善处理这些单证。

货运事故发生后,收货人与承运人之间未能通过协商对事故的性质和程度取得一致意见时，则应在共同同意的基础上，指定检验人对所有应检验的项目进行检验，检验人签发的检验报告是确定货损责任的依据。

货物一旦发生灭失或损坏，通常由收货人向承运人或其代理人提出索赔。但是，当收货人根据货物保险条款从承保货物的保险人那里得到了赔偿后，保险人可代位（指代替收货人）向承运人或其代理人进行追偿。

作为举证的手段，索赔方出具的索赔单证不仅可证明货损的原因、种类、程度，还可确定最终责任方。

主要货损索赔单证有：索赔申请书或索赔清单、提单、过驳清单或卸货报告、货物残损单和货物溢短单、重理单等。

提出索赔时使用的其他单证还有：货物发票、修理单、装箱单、拆箱单等。

当收货人从保险人那里得到赔偿后，则通过签署一份权益转让证书，将向承运人提出的索赔权利转让给保险人，保险人凭以向承运人进行索赔。

提出赔偿，必须予以举证，而责任方企图免除责任或减少责任，则必须予以反举证和举证，反举证是分清货损责任的重要手段，有时在一个案件中会多次进行，直到最终确定责任。

审核是处理货损事故仔细且重要的工作，审核的主要内容有：索赔期限、出具的单证是否齐全、单证之间有关内容是否相符、货损是否发生在承运人的责任期限内、有关单证上签字确认、理货计数量是否准确等。

承运人免责或减少责任应出具的主要单证。

通过举证与反举证，虽然已明确了责任，但在赔偿金额上未取得一致意见时，则应根据法院判决或决议支付一定的索赔金。

**链接——多式联运货损事故处理中索赔应具备的原则**

(1)提赔人要有正当提赔权。

(2)责任方必须负有实际赔偿责任。

(3)索赔时应具备相关的单证。

(4)赔偿的金额必须是合理的。

(5)在规定的期限内提出索赔。

**案例——海陆联运货物被无单担保提货案**

1996 年 10 月中旬，SEZFT 公司（卖方）与俄罗斯 AROAN 公司（买方）成交一笔服装贸易，金额为 24 万美元。合同规定：

1. 付款方式：买方先付 20%定金于发货后 30 天付清货款，付款后交单。

2. 运输方式：海陆联运，入中国港口至 MOSCOW。SEZFT 公司在签订合同后，即收到 AROAN 公司汇来的 20%定金，卖方按照合同要求，于 1996 年 11 月备妥货物，由某船公司所属轮船运往 MOSCOW。

发货后一个月，买方不履行付款义务，理由是货物尚未到港，SEZFT 公司据此情况，立即扣留有关单据，同时，催促船公司速将货物运往目的港，经查，该批货物是在 1996 年 12 月中旬抵达汉堡后，即装集装箱卡车运往 MOSCOW，并于 1996 年 12 月 24 日被卡在边境港口 RIGA，迟迟未能抵达 MOSCOW，直至 1997 年 1 月 24 日，货物才抵达 MOSCOW。

由于货物的运输时间太长，货物抵港时买方借口已过销售季节，拒绝付款赎单，SEZFT 公司为了避免造成更大损失，决定将该批货物就地处理，但当 SEZFT 公司出示正本提单时，才发现该批货物已于 1997 年 1 月 25 日被无单提走。在这种情况下，SEZFT 公司立即出函船公司，要求交货或赔偿，直至 1997 年 7 月份仍未收到船方的答复，于是 SEZFT 公司即与律师及法院协商，分析案情后，于 1997 年 7 月向当地海事法院起诉，要求船公司赔偿无单放货而造成的损失。在法院的调解下，双方达成协议，由船公司赔偿 SEZFT 公司 205 000 美元，本案结束。

[案例要点]

1. 对东欧和俄罗斯等国贸易在付款方式上存在巨大风险。
2. 运输方式对交货期的关系极大。
3. 卖方应随时把握动态，防范风险。
4. 坚持接正本提单提货，未经发货人同意不得擅自通过任何方式无单提货。

[要点评析]

AROAN 公司与 SEZFT 公司是多年的贸易关系，资信尚可，有一定的经营能力，为什么 AROAN 公司却背着 SEZFT 公司无单提了货呢？主要是这种季节性商品，运输的时间太长，以致误了销售季节，影响了 AROAN 公司的自身利益，因此，该公司也就不顾多年的贸易关系，匆匆背着 SEZFT 公司，无单提了货。而 SEZFT 公司也是一家有几十年历史的对外贸易企业，警惕性强，采取了果断应变措施，从而挽回损失。

## [思考题]

1. 什么是国际多式联运？
2. 国际多式联运有什么特征？
3. 国际多式联运有哪些优越性？
4. 国际多式联运有哪些类型？
5. 多式联运经营人应具备哪些条件？

# 附录 集装箱运输单证(部分)

## 附录 01——进口舱单

CARGO/FREIGHT MANIFEST

==============================  ====DANGEROUS====

M. V NEV NRIENT″ (IST CALLING) VOY. 1263 FROM: BOSAE. EOREA TO: YANGZHOU, CBIRA SAILING: May 31, 1998 Page 1′

| B/L No. | (S)SMIPPERS<br>(C)CONSIGNEES<br>(N)NOTIFY | MARES AND NUMBERS<br>CONTAINER/SEAL RN. | NOS. AND ZIND OT 9′RGS<br>DESCRIPTION OF G0003 | CARGO V′T<br>GRQSS V′T<br>MEAS′T | FREIGHT<br>RATE PREPAID COLLECT |
|---|---|---|---|---|---|
| NDLSBS98260<br><br>17 | S/E0REA CHENICAL CO.. LT0. 1301-4<br>SEOCBO-DONG. SEOCRO-KG SEOUL.<br>ROREA<br>C/TO THE ORDER OF YANGZHOU<br>TONGYUN CONTAINER CO.. LTD<br>N/TANG7HCV TONGYGH CONTAIVER<br>CO.. LTD. 61. EAST GARDEN ROAD.<br>YANGZHOO. JIANGSV. P. R. CHINA | RCC. TTC98059T<br>----------------<br>TYC/CHINA<br><br>20′: TRIU2477588/0281833<br>20′: ESIU2200250/101969<br>20′: ESIU2201895/0316538<br>20′: TPRU6726824/35368<br>20′: TPAU7055665/937687<br>20′: ESIU2205020/080594<br>CY/CY | 6X20′(D/G)<br>(97PRGS)<br><br>PAINT AND TBINNER<br>-SHIPNENT IK TRANSIT TO YANGZHOU. CHINA VIA SHANGHAI. CHINA-<br><br>(CLASS No. 3.2<br>UN NO. 1263) | | 82.427KGS<br>91.800CBN |

## 附录 02——卸船堆存计划表

**卸船堆存计划**

船名/航次:XIBOHE/0004

| 尺寸 | 箱型 | 高度 | 状态 | 持箱人 | 箱量 | 港口 | 起/止箱区 | 堆放原则 |
|---|---|---|---|---|---|---|---|---|
| 20′ | GP | 9′6″ | IE | ECC | 25 | SHA | 2701－2747 | |
| 20′ | GP | 8′6″ | IF | ECC | 1164 | SHA | 2601－2667 | |
| | | | | | | | | |
| 合计 | | | | | | | | |

## 附录 03——出口重箱进场堆存计划表

**出口重箱进场堆存计划**

船名/航次:XIBOHE/0004

| 尺寸 | 箱型 | 高度 | 状态 | 持箱人 | 箱量 | 港口 | 起/止箱区 | 堆放原则 |
|---|---|---|---|---|---|---|---|---|
| 20′ | GP | 9′6″ | IE | ECC | 25 | DST | 2701－2747 | 按排堆放 |
| 20′ | GP | 8′6″ | IF | ECC | 1164 | LSA | 2601－2667 | 按位堆放 |
| | | | | | | | | |
| 合计 | | | | | | | | |

# 附录 04——昼夜船舶作业计划表

××集装箱码头有限公司　　　　昼夜船舶作业计划表　　　　计划日期:2002. 12. 11

鬃 Container Terminals Ltd.

××码头　　　　天气预报:多云。东北风:3—4 级。温度:4℃—10℃　　　　打印日期:2002. 12. 11　14 : 38 : 36

| 泊位 | 船名 | 航次 | 装卸 | 总箱量 | | | 作业时间 | | | | 动态 | 上昼夜剩余 | | | 第一班 | | | | 第二班 | | | | 第三班 | | | | 昼夜合计 | | | | 昼夜剩余 | | | |
|---|---|---|---|---|---|---|---|---|---|---|---|---|---|---|---|---|---|---|---|---|---|---|---|---|---|---|---|---|---|---|---|---|---|---|
| | | | | 20'F/E | 40'F/E | 45'F/E吨 | 靠泊时间 | 开工时间 | 完工时间 | 离泊时间 | | 20' | 40' | 45' | 20' | 40' | 45' | 桥吊 | 20' | 40' | 45' | 桥吊 | 20' | 40' | 45' | 桥吊 | 20' | 40' | 45' | 桥吊 | 20' | 40' | 45' | 桥吊 |
| 1 | 桃园* | 225N | I | 308/0 | 207/0 | 7220 | 11/20:00 | 11/20:30 | 12/03:00 | 12/03:30 | 进口 | 200 | 120 | 4 400 | 200 | 120 | 283 | 4 400 | | | | | | | | | | | | | 200 | 120 | 440 | 4 400 |
| 1 | 桃园* | 225S | E | 5/0 | 7/0 | 190 | 11/20:00 | 11/20:30 | 12/03:00 | 12/03:30 | 开船 | 5 | 7 | 190 | 5 | 7 | 34 | 190 | | | | | | | | | 5 | 7 | 10 | 190 | | | | |
| 1 | 天顺 | 362S | I | 176/2 | 45/0 | 2 660 | 12/10:30 | 12/11:00 | 12/16:00 | 12/21:00 | 进口 | 178 | 45 | 2 660 | | | | | 150 | 35 | 834 | 2 200 | 28 | 10 | 83 | 460 | 178 | 45 | 268 | 2 660 | | | | |
| 1 | 天顺 | 362N | E | 66/132 | 43/20 | 1 860 | 12/10:30 | 12/15:00 | 12/20:00 | 12/21:00 | 开船 | 198 | 63 | 1 860 | | | | | | | | | 198 | 63 | 28 | 1 860 | 198 | 63 | 324 | 1 860 | | | | |
| 2 | 峰云河 | 074N | I | 370/0 | 99/0 | 5 680 | 11/19:30 | 11/20:00 | 12/08:00 | 12/15:00 | 进口 | 270 | 49 | 3 680 | 200 | 30 | 34 | 2 600 | 70 | 19 | 34 | 1 080 | | | | | 270 | 49 | 368 | 3 680 | | | | |
| 2 | 峰云河 | 075S | E | 120/0 | 15/0 | 1 500 | 11/19:30 | 12/07:30 | 12/13:00 | 12/15:00 | 开船 | 120 | 15 | 1 500 | | | | | 120 | 15 | 4 | 1 500 | | | | | 120 | 15 | 150 | 1 500 | | | | |
| 2 | 通顺 | 0233W | I | 102/25 | 82/43 | 2 880 | 12/15:30 | 12/16:00 | | | 进口 | 172 | 125 | 2 880 | | | | | | | | | 100 | 100 | 34 | 2 110 | 100 | 100 | 300 | 2 110 | 27 | 25 | | 770 |
| 3 | 海丰大连 | 296E | I | 91/10 | 30/98 | 1 920 | 11/20:00 | 11/20:30 | 12/06:00 | 12/13:30 | 进口 | 71 | 78 | 1 370 | 71 | 78 | 67 | 1 370 | | | | | | | | | 71 | 78 | 227 | 1 370 | | | | |
| 3 | 海丰大连 | 297E | E | 250/0 | 170/0 | 5 900 | 11/20:00 | 12/04:00 | 12/13:00 | 12/13:30 | 开船 | 250 | 170 | 5 900 | 50 | 30 | 67 | 1 100 | 200 | 140 | 67 | 4 800 | | | | | 250 | 170 | 590 | 5 900 | | | | |
| 3 | 通灵 | 0244N | I | 124/0 | 126/2 | 3 760 | 11/20:00 | 11/20:30 | 12/00:30 | 12/04:00 | 进口 | 70 | 60 | 1 900 | 70 | 60 | 567 | 1 900 | | | | | | | | | 70 | 60 | 190 | 1 900 | | | | |
| 3 | 通灵 | 0245S | E | 125/20 | 63/10 | 2 590 | 11/20:00 | 12/00:00 | 12/03:30 | 12/04:00 | 开船 | 145 | 73 | 2 590 | 145 | 73 | 567 | 2 590 | | | | | | | | | 145 | 73 | 291 | 25 900 | | | | |
| 3 | 永定河 | 252W | I | 32/10 | 12/4 | 590 | 12/20:30 | 12/21:00 | | | 进口 | 42 | 16 | 590 | | | | | | | | | 10 | 16 | 6 | 270 | 10 | 16 | 42 | 270 | 32 | | | 320 |
| 3 | 隆裕 | 0247W | I | 91/137 | 34/171 | 2 540 | 12/21:00 | 12/21:30 | | | 进口 | 228 | 205 | 2 540 | | | | | | | | | 10 | 15 | 57 | 150 | 10 | 15 | 40 | 150 | 218 | 190 | | 2 390 |
| | 吞吐量合计 | | | 1 860/336 | 933/348 | 39 290 | | | | | | 1 904 | 1 026 | 32 060 | 741 | 398 | | 14 150 | 540 | 209 | | 9 580 | 346 | 204 | | 4 850 | 1 627 | 811 | 3 249 | 28 580 | 277 | 215 | | 3 480 |

备注:

1)大船开靠水手提前清档,系解缆注意站位,桥吊注意避让。2)危险品进出场,检查口要加强验残,作业前检查桥吊设备。3)登高注意防滑,箱区车辆行驶注意交通安全。4)Z102#桥吊 12 日停车一天检修。5)“通灵”12/02:00 直装 20FX1(D2.1 级)。6)“海丰大连”12/10:00 直装 20FX1(D2.1 级)。7)“峰云河”12:09:00 直装 20FX1(D4.2 级)20FX8(D2.2 级)20FX1(D3 级)

鬃 706-C02

## 附录05——昼夜堆场作业计划表

上海集装箱码头有限公司

Shanghai Container Terminals Ltd.　　打印时间:2002.12.11　15:11

张华浜码头　　计划日期:2002.12.12　00:00-23:59

**昼夜堆场作业计划表**

| 项　目 | 操作过程 | 流　　向 | 20ft | 40ft | 45ft |
|---|---|---|---|---|---|
| 提进口重箱 | 场一车 | | 91 | 50 | 0 |
| 疏运 | 船一车 | 安达路中转站 | 5 | 0 | 0 |
| 疏运 | 船一车 | 上海宝罗危险品仓储 | 10 | 3 | 0 |
| 疏运 | 场一车 | 安达路中转站 | 90 | 63 | 0 |
| 疏运 | 场一车 | 上海宝罗危险品仓储 | 10 | 0 | 0 |
| 疏运 | 场一车 | 上海宝罗危险品仓储 | 2 | 0 | 0 |
| 疏运 | 场一车 | 胜狮堆场 | 126 | 46 | 0 |
| 出口重箱进场 | 车一船 | | 11 | 0 | 0 |
| 消毒 | 箱一箱 | | 0 | 21 | 0 |
| 查验 | 箱一箱 | | 2 | 11 | 0 |
| 海关透检 | 箱一箱 | | 26 | 6 | 0 |

| 船名 | 航次 | 进箱开始时间 | 截止时间 |
|---|---|---|---|
| 商城 | 034E | 2002.12.11 12:00 | 2002.12.13 14:00 |
| 天顺 | 362N | 2002.12.08 12:00 | 2002.12.12 09:00 |
| 永昌 | WS060 | 2002.12.11 12:00 | 2002.12.13 14:00 |
| 峰云河 | 075S | 2002.12.08 12:00 | 2002.12.12 01:30 |
| 竹子 | 292E | 2002.12.10 12:00 | 2002.12.12 14:00 |
| 通灵 | 0245S | 2002.12.07 12:00 | 2002.12.11 18:00 |
| 利士 | CE205E | 2002.12.10 17:00 | 2002.12.13 14:00 |
| 雁门 | 02061 | 2002.12.11 12:00 | 2002.12.13 14:00 |
| 东风 | 505S | 2002.12.10 12:00 | 2002.12.12 14:00 |
| 桃园* | 225S | 2002.12.09 12:00 | 2002.12.11 20:30 |
| 中远菊花 | 045E | 2002.12.10 12:00 | 2002.12.12 14:00 |
| 剑兰泉 | 0260E | 2002.12.10 12:00 | 2002.12.12 14:00 |
| 荷花泉 | 0250E | 2002.12.10 12:00 | 2002.12.12 14:00 |
| 海丰大连 | 297E | 2002.12.06 12:00 | 2002.12.11 22:00 |
| 金兰泉 | 0250E | 2002.12.10 12:00 | 2002.12.12 14:00 |
| 海丰联发 | 045E | 2002.12.11 12:00 | 2002.12.13 14:00 |
| 富城 | HTA307 | 2002.12.11 12:00 | 2002.12.13 14:00 |

## 附录 06——疏运计划清单

18/12　　22　　11:21　　　　　　　　　　　　　　　　SCT—F&A

001

上海集装箱码头有限公司　　　　　　　　　　　　　　　打印日期:02.12

18　11:32

Shanghai Container Terminals Ltd

张华滨码头　　　　　　　　　　疏运计划清单

流向:胜狮堆场　　　　　　　　　　　　　　　　　　　编号:

302072116　　　　　　　　　　　　　　　　　　　　　作业时间:12.17

承运人:上海集装箱综合发展公司

19:00—18.18:00

(整箱)船名　SITC　DAL　　　航次　296W

| 提单号 | 序号 | 箱号 | 尺寸 | 箱型 | 状态 | 持箱人 | 重量 | 件数 | 超限 | 危类 | 场箱位 |
|---|---|---|---|---|---|---|---|---|---|---|---|
| SITSD296—TS002 | 1 | PRSU2267994 | | | 20′ | GP | IF | SIT | | 3 785 | 44 |
| 461542 | | | | | | | | | | | |
| SITSD296—TS005 | 2 | TGHU4261611 | | | 40′ | GP | IF | SIT | | 14 224 | 54 |
| 325033 | | | | | | | | | | | |
| SITSD296—YS10 | 3 | TTNU9264722 | | | 40′ | GP | IF | SIT | | 13 033 | 668 |
| 322621 | | | | | | | | | | | |
| SITSD296—YS17 | 4 | TRIU5509816 | | | 40′ | GP | IF | SIT | | 15 420 | 14 |
| 325013 | | | | | | | | | | | |
| | 5 | TEXU7036766 | | | 40′ | GP | IF | SIT | | 13225 | 17 |
| 325012 | | | | | | | | | | | |
| SITSD296—YS50 | 6 | SITU4992323 | | | 40′ | GP | IF | SIT | | 15 268 | 20 |
| 322611 | | | | | | | | | | | |
| SITSD296—YS51 | 7 | TGHU2439941 | | | 20′ | GP | IF | SIT | | 8 142 | 9 |
| 470761 | | | | | | | | | | | |
| SITSD296—YS53 | 8 | GLHU2523980 | | | 20′ | GP | IF | SIT | | 5 210 | 4 |
| 470732 | | | | | | | | | | | |
| SITSD296—YS54 | 9 | TRIU9740675 | | | 40′ | GP | IF | SIT | | 16 650 | 1 |
| 325053 | | | | | | | | | | | |
| SITSD296—YS65 | 10 | SITU2964019 | | | 20′ | GP | IF | SIT | | 4 670 | 3 |
| 461311 | | | | | | | | | | | |
| SNL2YS01311 | 11 | SNBU2128052 | | | 20′ | GP | IF | SNL | | 11 900 | 635 |
| 461322 | | | | | | | | | | | |
| | 12 | SNBU2128052 | | | 20′ | GP | IF | SNL | | 11 900 | |
| 461322 | | | | | | | | | | | |

小计:20:　　5　　40:　　6　　45:

(整箱)船名　TAOYUAN　　航次　225N

| 提单号 | 序号 | 箱号 | 尺寸 | 箱型 | 状态 | 持箱人 | 重量 | 件数 | 超限 | 危类 | 场箱位 |
|---|---|---|---|---|---|---|---|---|---|---|---|
| 01—02—01981 | 13 | YTLU2200180 | | | 20′ | GP | IF | TNC | | 18700 | 620 |
| 263122 | | | | | | | | | | | |
| | 14 | YTLU2976214 | | | 20′ | GP | IF | TNC | | 20000 | 620 |
| 262921 | | | | | | | | | | | |

## 附录07——卸船顺序单

卸船顺序单

船名:FESU8 （丰顺8号） 航次:029N

机械号:W113

02-8-21 下午 06:00:30

| 程序 | 次序 | 船箱位 | 箱　号 | 尺寸 | 箱型 | 状态 | 箱高 | 特标 | 危标 | 重量 | 持箱人 | 目的港 | 场箱位 | 备注 |
|---|---|---|---|---|---|---|---|---|---|---|---|---|---|---|
| 1 | 1 | 999999 | CAXU4886354 | 40ft | GP | OZ | 9ft6in | | | 16 640 | HLC | SAV | | |
| | 2 | 999999 | CBHU0659031 | 20ft | GP | OZ | 8ft6in | | | 9 614 | ECC | BOS | | |
| | 3 | 999999 | CBHU1648601 | 40ft | GP | OZ | 8ft6in | | | 10 015 | ECC | BOS | | |
| | 4 | 999999 | CBHU3185893 | 20ft | GP | OZ | 8ft6in | | | 8 494 | ECC | BOS | | |
| | 5 | 999999 | CBHU9649991 | 40ft | GP | OZ | 9ft6in | | | 22 599 | ECC | NYK | | |
| | 6 | 999999 | CBHU9711193 | 40ft | GP | OZ | 9ft6in | | | 16 847 | ECC | NYK | | |
| | 7 | 999999 | CBHU9748588 | 40ft | GP | OZ | 9ft6in | | | 19 908 | ECC | NYK | | |
| | 8 | 999999 | CBHU9761255 | 40ft | GP | OZ | 9ft6in | | | 12 500 | ECC | NYK | | |
| | 9 | 999999 | CBHU9814503 | 40ft | GP | OZ | 9ft6in | | | 20 072 | ECC | NYK | | |
| | 10 | 999999 | CBHU9926210 | 40ft | GP | OZ | 9ft6in | | | 16 847 | ECC | NYK | | |
| | 11 | 999999 | GATU8175196 | 40ft | GP | OZ | 9ft6in | | | 16 640 | HLC | SAV | | |
| | 12 | 999999 | GATU8309628 | 40ft | GP | OZ | 9ft6in | | | 16 640 | HLC | SAV | | |
| | 13 | 999999 | GATU8387045 | 40ft | GP | OZ | 9ft6in | | | 16 640 | HLC | SAV | | |
| | 14 | 999999 | GATU8406124 | 40ft | GP | OZ | 9ft6in | | | 16 640 | HLC | SAV | | |
| | 15 | 999999 | GVDU4017070 | 40ft | GP | OZ | 8ft6in | | | 16 035 | ECC | BOS | | |
| | 16 | 999999 | GVDU4020243 | 40ft | GP | OZ | 8ft6in | | | 16 035 | ECC | BOS | | |
| | 17 | 999999 | HLCU4028466 | 40ft | GP | OZ | 8ft6in | | | 11 583 | HLC | OPT | | |
| | 18 | 999999 | HLCU4111797 | 40ft | GP | OZ | 8ft6in | | | 10 208 | HLC | OPT | | |
| | 19 | 999999 | HLCU4132320 | 40ft | GP | OZ | 8ft6in | | | 10 208 | HLC | OPT | | |
| | 20 | 999999 | HLCU4196135 | 40ft | GP | OZ | 8ft6in | | | 11 583 | HLC | OPT | | |
| | 21 | 999999 | HLXU2197890 | 20ft | GP | OZ | 8ft6in | | | 21 296 | HLC | SAV | | |
| | 22 | 999999 | HLXU2231607 | 20ft | GP | OZ | 8ft6in | | | 21 440 | HLC | NYK | | |
| | 23 | 999999 | HLXU2381546 | 20ft | GP | OZ | 8ft6in | | | 21 494 | HLC | SAV | | |
| | 24 | 999999 | HLXU4079160 | 40ft | GP | OZ | 8ft6in | | | 9 657 | HLC | OPT | | |
| | 25 | 999999 | HLXU4464402 | 40ft | GP | OZ | 8ft6in | | | 17030 | HLC | OPT | | |
| | 26 | 999999 | HLXU4526891 | 40ft | GP | OZ | 8ft6in | | | 10 000 | HLC | OPT | | |
| | 27 | 999999 | HLXU4543733 | 40ft | GP | OZ | 9ft6in | | | 16 640 | HLC | SAV | | |
| | 28 | 999999 | HLXU6022673 | 40ft | GP | OZ | 8ft6in | | | 14 000 | HLC | OPT | | |
| | 29 | 999999 | HLXU6025034 | 40ft | GP | OZ | 8ft6in | | | 10 000 | HLC | OPT | | |
| | 30 | 999999 | HLXU6028270 | 40ft | GP | OZ | 9ft6in | | | 16 640 | HLC | SAV | | |
| | 31 | 999999 | HLXU6051460 | 40ft | GP | OZ | 9ft6in | | | 16 640 | HLC | SAV | | |
| | 32 | 999999 | HLXU6059224 | 40ft | GP | OZ | 9ft6in | | | 16 640 | HLC | SAV | | |
| | 33 | 999999 | HLXU6100523 | 40ft | GP | OZ | 9ft6in | | | 10 417 | HLC | MIA | | |
| | 34 | 999999 | HLXU6107467 | 40ft | GP | OZ | 9ft6in | | | 13 415 | HLC | OPT | | |
| | 35 | 999999 | HLXU6115987 | 40ft | GP | OZ | 8ft6in | | | 10 000 | HLC | OPT | | |
| | 36 | 999999 | HLXU6125141 | 40ft | GP | OZ | 9ft6in | | | 9 521 | HLC | OPT | | |
| | 37 | 999999 | HLXU6125460 | 40ft | GP | OZ | 9ft6in | | | 19 750 | HLC | OPT | | |
| | 38 | 999999 | HLXU6128161 | 40ft | GP | OZ | 9ft6in | | | 10 417 | HLC | MIA | | |
| | 39 | 999999 | HLXU6138914 | 40ft | GP | OZ | 8ft6in | | | 10 000 | HLC | OPT | | |
| | 40 | 999999 | HLXU6179322 | 40ft | GP | OZ | 8ft6in | | | 10 000 | HLC | OPT | | |

Null

Page 1 of 2

## 附录 08——进口单船小结

上海集装箱码头有限公司

Shanghai Container Terminals Ltd. **进口单船小结**

张华浜码头

| 船名(中) | 船名(英) | 航次 | 船籍 | 船代 | 航线 | 经营人 | 船净吨 | 靠泊时间 | 离泊时间 |
|---|---|---|---|---|---|---|---|---|---|
| 通联 | MILD UNI | 0233 | PA | JC | JAP | SJJ | 3 296 | 12. 17 13:34 | 12. 18 02:00 |

| 箱型 | 20ftF | 20ftE | 40ftF | 40ftE | 45ftF | 45ftE |
|---|---|---|---|---|---|---|
| 进口总数 | 164 | 1 | 65 | 40 | | |
| 普通箱 | 122 | 1 | 50 | 40 | | |
| 冷冻箱 | 1 | | | | | |
| 危品箱 | 20 | | | | | |
| 超限箱 | | | | 1 | | |

| | 进/出口 | 进口 | 出口 | 进口 | 出口 | 进口 | 出口 | 进口 | 出口 | 进口 | 出口 | 进口 | 出口 |
|---|---|---|---|---|---|---|---|---|---|---|---|---|---|
| 中转 | 普通箱 | 2 | | | | 13 | | | | | | | |
| | 冷冻箱 | | | | | | | | | | | | |
| | 危品箱 | 3 | | | | | | | | | | | |
| | 超限箱 | 1 | | | | | | | | | | | |

| | | | |
|---|---|---|---|
| 国际中转 | 普通箱 | 3 | |
| | 冷冻箱 | | |
| | 危品箱 | | |
| | 超限箱 | | |

| | | | |
|---|---|---|---|
| 直通 | 普通箱 | 1 | 1 |
| | 冷冻箱 | 1 | |
| | 危品箱 | | |
| | 超限箱 | | |

| | | |
|---|---|---|
| 出舱翻装 | 普通箱 | |
| | 冷冻箱 | |
| | 危品箱 | |
| | 超限箱 | |

## 附录 09——作业申请单

打印时间 2002.12.18 12:29

上海集装箱码头有限公司

Shanghai Container Terminals Ltd.

宝山码头

### 作业申请单

作业名称：疏港调单 操作过程：场—车 作业时间：02.12.18 06:00 12.18 22:00 编号：302501

船名：高丽香港 航次：215N 流向： 申请人：上海金健储运有限公司

| 提单号 | 箱号 | 持箱人 | 尺寸 | 箱类 | 箱高 | 危类 | 备注 |
|---|---|---|---|---|---|---|---|
| KMTCPGU007660 | KMTU7065465 | KMTC | 20 | GP | 8′6″ | | 安达路中转站（上海安达路 240 号） |

出场时间：02.12.05 00:19

货备注：* * :SHIPPING MARKSICPA SHANGHAI INKSCO LTDSHANGHAINO 1—18

货类：其他货类 件数：18 重量：17108 体积：25

放行

20′:1 40′:0 45′:0

受理人：00657 受理时间：02.12.18 10:06 受理签章： 卸船时间：02.11.28 04:45

## 附录 10——进口集装箱动态表

### 进口集装箱动态表

船名/航次：

拆箱日期：

| 提单号 | 唛头 | 箱号 | 尺寸 | 收货人 | 条款 | 货名 | 体积 | 重量 | 包装方式 | 备注 |
|---|---|---|---|---|---|---|---|---|---|---|
| | | | | | | | | | | |
| | | | | | | | | | | |
| 合计 | | | | | | | | | | |

## 附录 11——码头装卸作业签证

SCT708-P02

**上海集装箱码头有限公司　　(　　　)码头装卸作业签证**

SHANGHAI CONTAINER TERMINALS LIMITED　TERMINAL STEVEDORE WORKING RECORD

船名：　　航次　　靠泊时间　　年　月　日　　装☐　卸☐

Vessel ________ Voy. No ________ Arrival ____ Year ____ Month ____ Day Loading Discharging

停靠时间：　　船舶净吨：　　离泊时间　　年　月　日　　移泊时间：

Berthed at ________ Net ________ Departure ____ Year ____ Month ____ Day Time of Shiting

| | | | | | | | | | |
|---|---|---|---|---|---|---|---|---|---|
| 开/关舱盖 Opening /Closing Hatches | 日期 Date | 日 Day | | 日 Day | | 日 Day | | 日 Day | |
| | 时间 Time | 2200-0600 | 0600-2200 | 2200-0600 | 0600-2200 | 2200-0600 | 0600-2200 | 2200-0600 | 0600-2200 |
| | 开关舱盖板数 Amount | | | | | | | | |
| 集装箱 Container | 箱型/箱数 Kind of container/ No. of container | 20F | 20E | 40F | 40E | 45F | 45E | 备注 Remark | |
| | 集装箱总计 (不含翻装) Total No. of container | | | | | | | | |
| | 其中 In cluding　冷藏箱 Reefer | | | | | | | | |
| | 其中 In cluding　危险品 Dangerous | | | | | | | | |
| | 其中 In cluding　超限箱 Out-of-guage | | | | | | | | |
| | 出舱翻装 Restow out of ship | | | | | | | | |
| | 舱内翻装 Restow on board | | | | | | | | |
| 件杂货 General | 作业时间 Opening time | 重量 Weight、件数 Packages、尺码 Measurement | | | | | | | |
| | 日 起 止 Day Form To | | | | | | | | |
| | 人数 No. of workers | 指导员　人 Foreman | | 技术工　人 Technical | | 普通工　人 Ordinary | | 其他 Others | |
| | 起/止时间 Starting and closing time | | | | | | | | |
| 待时 Stand-by | 待时原因 Stand-by reason | 人数 No. of workers | | 指导员　人 Foreman | | 技术工　人 Technical | | 普通工　人 Ordinary | |
| | | 起/止时间 Starting and closing time | | | | | | | |
| 意见/建议 Opinion/ Suggestion | | | | | | | | | |
| 备注 Remark | | | | | | | | | |

第一联码头留存

指导员：　　船长或大副

Foreman ________ Captain/Chief Officer ________

OPS 018/25000/5/2001

## 附录 12——卸船溢缺清单

卸船溢缺清单

船名/航次：XI BO HE/0004

| 序号 | 箱　号 | 尺寸 | 状态 | 危类 | 提　单　号 | 场箱位 |
|---|---|---|---|---|---|---|
| 1 | CBHU3348872 | 20′ | IF | 3.1 |  | 510761 |
| 1 | CBLU3348872 | 20′ | IF | 3.1 | OOCL22839090 |  |
|  |  |  |  |  |  |  |
| 合计 |  |  |  |  |  |  |

## 附录 13——集装箱预配清单

中国上海外轮代理公司货运部

集装箱预配清单

年　　月　　日　　　　船名 / 航次：　　　第　　页

| 出口公司 | 对方协议公　司 | 外运运输编　号 | 提单名 | 货名 | 件数 | 毛重(公斤) | 尺　码(立方米) | 目的港 | 集装箱只数及规格 | 装箱地点 | 备注 |
|---|---|---|---|---|---|---|---|---|---|---|---|
|  |  |  |  |  |  |  |  |  |  |  |  |
|  |  |  |  |  |  |  |  |  |  |  |  |
|  |  |  |  |  |  |  |  |  |  |  |  |

## 附录 14——装船顺序单

### 装船顺序单

船名:FESU8(丰顺 8 号)　　　　航次:030S

机械号　　　　02-8-21　下午　06:00:50

| 程序 | 次序 | 场箱位 | 箱　号 | 尺寸 | 箱型 | 状态 | 箱高 | 特标 | 危标 | 重量 | 持箱人 | 卸货港 | 船箱位 | 备注 |
|---|---|---|---|---|---|---|---|---|---|---|---|---|---|---|
| | | 1C3734 | CBHU0336764 | 20ft | GP | IZ | 8ft6in | | | 14 700 | ECC | NBO | 999999 | |
| | | 1D3053 | CBHU1662282 | 40ft | GP | IZ | 8ft6in | | | 25 400 | ECC | NBO | 999999 | |
| | | 1D3061 | CBHU1510525 | 40ft | GP | IZ | 8ft6in | | | 25 500 | ECC | NBO | 999999 | |
| | | 1D5012 | CBHU1287216 | 40ft | GP | IZ | 8ft6in | | | 24 600 | ECC | NBO | 999999 | |
| | | 1D5042 | CBHU1654348 | 40ft | GP | IZ | 8ft6in | | | 22 700 | ECC | NBO | 999999 | |
| | | 3K4011 | CBHU1448223 | 40ft | GP | IZ | 8ft6in | | | 25 900 | ECC | NBO | 999999 | |
| | | 3K4061 | TEXU7251239 | 40ft | GP | IZ | 8ft6in | | | 25 300 | ECC | NBO | 999999 | |
| | | 4A0533 | CBHU0413388 | 20ft | GP | IZ | 8ft6in | | | 8 000 | ECC | NBO | 999999 | |
| | | 4B0211 | TTNU4726411 | 40ft | GP | IZ | 8ft6in | | | 22 900 | ECC | NBO | 999999 | |
| | | 4B0221 | CBHU1687721 | 40ft | GP | IZ | 8ft6in | | | 24 900 | ECC | NBO | 999999 | |
| | | 4B0251 | CBHU1549337 | 40ft | GP | IZ | 8ft6in | | | 23 700 | ECC | NBO | 999999 | |
| | | 4B0624 | CBHU1632842 | 40ft | GP | IZ | 8ft6in | | | 23 600 | ECC | NBO | 999999 | |
| | | 4B0634 | TEXU7250994 | 40ft | GP | IZ | 8ft6in | | | 24 100 | ECC | NBO | 999999 | |
| | | 4B2461 | CBHU1236179 | 40ft | GP | IZ | 8ft6in | | | 29 100 | ECC | NBO | 999999 | |
| | | 4B3651 | CBHU1482676 | 40ft | GP | IZ | 8ft6in | | | 25 000 | ECC | NBO | 999999 | |
| | | 4B5051 | TGHU4033015 | 40ft | GP | IZ | 8ft6in | | | 26 300 | ECC | NBO | 999999 | |
| | | 4B5052 | CBHU1478784 | 40ft | GP | IZ | 8ft6in | | | 25 900 | ECC | NBO | 999999 | |
| | | 4B5061 | CBHU1492150 | 40ft | GP | IZ | 8ft6in | | | 25 600 | ECC | NBO | 999999 | |
| | | 4B5062 | CBHU1568701 | 40ft | GP | IZ | 8ft6in | | | 24 900 | ECC | NBO | 999999 | |
| | | 4C0221 | CBHU1338606 | 40ft | GP | IZ | 8ft6in | | | 23 500 | ECC | NBO | 999999 | |
| | | 4C0222 | CBHU1714869 | 40ft | GP | IZ | 8ft6in | | | 26 400 | ECC | NBO | 999999 | |
| | | 4C0223 | CBHU1744539 | 40ft | GP | IZ | 8ft6in | | | 22 900 | ECC | NBO | 999999 | |
| | | 4C0224 | CBHU1696981 | 40ft | GP | IZ | 8ft6in | | | 23 300 | ECC | NBO | 999999 | |
| | | 4C0232 | CBHU1198417 | 40ft | GP | IZ | 8ft6in | | | 23 300 | ECC | NBO | 999999 | |
| | | 4C0241 | TGHU4253745 | 40ft | GP | IZ | 8ft6in | | | 22 900 | ECC | NBO | 999999 | |
| | | 4C0242 | CBHU1378002 | 40ft | GP | IZ | 8ft6in | | | 24 200 | ECC | NBO | 999999 | |
| | | 4C0243 | CBHU1268962 | 40ft | GP | IZ | 8ft6in | | | 23 400 | ECC | NBO | 999999 | |
| | | 4C0251 | CBHU1323458 | 40ft | GP | IZ | 8ft6in | | | 23 200 | ECC | NBO | 999999 | |
| | | 4C0252 | TEXU7317634 | 40ft | GP | IZ | 8ft6in | | | 24 200 | ECC | NBO | 999999 | |
| | | 4C0253 | CBHU1585890 | 40ft | GP | IZ | 8ft6in | | | 24 200 | ECC | NBO | 999999 | |
| | | 4C0262 | CBHU1609293 | 40ft | GP | IZ | 8ft6in | | | 22 800 | ECC | NBO | 999999 | |
| | | 4C0263 | TTNU4738351 | 40ft | GP | IZ | 8ft6in | | | 22 800 | ECC | NBO | 999999 | |
| | | 4C0621 | UXXU4274245 | 40ft | GP | IZ | 8ft6in | | | 23 800 | ECC | NBO | 999999 | |
| | | 4C0622 | CBHU1420020 | 40ft | GP | IZ | 8ft6in | | | 23 600 | ECC | NBO | 999999 | |
| | | 4C0623 | CBHU1357606 | 40ft | GP | IZ | 8ft6in | | | 24 200 | ECC | NBO | 999999 | |
| | | 4C0624 | CBHU1230669 | 40ft | GP | IZ | 8ft6in | | | 24 300 | ECC | NBO | 999999 | |
| | | 4C0632 | CBHU1527024 | 40ft | GP | IZ | 8ft6in | | | 23 100 | ECC | NBO | 999999 | |
| | | 4C0642 | CBHU1319571 | 40ft | GP | IZ | 8ft6in | | | 23 800 | ECC | NBO | 999999 | |
| | | 4C1231 | TEXU7338473 | 40ft | GP | IZ | 8ft6in | | | 24 200 | ECC | NBO | 999999 | |
| | | 4C2463 | TEXU7243505 | 40ft | GP | IZ | 8ft6in | | | 27 900 | ECC | NBO | 999999 | |

Null　　　　Page 1 of 2

## 附录 15——集装箱库场作业出场日报

集装箱库场作业出仓日报表　　　出仓日期　　年　月　日　班

| 船名或车 | 航次 | 进仓日期 | 仓单号 | 标志号码 | 货名 | 提出数量 | | 存余数量 | | 库场号码 | 提货单位 | 操作过程 | 流向 | 提单号码存栈 | 备注 |
|---|---|---|---|---|---|---|---|---|---|---|---|---|---|---|---|
| | | | | | | 件 | 吨 | 件 | 吨 | | | | | | |
| | | | | | | | | | | | | | | | |
| | | | | | | | | | | | | | | | |
| | | | | | | | | | | | | | | | |
| | | | | | | | | | | | | | | | |
| | | | | | | | | | | | | | | | |

库场长　　库场员

## 附录 16——出场日报表

出场日报表

日期:1998.04.02　　SCT 张华浜码头　　页数:3

| 序号 | 箱　号 | 尺寸 | 状态 | 进口船名 | 航次 | 流向 | 设备交接单号 | 备注 |
|---|---|---|---|---|---|---|---|---|
| 1 | FBZU3109219 | 20ft | IF | LO HA HE | 0282 | 市内 | 0008977 | 外代南华 |
| 2 | FBZU0194670 | 20ft | IF | LO HA HE | 0282 | 市内 | 0008978 | 外代南华 |
| | | | | | | | | |
| 合计 | | | | | | | | |

## 附录 17——拆箱日报表(进库)

拆箱日报(进库)

船名/航次:　　进库日期:

| 箱号 | 尺寸 | 提单号 | 标记 | 货名 | 件数 | 重量 | 备注 |
|---|---|---|---|---|---|---|---|
| | | | | | | | |
| | | | | | | | |
| | | | | | | | |
| | | | | | | | |

## 附录 18——拆箱日报表(车提)

**拆箱日报(车提)**

船名/航次：　　　　　　　　　　　　　　　　　　拆箱日期：

| 箱号 | 尺寸 | 提单号　标记 | 货名 | 件数 | 重量 | 备注 |
|---|---|---|---|---|---|---|
| | | | | | | |
| | | | | | | |
| | | | | | | |
| | | | | | | |

## 附录 19——转堆计划清单

**转堆计划清单**

计划号:360011805　作业时间:1998.04.23　15:58--04.24　15:58　制作者:00303

| 箱号 | 船 | 进口/出口航次卸货 | 箱型 | 状态 | 持箱人 | 原箱位 | 计划箱位 | 备注 |
|---|---|---|---|---|---|---|---|---|
| FSCU4101045 | MIN HE | 0144　0145 | 4 200 | IE | YML | 72 | 4418-18 | |
| FSCU4102329 | MIN HE | 0144　0145 | 4 200 | IE | YML | 72 | 4418-18 | |
| | | | | | | | | |
| 合计 | | | | | | | | |

## 附录 20——落驳装船清单

上港集箱外高桥码头

SPC WAIGAOQIAO TERMINAL　　**落驳装船清单**　　打印日期　2002.08.21　22:58

外二期码头

| 船箱位 | 箱　号 | 卸货港场箱位 | NJG 尺寸 | 20′1 箱高 | 40′ 箱型 | 36 状态 | 45′0 箱重 | 持箱人 | 装货港 | 目的港 | 原残 | 危险品 | 温度单位 |
|---|---|---|---|---|---|---|---|---|---|---|---|---|---|
| 999999 | INBU5209688 | 0D1832 | 40ft | 8ft6in | GP | OE | 3 919 | MSKL | SAH | NJG | | | |
| 999999 | SEAU8032332 | 0D1833 | 40ft | 8ft6in | GP | OE | 3 749 | MSKL | SAH | NJG | | | |
| 999999 | TTNU4415024 | 0D1834 | 40ft | 8ft6in | GP | OE | 3 541 | MSKL | SAH | NJG | | | |
| 999999 | TRIU4676260 | 0D1841 | 40ft | 8ft6in | GP | OE | 3 541 | MSKL | SAH | NJG | | | |
| 999999 | MAEU7115082 | 0D1842 | 40ft | 8ft6in | GP | OE | 3 700 | MSKL | SAH | NJG | | | |
| 999999 | MSKU6074201 | 0D1843 | 40ft | 8ft6in | GP | OE | 3 700 | MSKL | SAH | NJG | | | |
| 999999 | SEAU7824715 | 0D1844 | 40ft | 8ft6in | GP | OE | 3 670 | MSKL | SAH | NJG | | | |
| 999999 | MAEU6250703 | 0D1851 | 40ft | 8ft6in | GP | OE | 3 650 | MSKL | SAH | NJG | | | |
| 999999 | GLDU0915467 | 0D1852 | 40ft | 8ft6in | GP | OE | 3 700 | MSKL | SAH | NJG | | | |
| 999999 | MAEU6068052 | 0D1853 | 40ft | 8ft6in | GP | OE | 3 550 | MSKL | SAH | NJG | | | |
| 999999 | MAEU6276708 | 0D1861 | 40ft | 8ft6in | GP | OE | 3 650 | MSKL | SAH | NJG | | | |
| 999999 | TTNU4505616 | 0D1862 | 40ft | 8ft6in | GP | OE | 2 150 | MSKL | SAH | NJG | | | |
| 999999 | MAEU6362004 | 0D1863 | 40ft | 8ft6in | GP | OE | 3 800 | MSKL | SAH | NJG | | | |
| 999999 | GLDU0403352 | 0G1862 | 40ft | 8ft6in | GP | IZ | 13 000 | MSKL | BRV | NJG | | | |
| 999999 | TGHU7069897 | 1D1441 | 40ft | 9ft6in | GP | IZ | 16 600 | MSKL | BRV | NJG | | | |
| 999999 | TGHU7299396 | 1D1453 | 40ft | 9ft6in | GP | IZ | 13 000 | MSKL | BRV | NJG | | | |
| 999999 | UXXU2316850 | 2C4562 | 20ft | 8ft6in | GP | IZ | 6 000 | MSKL | HKG | NJG | | | |
| 999999 | CAXU7114061 | 2J0624 | 40ft | 8ft6in | GP | IZ | 16 705 | MSKL | BRV | NJG | | | |
| 999999 | TGHU7298785 | 2J0661 | 40ft | 9ft6in | GP | IZ | 16 800 | MSKL | BRV | NJG | | | |
| 999999 | UXXU4302856 | 2J5621 | 40ft | 8ft6in | GP | IZ | 16 700 | MSKL | BRV | NJG | | | |

## 附录 21——提货单

中国上海外轮代理公司
CHINA OCEAN SHIPPING AGENCY SHANGHAI

提 货 单
DELIVERY ORDER

№ 0026531

致：
收货人：上海浦东国际机场进出口有限公司

下列货物已办妥手续，运费结清，准予交付收货人。

| 船名 | | 航次 | 22 | 起运港 | 釜山 | 目的地 | |
|---|---|---|---|---|---|---|---|
| 提单号 | | 交付条款 | | 到付海运费 | | | |
| 卸货地点 | | 到达日期 | | 进库场日期 | | 第一程运输 | |

| 标记与集装箱号 | 货 名 | 集装箱数 | 件 数 | 重 量 (KGS) | 体 积 (m³) |
|---|---|---|---|---|---|
| | | 40×9 | 58件 | 134656 | 230 |
| 见附页 | | | | | |

请核对放货。

凡属法定检验、检疫的进口商品，必须向有关监督机构申报。

| 收货人章 | 海关章 | | |
|---|---|---|---|
| 1 | 2 | 3 | 4 |
| 5 | 6 | 7 | 8 |

## 附录 22——到货通知书

中国上海外轮代理公司
CHINA OCEAN SHIPPING AGENCY SHANGHAI
EURO PEAN LINE DIVISION

到货通知书
ARRIVAL NOTICE
DEI IVERY ORDER

No. 0168427

船档号 CSZHS58

您单位下列进口货物已抵港 1 请速凭正本提单并背书后来我公司办理提货手续。

| 收货人 | 名称 | | | 收货人开户 | | |
|---|---|---|---|---|---|---|
| | 地址 | | | 银行与帐号 | | |
| 船名 苏州号 | 航次 558 | 起运港 大阪 | | | 目的地 上海 | |
| 提单号 OS-219 | 交付条款 CY-CY | 到付海运费 | | | | |
| 卸货地点 五区 | 到达日期 98/06/28 | 进库场日期 | | 第一程运输 | | |

| 标记与集装箱号 | 货 名 | 集装箱数或件数 | 重 量(KGS) | 体 积(m³) |
|---|---|---|---|---|
| ГГ B/L | PARTS FOR COMPRESSOR | 120 | 65280.0 | 18.36 |
| | | ET WEIGHT: | | |
| N TOTAL: 3 X20'; X40' | | | | |
| AXU2536038 NYKU2151480 TRIU3991668 | | | | |

特此通知 交付收货人。

注意事项：凡属法定检验、检疫的进口商品，必须向有关出入境检验检疫机构申报。

1. 请凭本通知书和正本提单（加盖公章）速来我公司进口部门办理提货手续。如提取私人行李另须携带本人护照或代办委托书及身份证，为方便各环节业务，请最好携带您公司业务章前来办理提货手续。
2. 如需委托我公司代办报关转运，请随带有关单证及钱款，派员前来我司委托，如有不清，请给我司电话：63295286 63295284
3. 在必要情况下，我公司接受暂凭银行担保函替代正本提单办理提货手续。
4. 根据海关规定，货物到港（站）14 天内未能及时向海关申报，由此引起的海关滞报金，由收货人承担。根据上海市疏港法规定，货物到港（站）10 天内未能及时提取货物，由此引起的港口疏港所发生的费用等，由收货承担，货物抵港三个月不提取。将作无主货处理。
5. 本通知书所列到达日期系预报日期，不作为申报进境和计算滞报金，滞箱费起算之日的凭证。
6. 本通知书依据提单与舱单上提供的"收货人"及地址投递，由于英文翻译中文所发生的人名地名不一致，我司不承担由此产生的损失，希请谅解。
7. 我公司地址：上海市中山东一路 13 号 3 楼 邮编 200002 电话：63290088
电报：PENAVICO 传真：63291519 电传：830562 PENAV CN

01-JUL-1998 13:50

P.01

## 附录 23——交货记录

COSCO

交 货 记 录

No.0014719

港区、场、站

船档号 CHJH076

| 收货人 | 名称 | | | 收货人开户 | |
|---|---|---|---|---|---|
| | 地址 | | | 银行与帐号 | |
| 船名 汉江河 | 航次 1076W | 起运港 神户 | 目的地 在港内 | | |
| 提单号 COSU720809831 | 交付条款 CY-CY | 到付海运费 | | | |
| 卸货地点 九区 | 到达日期 98/05/15 | 进库场日期 | 第一程运输 | | |

| 标记与集装箱号 | 货名 | 集装箱数或件数 | 重量(KGS) | 体积($m^3$) |
|---|---|---|---|---|
| KSC-980322<br>NO.1-188<br>SHANGHAI<br>MADE IN JAPAN | CHEMICALS<br>"FREIGHT PREPAID" CY-CY | 188<br>NET WEIGHT: | 5958.0 | 7.906 |
| CTN TOTAL: 1 X20'; X40'<br>CBHU0858434 | | | | |

交 货 记 录

| 日期 | 货名或集装箱号 | 出库数量 件数 | 出库数量 包装 | 出库数量 重量 | 操作过程 | 尚存数 件数 | 尚存数 重量 | 经手人签名 发货员 | 经手人签名 提货人 |
|---|---|---|---|---|---|---|---|---|---|
| | | | | | | | | | |

备注

港区场站章

## 附录24——疏港凭单

**疏港凭单**

<table>
<tr><td colspan="4">储放单位</td><td colspan="2">地址</td><td colspan="3">联系人</td><td colspan="2">电话</td></tr>
<tr><td colspan="4">货主单位</td><td colspan="2">地址</td><td colspan="3">联系人</td><td colspan="2">电话</td></tr>
<tr><td>到港日期</td><td>疏港日期</td><td>船名航次</td><td>舱单号码</td><td>标记</td><td>货名</td><td>提单号</td><td>件数</td><td>包装</td><td>重量(T)</td><td>体积(米$^3$)</td></tr>
<tr><td></td><td></td><td></td><td></td><td></td><td></td><td></td><td></td><td></td><td></td><td></td></tr>
<tr><td colspan="4">1. 货主已支付港区费用。<br>2. 海关已放行。</td><td colspan="2">附注：</td><td colspan="3">提运方式：<br>1. 整箱提运(门/门)。<br>2. 拆箱作业。<br>3. CFS拼箱。</td><td colspan="2">经办人签字：<br>章<br>年　月　日</td></tr>
</table>

注意：本疏港单需经港区经办人签字、盖章后有效。

## 附录25——疏港发箱清单

**疏运发箱清单**

流向：共青港务公司

编号：302012971　作业时间：98.06.04　09:27—06.04 23:59　承运人：上海港集装箱综合发展公司

| 船名 | 航次 | 序号 | 箱　号 | 尺寸 | 箱型 | 状态 | 持箱人 | 重量 | 超限 | 危类 | 场箱位 |
|---|---|---|---|---|---|---|---|---|---|---|---|
| NEW ORIE | 0126 | 1 | TRIU 2482075 | 20 | GP | IF | NOS | 9 500 | | | 274344 |
| NEW ORIE | 0126 | 2 | TRIU 2478814 | 20 | GP | IF | NOS | 11 800 | | | 274124 |
| | | | | | | | | | | | |
| 合计 | | | | | | | | | | | |

## 附录26……退关箱清单

**退关箱清单**

船名/航次：

| 提单号 | COSU346068955 | 卸货港 | LGB | 总件数 | 502 | 货放关 | |
|---|---|---|---|---|---|---|---|
| | 箱号 | 卸货港 | 箱型 | 分件数 | 整拼标志 | 箱放关 | 场箱位 |
| | CBHU1156710 | LGB | 4310 | 502 | F | | 116241 |
| 提单号 | COSU352084112 | 卸货港 | LGB | 总件数 | 421 | 货放关 | |
| | 箱号 | 卸货港 | 箱型 | 分件数 | 整拼标志 | 箱放关 | 场箱位 |
| | CBHU0624251 | LGB | 2210 | 421 | F | | 210131 |
| 提单号 | COSU352084185 | 卸货港 | LGB | 总件数 | 78 | 货放关 | |
| | 箱号 | 卸货港 | 箱型 | 分件数 | 整拼标志 | 箱放关 | 场箱位 |
| | CBHU1519841 | LGB | 4310 | 5 | F | | 116411 |

| 小结 | 箱尺寸 | 箱状态 | 数量 | 放关标志 | |
|---|---|---|---|---|---|
| | 20′ | CF | 5 | N | |
| | 40′ | CF | 15 | N | 制单时间： |

附录 27——中转通知

PSH/WDF/CA-TS-1. ISSUE NO.1 06/30/1995

上海中货多式联运部中转科

# 中 转 通 知 书

下述中转箱接转 M/V" 宗荣 " 0308W ETD 上海 5/6.

TRANSHIPMENT ADVICE VIA SHANGHAI

PLS BE ADVD TT FLWG CNTRS WILL BE LDD ON M/V"

"V

ETD SHANGHAI

| | 20' | 40' | KT | REMARKS |
|---|---|---|---|---|
| 从: 沙河 - 175N<br>MANILA / WUHAN. | 0 | 1 | 9050 | 1/6 |

签 名 郭宽. 98.年 6月 2.日

## 附录 28——离港报告

21/08/02 17:57 FAX 86 21 58690785 P01

********************************
**** ACTIVITY REPORT ****
********************************

| START TIME | CONNECTION TEL | CONNECTION ID | NO. | MODE | PAGES | RESULT | |
|---|---|---|---|---|---|---|---|
| 21/08 05:03 | | 20591 | 1993 | TRANSMISSION | 2 | OK | 01′00 |
| 05:06 | | 050411681 | 1994 | TRANSMISSION | 1 | NG | 01′15 |
| | | | | | | 1 | |
| 08:19 | | | 1995 | TRANSMISSION | 1 | OK | 00′26 |
| 08:39 | | | 1996 | TRANSMISSION | 1 | OK | 00′29 |
| 09:20 | | | 1997 | TRANSMISSION | 5 | OK | 04′34 |
| 10:33 | | | 1998 | TRANSMISSION | 3 | OK | 01′13 |
| 11:17 | | | 1999 | TRANSMISSION | 4 | OK | 01′31 |
| 12:44 | | | 2000 | TRANSMISSION | 2 | OK | 01′42 |
| 13:03 | | | 2001 | TRANSMISSION | 1 | OK | 00′36 |
| 13:29 | | 50411430 | 2002 | TRANSMISSION | 0 | NG | 00′00 |
| | | | | | | 0 | STOP |
| 13:30 | | | 2003 | TRANSMISSION | 4 | OK | 01′34 |
| 14:05 | | | 2004 | TRANSMISSION | 2 | OK | 00′49 |
| 14:10 | | | 2005 | TRANSMISSION | 3 | OK | 02′24 |
| 14:28 | | | 2006 | TRANSMISSION | 0 | NG | 00′23 |
| | | | | | | 0 | |
| 14:31 | | | 2007 | TRANSMISSION | 3 | OK | 02′50 |
| 14:55 | | | 2008 | TRANSMISSION | 1 | OK | 00′52 |
| 15:59 | | | 2010 | TRANSMISSION | 1 | OK | 00′40 |
| 17:41 | | | 2011 | TRANSMISSION | 1 | OK | 01′12 |
| 17:52 | | | 2012 | TRANSMISSION | 3 | NG | 01′26 |
| | | | | | | 3 | #001 |
| 17:54 | | | 2013 | TRANSMISSION | 8 | NG | 03′08 |
| | | | | | | 8 | #001 |

## 附录 29——码头进箱、发箱、提箱凭证

上海集装箱码头有限公司
张华浜码头进箱凭证
作业号:Z-301193527
箱号:CBHU1176423
箱位:342221 箱重:15300
箱型:4310 状态:OF
船名:TAI HE 航次:0152
持箱人:ECC 超限:
车号:14865 前/后:
制证时间:1998.04.011:08

上海集装箱码头有限公司
张华浜码头发箱凭证
作业号:Z-302558955
箱号:CHPU4200804 箱重:
箱位:111231 箱型:4201
持箱人:SJJ 超限:
车号:沪 AD1099 前/后:
船名:/
状态:进口空箱
作业方式:单提空箱
流向:××堆场
提单号:
制证时间:2002.12.18 10:27

上海集装箱码头有限公司
张华浜码头提箱凭证
申请号:300563041
作业时间:12/18 04:00
—12/18 13:59
箱号:TTNU3348430 152941
状态:IF 箱型:2201
持箱人:PIL
船名航次:KOTA WIW/
WRN846
提单号:TPWRNSHA0280
制证时间:2002.12.18 10:31

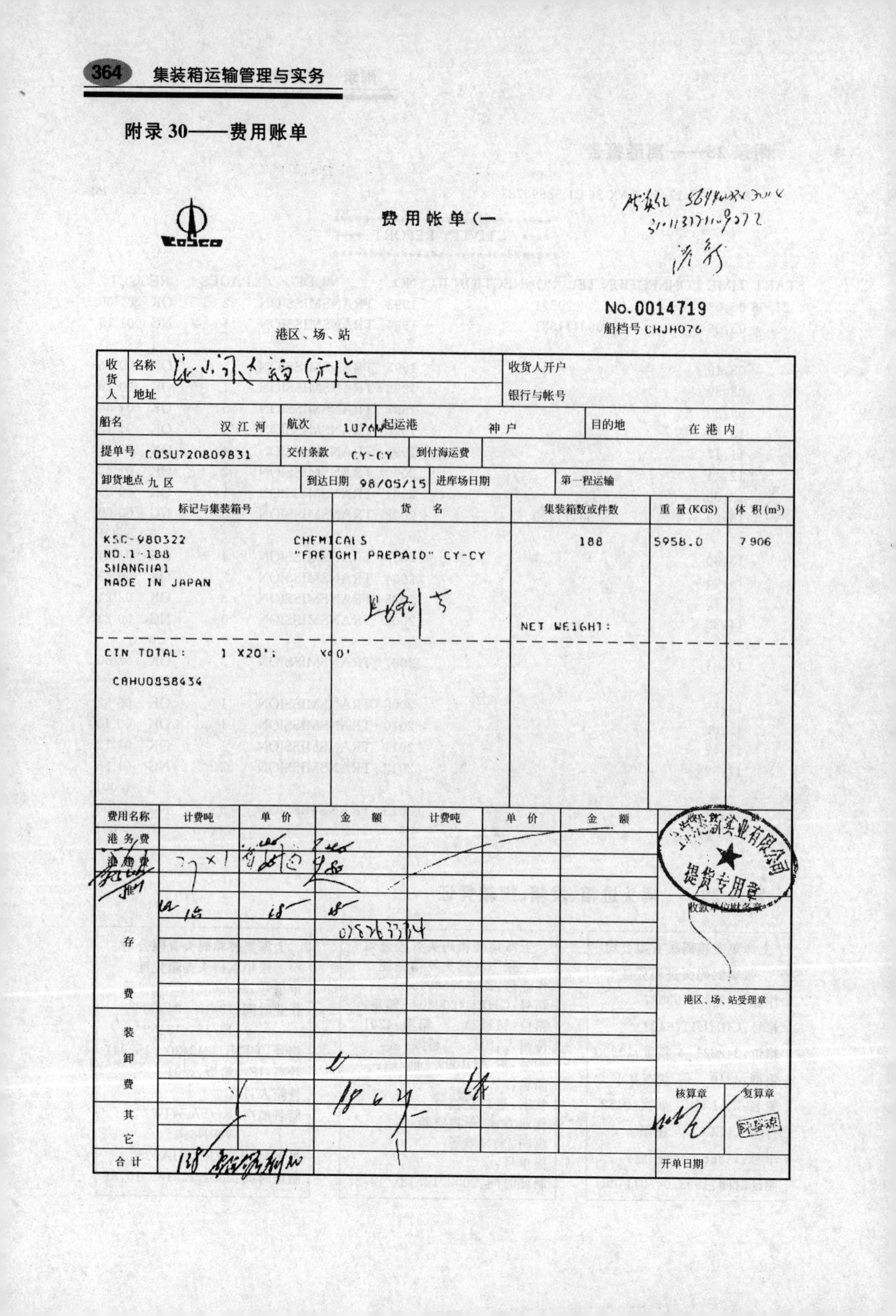

## 附录30——费用账单

COSCO

**费用帐单（一**

No.0014719

港区、场、站　　　　　船档号 CHJH076

| 收货人 | 名称 | | 收货人开户 |
|---|---|---|---|
| | 地址 | | 银行与帐号 |

| 船名 | 汉江河 | 航次 | 1076W | 起运港 | 神户 | 目的地 | 在港内 |
|---|---|---|---|---|---|---|---|
| 提单号 | COSU720809831 | 交付条款 | CY-CY | 到付海运费 | | | |
| 卸货地点 | 九区 | 到达日期 | 98/05/15 | 进库场日期 | | 第一程运输 | |

| 标记与集装箱号 | 货名 | 集装箱数或件数 | 重量(KGS) | 体积($m^3$) |
|---|---|---|---|---|
| KSC-980322<br>NO.1-188<br>SHANGHAI<br>MADE IN JAPAN | CHEMICALS<br>"FREIGHT PREPAID" CY-CY | 188<br><br>NET WEIGHT: | 5958.0 | 7.906 |
| CTN TOTAL:　1 X20';　X40'<br>CBHU0858434 | | | | |

| 费用名称 | 计费吨 | 单价 | 金额 | 计费吨 | 单价 | 金额 | |
|---|---|---|---|---|---|---|---|
| 港务费 | | | | | | | 收款单位财务章 |
| 港建费 | | | | | | | |
| | | | | | | | |
| 存 | | | | | | | |
| 费 | | | | | | | 港区、场、站受理章 |
| 装 | | | | | | | |
| 卸 | | | | | | | |
| 费 | | | | | | | 核算章 复算章 |
| 其它 | | | | | | | |
| 合计 | | | | | | | 开单日期 |

## 附录 31——危险品清单

Date :27/05/98
Time :12:02:38　　　　Container Division

Page No　1

Vsl/Voyage XIBOHE 04E

| CellNo | Cont Number | ISO | Weight | OPS | IMDG | REEFR | IM Vessel | DESTN | OH | OD F | OD B | OW L | OW R |
|---|---|---|---|---|---|---|---|---|---|---|---|---|---|
| LOADING PORT :ESVAL | | | | | | | | | | | | | |
| FOR DISCHARGE AT :CNSHA (Ex ESVAL) | | | | | | | | | | | | | |
| 090082 | CBHU 0906316 | 2210 | 23.50 | COS | 4.1 | | | CNSHA | | | | | |
| 090084 | CBHU 0149357 | 2210 | 23.50 | COS | 4.1 | | | CNSHA | | | | | |
| 090182 | CBHU 0847846 | 2210 | 23.50 | COS | 4.1 | | | CNSHA | | | | | |
| 090282 | CBHU 0757948 | 2210 | 23.50 | COS | 4.1 | | | CNSHA | | | | | |
| 110082 | FBZU 0202570 | 2210 | 23.50 | COS | 4.1 | | | CNSHA | | | | | |
| 110182 | CBHU 0241421 | 2210 | 23.50 | COS | 4.1 | | | CNSHA | | | | | |
| 110282 | FBZU 8463020 | 2210 | 23.50 | COS | 4.1 | | | CNSHA | | | | | |
| For Dischg CNSHA Total Units 7 Total Weight 164.50 | | | | | | | | | | | | | |
| For POL ESVAL :Total Units 7 Total Weight 164.50 | | | | | | | | | | | | | |
| FOR DISCHARGE AT :CNSHA (Ex FRFOS) | | | | | | | | | | | | | |
| 110084 | TRLU 2565699 | 2210 | 15.60 | COS | 3.2 | | | CNSHA | | | | | |
| 110184 | CBHU 0223011 | 2210 | 15.60 | COS | 3.2 | | | CNSHA | | | | | |
| 110284 | FBZU 0197772 | 2210 | 15.60 | COS | 3.2 | | | CNSHA | | | | | |
| 150310 | CBHU 0110519 | 2210 | 10.00 | COS | 8 | | | CNSHA | | | | | |
| For Dischg CNSHA Total Units 4 Total Weight 56.80 | | | | | | | | | | | | | |
| For POL FRFOS :Total Units 4 Total Weight 56.80 | | | | | | | | | | | | | |
| FOR DISCHARGE AT :CNSHA (Ex ILHFA) | | | | | | | | | | | | | |
| 130682 | DSBU 7811298 | 2273 | 20.60 | COS | 2.3 | | | CNSHA | | | | | |
| 130982 | CBHU 0557940 | 2210 | 23.60 | COS | 8 | | | CNSHA | | | | | |
| 131082 | CBHU 0366624 | 2210 | 23.20 | COS | 5.1 | | | CNSHA | | | | | |
| 150682 | DSBU 7811261 | 2273 | 20.50 | COS | 2.3 | | | CNSHA | | | | | |
| 150782 | CBHU 0823401 | 2210 | 23.60 | COS | 8 | | | CNSHA | | | | | |
| 150982 | CBHU 0310800 | 2210 | 23.60 | COS | 8 | | | CNSHA | | | | | |
| 170082 | DSBU 1801800 | 2273 | 17.50 | COS | 8 | | | CNSHA | | | | | |
| 170084 | DSBU 1800151 | 2210 | 17.40 | COS | 8 | | | CNSHA | | | | | |

## 附录 32——危险货物装船申请表

船舶载运危险货物申报单

Declaration Form For Dangerous Goods Carried By Ship

（包装 / 固体散装危险货物）

(Packaged/Solid in Bulk)

船名 Stup's Name 新东 [illegible] ORIENT　　航次 Voyage No. 126　　☑进港 Arrival　☐出港 Departure

始发港 Port of Departure BUSAN　　抵港时间 Time of Arrival 6.4

国籍 Nationality 利比利亚 LIBERIA　　作业泊位 Berth 9　　作业时间 time of Loading/Unloading

| 货物正确技术名称 Proper Shipping Name | 联合国编号 UN No. | 类别 / 性质 Class/Property | 装运形式 Meane of Transport | 件数 Number of Packages | 总重量 Weight in To'al | 卸货港 diacharging Port | 装载位置 Location of Stowage | | 备注 Remarka |
|---|---|---|---|---|---|---|---|---|---|
| TOLUENE DIISOCYANATE 甲苯二异氰 | 2078 | 6.1/ | 20'x12 | 840 PKGS | 222640 KGS | SHANGHAI | 030482 | 050082 | 050682 |
| | | | | | | | 030682 | 050382 | 030182 |
| | | | | | | | 030382 | 030582 | 050282 |
| | | | | | | | 050182 | 030282 | 050482 |
| [illegible] RS, NO.S 树脂 | 3272 | 3.3/ | 20'x1 | 80 PKGS | 17600 KGS | SHANGHAI | [illegible] | 070582 | |
| ~~PAINT~~ 漆 | ~~1263~~ | ~~3.2/~~ | ~~20'x6~~ | ~~1298 PKGS~~ | ~~82427 KGS~~ | ~~SHANGHAI~~ | ~~070682~~ | ~~070482~~ | ~~050782~~ |
| | | | | | | | 050582 | 070282 | 030782 |

兹声明根据船舶装载危险货物安全和防污染规定，本轮具备装载上述货物的适装条件，货物配装符合要求，货物资料齐全。申报内容准确无误。

I hereby declare that, in accordance with the provisions of the safe transportacion of dangerorus goods by ships and pllution prevention, this ship has met the requirements of fitness for carrying the adove declared gppds, Cargo slowage is proper[ yhplacmed acordin to be requirelnents, The documentation of the cargo is complete and the contents of the declararion are true and correct.

附送以下单证、资料

The following documents and information are submitted in addition.

此致 To SHANGHAI 港务监督 Harbour Superintendency Administration

轮船长 / 代理人 Master/Agent NEW ORIENT A9521

日期 Date 6.1

主管机关签证栏 Remarka by the Administration:

中华人民共和国 上海港务监督 [illegible]签证专用章 [illegible] CONTROL [illegible] SHANGHAI

此申报单一式三份，经主管机关批准后，其中两分退申报人留持并分送港口作业部门，一份留主管机关存查。

This declaration should be made in tripartite, one is kept by the Competent Authority for file, and two for the declarer and po t operator respectively.

中华人民共和国港务监督局印制

# 参考文献

[1] 林祖乙.国际集装箱运输[M].北京:人民交通出版社,1993.

[2] 蒋正雄,刘鼎铭.集装箱运输学[M].北京:人民交通出版社,2002.

[3] 杨志刚.集装箱运输业务[M].上海:上海海运学院,1985.

[4] 陈戌源.集装箱码头业务管理[M].大连:大连海事大学出版社,1998.

[5] 袁志耕.集装箱码头[M].大连:大连海事大学出版社,1998.

[6] 杨志刚.国际货运物流实务、法规与案例[M].上海:上海海事大学,2004.

[7] 江少文.运输实务[M].北京:中国时代经济出版社,2006.

[8] 宋德弛.港口装卸工艺[M].北京:人民交通出版社,1987.

[9]《水运技术词典》编辑委员会.水运技术词典:水运业务分册[M].北京:人民交通出版社,1983.

[10] 沈玉茹.船舶货运[M].大连:大连海事出版社,1998.

[11] 黄世玲.交通运输学[M].北京:人民交通出版社,1988.

[12] 沈志云.交通运输工程学[M].北京:人民交通出版社,2003.

[13] 李治平.货运技术[M].广东:新世纪出版社,1992.

[14] 吴长仰.海船积载[M].北京:人民交通出版社,1981.

[15] 常克信.货物学[M].上海:上海海运学院,1988.

[16] 严家定.造船大意[M].北京:科学出版社,1994.

[17] 中国民用航空总局适航局.中国民用航空器适航管理[M].北京:中国民航出版社,1998.

[18] 张炳达.国际货运代理实务[M].上海:立信会计出版社,2006.

[19] 王义源.远洋运输业务[M].北京:人民交通出版社,2005.

[20] 国际海事组织.固体散装货物安全操作规则[M].北京:人民交通出版社,2005.

[21] 夏国忠.船舶结构与设备[M].大连:大连海事出版社,1998.

[22] 高家驹.综合运输概论[M].北京:中国铁道出版社,1993.

[23] 胡思继.交通运输技术管理[M].成都:西南交通大学出版社,1993.

[24] 杨兆升.运输系统规划与模型[M].北京:人民交通出版社,1996.

[25] 郑时德.铁路行车组织[M].北京:中国铁道出版社,1988.

[26] 李峻利.运输工程[M].北京:人民交通出版社,1994.

[27] 任福田.道路通行能力手册[M].北京:中国建筑工业出版社,1991.

[28] 吴兆麟. 海上交通工程[M]. 大连:大连海事出版社,1993.

[29] 王英志. 航标学[M]. 大连:大连海事出版社,1997.

[30] 顾其行. 国际航空运输管理[M]. 北京:知识出版社,1987.

[31] 王辉. 民航运输生产现场管理[M]. 北京:光明日报出版社,1994.

[32] 杨佩昆. 交通管理与控制[M]. 北京:人民交通出版社,1995.

[33] 上海商业储运联营公司. 储运手册[M]. 上海:上海科学技术出版社,1992.

[34] 刘敏文. 危险货物运输管理教程[M]. 北京:人民交通出版社,2002.

[35] 刘敏文. 危险货物运输管理[M]. 上海:立信会计出版社,1993.

[36] 交通部水运司. 国际海运危险货物规则[M]. 北京:人民交通出版社,2002.

[37] 徐冠军. 水运危险货物安全与监督管理[M]. 上海:上海科学技术出版社,2001.

[38] 江少文. 现代物流[M]. 上海:立信会计出版社,2006.

[39] 王之泰. 现代物流学[M]. 北京:中国物资出版社,2003.

[40] 郝渊晓. 现代物流配送管理[M]. 广州:中山大学出版社,2001.

[41] 郝渊晓. 现代物流管理学[M]. 广州:中山大学出版社,2001.

[42] 郝渊晓. 现代物流技术学[M]. 广州:中山大学出版社,2001.

[43] 俞仲文. 陈代芬. 物流配送技术与实务[M]. 北京:人民交通出版社,2001.

[44] 韩平,赵炎. 现代物流技术[M]. 北京:中国物资出版社,2002.

[45] 周全申. 现代物流技术与装备实务[M]. 北京:中国物资出版社,2002.

[46] 丁立言. 物流配送[M]. 北京:清华大学出版社,2002.

[47] 丁立言. 物流基础[M]. 北京:清华大学出版社,2002.

[48] 吴清一. 物流实务[M]. 北京:中国物资出版社,2003.

[49] 吴清一. 现代物流概论[M]. 北京:中国物资出版社,2003.

[50] 爱德华·佛莱哲利. 物流战略咨询[M]. 任建标译. 北京:中国财政经济出版社,2003.

[51] 江少文. 现代仓储管理与实务[M]. 北京:中国铁道出版社,2006.

[52] 深圳市职业技能训练中心. 物流岗位技能手册[M]. 上海:同济大学出版社,2005.

[53] 上海市职业培训指导中心. 物流员[M]. 北京:中国劳动社会保障出版社,2005.

[54] 上海市职业培训指导中心. 助理物流师[M]. 北京:中国劳动社会保障出版社,2005.

[55] 上海市职业培训指导中心. 物流师[M]. 北京:中国劳动社会保障出版社,2005.

[56] 王转. 物流学[M]. 北京:中国物资出版社,2006.